目　录

邵　雍　著

史学探索与评价

合肥工業大學出版社

一、校园内外

怀念我的导师[①]

1982年夏，我被录取为魏建猷先生的研究生。在三年学习期间，魏先生亲自给我讲授中国近代史料学、会党史等课程。尽管只有我一个人听课，但他还是认真备课，精心讲授。我的每一篇习作都经过他的批阅、修改。魏先生还注重对我能力的培养。他曾告诉我当年他组织五四运动纪念座谈会的经验，要我以此为例，带几位同学去青浦做上海小刀会起义的实地调查，写出调查报告。

毕业留校后，魏先生对我的工作、学习仍然十分关心、多方指导。1985年我和夏笠先生为初选《福建·上海小刀会起义档案史料汇编》的史料，将去北京的第一历史档案馆，我向魏先生辞行，他作了许多具体的指示。在临行前他又派人送来了书面意见，对可能遇到的困难和问题作了充分的估计和解答。在魏先生的主持下，工作进展顺利。第二年夏，我们就把书稿送到了出版社。可惜魏先生不能看到这本书了。

魏先生还热情鼓励我上好基础课与选修课，在病中对我讲了两者互相促进的辩证关系。他经常教导我要抓紧时间，争取多出成果。每当我把发表的文章送给魏先生时，他总是微笑着鼓励我继续努力，告诫我只要肯下工夫，一定会出成果，关键是锲而不舍。现在他走了，但他的话仿佛仍在我耳边回响，激励我努力工作，发愤进取。

① 《上海师大报》1988年3月10日。

怀念贺宝根

那天晚上上海电视台新闻中播出了上海师范大学教授贺宝根因救同学不幸去世的消息时，我感到非常震惊，希望自己是听错了，但是电视里很快播出了贺宝根生前的照片，依然是那样一脸阳光灿烂，我不得不接受这一严酷的事实。眼泪不住地涌出眼眶，往事历历重现在我眼前。

我在人文学院工作，和贺宝根的地理系不是一个单位的，以前并不认识。虽然学校人事处搞过一些活动，但还是没有机会与贺宝根相识。直到本世纪初，由于上海市考试院高考出题的需要，才与同一学校的贺老师见了面。在我参加历史命题的时间里，我经人介绍，与他认识后也只是在很少的集体活动场合打个招呼，点点头、谈谈天气而已，因为不允许不同学科的老师谈任何与试题相关的内容。直到后来连续几次参加综合科目的命题工作，每次一个月，在全封闭的环境中与他朝夕相处，才近距离地了解了他的学识、为人和风格。

贺宝根所在的地理小组和其他学科小组一样都是 3 人，但地理组的人员相对固定，两位已经退休的高级教师加上贺宝根这样一位年轻的高校教师。其他组退休教师很少，至多一位。贺宝根在充分听取老教师的意见和建议后，勇挑重担，把相关的命题细化，提出具体方案，认真听取相关学科老师的意见，不厌其烦地反复进行修改，直到达到总体设计的要求为止。综合题除了选择题是各学科老师自己出的外，其余 6 道大题，分别由文理科的 6 个学科老师负责一题。每个科目的老师负责的题目首先要提出命题的设想和大致框架，建议其他学科的插入点，并主持讨论，负责整合所有的内容。由于学科学术背景不同，看问题的角度不同，质疑和争论是在所难免的，有时甚至会争得面红耳赤。在这种情况下，搞好一题已经是完成任务了，但贺宝根急命题组所急，想命题组所想，往往自告奋勇，负责两道题目。我好心劝他，不要累坏了，他总是笑着对我说：我年轻，没事，闲着也是闲着。好几次，已经晚上十一点钟了，命题组的大多数老师已经睡了，但是我还在工作会议室中看到他忙碌的身影，或忙于核对资料、数据或寻找图片、修改表格。在集体讨论中，他充分发挥知识和智慧，一一解释，从来没有冷言、恶言相对，维护了团结，加快了工作效率。高考开始后，命题组的使命并没有完全结束，还要监督相关科目的阅卷质量。在“关”了一个月之后，大家都有很多事情急着处理，往往会影响到出勤的积极性。但贺宝根始终是出勤率最高的一个，最近看了贺夫人写的回忆，才知道他的家其实离学校很远。贺宝根总是想着同事，关心他人，中午休息时主动把我们拉到地理系他的办公室，打开空调，让大家稍稍在一个相对安静、舒适的环境之中休息片刻。其实他对学生同样关心爱护，他不止一次对我说过，在假期中带领学生到秦岭、天目山等地实地勘测，险情随时可能发生，但每次均被他化险为夷……

由于同一学校，再加上他的人格魅力，我喜欢与他相处。他也很在乎新朋老友。尽管由于种种原因，我已经好几年不参加高考命题了，这些他当然知道。但每次见面，他总会殷切地问："邵教授，这次命题你去吗?"显然他是喜欢与我共事的。每每在梦中见到这位英俊的教授，但他永远不会再参加命题了，他在天堂看着我们。

怀念钟文典先生

钟文典先生是我国著名的史学家之一，尤其擅长太平天国史的研究。本人自进入大学就读以来，在各种场合获悉有关钟先生的信息，也结合太平天国选修课读过他的一些学术论文，就是无缘亲见。1984 年春，当我在读研究生二年级时，导师魏建猷先生决定让我前往广东广西走访有关近代史的遗迹，遍访各位专家学者。这样就有了与钟文典先生见面的机会。

同年 5 月我来到了风景如画的广西桂林，在独秀峰下的广西师大校区，由该校青年教师卢仲伟陪同前往时任历史系主任钟文典教授的府上拜访。在一个不大的客厅里，我见到了心仪已久的钟先生。只见他个头不高，身体瘦小，皮肤呈古铜色，但双目炯炯有神，满面笑容。我首先向钟先生转达了魏建猷先生对他的问候，钟先生马上向我询问魏先生的身体近况并让我回沪后转达他对魏先生的问候！在接过钟先生递来的茶碗后，我向他请教了中国近代史研究的一些问题，特别是在这一方面值得注意的问题。话题很快进入了史料学的范围。我首先提到一些伪造的太平天国假史料害人不浅。钟先生完全同意，并说学者梁某某伪造太平天国文献的经过他知道得一清二楚。他说，解放初期，梁某某处境艰难，到广西师大就职时身无长物，仅有一个包裹、一席随身携带的凉席而已。然而安顿下来以后就不安分，开始伪造太平天国文献如《陈开自述》、《黄鼎凤告谕》等，还在一些大报上公开发表。钟先生接着介绍了梁某某的造假方法，将自己制作的所谓文件抄录在一些纸张上，然后扔在自己宿舍蚊帐顶上，听其发黄积灰。过了几年后就搞得像旧的一样，这时才拿出来……。讲到这里钟先生斩钉截铁地对我说：我们广西的学者知道梁某某的所谓新发现是怎么回事，没有人会用他的“史料”的。钟先生接着说：如果梁某某真的拥有太平天国未刊文献的话，解放前他在文化部门工作修地方志的时候为什么不拿出来呢？听到这里，我忍不住问钟先生，既然事实这么清楚，你为什么不在报章上发表文章，公开揭露其造假劣迹呢？钟先生听后微微一笑，说这就不必了吧，我们自己心里清楚就可以了。钟先生之为人厚道在此可见一斑。

此次访谈对我教益很大，印象极为深刻，二十八年过去了，此一幕对我来说就像刚刚过去……。研究生毕业以后，我在为本科生、研究生先后开设的中国近代史料学选修课、中国近代史料学研究必修课时讲到史料的鉴别、辨伪时总是要提起钟文典先生的这段讲话，我想从中受益的肯定不止我一人了。

1990 年秋，我应邀前往桂林，参加由广西社会科学院等单位举办的“中法战争史研讨会”，会议期间又见到了尊敬的钟文典先生，并结识了他的两位高足曹天忠与谭群玉。在这以后就没有与钟文典先生见面了，但在几次学术会议上遇见曹天忠与谭群玉两位时还知道一些钟先生的近况。特别令人欣慰的是曹、谭两位后来喜结良缘，先后在中山大学晋升为教授，由此可见钟文典先生的学术在这两位弟子身上得到了很好的传承与发扬。

2011 年 1 月 22 日，正当我们在上海举行“太平天国与社会问题”学术研讨会时，从南京太平天国博物馆张铁宝先生处获悉钟文典先生已于去年 11 月去世的消息，不胜悲伤。应邀写成是文，作为永久的纪念！

（2011 年 2 月 1 日）

两广考察学习汇报

1984年4月22日到5月25日，根据导师魏建猷教授的指示，我在历史系中国近代史教研室胡世芸老师的陪同下，赴广东、广西参观中国近代史史迹，并听取了一些老师的专题讲座，收获不小。

此次考察的地方有广东广州、花县、虎门、中山市、湛江市，广西桂平、桂林等地。在广州参观了广东省博物馆中国近代史陈列室、广州沙面纪念碑、广州市博物馆、广州市三元里人民抗英斗争纪念馆、黄花岗七十二烈士墓、花县洪秀全故居、南海县博物馆、虎门林则徐纪念馆以及沙角炮台、中山市翠亨村孙中山故居、中山市中山纪念堂、湛江市湛江人民抗法斗争纪念馆、桂平太平天国金田起义旧址、桂林市太平天国在桂林展览以及蒋翊武纪念碑等。在这些展览馆中有不少会党斗争的珍贵记载与实物。如广州市博物馆展出了陈开在广西城隍庙题字：“城复干隍，鉴善恶以昭彰报应；都有庙司，阴阳燮理嚇涤生灵”。广东省博物馆展出了天地会的旗帜。文字说明是“在太平军余部中有些人曾参加过天地会，这是他们使用过的旗帜”，上面写有“洪顺堂”三个大字，三角形旗上还有不少小字。旗上白色缎带上写着：“红旗飘飘，英雄尽招，正命天子，复转汉朝”。广东省博物馆还展出了广东天地会陈金釭1854年起义时铸的大炮，上面铸有“芦包全胜堂陈金釭、朱子仪甲寅十二月置”的铭文，据此可以断定陈金釭的“釭”不是“缸”。湛江人民“寸土当金与伊打”，迫使法帝把租界缩小一半，退至寸金桥以南。他们的英雄气概给我留下了深刻的印象，也弥补了一般近代史教材在“瓜分狂潮”一节中似乎没有人民的反抗斗争之不足。我在两广参观时描绘了一些地形图或沙盘，如广州人民三元里斗争示意图、虎门要塞地形图、湛江缩小租界示意图、太平天国时期桂林附近地区图等。

1984年广州考察留影

鉴于中国近代史的分期问题，史学界不少人主张下限划到1949年，现行的中国现代史与中国近代史有不可分割的联系。我们还特意参观了广州鲁迅纪念馆、国民党一大会址、广州农民运动讲习所、红花岗广东人民革命斗争史陈列（现代史部分）、中共两广区委旧址。

中山大学历史系陈锡琪先生接见了我们，陈先生主要讲了两点。一是第一次鸦片战争期间会党活动的进一步考证，二是1898年湛江人民反对法国强占广州湾的斗争。关于第一点，他认为此时必定有会党的活动。（1）1839—1841年林则徐就办过好几个会党案。（2）三元里人民斗争的组织，齐心勇敢，如没有会党在其中是不可能的。（3）澳门探报说在1843年左右白云山一带有会党在开会。又有清朝官员奏报40年代珠江三角洲会党已经很流行了。（4）1854年的广东会党大起义肯定是经过一个阶段的酝酿筹备的。他建议我们是否能找出一些直接的史料来证明这个假设，这对中国近代会党史的研究是有好处的。关于第二点，他指出1898年湛江人民的斗争主要是会党斗争，但当时遂溪县县长李平书确实也起了积极的作用。陈锡琪先生认为在19世纪末年一个地方官敢于领导人民反对法帝侵略是极少见的。

在陈先生的启发下，我去广州白云山寻找天地会活动的遗迹，结果在该山“蟠云”景点下发现了一处墓葬疑与天地会有关。墓葬和广东流行的式样相同，外有一层圆形的半开放式的护墙，中间高两边低，石碑上刻有吉和堂，神主牌位写考洪章李公妣罗氏安人。两边有对联“千水共来朝，万山齐拥护”，底下垫的一块扁石上刻李吉和堂经拜。此墓的对联为一般墓葬所无，颇值研究。我们在湛江人民抗法斗争纪念馆中看到《清德宗皇帝实录》、《申报》等史料中有关1897—1898年三点会在今湛江市湖光公社祝美村附近的拜台口号是：“敢杀清皇吗？——敢！敢杀法鬼吗？——敢！”反映了会党在政治上的提高。

中山大学历史系负责人陈胜粦在与我们的谈话中谈了如何正确进行国际学术交往的问题。他认为搞会党研究和十三行研究一样，综合性的研究不大解决问题，不能用理论化的东西去套会党的活动，如“正规地”去套，真正的会党就不多了。要一个个点、一个个人来剖析，一定要抓住典型，进行典型研究。他还就义勇、团勇、乡勇等关系发表了自己的看法。

中山大学历史系段云章老师特意给我作了孙中山与会党的报告，他认为孙中山是最早认识与依靠会党力量来开展革命的。孙中山比较重视在会党中灌输民主思想。他对会党的看法和处事是公允的。义和团是秘密结社，也可称是会党，孙中山对义和团的评价是有不足之处，但他的态度还是同情的、赞赏的。段云章老师还向我介绍了台湾正中书局印行的《中华民国开国五十年文献》。

在参观孙中山故居陈列时，我感到孙中山最先注意会党和他幼年时的耳闻目睹有关。例如鸦片战争后香山县的三合会加强了活动，当地的地主官绅特制定了取缔条例“四大两都联禁会匪启帖条约”，另外香山西北的小杭地区也是三合会举行过多次起义的地方。太平天国失败后，翠亨村附近许多乡村都设有三合会武馆，孙中山与同学常去观看，所以可以说孙中山从小对会党是不陌生的。孙中山故居整修一新，楼上楼下的参观路线都是精心安排的，能够看到每个房间但又不绕路，楼梯与走道上都铺有红地毯。参观的人很多，有不少是美国人、日本人和港澳同胞。陈列的实物的说明文字有汉、英、日三种。

中山大学历史系骆宝善老师也专门为我上了课。他认为：（1）中国晚期封建社会发达的商品经济与会党特点有关。要从整个封建社会的情况来看会党的特点，天地会的成员与白莲教徒没有什么两样，他们的文献反映了商业发展的要求，不代表新的生产力。晚清会党仍在流民阶层中发展。（2）天地会起源应是在康熙、雍正年间。（3）关于陈开自述是伪造的。在这一方面后来陈锡琪、钟文典等先生都支持骆宝善老师的看法，钟文典先生还提供了具体的细节。骆宝善老师还就外国人与清地方当局在广东、上海一样勾结的问题做了说明，他特意把自己所著的《洪兵起义资料汇编》底稿拿给我看，我摘录了其中的一些史料。

在广州，我们还与中山大学历史系廖伟章老师，广东省社会科学院的张磊老师、黄彦老师，华南师范大学钟珍惟、陈周棠老师进行了座谈，走访了章文钦老师。章文钦老师向我们介绍了一些新的科研论文资料来源，如日本出版的东洋学文献目录，包括中国大陆和港澳的论文题目。查解放前西文期刊则有《西文图书目录》。

1984 年桂林考察留影

在桂林，我们与广西师范大学历史系近代史组的老师们举行了座谈。钟文典先生就米饭主问题、天地会砸庙问题做了详细的说明，并提供了一些史料出处。他强调说天地会出现不久就在广西活跃起来了。地方志记载乾隆时在桂林地区也有了活动。太平天国时天地会已经深入深山老林、少数民族地区中去了。在苗区发现的“禁革碑”雄辩地说明了这一点。钟文典先生说对于会党不能一概而论。广西山区的会党封建属性多些，土气多，洋气少，不同于沿江大河的会党。另外在辛亥革命后，会党在广西有的是革命的对象，有的则是革命的动力，进行群众性的反蒋骚动。钟文典先生还介绍说：《岭东日报》收集了1903—1905 年广西会党大起义的资料，另外1956 年曾经有5 本油印的《广西会党起义》资料集，80 级的同学最近搞了几张有关会党的碑刻拓片。

四明山考察记[①]

浙东抗日根据地是抗日战争时期中国共产党创建的19个解放区之一，四明山正是这块根据地的中心地带，处于浙江鄞县、奉化、嵊县、余姚四地交界。整个山区群山起伏，山中有湖，山水相映，景色宜人。

我们一行8人赴余姚县梁弄镇让贤乡参观了四明山纪念馆。

1990年四明山考察合影

纪念馆是利用中共浙江区旧址建成的，为一木结构旧式民房，有正屋九间、厢房四间。

四明山纪念馆中陈列的图片、图表和实物展示了当地人民在党的领导下进行革命斗争的历史画卷：1942年7月中共浙东区委成立，下辖三北、四明、会稽、浦东四区的地委，统一领导浙东地区的党、政、军工作。1943年4月22日晚，我游击队战士与敌激战17小时之久，终于胜利攻克梁弄。不久浙东区委迁居于此。新四军浙东游击纵队司令部、鲁迅学院浙东分校亦先后在梁弄附近设置。1944年初浙东第一个人民政权——浙东敌后临时行政委员会正

① 原载《上海师大报》1990年9月25日。

式成立。统计数字表明，自 1942 年 6 月 1 日至 1945 年 9 月 10 日新四军浙东纵队在何克希、谭启龙等同志的指挥下作战 554 次，攻克县城 2 座，据点 66 个，毙伤敌伪 3741 人，俘虏敌伪 6554 人，缴获马、步枪 5812 枝。在同一时期内，接受敌伪投诚 1858 人。1945 年 5 月浙东银行在梁弄正式发行“抗币”。抗日战争胜利不久，根据国共两党的双十协定，我军主动撤出浙东后，浙东人民又在党的领导下坚持斗争，直到解放。

在纪念馆中我们看到了当年游击队战士使用过的大刀、长枪和军号，看到了地下工作者化装用的礼帽和便服，也看到了游击队战士缴获的敌伪钢盔、证章、皮鞋等战利品。在参观中我们了解到四明山区的人民为革命作出了宝贵的贡献，有的献出了热血和生命。他们真心爱戴和拥护人民子弟兵，在大雪纷飞的严冬，为了掩护我军的行踪，时常冒雪扫去部队留下的脚印，不让敌人发现。当年流传的一首歌谣生动描述歌颂了这种军民的鱼水情：“四明山，弯里弯，英雄好汉交交关，你送情报我送饭，搭起公关馆好造反。”这里讲的“公馆”是就地搭起的简易棚子，我游击队战士就是在这艰苦的条件下依靠人民群众的支持取得胜利的。四明山军民的斗争精神给我们留下了深刻的印象，参观结束时，考察队在留言簿上挥笔写下了“继承革命传统，培养革命接班人”的题词。

当天中午考察队又去梁弄镇四明湖畔狮子山瞻仰了“四明山革命烈士纪念碑”，这个纪念碑是为纪念在抗日战争和解放战争中为人民解放事业献身的革命烈士而建造的。郭沫若题的“革命烈士永垂不朽”八个金色大字在夏日的阳光下闪闪发光。

考察队在四明山期间，还在 7 月 20 日走访了四明山区区公所。通过参观展览和听取王金菊副区长的介绍，对老区经济建设的情况有所了解。党的十一届三中全会以后，四明山区的经济建设有了较快的发展，仅建成的小水电站就有 23 座。全区去年人均收入为 504 元。我们更看到四明山区具备发展经济的有利条件：一是水利资源丰富，二是公路四通八达，三是拥有 177724 亩山林，盛产毛竹、茶叶、竹笋。

专业技术职务评审个人汇报

本人生于1953年，自1979年2月起进入上海师范学院历史系学习。1882年9月以全优成绩毕业，接着考进了本校中国近现代史专业的研究生，在已故著名会党史专家魏建猷的精心指导下，于1985年7月毕业，获历史硕士学位。

研究生毕业后，本人一直在上海师大历史系中国近代史研究室工作，1987年12月任讲师。先后参加上海市历史学会及其所属的太平天国研究会、中国会党史研究会、上海中山学社、上海市中共党史学会等学术团体，积极参加有关的学术活动。现申请晋升副教授职务。

本人自1988年起承担了国家七五重点社会科学研究项目《中国帮会史》下编的写作任务，至1991年11月基本完成，将30万字的原稿送交上海人民出版社。1992年5月初已经完成了清样的全部校对工作，该书定于年内出版（上海人民出版社在征订单上将该书的出版时间定为1992年6月）。

本人任讲师以来，先后发表各类文章70篇，共计23.8万字。其中送审的主要代表作3篇，均是独立完成的论文。具体是：

（1）《林俊起义述略》，载《近代史研究》1988年第2期。

（2）《1853年台湾天地会大起义述略》，载《历史档案》1988年第3期。

（3）《中法战争期间的会党动向》，载《学术论坛》1991年第3期（被选入《中法战争史论文集》第4集）。

在实践中，本人逐渐形成了自己的科研特点：

（1）科学性，坚持以马列主义、毛泽东思想为指导。本人在1989年6月发表的两篇论文，强调了义和团运动兴起发展的主要原因是中国人民和帝国主义的矛盾、租界主要是帝国主义侵华的据点，旗帜鲜明地坚持了正确的观点，与错误思潮划清了界限。

（2）开拓性，注意研究中国近代史上的新课题或薄弱环节。如1853年台湾天地会大起义、中法战争期间的会党动向、义和团时期的南方会党斗争、辛亥革命时期革命派的办学活动等等，有意识地去加强薄弱环节的研究，争取用自己的科研成果去填补空白点。

（3）严谨性，注意收集第一手的可靠史料进行科研，并能对一些论著中的史实错误提出质疑。如《林俊起义述略》等述略系列的论文主要采用了原始档案史料进行研究，已经接近终极成果。又如《关于重庆帮会等几个问题》等问题系列的论文对现有著述中的一些不当、不实之处提出了自己的见解。本人写的《孙中山集外集的美中不足》一文对《孙中山集外集》在编辑整理中的一些失误提出了实事求是的批评，该文在《团结报》发表后不久很快为《新华文摘》全文转载，产生了较大的社会影响。本人希望通过这种积极的商榷，与原编著者一起共同促进学术研究的健康发展。

邵　雍

1992 年 7 月 12 日

科研工作汇报

本人自1992年10月担任副教授以来，在各方都取得了一些进步，特别是在科研方面有了一些新的成绩。1993年6月，我的论文《1939年至1942年国民党利用帮会反共述略》获上海市中共党史学会1989—1992年度学术成果奖。

此次送审的三篇代表作，均是我独立完成的，具体是：

（1）《中国帮会史》下编，上海人民出版社1993年3月版。

（2）《近代基督教在华传播与中国秘密会社》，载《历史教学》1995年第2期。

（3）《唐景崧与甲午战争》，载《上海师范大学学报》1995年第1期，中国人民大学报刊复印资料（K3）1995年第6期转载。

《中国帮会史》下编，共32.4万字，时间跨度是1912—1952年，首次完整地探讨了帮会在民国时期兴盛、发展及最后衰落的全过程，叙述了解放初期三年基本解决帮会问题的概况，揭露了进入民国后帮会的寄生性、破坏性、封建性和反动性，探讨了国外侵略势力、历届民国政府、国民党、共产党、民盟、青年党各自与帮会的关系及其对帮会的政策，同时对某些帮会组织、某些帮会人物在特定的历史条件下对祖国对人民对民族所做的有益的工作予以实事求是的肯定。

1994年7月在上海市哲学社会科学优秀成果（1986.01—1993.12）的评选中，此下编连同周育民同志所写的上编荣获著作类三等奖。该书出版后在海内外产生了一定的影响。在1993年底市历史学会召开的书评会上，与会者认为该书史料翔实，阐述社会发展重大事件与帮会发展的关系、帮会团体与各种政治势力之间的关系，“是一个世纪以来海内外研究帮会的集大成者，是一本完整系统的通史性的帮会史专著。”（《社联通讯》1994年第3期第15页）1993年7月29日《社会科学报》、1993年12月18日《文汇报》先后发过书评。高峻在1995年第2期《党史研究与教学》发表的《近两年中国近现代史研究成果概况》一文提及民国社会史研究得到新的拓展时介绍了《中国帮会史》。著名学者来新夏在1995年第3期《漳州师院学报》发表《关于中国近代秘密社会史的研究》一文中说：“秘密社会史的专门性研究著作不是很多；……近十年来，出版了一些更高质量的专著，如……中年学者周育民、邵雍二同志合著的《中国帮会史》。”在国内，一些博士论文、学术论文、文艺小说均有引用下编的例子，特别是西尔枭编著的《中国教父》（北京今日中国出版社1995年版）多次长篇照抄下编的文字。在国外，日本学者渡边惇在《东方》1994年第163、164、165号发表《上海青帮的故居、旧迹》时将《中国帮会史》作为主要参考文献的第一种。1993年11月出版的《近邻》第24号上川村规夫和渡边惇在《第一届中国近代秘密社会史国际学术讨论会参加记》中说：新进气锐的周育民、邵雍二人撰写的大作《中国帮会史》集中国十余年间锐意努力研究之大成，与马西沙、韩秉方二人的《中国民间宗教史》一道，是今后秘密社会史的研究的基石。《中国帮会史》在一年多一点的时间里全部售完，1995年12月第二次印刷三千本，作者进行了修改。

《近代基督教在华传播与中国秘密会社》一文初步探讨了鸦片战争后至20世纪初在中国传教的基督教与中国秘密会社错综复杂的关系，对以前不太引人注意的两者之间的融合、利用作了一些研究。

《唐景崧与甲午战争》一文主要根据新刊发的《中日战争》资料丛刊续编等材料，对过去评价偏低的唐景崧进行了重新评价，肯定了他在甲午战争时保台的功绩，肯定了唐景崧联络会党共御外侮的积极态度。

此外本人参加了郭豫明教授主编的《中国近代史教程》的编写工作，共写了3.3万字，并参加了全书的定稿工作。本人还参加了郭绪印教授主编的《中国现代史》的编写工作，负责从“九一八”到“七七”事变的两章，共5万字，上海人民出版社准备在1996年秋之前安排出版。

目前进行的重大科研项目是《中国会道门》，较系统地阐述了会道门自明代中叶正式形成直到目前的活动脉络，考察了会道门的演变过程、特征、性质和社会功能。34万字的书稿已于1996年2月28日送交上海人民出版社，该社已经将该书列为近期出版计划，现已经发稿。

其他主要论著见所附目录，其中论文12篇，共计7.3万字。

另外将要发表的成果有：《义和团大词典》，本人写南方教案、会党部分26词条；《千古之谜——中国文化史500疑案（续）》，中州古籍出版社预计年内出版，本人写了帮会篇部分；《长江文化与中华民族》预计年内出版，本人写了锦衣玉食部分；《中华民国史大辞典》本人写了秘密会社部分百余条。

邵　雍

1996年3月1日

本人从事的主要研究方向及其特点与意义

主要研究方向是中国近代帮会和下层社会研究。

特色：通过对近代帮会和下层社会研究，展示近代中国政治、经济、社会的重大变迁，注意探讨近代帮会和下层社会与民主革命特别是与中国共产党的关系，认为近代帮会和下层社会工作是革命统一战线一个不可分割的重要组成部分。具体表现在：

真实性：在史料运用方面除了注意研读已出版的文献（特别是即时报道的报刊资料）外，特别注重发掘各档案馆中所存的有关档案材料。

客观性：近代帮会和下层社会对近代历史产生过重要的影响，同时也是近代中国的一个重要的社会问题。本人既反对把它妖魔化，像历代统治者那样称之为“会匪”、“教匪”；也反对把它理想化，不加分析地将其起事一概称作反帝反封建的帮会和下层社会农民起义，倍加颂扬。

全面性：在时间上首次延伸到解放初期。在空间上不再局限个别区域，而是面向全国。在内容上不仅研究近代帮会和下层社会本身的问题，而且十分注意它与各政权、政党、军队之间的错综复杂的关系。

研究方法的多样性：在研究中除了采取历史学的方法外，还采取系统论的方法。强调近代帮会和下层社会本身的生存和发展离不开大社会，是大社会控制体系和防范机制有效与否的晴雨表。既要从近代帮会和下层社会的角度来透视整个社会，又要从社会整体的高度来审视近代帮会和下层社会。同时也吸收了社会心理学的研究方法。近代帮会和下层社会通常对现实统治秩序有对抗的情绪，但由于其成员的分散、经济地位的落后，文化水平的蒙昧闭塞，限制了他们的政治眼光，致使他们往往只是根据主观的感受、狭隘的经验以及生活的表象来认识问题和判断问题。他们能否参加民主革命以及参加到什么程度，在很大程度上与他们的社会心理有关。

学术地位：现任中国会党史研究会副秘书长、中国现代史人物研究会秘书长、上海市宋庆龄研究会理事、复旦大学韩国研究中心兼职研究员、中共上海市建设和管理工作委员会党校中国传统文化研究中心特邀研究员、上海大韩民国临时政府旧址管理处研究室学术顾问、上海师范大学孙中山宋庆龄研究中心副主任、人文学院历史系中国近现代史硕士点学科带头人。已收入

《中国高等教育专家辞典》、《中国当代历史学者辞典》、《中国社会科学家辞典（英文版）》等辞书。先后应民政部、公安部邀请，参加《中国社团发展史》（当代中国出版社 2001 年版）的编写和《中国秘密社会》第六卷“民国帮会”的创作。2000 年曾前往韩国东国大学进行学术演讲，2001 年前往香港出席国际学术讨论会发表演讲，均受到热烈欢迎。

主要研究内容和成果水平：

主要研究内容是中国近代帮会、会道门、绿林土匪等。主要成果有《中国会道门》（上海人民出版社 1997 年版）、《民国绿林史》（福建人民出版社 2001 年版）、《中国秘密社会》第六卷“民国帮会”（福建人民出版社 2003 年版）。本人与周育民合作的《中国帮会史》（上海人民出版社 1993 年版）曾经荣获 1986—1993 年上海市哲学社会科学优秀著作奖。［日］三谷孝在《秘密结社与中国革命》（中国社会科学出版社 2002 年版）中认为，鸟瞰 20 年代后半期至 1945 年大约 20 年有关民间秘密结社组织整个情况的力作主要有周育民、邵雍的《中国帮会史》，邵雍的《中国会道门》等。［澳大利亚］马丁在《上海青帮》（上海三联书店 2002 年版）一书中认为周育民、邵雍的《中国帮会史》无疑是会党史研究领域的典范之作。

作用和意义：

有助于全面、准确地了解复杂多变的近代中国社会，了解中国近代的特殊国情，推动近代社会史研究的深入。同时具有重要的现实意义，即有助于认识和解决现实生活中的非法组织问题，加强社团管理，保持社会稳定与发展；也有助于更好地向人民群众说明帮会和下层社会的由来，以及它们在社会转型时期所起的作用，增强免疫力，防止受骗上当。

邵　雍

2003 年 4 月

汇报与打算

本人1953年生，1982年在上海师范学院本科毕业，1985年在上海师大研究生毕业，毕业以后一直从事中国近现代史的教学与研究，自1992年任副教授，1996年起任教授，2001年起任上海师范大学中国近现代史硕士点学科带头人，2003年5月被批准为博士生导师。培养了硕士、博士研究生30多人。教学效果良好，先后获1999年、2000年度人文学院教学二等奖、2002、2003、2005、2007年度人文学院教学三等奖。

先后出版了《中国帮会史》（与周育民合作的国家社科基金项目，获1986—1993年上海市哲学社会科学优秀著作三等奖）、《中国会道门》、《民国绿林史》、《中国秘密社会史·民国帮会》（公安部组织编写）、《中国近代绿林史》、《中国近代贩毒史》、《中国近代妓女史》，即将出版《中国近代社会史》、《秘密社会与中国革命》等。参与编写了《中国史学史》、《中国社团发展史》（民政部组织编写）、《义和团大辞典》、《中华民国史大辞典》、《上海大辞典》等书。还在《历史研究》、《近代史研究》、《史学月刊》、《史林》、《历史档案》、《民国档案》等学术刊物上发表了百余篇论文，其中有的被《新华文摘》、《作家文摘》、人大复印资料K3中国近代史（10篇）、K4中国现代史转载（5篇）。研究成果主要集中在中国近现代史领域，兼及明清史、史学史、朝鲜韩国史（兼任复旦大学韩国研究中心研究员，在《韩国研究论丛》发表论文4篇）。

现在担任的学术团体职务有：中国会党史研究会秘书长、中国现代史研究会人物研究专业委员会会秘书长、中国宗教学会理事、中国太平天国史研究会理事、中国辛亥革命研究会理事、上海市中山学社理事、上海市宋庆龄研究会常务理事，有较广泛的学术联系。

最近三年，完成国家社科基金项目一个（结项证书号：20070513），出版专著1部（《中国近代妓女史》32万字，上海人民出版社2005年版），即将出版2部（《中国近代社会史》28万字，合肥工业大学出版社2008年3月版；《秘密社会与中国革命》，商务印书馆2008年版）。参与编写《上海大辞典》（上海辞书出版社2007年版），是该书编委之一。

三年中发表论文20余篇，其中核心期刊有6篇：

1.《五四运动与青红帮会》，《史林》2005年第3期

2. 《论秋瑾与会党的关系》，《上海师范大学学报》2006 年第 5 期

3. 《陈云与东北剿匪》，《安徽史学》2007 年第 1 期（第二作者）

4. 《谨遵圣谕辟邪全图解读》，《史学月刊》2007 年第 9 期

5. 《20 世纪初东京与上海在政治思想方面的互动》，《上海师范大学学报》2007 年第 5 期

6. 《清末烟苗禁种与反禁种的历史考察》，《史林》2007 年第 6 期

另有 3 篇为人大复印资料全文转载：

1. 《瞿秋白与中山大学政治风波》，《党史研究与教学》2006 年第 2 期，人大复印资料（K4）2006 年第 10 期

2. 《论秋瑾与会党的关系》，《上海师范大学学报》2006 年第 5 期，人大复印资料（K3）2006 年第 12 期

3. 《同盟会时期孙中山与美国致公堂的关系》，《广西师范大学学报》2006 年第 3 期，人大复印资料（K3）2007 年第 3 期

根据上述情况，特提出应聘历史学博士后流动站负责人的岗位。本人有决心、有时间、有能力搞好这项工作。

我校历史学博士后流动站是在历史学科只有中国近现代史一个博士点的情况下，经过千辛万苦才申报成功的，来之不易，要倍加珍惜。这几年来，博士后流动站工作状态良好，有国内外的博士相继进站、出站，还申请到了国家级博士后流动站的重大科研项目，这在地方大学中是凤毛麟角。

首先，要严格把握进站关，仔细挑选拟进站的人员，包括国家计划内的和在职的。

其次，要全面关心博士后流动站站内人员的政治思想、学术研究与日常生活。

第三，重中之重要协助抓好出站报告，确保学术质量关，保证我校历史学科的学术声誉，只能越来越好，而不是相反。

第四，同时也要争取各相关博士点负责人的协作与支持，经常交流信息。

邵　雍

2008 年 3 月 26 日

在“中日关系中人与文化的作用”国际学术讨论会上的现场对答①

石田锭二：

中日年轻人之间对对方不喜欢的人很多。对于摩擦原因，经常在说日本人的历史认识不够。摩擦是否全部是历史问题而引起，还是有其他原因，我们应该探讨。要讲的很多，这里仅讲一点，即中国学校教育中有关日本人的形象极坏。这数十年来日本教科书的问题是普遍议论的话题，但是中国教科书中的问题，是否应该考虑一下呢？

在中国教科书，对日本描写是侵略者、惨无人道的这样一种印象。在各个地方还有许多战争纪念馆，我不是否认有没有战争，而是过分强调和教育，给孩子们带来的日本形象只会是侵略者和残忍者，这对中日关系是否有好处？战争已经过去50年，中国和日本已经是处于一种相互依存的国家。日本政府的基调是与中国友好的，有时日本的确有些愚蠢的政治家说一些不负责任的话。但是，民间像我们这样，积极增进两国交流的人也是不少的。中国教科书应该在这方面加以反映。

邵雍（上海师范大学历史系教授、博导）：

近几年来上海师大进行了编写中学历史新教材的工作，总体上采用了文明史的框架，以点带面，面向世界，面向未来，实事求是，在处理中日关系时也是如此。在初中教材中“民族团结与中外交流”一课中，中外交流的内容就选了遣唐使与鉴真，指出遣唐使促进了日本社会的进步，唐代的宗教、文学、建筑、风俗对日本产生了深远的影响。同时也有一些中国人前往日本，在日本生活了十年的鉴真不仅推动了日本佛教的发展，而且也传授了中国的建筑、医学等科学技术。在高中教材“民族国家”一课中对日本明治维新进行了高度的评价，认为19世纪中叶日本“通过自身的变法维新……实现了富国强兵，避免了沦为西方国家殖民地和半殖民地的命运，成为近代东方国家学习西方先进技术的成功典范”。在初中教材中有中日建交、签订和平友好条约以及改革开放后日本向中国提供大量的长期的

① 原载《浦江纵横》2004年第3期，原标题为《中国教科书也应全面介绍日本》。

无息贷款的内容。当然新教材也直面日本侵华的历史，写了南京大屠杀，但史料来源更多的是用了日本、德国以及美国亲历者、目击者的记录，同时配发了日军进行细菌战、毒气战和奴役慰安妇的照片，这样更加具有说服力。随着新教材在上海中学的陆续使用与全面推广，将对广大青年学生正确认识日本产生重要的影响。

（2003 年 11 月 24 日）

海上闻人的“抗战生活”[①]

1937年10月4日，杜月笙自己花钱在各报纸上做广告，说他当晚要在电台演说，劝募棉背心，支援前方。这个当年水果行的学徒曾经在寒冬挨冻，受人耻笑为“腊光月生”。随着天气渐寒，战场上最需要的是棉衣，“军事委员会来电征募御寒品”的消息已经在昨日报纸上刊登。10月4日《大公报》报道普通市民周镜辉先生捐献了价值1000多元的羊毛衫裤给空军；而苏维明先生也在报纸上刊出文章，怎样“费时短、用料少、最适用地制造棉背心”。海上闻人杜月笙当然不会落后。“当时在文化上最有影响的是郭沫若他们办的‘救亡日报’，但是在具体事物上，作出贡献最多的应该是担任上海地方协会会长的杜月笙了。”上海师范大学教授邵雍曾经对杜月笙在淞沪抗战间的行动做过钩沉，得到这样的结论。

早在1931年日军侵占东三省之后，杜月笙就和日本人结下了梁子，东北有人大量销售假冒其所有的长城公司的唱片，但法庭无法受理，因“当事人利用日伪之力量破坏司法”。此事助长了杜的反日情绪，“一·二八淞沪抗战”时期，和杜很有交情的上海行政长官宋子文力主抗战，对他也很有影响，在当时，他和地方协会就募集了大洋27万元交送十九路军。“他在30年代，已经逐步摆脱了帮会生意，转做正经生意，大量投资于工商业和金融业，比较著名的有浦东商业储备银行、中汇银行、大达轮船公司、长城唱片公司等，经济利益已经和日本人有所冲突了。这也是他在30年代一直大力提倡用国货的原因，当然也符合中华民族的利益。”邵雍说。

此次淞沪抗战一起，杜月笙就忙碌起来，“他是个爱面子讲义气的人，喜欢说‘闲话一句’，表示自己能力超强。加上蒋介石看得起他，他就更卖力了。”8月19日，他在报纸上发表征募救国捐和金银物品的告示，仅月余时间

① 本文作者王恺，节选自《上海滩，战争状态下的市民们》，原载《三联生活周刊》2005年5月10日。

他主持的募集会就募集到了救国捐 150 万元，对抗战帮助很大。留存下来的杜的讲话颇有正气：“从‘九一八’到现在，这七年间，备受敌人的压迫，我们常常卧薪尝胆地刻苦自励，同时期待着世界的公论。”但是现在“我们绝不能依赖人家帮忙，救国完全要靠我们自己的力量”。杜自担任上海商界劝募队副队长以来，利用自己上上下下的影响力，上海共认购了救国公债 7500 万元，占全部发行量的 1/6。“他有当时国民政府都没有的广泛的对社会各阶层的影响力，而且肯出力。像黄金荣就贪财，只拿进不拿出，做不到像他这样。”邵雍说。

10 月，他除了募集棉衣，还个人向晋北前线的八路军捐献了荷兰进口的防毒面具 1000 套；花万余元购买了装甲汽车捐献给了右翼军司令张发奎。当驻守四行仓库的谢晋元部队缺乏食品的消息传出时，一天之间，杜就送去了 20 万个烧饼。面对这过多的烧饼，谢晋元致函杜表示过于充足，让他转告继续捐赠的市民：“希望最好购买救国公债，或捐助现金，做全国抗战牺牲官兵之抚恤，以免浪费。”11 月 26 日晚，杜秘密乘船赴香港，走前购买了大量《西行漫记》、《鲁迅全集》捐献上海租界内的图书馆。和杜这样的巨头相比，普通百姓的捐赠虽然数量较少，但也充斥着日常生活：10 月 4 日，各报纸的广告版面满是各协会、同乡会劝募捐衣服、食品、金钱的启事；王芸生号召市民献金的呼声一起，有七龄女孩来到中华妇女运动会上捐献银元三枚；中华妇女运动同盟会在号召里弄妇女收集碎布做军鞋；上海市慰劳委员会来了两名小朋友捐献望远镜；市商会发表宣言：对日经济绝交。“上海各界市民充分表现了爱国热忱，无论男女老幼都与前线战士一条心。青年学生与工人组成‘抗战就国青年团’，地方人士杜月笙先生等组织‘抗敌救援会’，号召‘有钱出钱、有力出力’。民心士气高涨到了极度，实开我国总体作战之先河。”当时 88 师的参谋张柏生这样记录。

上海帮会也是参与辛亥革命的一股力量①

2011 年 2 月 20 日，上海师范大学教授邵雍在上海图书馆进行了一场名为《辛亥革命期间的上海帮会》的讲座。邵雍从近代上海帮会的历史研究着手，发现了上海地区辛亥革命和帮会参与的紧密关系，并肯定一些上海帮会曾为辛亥革命的宣传与联络做了不少工作，为上海的光复贡献了力量。同时他也指出，帮会毕竟是中国封建文化的产物，具有极大的历史惰性。代表先进文化前进方向的革命党应如何同帮会打交道，这个历史性的问题一直没能得到有效解决。

辛亥革命期间的上海帮会

2011年2月20日（周日）下午2:00

讲座代码：110204

讲座嘉宾

邵雍，现为上海师范大学教授、博士生导师、兼任中国会党史研究会秘书长、复旦大学韩国研究中心研究员、上海大韩民国临时政府旧址管理处学术顾问、上海师范大学孙中山宋庆龄研究中心副主任、校统战理论研究中心副主任、校历史学科博士后流动站负责人、校重点学科社会学负责人。从事中国近现代史、特别是中国近现代社会史的研究与教学。

讲座引言

1900年唐才常领导的自立军起义是上海帮会的一个重大转折点，此后光复会、同盟会上海分会的秘密社会的工作并无太大的起色。真正打开上海帮会工作局面的是同盟会重要干部陈其美。然而帮会毕竟是中国近代病态社会的产物，它的意识形态属于落后的封建文化的范畴，具有极大的历史惰性。从某种意义上来讲，上海地区辛亥革命的成功与失败和帮会的参与密不可分。

上海图书馆的讲座广告

① 本文作者肖婷，原载《东方早报》2011 年 2 月 25 日，原标题为《革命党人曾这样同帮会打交道》。

上海光复得益于帮会力量参与

帮会是产生于封建社会后期的群众性团队。辛亥革命中，源于四川，活跃于长江流域的哥老会就起到了很多作用，比如联络在各地会友的造反。毛泽东在《民众的大联合》一文中曾高度评价帮会的作用，认为辛亥革命是三股力量的合流：留日学生；哥老会；新军。

就 1911 年上海的光复而言，作为上海地区各种反清社会力量共同奋斗的结果，其中有帮会组织的一份功劳。由于帮会的介入，使辛亥革命在上海带有浓重的海派色彩，各派政治力量间的斗争更加错综复杂。

帮会力量参与革命，是从 1908 年春陶成章以光复会名义活动开始的。陶成章试图联合江苏、浙江、安徽、江西、福建东南五省的青洪帮会组织革命协会，以“驱逐满洲鞑子的皇家，恢复大汉江山”为口号笼络具有相同意图的帮会，并自称五省大都督，将五省划分为十路，其中规划中的浙东、浙西与江南三路与上海关系最为密切。然而活动经费是个问题，陶成章为筹措经费于是远赴南洋，之后由于秘密机关曝光，光复会联络上海帮会的工作刚刚起步便夭折，革命协会也未能组织起来。

真正打开上海帮会工作局面的是同盟会重要干部陈其美。1908 年春陈从日本回国后在马霍路（今黄陂北路）德福里设立秘密机关，接待来往上海的革命党人。同时他还有意在一些妓院中设立机关，在花天酒地的掩护下与一批“主要人物”讨论时事。1910 年元旦陈其美又在四马路创办《中国公报》，作为宣传革命、联络秘密会党的机关。当时陈结交的帮会人物主要有青帮大字辈人物应桂馨、李徵五以及通字辈刘福彪。这些人后来也都曾“赞助”过革命活动，并借用其帮会势力为陈其美成功夺取了上海地方政权，使得陈其美在上海光复后当上了沪军都督。这也意味着帮会势力的参与从一开始就破坏了资产阶级的民主程序。

帮会促使“流氓政治”形成

20 世纪初，上海的青帮在青浦等上海郊区频繁活动、滋事，曾国璋、范高头等帮会首领均是令上海官府头疼的人物。邵雍介绍了辛亥革命前十年里上海各帮会在上海郊区的活动概况，认为尽管这些帮会活动能量大，范围广，但不成气候，都属于自发斗争。尽管这些自发斗争客观上冲击着清政府的腐朽统治，而且在斗争中也出现了联合化、本地化的趋势，但始终未能成大气候。其主要原因有二：一是局限于经济斗争；二是未与先进的资产阶级反清力量互通声气，因此一直打不开局面，在辛亥光复中无所建树。到了辛亥革命高潮期间，上海郊区却没什么动静。邵雍表示，这从帮会史角度支持了一个史学观点，即辛亥革命失败的原因之一是没能在农村进行社会大变动。

中华民国成立后，帮会的历史惰性又更多呈现出来，“流氓政治”初步形成。陈其美为了抢夺浙江都督的席位，不惜使用上海滩帮会流氓“包作人”的伎俩，指使蒋介石等人暗杀了在浙江帮会中有着极高威望的光复会领袖陶成章。对此周恩来在 1943 年曾经指出：陈其美、蒋介石等人“以流氓的行径，造成革命党的最初分裂，造成辛亥以后直到现在上海滩上在帝国主义庇护下大地主大资产阶级与帮会相结合的流氓政治的始基”。此后袁世凯刺杀宋教仁的著名血案，就是由成为袁世凯特务的青帮首领应桂馨执行的。

尽管曾经参与并推动过革命，但帮会终归是一股既有巨大活动能量又最不安分的很难控制的社会势力。邵雍认为，任何革命党及其领导人如果没有足够的胆略，不花时间去研究、团结、改造它，就无法取得长久的胜利。近代历史表明，革命党和帮会打交道的过程中，存在的问题是：谁影响谁，谁改造谁。上海辛亥革命的历史，某种意义上陈其美是帮会化的。然而帮会毕竟是中国近代病态社会的产物，属于封建文化的意识范畴，具有极大的历史惰性。在如何同帮会打交道的问题上，代表先进文化前进方向的革命党一直没能很好地解决，这个问题也就遗留给了如今的中国共产党。

没有帮会就没有辛亥革命

——上海师范大学教授、中国会党史研究会秘书长邵雍专访①

在上海师范大学历史系见到邵雍教授时，他正在为博士开题提供意见。高高瘦瘦、斯斯文文的邵雍教授是中国研究秘密社会的权威之一，那些遮蔽已久、被刻意隐瞒的历史事实，逃不过邵雍先生的眼睛。他的《中国帮会史》下编、《中国会道门》、《中国秘密社会第六卷·民国帮会卷》、《民国绿林史》等重要著作让那些绿林好汉亡命之徒重见天日，黑暗社会中的英雄与流氓，不再屈服于帝王将相之下，走入我们的视野。

上海，也曾经是流氓大亨呼风唤雨之所。清末的上海，帮会林立，在黄金荣、杜月笙成为带头大哥之前，青帮、洪门不好惹，连奉贤肖塘一带都有南桥帮："有的是全国性系统，比如青帮、洪帮、哥老会。南桥帮属于地方性帮会，就和上海当时的小刀会是同一种性质的帮会。南桥帮也很可能是江南青帮活动的分支，对于清朝统治是一种巨大冲击。所以说这是一把双刃剑，既伤害了民众，也破坏了清政府的统治。"

任何帮会都是一把双刃剑，这是革命党在革命时期要利用之，在和平时期又意欲灭除之的初衷所在。但既然是黑社会的会党，你在明，我在暗，想要他们一夜之间弃暗投明谈何容易。

众所周知，中国帮会，肇始者，天地会也。金庸先生的一本《书剑恩仇录》，将天地会与清廷作斗争的故事铺陈得荡气回肠，令人心向往之。虽小说家流，但也不可一笑置之，邵雍先生说："金庸写的天地会，有一定历史根据，就是天地会的传说故事——火烧少林寺，编造了一个不是我负朝廷而是朝廷先负我、造反有理的故事。有几个和尚在北京揭了皇榜帮助朝廷击退一个西虏的入侵，但是出家人并没要皇上想给予的赏赐。奸臣时不时在皇帝耳边讲这帮家伙是有野心的，他们什么都不要那就只是想要你的皇位了，最后皇帝听信谗言派人一把火烧掉了这座寺庙。有5个人逃出来了，在广东惠州与万云龙碰头，歃血为盟，反清复明，是天地会的雏形。"

可以说，没有帮会就没有辛亥革命。帮会，作为一支神秘的革命力量，

① 本文作者何映宇，原载《新民周刊》2011年第26期。

在辛亥革命中立下汗马功劳，但是因为其多少具有黑社会性质的背景，不论是孙中山时期的国民党还是解放后的正史，都对这段历史及其相关人物讳莫如深。好在历史就是历史，发生过的终究无法抹去。

从反清复明到反满兴汉

《新民周刊》：以“反清复明”为宗旨的帮会，为什么清朝没有能力斩草除根将其彻底清除干净，反而使其成燎原之势？

邵雍：清朝政府其实一直想把帮会镇压下去的，但是帮会是当时社会政治经济问题的反映，而且在清朝末年有了新的现象，资产阶级革命党人如孙中山、陶成章等都在想方设法利用帮会，与一些帮会首领建立联系。帮会获得前所未有的生机，有一部分帮会革命化，并且同情革命，有了新的苗头。帮会和革命党最大的共同点就是反满的民族革命，因为反清复明就是共和革命的第一步，推翻满族皇帝。反清复明口号随时间推移内涵有变化，清初的时候这个口号激动人心，但是时间长了之后复明是绝对不可能的了。所有明朝皇室后裔都被赶尽杀绝了，名号保存其实是汉民族的标志，就是等于反满兴汉。

《新民周刊》：自立军起义、惠州起义、萍浏醴起义等早期革命党武装斗争，其实质是否都可以视作是“反清复明”的帮会起义？

邵雍：历史是多重因素合力的结果，这些起义大体上来讲是受到资产阶级革命派、维新派的影响。本体还是旧时的帮会，基本群众还是原来的成员，虽然领导者有新思想的灌输，并且新思想是主流，但是思想还是不能统一，惠州起义中既有孙的旗号也有秦（大秦国）的旗号，类似这种情况在自立军中也有。

《新民周刊》：致公堂是怎么帮助革命党海外筹款的？

邵雍：美国致公堂，是华侨努力下维护自己利益的组织。同革命党建立关系是孙中山的开发，他是靠基督教会得到支持，经过人介绍在檀香山进入致公堂，后来就去美国发展了。他设计的制度是双赢策略，重新登记致公堂，亲自修订致公堂章程，提出的纲领和后来的同盟会十六字纲领是没有什么两样的，另外带着致公堂的领导去各地登记，召集演说，表达自己的革命道理，收取经费，这样提高了凝聚力也提高了经济实力。到了后面要武装起义暴动的时候，在大陆筹钱是不可能的，只有在海外，大多数都是靠致公堂筹集的，真正有钱的人对这种革命也不是很感兴趣，感动的是中下层人民，很多矿工把自己的工钱捐出来也不求回报，所以孙中山说华侨是革命之母。洪门筹饷局在加拿大就已经有了，中下层民众商量把致公堂的会所公产抵押出去，支持孙中山革命，美国致公堂和加拿大致公堂贡献率在70%左右。

《新民周刊》：日本黑龙会曾经帮助过孙中山吗？

邵雍：跟孙中山在某种程度上是有联系的。这与从1895年清政府甲午战争失败之后，日本政府对华政策改变是有关系的。割台湾和巨大赔款引起民众的反抗仇恨情绪，为了防止中国的崛起，控制清朝政府，日本政府实行两手政策，就故意联络孙文，利用孙文和清政府作对。民间还是有同情中国革命的人，比如宫崎寅藏，宁愿自己饿肚子，也要资助革命。但是日本政府财团军阀对中国革命的支持都有不可告人的目的。

帮会与革命党：利用与镇压

《新民周刊》：帮会和革命党之间是否也有矛盾和意见分歧？

邵雍：分几种类型。革命党本事比较大的，比如孙中山在檀香山参加致公堂的时候，由于当时有些威望，致公堂让他担任红棍，所谓红棍就是三合会的第一把手——三个主要职位是红棍、白扇（军师、参谋长）、草鞋（联络官）——是对孙中山的承认。还有一种是互相参加，比如说陕西的哥老会成员参加到同盟会，同盟会的人参加到哥老会，实质上就是两套系统同一帮人，这种系统在美国也搞过，同盟会的人参加致公堂，这种情况当时是很不容易的。因为致公堂属于下层社会，同盟会都是青年学生，以前都是互相看不起的，然后大家为了共同的革命目标抛弃以前的成见，这是比较好的情况。比如在上海，在市区可以做到这一点，在郊区就不可能深入大规模发动群众，所以整个辛亥革命在农村中波澜不惊，毛泽东说辛亥革命没有成功是因为没有一个农村大变动。

《新民周刊》：革命党是如何处理与帮会之间的关系的？冯玉祥也是哥老会成员，贺龙的姐夫谷绩廷就是湘西哥老会的首领，在国共的高级将领中，与哥老会关系密切的也非常多吗？

邵雍：从当时的整体态势来看，革命党当时力量特别弱小，很多人胆小都是不敢参加的，只有以反清复明为宗旨的人不以为怪，所以说是相濡以沫，大家都有共同目标，这是第一阶段。第二阶段是实际合作阶段，孙中山在西南地区发动的几次大规模的起义，采取雇佣军的方式打仗，出现了很多问题，往往都是思想教育不够，还有个别人不听指挥，换了黄兴亲自指挥也不听。还会带来负面作用，本来革命军堂堂止正的，但是和会党合作，以前骚扰老百姓印象不好的人现在也变成革命军了，胡汉民是深有体会，以前群众基础很好的地区，现在门都不让进了，就是说他们和会匪合作。还有一个全国性通病，组织纪律性、保密性极差，往往一些很好的行动就被几个不负责任的人在喝醉酒的情况下说漏嘴了，没有造反就被政府的眼线发现，被破坏了。大致在1908年之后，工作重心就转移了，认为会党发动容易，但是要控制很难，所以重点放在搞新军的工作上了。后来广州起义武昌起义就是由新军为主力了。流氓无产者是很难处理的，引导得好就可以走上革命道路，引导得不好就只能成为革命的敌人。

贺龙也是哥老会的，没有哥老会，贺龙不可能在白色恐怖之下乘轮船回到家乡。回到家乡之后靠他姐姐贺英的家族武装，还是哥老会的武装系统。国共高级将领与帮会的关系是比较密切的，比如说辛亥革命时期的湖南都督焦达峰就是共进会的领导，他代表穷苦人的利益，所以当权不久就被立宪派暗杀掉。还有陕西省，除了第一把手是同盟会之外，其他全部都是哥老会的成员，使陕西同盟会的一帮人在抱怨，起先是他们在干革命到后面就成哥老会的革命了，有点失控了。

新民周刊：辛亥革命之后，为什么许多军政府对帮会采取了镇压政策？帮会又是如何应对的？

邵雍：比如说孙中山颁布了一些法令禁入哥老会，历史又进入另一种循环。产生分化组合，还没有到袁世凯镇压的时候，陕西军政府就已经下手了，把原来的同道者镇压下去，想建立革命新秩序。二次革命的时候，发现势单力薄，在袁世凯武装进攻面前，一触即溃，形成错综复杂局面。当然袁世凯自己也镇压的，各个层面的统治者，都希望自己的统治管辖区能达到稳定。所以帮会的日子都是不好过的。

新民周刊：陈炯明后来成为中国致公党第一任总理，他之前和致公堂及洪门的关系是怎么样的，为什么当时以海外洪门为主的致公堂会推举陈炯明为总理？

邵雍：早期跟致公堂没有关系，1912年，美国、加拿大致公堂回来了，他们要求在国内发展，要合法化。但是孙中山不同意，根据资产阶级民主法制的理念，这种秘密帮会显然是不符合章程的，又不好直接回答，就让他们去找陈炯明、胡汉民，互相踢皮球。孙中山答应致公堂革命以后会回报他们，但是没有下文。致公堂有怨恨之心，等到孙中山和陈炯明闹翻之后，自然拥护陈炯明，这是符合历史逻辑的。

关键词：暗杀

新民周刊：在袁世凯当上总统以后，帮会是不是也发生了一些分化，比如应桂馨这样投靠了袁世凯是不是也占据了相当的比例？

邵雍：袁世凯就是利用自己的军事政治实力，最终掌握民国的霸权。从统治者的角度来讲需要稳定，秘密社会要禁止，在普遍镇压的同时个别收买。最成功的一招就是收买青帮的应桂馨，应桂馨以前是同盟会的人，陈其美以前帮应桂馨解决了一些个人问题，应桂馨就报答陈其美，主要表现在谍报方面，在酒楼、饭店、妓院、赌场等都有很多眼线，情报很快。孙中山去南京就任临时大总统的时候，武装护卫就是应桂馨负责的。民国临时政府也要纠正不符合资产阶级民主法制的东西，也希望把原来的帮会改造成一个现代化的社团，应桂馨这些人就会有想法了，革命成功之后你们抛头露面我们却什么好处没有捞到，产生离心力，这一点被袁世凯利用。通过一个特务头子洪素祖进行个别策反，带他去见江苏省的军政府都督，委任为稽查长，每月给1000块大洋帮政府做事，这还不够还去面见袁大总统，为了利用他，爽气地给了一个头衔——全国驻沪的一个稽查长，费用升至为3000元，这样一来，应桂馨就成为潜伏在革命党内部的最危险的敌人，就是通过密电向国务院总理报告，所以宋教仁最后还是死在应桂馨所收买的枪手的枪下。

新民周刊：蒋介石刺杀陶成章与陈其美，与帮会是怎么样的关系？

邵雍：有很大关系，这个成为一些电影的重要情节，衍生出一个问题就是革命党和帮会合作当中谁影响谁。应该说是交叉影响，革命党让帮会革命化，帮会在某种程度上让革命党帮会化。最明显就是反映在陈其美身上，他在攻打上海制造局那一天，想说服制造局负责人和平解决，但是却被扣押，是其他武装力量比如说光复军把他救出来的。后来出现了一个戏剧性的场面，几天之后进行选举上海军政府都督，主持会议的李平书说，论功劳应该给李燮和，陈其美的手下青红帮的头头就不舒服了，拿出手枪为陈其美抱不平，在这种极不正常的情况下很不情愿地选了陈其美做了上海军政府都督。这样上台也是很不光彩的，用这种流氓行径来掌权，这是对于革命队伍的轻视。对于处理革命党内部关系方面，帮会也起了很坏的作用。可以讲孙中山是革命党，陶成章也是革命党，由于陶成章对孙中山的经费问题产生分歧才重新回到光复会。后来第一任浙江都督汤寿潜被调到南京去，这个位子就让出来了，章太炎讲了论威望资历应该是陶成章。但是陈其美也想要这个位子，采取流氓手段，通过蒋介石收买光复会叛徒王竹卿在医院暗害掉陶成章。这个事情是早于袁世凯的刺宋案，陈其美可能是跟青红帮打交道惯了，身上都是流氓做法。周恩来说陈其美等等是造成上海大买办资产阶级流氓政治的源头，这个话是非常正确的，这是对辛亥革命的副作用。

流氓政治走向灭亡

《新民周刊》：我看过中统大特务郑蕴侠的纪录片，说到他也是袍哥，在辛亥革命之后，国民党中的帮会势力是否仍然很强？

邵雍：中统军统中帮会势力很大，典型的例子就是戴笠和杜月笙之间的关系。国民政府是不能在公共租界随意活动的，通过杜月笙在法租界镇压共产党至少是如鱼得水的。中统也是一样的，拜青帮洪帮为老头子，青洪帮有庞大的组织系统，通过基层成员搜集情报，效率高成本低。

新民周刊：这种帮会的流氓政治对民国的混乱状态以及国民党最后的败北产生了怎样的影响？

邵雍：冯玉祥的回忆录里面记载，决定支持蒋介石时，蒋介石想到的第一件事就是拜把子换八字庚帖。蒋介石这套东西也是从孙中山中华革命党那儿学过来的，入党进来要按指模，黄兴觉得这是非常荒谬的，但是有一帮人是绝对支持的，比如说陈其美、蒋介石等。这些不是由革命政党影响帮会，而是帮会负面影响革命政党。陈其美被暗杀跟帮会没有关系，是北洋军阀干的。

《新民周刊》：1949 年后，帮会是怎么走向灭亡的？

邵雍：帮会基本上属于游民，1949 年后从根本上下手，就是解决工作问题。当时采取低工资广就业，最主要的是保证人人有工作。另外一方面就是在土地改革的同时，在工矿企业开展民主改革，对一些欺压工人群众的把头进行斗争法办，这些人大多数都是有帮会背景的。当时共产党并没有大肆宣传帮会这样的名称，而是命名为恶霸、历史反革命、特务等等。通过这些非常迅速地解决了城市的问题，后来通过建立全方位的户口制度就全面解决了这个问题。共产党在解决帮会问题上还是很拿手的，民间社会压缩到最低点。

致公党是一个特例，也是致公党的一个新生，在抗日的时候香港总部就已经停止了活动，但是保存了一些档案和海外的关系，后来参加了民主运动，为蒋介石所不容。在抗日战争胜利之后，周恩来发现致公党领导人可以变成自己人，就说服主要领导人，重新启用香港总部的组织关系。最重要的标志是响应 1948 年共产党提出的五一口号，核心内容是要召开没有国民党反动派参加的新的协商会议，致公党是最早响应的民主党派。与此同时还是有很多分支，比如说从美国回来的就组织了一个叫民治致公党，现在美国加拿大也还堂而皇之地挂着致公党的牌子，已经在国外合法化了，这些是海外的一支，估计广东福建人比较多。国民党败退，帮会中的人在台湾也起了重要作用，比如说五圣山。台湾黑社会现在带有本土性草根性特点，杜月笙的洪帮青帮在台湾已经是强弩之末了，蒋经国组织政党合法化的时候也有几个洪门政党。

深入研究“二大”的路径[①]

中共一大与中共二大是中国共产党九十年历史的里程碑，标志着中国共产党创建工作的完成。在一大结束到二大召开的短短的一年中，上海人民在中国共产党的领导下，为新民主主义革命作出了巨大的贡献。党的宣传出版工作、工人运动、妇女工作、青年工作都是率先在上海发展起来的。或者说，这一年中，在这四个方面上海取得了最突出的成就，这点从陈独秀 1922 年 6 月给共产国际的报告中就可以看出，里面有很多的数据进行了说明。在当时的情况下，中国共产党在上海召开中共二大是最为适宜的。

历次代表大会的与会人员和产生的文件是研究党代会本身的一条重要路径。因为与会人员的思想对于文件的产生起着至关重要的作用，会议文件对于指导今后一个时期党的工作，又具有十分重要的意义。同样，中共二大的研究，我们也可以这两方面着手。

首先，从大会文件研究出发，谈谈中共二大研究的路径问题。回顾中国的革命经验，毛泽东说过，武装斗争、统一战线、党的建设是党在民主革命时期的三大法宝。其中，党的建设，是中共二大与中共一大共同完成的。二大上，第一次提出了党的民主革命纲领、第一次公开发表了《中国共产党宣言》、制定了第一部《党章》……贡献很大。统一战线，在中国共产党历史上最早的文献资料就是中共二大上通过的《关于“民主的联合战线”的议决案》。所以仅就这两点，三大法宝当中，两大法宝与二大有直接关系。

下面，以“民主的联合战线”的提出为例，具体谈谈中共二大研究。中共二大上产生了《关于“民主的联合战线”的议决案》，这个决议是列宁主义中国化最初的表现之一。民主的联合战线理论来源于列宁关于民族和殖民地问题的理论（东方革命理论）。列宁关于民族和殖民地问题的理论在共产国际的二大、三大上是作为基本策略进行贯彻的。就当时的中国而言，最直接的传播渠道就是 1922 年 1 月召开的远东会议，当时中国共派了 39 名代表与会，其中中国共产党党员就有 14 人，这些人中，有的直接回国参加了二大。作为远东会议中国代表团团长，张国焘在二大上就这次会议的情况作了专门

① 2011 年 6 月 17 日在“二大”与党的创建研讨会上的发言，原载《静安时报》2011 年 6 月 27 日。

报告，很好地向中国共产党人传达了列宁东方革命理论。

按照列宁的原理或者共产国际的相关决议，国共合作本应该采取党外合作的方式的。但是由于以孙中山为首的国民党不愿意和中国共产党平起平坐，同时共产国际代表马林在中国推销他的爪哇经验，所以最后西湖会议通过了党内合作的方式。这种合作方式给中国共产党既带来了极好的机遇，同时也潜伏着极大的风险。

对于“民主联合战线”这一策略起源、出台、转型的过程做深入研究，有助于了解中共二大的伟大历史作用，因为这一政策对中国共产党日后的发展壮大产生了重大而深远的影响。

其次，从大会代表研究出发，简要谈谈中共二大研究的路径问题。对于二大代表的初步看法，我认为米夫所说的，代表有 20 个人，是比较可信的。根据张国焘的说法，出席二大的代表既有正式代表，又有列席代表；同样，根据毛泽东的论述，有应到代表，还有实到代表。二大召开了多次小组会议，并且召开了三次全会，所以不一定每一位代表都从头到尾全程参加了大会。但凡是参加过会议的人，我认为都可以称之为代表。

同时我建议，关于中共二大研究的可以把重点放在出席代表的文章、著作上。从原始文本中，我们可以查找到早期（1922 年 7 月之前）每个代表的心路历程、思想转轨等，以人为切入点，更好地剖析代表大会本身的历史意义和现实作用。

二、高考命题研究

对上海高考历史卷的一点意见

在2004年上海高考历史卷中有一道题的题干是刘少奇1949年的天津讲话，接着要求考生发表自己的意见。本人的看法是：刘少奇是个伟大的马克思主义者，无产阶级革命家，但是这并不等于他讲的每一句话都是正确的。就天津讲话而言，薄一波在《若干重大决策与事件的回顾》上卷（中共中央党校出版社1991年版）中已经有了明确的说法：

客观地说，少奇同志的天津讲话，也有个别言词不妥当的地方。比如讲“剥削有功”、“剥削越多越好”，就不妥当。当时，我把少奇同志在天津的讲话向毛主席作了汇报。毛主席对他的讲话总的是肯定的，认为讲得好，只是觉得“剥削越多越好”的话不一定这么讲。我认为，少奇同志讲这个话的本意，是要向工人、资本家说明，在生产力水平低下的历史条件下，剥削是难以避免的。雇佣关系愈发展，可以使更多的工人得到就业，更多的产品被生产出来，有利于社会经济的发展，从这个意义上讲，发展雇佣劳动是历史上的一个进步。在当时，如果过早消灭资本主义，消灭剥削，将会导致生产受到破坏，工人失业。我觉得，当时朱德同志在阐述这个问题时，讲得很好。他说：“私人资本主义企业中的职工，他们在经济上还没有获得完全解放，他们还受着资本家剥削，这种剥削在新民主主义时期只能够受到限制，而不能够消灭”；为了工人阶级根本的长远的利益，还必须“在现阶段自觉地忍受资本家之一定限度以内的剥削”（《朱德选集》，第261、262页）。这里用的是“忍受”资本家“一定限度以内的剥削”，而不是讲“剥削有功”、“剥削越多越好”。这就表达得比较确切恰当。

……围绕天津讲话以及其他一些问题，还是在党内发生了一场反对少奇同志的风波。东北局书记高岗……把少奇的天津讲话抄成“档案”进行散布，别有用心地制造流言蜚语，恶毒攻击少奇同志，向党发难。

在1954年2月揭露高岗反党阴谋活动的七届四中全会上，邓小平同志针对高岗的流言蜚语说：

“对资产阶级问题，虽然我没有见到一九四九年初少奇同志在天津讲话的原文，但是据我所听到的，我认为少奇同志的那些讲话是根据党中央的精神来讲的。那些讲话对我们当时渡江南下解放全中国的时候不犯错误是起了很大很好的作用的。虽然在讲话当中个别词句有毛病，但主要是起了好作用的。”

据此，我认为将这样一个有缺点的讲话，放在政治性很强、社会影响很大的国家级考试的试卷中是不合适的。

（2004年）

关于高考命题的技巧问题

上海单独命题已经有20年的历史了，积累了一些有益的经验。我本人多次参与，目前还是上海市教育委员会考试院历史学科专家组的成员，深有体会，现与老师们交流。

1999年历史命题组成员合影

一、高考命题的重要性和严肃性。一年一度的高考关系到千家万户的利益，根据上海的习惯，高考一结束，试题汇编马上上市销售。各中学有关老师更是人手一册，精心研究，这就是高考指挥棒的作用。如果试题有错，势必贻笑大方。因此马虎不得。

二、命题水平的高低是衡量一个教师实际工作能力的一个重要方面。经专家提名、领导推荐参与命题固然是好事，但有这个身份并不等于就真有了这个水平，要谦虚谨慎，向老的命题教师请教，同时要认真领悟前几年出题的思路，迅速接轨，进入状态。

参加省级高考命题是个光荣的任务，又是一个艰巨的任务。因为你是代表一个学校出去的，你的工作成绩、工作能力一般地被认为就是该单位的水平，所以千万不可掉以轻心。

三、反之，一次或多次参加高考命题有助于提高自己的业务能力，包括对教材的理解能力、文字表达能力等。

1. 上海考卷代表了上海的最高水平。由于各单位领导的重视，派出的均为有丰富教学经验的教师参加命题组。5 人中 2 人为高中教师（当年不担任高三教学任务），一般为特级教师，至少是高级教师。3 人为本市有历史系的大学的教授，有的还是博士生导师。取长补短，共同讨论。不要说一个学校出不出这样的卷子，就是一个区也不可能出这样的卷子。不要说命题老师的个人水平和组合水平，就是精神状态、时间投入都是不能相比的。在 6 月 9 日到 20 日左右的时间内，除了吃饭睡觉，就是在反复推敲，有时在五人小组内部还要互相挑刺，辩论，防止出现令考生难以理解或容易发生歧义的文句。

2. 组长负责，发扬民主，充分讨论。为了全体考生的利益，为了对他们负责，没有任何个人不能放弃的东西，如果人家提的修改意见很有道理，某人又坚持不改，那就是心术不正，有意放水。

3. 针对上海的特点，简化考题的种类，分为三类：一是选择题（此为机器阅卷的部分），其次是问答题（有简答和问答两种）、小作文。

4. 命题原则及基本思路。原则是考教材中大字部分，不考小字及打星号的阅读部分。思路是绝不从现成的教材中找题干的材料，题干的材料全部是从课外读物中找的。有唐诗宋词、名人语录、文人笔记、楹联、史料摘录等。但是所有问题的答案均是教材中有的东西。决不偏离教材出难题、怪题。命题教师事先按照出发会议时的分工，分头准备参考资料。一进入工作场地就没有上网、随意借阅图书资料的方便了。当然一个人带的书总是有限的。必要时还要动用脑中记忆的部分。

5. 注意图片资料的运用。历史图片、照片本身就是一种重要的史料，事后创作的美术作品也能帮助我们领悟历史的场景，因此在上海试卷中图片是比较多的。图片还包括外国邮票。2003 年第 30 题选了华盛顿、杰弗逊、林肯三人的邮票，下面用英文标注。（中学生不可能不认识，因为教材上也有此三人的英语名字。）

6. 考试内容的均衡性，从学科来讲，有中国古代史、中国近现代史、世界史（五人小组的分工就是中国古代史、中国近代史、中国现代史、世界近代史、世界现代史各司其职），

从领域来讲照顾到政治、经济、文化、社会四大板块。

在检查考生的能力时既检查他的记忆能力，又检查他的理解能力和解决实际问题的能力。

在考察记忆能力方面，仅仅扣住教材中的大事年表，如果一个考生连大事年表中的内容都记不住，他的质量是很成问题的。

部分考试内容的开放性，如问你认为华盛顿、杰弗逊、林肯三人中选哪

一人更有道理，为什么？为第一问。出人意料之外的是还有第二问，另外两种选择是否也有可了解之处？请简要说明理由。

命题时还要考虑题目的生动性。如2003年第31题，写袁世凯是刺杀宋教仁的主使，引用了袁世凯当时装腔作势说的一句话："何物狂徒，但敢毁我共和元勋？"本题第二问：真正的狂徒——幕后指使者究竟是谁？

7. 命题原则、难度坚持相对稳定性，防止大起大落，兴师动众，搞调整分。长期以来历史学科高考的平均分保持在104～105之间，使学文科的同学看到了希望，看到了光明，报考历史的越来越多，相应的报考政治的就有所下降。

8. 要讲究科学性和艺术性的统一。要讲究包装，给人一种新鲜感。有的题目经过了精心的设计，转了两个弯，一般只转一个弯。如小作文给出一组图片，下面还有一两句语言非常精练的提示性的文字，但又有很大的空间可供考生发挥。

还有数字统计图表（用数字说明问题），如2003年第33题就列了中华人民共和国初期工农业生产统计表。问新中国这一时期经济呈现了怎样的趋势？出现这一趋势的原因是什么？

还有地图，如2003年第8题就选了独立战争胜利两年后，美、英签订的《巴黎和约》，美国地图有四种，要同学选一项正确的。地图在教材上没有出现过，但教材中有相应明确的文字表述。我们只不过作了表述方式的转换而已。

9. 考试的重点是在新场景中考查学生对基本理论、基本概念的理解能力：如2003年第24题引用了马克思、恩格斯在《共产党宣言》中的一段话："资产阶级在它不到一百年的阶级统治中所创造的生产力，比过去一切时代创造的全部生产力还要多，还要大"，马克思的这一论断揭示了资产阶级

曾经是生产发展的动力　永远是人类财富的化身

始终是社会进步的代表　将来是世界经济的霸主　要求学生历史地看问题。

又如抗日战争时期贺龙军帽上的国民党帽徽问题，"文革"中江青攻击陶铸是国民党问题。

10. 讲究命题技巧，在选择题的四个选项中注意句子长短的统一即字数的统一。在这前提下注意句式的统一。如偏正词组，如2003年第六题：

学习明、清史后，有四位同学分别就下列主题作了演讲，你认为其中哪一个概括了这段历史的全过程？帝国的彷徨　中华的荣耀　东方的曙光　王朝的振兴

如动宾结构，如2003年第十题：一位伟人指出："俾斯麦依照自己的方式，依照容克的方式，完成了历史上的进步事业……"，这一事业指

阻止奥地利的回归　戳穿俄罗斯的觊觎　抗击法兰西的入侵　完成德意志的统一

11. 平时就要做有心人，注意积累命题的素材。一方面是课堂内的积累，另一方面是课堂外的积累，主要是收集本市及全国卷（可以购买试题汇编，也可上网查）进行比较对照，同时认真阅读《历史教学》发表的专题评论文章，人家的出彩之处，认真体会模仿，人家的败笔引以为鉴，不可重蹈覆辙。

12. 有些东西不是在短短的十几天中就想得出来的。（如果参与综合卷命题的话，更是如此，要收集最新的时事新闻，大众关注的热点问题，贴近生活，生动活泼）

（2005 年）

关于文科综合试卷的分析与研究

自2000年来，在全国高校的入学考试中增添了新的项目——综合卷。我本人多次参与，目前还是上海市教育委员会考试院专家组的成员，深有体会，现与老师们交流。

综合卷命题组成员合影

一

（一）综合卷的种类，有大小之分，大综合指除语文、数学、外语之外的六门课：政治、历史、地理、物理、化学、生物。小综合指文科或理科的综合。

（二）综合卷的形式分成两卷，第一卷是选择题，政治、历史、地理、物理、化学、生物六门课。选择题是每一门课出题，进行学科内的综合。每题3分，共54分。

如2003年第四题从明朝中期到清朝初期，随着经济的发展，中国在文化思想领域出现了足以与当时西方相媲美的成果。

7. 与莎士比亚的《罗密欧与朱丽叶》有异曲同工之妙的作品是（　　）。

《金瓶梅》　　《红楼梦》　　《牡丹亭》　　《西厢记》

8. 下列科学家中最早记录喀斯特地貌（石灰岩地形）的是（　　）

宋应星　　徐霞客　　徐光启　　汤若望

9. 以下与18世纪英国学者亚当·斯密的经济学观点最接近的见解是（　　）

"从字义通经义，从经义通义理"

君主专制是"天下之大害"

"大贾富民"是"国之司命"

"天下兴亡，匹夫有责"

2004年第三题中国民主政治建设是一个渐进的历史发展过程。中国共产党致力于建立和完善中国特色的社会主义民主政治制度，对实现中华民族的伟大复兴有着极为深远的意义和影响。

6. 维新变法运动时期，康有为主张："我朝变法，但采鉴日本"，是指在政治上实行（　　）

君主专制　　联邦制　　共和制　　君主立宪制

7. 以孙中山为代表的资产阶级革命派创立的中华民国，在政治体制方面效仿西方国家是（　　）

美国　　英国　　俄国　　德国

8. 《中华民国临时约法》的制定受到了法国启蒙思想家观点的影响，这位启蒙思想家及其观点是（　　）

卢梭　天赋人权　　伏尔泰　开明专制

孟德斯鸠　三权分立　　狄德罗　宗教信仰自由

9. 中国共产党领导的多党合作和政治协商制度是我国的基本政治制度，其形成可以追溯到（　　）

1949年　　1954年　　1956年　　1978年

10. 首次明确规定人民代表大会制度为我国根本政治制度的法律文件是（　　）。

《中国人民政治协商会议共同纲领》

《论十大关系》

1954年《中华人民共和国宪法》

1982年《中华人民共和国宪法》

9与10也可以说是政治的内容。

第二卷是问答题，共96分。上海原先有偏文和偏理的两种。这一卷中的综合题，至少有四门学科参与才能出题。工作分配：综合卷第二卷一般安排六个主题，各学科分别负责总体设计，其他相关学科派人参加。有时个别组内有人特别能干，就负责两个主题的总体设计。地理组就负责了两个。

2001 年第十八题：日本文部省在审定历史教科书问题上所采取的错误态度，多次激起亚洲人民的不满。最近，日本首相小泉纯一郎又扬言要参拜靖国神社，更引起亚洲各国人民的警觉。

36. 日本是一个岛国，工业区集中在太平洋沿岸，主要依靠进口原料（燃料），出口工业制成品，形成了（加工贸易）型的工业地带。在近代史上，日本曾经吞并了（朝鲜或琉球），侵略中国，占领东南亚地区。20 实际 30 年代初，日本在我国东北制造了两起重大事件，即制造（　　）和建立（　　）。20 世纪 50 年代以来，日本文部省在审定“教科书”问题上的态度和日本首相参拜靖国神社的实质是（否定日本侵略历史），因而激起亚洲各国人民的极大愤慨。日本政府的上述行经有悖于当今世界（　　）与（　　）的两大主题。

2003 年第十二题：2002 年 12 月，中国赢得了 2010 年世博会的主办权。在举办世博会过程中，上海将实现城市功能的再造、产业能级的提升、市民素养的提高和区域环境的优化，并进一步带动周边地区发展。

28. 概括上海城市的主要功能（信息、经济、金融、贸易、航运等中心）。

29. 世博会的举办，将成为长江三角洲经济区加速融合并全面崛起的最佳时机，“长三角”将打造成新的“世博经济圈”，这体现了唯物辩证法的（普遍联系）观点。

30. 2010 年上海世博会选址于卢浦大桥与南浦大桥之间滨水区的有利条件是（将你认为合理的编号填入空格）

有 8 条（2、3、5、8）

31. 求磁浮列车的平均速率。

32. 世博园区域内需搬迁的江南造船公司，它的前身是洋务派创办的江南制造总局，该公司的部分建筑将被保存。为了解这些遗存的历史价值，需要重温洋务运动与中国船舶工业的历史。请简述洋务运动的作用。

33. 三山会馆是需要保护的另一遗址，它是 1927 年上海第三次工人武装起义南市纠察队的指挥部。这次起义发生在（　　）战争时期，领导人是（　　）。

三、上海综合卷的命题人员组成：秋季考试：六门学科每门出三个命题教师：一个大学的，两个中学的，基本要求是具有高级职称的，再加上一个计算机输入的，共 19 人。春季考试：六门学科每门出二个命题教师：一个大学的，一个中学的，再加上一个计算机输入的，共 13 人。是命题组中人数最多的。组织领导与其他命题组不一样，综合组设组长两人（文、理科各一个）。目的是便于沟通交流，避免瞎指挥。为了保证命题工作的进度和质量，每次考试命题必须保证在每门学科中至少有一个是老的命题老师。2004 年历史学科邀请我参加历史卷的命题工作，我因手头工作实在太忙婉言谢绝了。但在出发会议前的一个晚上，考试院命题办公室的一位主任打电话给我，说是综合卷中实在找不到以前出过卷的老师，希望我能够帮忙。于是我答应了，不过进入命题场地后，引起了历史卷命题老师的一些不满。认为我是看不起历史卷，偏向综合卷，以致我反复解释了多次。

四、程序：首先在出发会议时规定一些大致的框架或范围，大家就各自的学科想办法，找分题干的材料，往上靠。各学科有一个召集人，负责本学科内的把关。

然后在全组大会上，逐条讨论，各抒己见，提出质疑，主要是消除歧义。组长负责，发扬民主，充分讨论。为了全体考生的利益，为了对他们负责，没有任何个人不能放弃的东西。只有大家基本认可的东西，才能进入下一步的精加工的工序。否则只好推倒重来。

五、鉴于综合卷是个新事物、新品种，因此 150 分中是打折扣的，满分只有 30 分。但这样一来，也产生了新问题。即有些同学特别是重点中学的同学的不重视，认为是玩玩的，两小时的考试时间只用了半小时就出来了，因此达不到当初设立这一考试项目的初衷。

六、出题的范围严格按照一年前印发的《上海卷考试手册》，绝对不许越位，有一年在一道题目中有些命题老师建议加入计算机的内容，尽管十分简单，但考虑到郊区学校有些同学还没有实际操作过计算机，争论到最后的结果还是将它拉了下来。其次，决不从现成的习题集中照搬，有些命题教师本身就是这种习题集的编者，一经发现坚决替换，不讲情面。这样做的目的是保证考试的公平、公正性。

七、命题水平的高低是衡量一个教师实际工作能力的一个重要方面。经专家提名、领导推荐参与命题固然是好事，但有这个身份并不等于就真有了这个水平，要谦虚谨慎，向老的命题教师请教，同时要认真领悟前几年出题的思路，迅速接轨，进入状态。

八、在综合卷命题工作中一定要有全局观念、协作观念，不能坚持以我为主，以自我为中心。有了一个好的主意后，还要设身处地地为其他学科设想参与进来的途径，为他们指点一个大致的方向。否则达不到 4 门学科参加的最低标准，你的题目出得再精彩也是白费力气。

九、综合卷命题的特殊性：即命题教师不仅要对本学科范围内的东西十分熟悉，而且要了解相关学科。以历史为例，要熟悉政治、地理学科。至少你要有他们的高中教科书。

十、参加省级高考命题是个光荣的任务，又是一个艰巨的任务。因为你是代表一个学校出去的，你的工作成绩、工作能力一般地被认为就是该单位的水平，所以千万不可掉以轻心，相反即便你对于某一方面特别熟悉，也要举轻若重。上海考卷代表了上海的最高水平。不要说一个学校出不出这样的卷子，就是一个区也不可能出这样的卷子。不要说命题老师的个人水平和组合水平，就是精神状态、时间投入都是不能相比的。在 6 月 9 日到 20 日左右的时间内，除了吃饭睡觉，就是在反复推敲，有时在五人小组内部还要互相挑刺，辩论，不要出现令考生难以理解或容易发生歧义的文句。一次或多次参加高考命题有助于提高自己的业务能力。包括对教材的理解能力、文字表达能力等。

十一、综合卷的鲜明特点是生活气息浓厚，贴近生活（分别有分时电表、世界杯比赛、室内装潢中的甲醛含量）。如果你对综合卷感兴趣，或有可能参与命题。就要关心时事政治（“三农问题”，可持续发展、科学发展观）将同学感兴趣的最新材料整合到综合卷的题干中去，增加亮点。平时就要做有心人，注意积累命题的素材。一方面是课堂内的积累，另一方面是课堂外的积累，主要是收集本市及全国卷（可以购买试题汇编，也可上网查），进行比较对照，同时认真阅读《历史教学》等教学杂志上发表的专题评论文章，人家的出彩之处，认真体会模仿，人家的败笔引以为鉴，不可重蹈覆辙。

题干中有 2001 年《走向新时代》的部分歌词、2004 年民间谚语“春天孩儿面，一日三朝变”。

十二、有些东西（特别是出彩的金点子）不是在短短的十几天中就想得出来的。（如果参与综合卷命题的话，更是如此，要收集最新的时事新闻，大众关注的热点问题，贴近生活，生动活泼）。

十三、为了便于素质教育的进行，综合卷要安排一定比例的开放性题目，但也要注意比例。不可能全是开放性的题目，从操作层次来讲，将极大地增加阅卷的难度和强度，是不可取的。

十四、培养学生的概括能力也是考试的导向之一，有些试卷从出题、阅卷方便起见，出的题目多是考学生的分析能力的。但我们认为不能只会分析，不会归纳综合。

2004 年最后一题：根据不同的标准，可以将人类的文明划分为不同的类型。反之，不同的类型又是根据相应的标准来划分的。请完成下表：

标　准	类　型
社会形态	奴隶社会文明、封建社会文明、资本主义社会文明、社会主义社会文明
生产力发展水平	
	古代文明、近代文明、现代文明
宗教信仰	

2002 年第 15 题：上海青少年校外活动营地的知识大道区中的雕塑群由 162 位世界文明发展史上杰出人物组成。李时珍、曹雪芹、法拉第、莎士比亚、伏尔泰、宋应星、黄宗羲、拉瓦锡、王夫之、汤显祖、瓦特、贝尔。请将他们按所作主要贡献进行分类，填写出姓名。

科技领域：李时珍、法拉第、宋应星、拉瓦锡、瓦特、贝尔

思想领域：伏尔泰、黄宗羲、王夫之、

文学领域：曹雪芹、莎士比亚、汤显祖、

（伏尔泰归入文学领域也可以）

本题主要是考学生的分析能力的。

十五、综合卷的发展有一个过程。初期是挂灯笼的拼凑阶段，现在进入了一个内在的有机融合阶段。

2002 年第十六题：秦岭

42. 自然植被层次

43. 温差、定位

44. 大熊猫（生物）

45. 旅游者完成登山后，可以前往临潼华清池游览，引出西安事变的题目。

其实事情总是互相联系，互相影响，互相制约的，现有的学科分类只是为了学习方便而划分的。千万不能作茧自缚。因此一个好的中学教师在备课、上课时要充分注意到本学科与相关学科的结合部，这些地方就是命题的自然出处。考的是学生的概括能力。

十六、要讲究科学性和艺术性的统一。要讲究包装，给人一种新鲜感。有的题干语言非常精练，如 2004 年最后一题，原题干为“工具的创制和应用促进了人类文明的进步。”但命题组织其他学科的老师提出太简单。于是我经过思考在此之前添加了下面一段话：“工具是人类文明演进的主要标志。从打制的石器到牛拉的铁犁，从简朴的蒸汽纺机到现代的数控机床，”获得一致通过均认为是好。这一图文题第一行左图右文，第二行缺左图，第三行缺右文，要求学生完成。

十七、综合卷提倡研究性学习。如 2001 年第十九题。上海市中学开展的研究性学习对中学生的创新精神和实践能力的发展起到了积极作用。在学习过程中，学生们兴趣盎然。下面列出了学生的三个研究课题名称。

课题一：小区居民用水问题的探讨

课题二：近代文化名人云集多伦路原因考

课题三：上海市中学生自行车牌照税交纳现状调查

37. 写出所选课题名称，并简述选题理由

38. 简述你的研究计划与研究方法：（问卷）调查（个别访谈）、实测

39. 该课题最终的成果形式是：（调查报告或论文）

十八、综合题原则上讲靠的是考生平时的积累，因此原则上是用不着事先复习准备、猜题的。综合题的导向很清楚，就是反对死记硬背。从某种意义上来说，综合题的学科含金量是比较低的。

（二）

上海市初中历史教材覆盖了三个年级，初一是中国古代史、初二是中国近现代史（上半学期为半殖民地半封建社会1840—1927年部分，下半学期为1927—1949年部分加上社会主义社会到十四大）、初三是世界史（上半学期为世界古代史、世界近代史，下半学期为世界近代史续和世界现代史）。旧教材编写者已经注意到只突出政治史、阶级斗争史的问题，因此添加了清末民初的文化（含社会生活）、民国时期的文化、社会主义时期的文化三章。世界史有近代欧美的科学与文化和现代科技与文化两章，可惜是打了星号的阅读部分，也就是说是不考的。高中教材是中外合编的，只有一个学年，内容是1500年以来的。考历史的同学还要学一本专门为他们编写的中国古代史读本，只有一个学期。中外合编的高中教材也有一些打星号的地方，这是不考的。否则综合卷历史部分的题目会出的方便些。

上海市高中思想政治教材覆盖了三个年级，高一是哲学（哲理与人生思考）、高二是经济，其中剩余劳动与社会进步、市场经济与宏观调控、对外开放与开放意识与历史有交叉的，是可以出综合试卷的。高三是政治，其中国家政权与国家观念（第三节维护国家的统一）、民主制度与民主意识、政党制度与党的观念、根本大法与宪法观念、国家政策与政策观念（第二节国家的宗教政策）、国际社会与国际意识（第一节当今世界的主题与格局、第二节国际关系和国际组织、第三节我国的对外政策）与历史有交叉的，是可以出综合试卷的。

上海市高中地理教材是二年级学习的。上半学期是自然地理，其中第三章“自然资源”中水资源、土地资源、能源资源和海洋资源与历史有交叉的，是可以出综合试卷的（还有生物资源、矿产资源与生物等学科相关）。下半学期是人文地理，第四章“人类的经济活动”第二节“农业生产及其地域类型”、第三节“工业生产及其地域体系”、第四节“交通运输和国际贸易”，与政治、历史有交叉的，是可以出综合试卷的。第六章“协调人地关系与可持续发展”第二节“自然灾害及其防治”，与历史有交叉的，是可以出综合试卷的。

（2005年8月8日）

三、中国古代史研究

中国古代的秘密宗教①

我国的民间宗教是在封建社会中流行于社会底层的多种宗教的统称。在一般情况下，它们总是遭到封建政权的取缔和镇压，因此又被称为秘密宗教。我国最早的民间宗教是道教。道教起源于古代的巫术和秦汉时的神仙方术。东汉末年，张道陵所创的五斗米道（入道者须出五斗米，故名）；传播于川、陕地区；张角所创的太平道流传于中原和江南地区，是当时民间道教的两大派别。其中，太平道以《太平清领书》为主要经典，用符水治病，信徒曾发展至数万人，于东汉末年发动了声势浩大的农民起义（即黄巾起义）。东晋末年孙恩、卢循也曾利用五斗米道组织农民起义，时间长达十余年之久。此后民间道教为统治阶级所利用，逐渐转化为正统宗教。

约在公元六至七世纪传入我国的摩尼教（由波斯人摩尼在公元三世纪所创立的宗教），在唐武宗会昌五年（845 年）灭佛时连同遭到严重打击，转而成为秘密的民间宗教。摩尼教在五代时亦称明教，教义中混有道教、佛教等成分，它尊张角为教主，敬摩尼为光明之神，认为世界上光明力量终必战胜黑暗力量。教徒提倡戒酒、裸葬、吃斋，被地主阶级诬称为“魔教”、“食菜事魔”。五代梁末（920 年）母乙以此发动起义。两宋时摩尼教流行于淮南、两浙、江东、江西、福建等地，不断组织农民起义，著名的有方腊起义和王念经起义。元代也有以此发动起义的。摩尼教在明代其称犹在，但至清代已不复见之文献。

南北朝以后，新产生的民间宗教往往吸收流传较广的佛、道等合法宗教的某些教义，以结纳教徒。明正德年间（1506—1521 年）山东即墨人罗清（后来被尊为罗祖）创立罗教（又称悟空教、罗道教），自称源出佛教禅宗，并把自己列为“禅宗六祖”之后传教的“八祖”。罗教把佛教的空无宇宙观和道家的无为思想结为一体，以无极净土作为宇宙的本源，把真空当作宇宙的根本和永恒的真理，创“真空家乡，无生父母”八字真诀。罗清死后，罗

① 原载《中国文化史三百题》，上海古籍出版社 1987 年版，原标题为《我国古代有哪些民间宗教?》。

教改称无为教和大乘教，流行于河北、山东、安徽、江苏、浙江等省，并延及福建和台湾。教徒多为漕运粮船水手，他们在庵堂中供奉罗祖象并有《五部六册》（其教内谓之《龙经》）等经卷，这些庵堂又大都成为漕运水手宿脚之地以及废疾衰老的教徒赖以存活和死后得以安葬之所。罗教在清代遭到封建统治阶级的残酷镇压，但由于罗教庵堂的设立，直接关系到水手们的生老病死，因而屡经查禁，仍相流传。其中老官斋教作为罗教的一支在福建、台湾等地十分活跃。该教最初由明朝时浙江庆云县罗教主姚氏统辖，姚氏世代传习罗教，姚氏后裔每年赴闽一次，举行收徒仪式并收会费。教民俱吃素，称为“老官”，故名。每逢朔望，各持香烛赴斋堂念经聚会，以“代天行事”，“天国普有”为宗旨，农民常以此为组织斗争的工具。明万历三十二年（1604 年）福建瓯宁有吴建领导的斋教起义，清乾隆十三年（1784 年）福建建宁有普少、魏现领导的老官斋起义。由于罗教在民间流传较广，所以后来的青帮、先天道、一贯道等都受到它很大的影响。

流行于元、明、清三代的白莲教是我国古代民间宗教中一个极重要的教派。白莲教混有佛教）罗教等内容，始自南宋初茅子元创立的白莲宗，其教义渊源于佛教的净土宗，崇奉阿弥陀佛（无量寿佛），提倡五戒（不杀生、不偷盗、不邪淫、不妄语、不饮酒）。元代时，白莲教在江南一带广为传播，曾一度为元政权认可，但为时不久，又遭禁止。白莲教在元代渗入了其他宗教观念，主要是吸收了始自南北朝时期的龙华三会（龙华三会为中国民间宗教名词，指宇宙自开创起至最后为止必经的三个时期。所谓龙华初会是燃灯佛铁菩提树开花；二会是释迦佛铁菩提树开花，三会是弥勒佛铁菩提树开花）和弥勒降世的思想，逐渐转为崇奉弥勒佛。明初，朱元璋为了巩固政权，明令禁止白莲教。在这一时期，白莲教又吸取了罗教“真空家乡，无生父母”的观念，奉无生老母为创世主，宣称无生老母派弥勒佛等神佛下凡，将迷失在红尘中的“皇胎儿女”（即教徒）收回“真空家乡”（即天宫）。教主独揽大权，父死子继，教内实行封建家长制统治，等级森严。教徒入教交纳钱财，定期集会，烧香礼拜，宣讲经卷，教习拳棒，其基本信徒有农民、手工业者、城市贫民和流民，也有胥吏、差役和下层知识分子等。因白莲教流传甚广，常被用来发动农民起义，以“明王出世”、“弥勒降生”为号召。著名的有元末刘福通、徐寿辉等领导的红巾起义，清代乾隆三十九年（1774 年）山东王伦起义和嘉庆年间川、鄂、陕白莲教大起义。尤其是后一次白莲教大起义遍及七八省，持续了十余年，有力地动摇了清王朝的统治。

白莲教中教派林立，名目繁多，在明代有红阳、净空、黄天、西大乘、东大乘，在清代有弘阳、龙华、收元、八卦等支派，约有百余种。这一方面是由于教门本身发展的繁衍，另一方面，统治阶级的明令取缔，也使它不得不潜形隐化，改换教名而出现。其中东大乘教一支又名闻香教，为明代人王森所创，宣称世上是过去（燃灯佛）、现在（释迦佛）、将来（弥勒佛）三世佛轮管天盘，将来弥勒佛将降生王家，凡皈依吃斋者，皆可避刀兵水火之劫，徒众因而大盛。王森被捕入狱死后，其子好贤和徒弟徐鸿儒继续传教，自称徒众达二百万人。明朝天启二年（1622 年）闻香教发动起义，徐鸿儒称中兴福烈帝，建元“大乘兴胜”。起义失败后，王森的子孙复将闻香教改为清茶门，自称教主，前后传了十多代，时间长达二百多年。明代另一民间宗教圆教的创立和清茶门的传布也有很大的关系。白莲教的另一大支是八卦教，于清朝康熙年间由山东单县人刘佐臣所创，流传于河北、山东、河南、山西等地。因该教以中国古代的八卦为组织形式，教徒分列乾、坤、震、巽、坎、离、艮、兑八卦，故名。其中坎卦为八卦之首，统领其他七卦。离卦教、震卦教、金丹八卦教、一炷香离卦教、义和门离卦教等都是八卦教的分支。天理教是八卦教的别称，亦称白阳教、荣华会，清嘉庆十八年（1813 年）教徒林清、李文成组织起义，其中总领八卦的林清所带领的一支起义队伍曾一度攻入北京皇宫，极大地震动了清朝统治集团。

中国古代的民间宗教源远流长，是一种复杂的历史现象，从宗教角度来说，它起着麻醉人民的作用，但在特定的历史条件下，它的教理箴言又往往是点燃农民起义烈焰的火花。民间宗教曾经组织和领导过人民群众的反抗斗争，给了历代封建统治者以极其沉重的打击。但另一方面，这些民间宗教又带有浓厚的封建性，因此它的某些支派余脉在近现代社会中又衍化为反动的会道门组织，欺压、毒害人民，直接为反动统治阶级和帝国主义效劳，起着消极的历史作用。

关于黄道婆的几个问题[①]

黄道婆是中国古代劳动人民的杰出代表，她传播了先进的生产技术，使广大劳动人民有了新的劳动领域和劳动收入，有力地推动了松江乃至整个江南地区生产力的发展，推动了历史的前进。对于她的历史贡献，史学家们都是高度评价，大力歌颂的。

在大型史学著作中，翦伯赞《中国史纲要》（人民出版社 1963 年版，1979 年版只作了个别材料的订正和文字的改动）应该是最早正面提及黄道婆的。该书第三册第 123 页说：

> 手工业和商业随着农业生产的恢复和发展，元朝的手工业也在前代的基础上有一定的发展。元朝的江南地区已盛种棉花，北方陕甘一带从西域传来了新的棉种。至元二十六年（1289 年），元朝政府设置了浙东、江东、江西、湖广、福建等省木棉提举司，年征木棉十万匹，成宗元真二年（1296 年），始定江南夏税折征木棉等物，这都反映了棉织业在江南已有普遍的推广。
>
> 成宗大德时，松江人黄道婆从黎族地区带来了先进的棉纺技术和工具，从此松江有了轧车和弹弓。松江乌泥泾的妇女以棉织业为副业的有一千余家，所织棉布，已成为名扬远近的商品[②]。

人民出版社 1983 年 6 月版的《中国史稿》第五册第 481 页说：

> 在棉织业发展过程中，松江劳动妇女黄道婆作出了重大的贡献。她早年流落在崖州（广东海南岛），十三世纪末返回故乡，带回了黎族人民的先进经验，并结合江南劳动人民的实践，创造和改进了搅车（轧籽用）、弹弓（竹弧绳弦大弓，弹松棉花用）、纺车、织机等一系列工具，适应了当时棉纺织生产发展的需要。黄道婆还创造了复杂的提花技术，“织成被褥带帨，其上折枝团凤，棋局字样，粲然若写”[③]。在以黄道婆为代表的广大劳动人民的努力之下，元代棉纺织业达到了相当高的水平。

人民出版社 1983 年 7 月版的《中国通史》第七册，第 197-198 页说：

---

① 原载《被更乌泾名天下——黄道婆文化国际学术研讨会论文集》，上海古籍出版社 2007 年版。

② 王逢《梧溪集》卷三《黄道婆祠》。

③ 陶宗仪：《辍耕录》卷二四《黄道婆》。

棉织业　棉织业的发展是元代手工业中的一个显著的成就。南宋时广东南海等地棉织业已有所发展。方勺曾记闽广地区土人纺棉，先去壳，以铁杖捍尽黑子，再用小弓弹令纷起，然后纺织。（方勺：《泊宅编》）工具颇为简陋。《农桑辑要》记载陕西地区轧制棉花装衣，但还不知纺纱织布。成宗元贞年间，流落在崖州的松江妇女黄道婆，返回松江，带来崖州黎族人民的棉纺织技术。黄道婆教松江人民制作捍、弹、纺、织的工具和错纱配色、综线挈花等技术，织成生动如画的棉布。松江传习棉织技术，成为江南产布的名地。据王祯《农书》所载元代棉纺工具，与历来的丝织麻纺工具大致相同。松江棉织业当是在汉族丝麻纺织的基础上，吸收黎族的棉织技术而有新的发展。

在20世纪八九十年代的大学教材中，出身少数民族的白寿彝在他主编的《中国通史纲要》（上海人民出版社1980年版）第278页介绍说：

纺织业仍以丝织和麻织为主。棉花的纺织生产技术也逐步有所提高，织出了大量的棉布。忽必烈时，曾在南方几个省设立木棉提举司，年征棉布十万匹。元成宗初年①，又规定江南夏税折征木棉等物。这都可见当时棉花的生产和棉纺织业都比较发展了。宋末元初，黄道婆改进了棉纺工具和棉纺技术，对棉纺织业的发展，起了推动的作用。

朱绍侯主编的《中国古代史》（福建人民出版社1982年版）在（下册）第50-51页指出：

棉纺织业在元代也大放异彩。松江（上海松江县）乌泥泾是当时棉纺织业的中心。这个中心的形成，是和元初棉纺织革新家黄道婆的贡献分不开的。黄道婆是乌泥泾人，幼年“沦落崖州”（海南岛）②，从黎族妇女中学得了先进的棉纺织技术。一二九五年前后她返回家乡，又把汉族地区丝麻纺织的经验用在棉纺织上，改进了从轧花到织布一系列的棉织生产工具。如原来弹花用小竹弓和手指，“厥功甚艰”③，她改用大弓椎击法，原来纺纱用单绽纺车，她改为三绽纺车；在织染方面，还能错纱、配色、综线、絜花，织出各种美丽图案，适应了当时棉纺织业发展的需要，从而推动了松江一带棉纺织业的发展。当时有“松郡棉布，衣被天下”之谚。这是黎汉两族人民创造才能的集中体现。

南京师范大学出版社1998年出版的李天石等主编的《中国古代史教程》对黄道婆介绍得最详细。该书第405页介绍“棉纺织业与黄道婆”称：

---

① 元贞元年（1295）。

② 王逢《梧溪集》卷三《黄道婆祠诗序》。

③ 陶宗仪：《辍耕录》卷二四《黄道婆》条。

元代棉纺织业的发展尤为突出。随着棉花种植的广泛推广，棉纺织业也在各地迅速发展起来，松江是当时棉纺织业的中心。在棉纺织业发展过程中，松江劳动妇女黄道婆作出了重大的贡献。她出生于南宋末年，因不堪做童养媳受虐待而流落崖州（今海南岛）。她在崖州生活三十多年，于13世纪末返回故乡，带回了从黎族妇女那里学来的棉纺技术，结合丝麻纺织技术，制造和改进了棉纺织工具，如搅车，用来轧去棉籽；弹弓，即用竹制弧形绳弦大弓把棉花弹松；制造纺车，织机，纺成棉纱，织成棉布。据《辍耕录》记载，黄道婆创造了复杂的棉纺提花技术，“织成被褥带帽，其上折枝团凤，棋局字样，粲然若写。人既受教，竞相作为”①。当时松江的棉纺织业之盛，有“松郡棉布，衣被天下”之说。在以黄道婆为代表的广大劳动人民的努力下，元代棉纺织业达到相当高的水平。由于黄道婆在棉纺业上做出了巨大的贡献，所以她死后，当地人民为她建祠，以示纪念。

元代新兴的棉纺织行业的发展并逐渐普及具有重要的意义。纺纱织布成为农民的重要家庭副业，有的地方还出现了专以组织布为生的工匠。

在上海地方史论著中，唐振常主编的《上海史》（上海人民出版社1989年版）堪称代表。该书第42–43页对黄道婆这位乡贤是这样描述的：

上海沿江、沿海土地多为卤瘠之壤，不适于种稻，农民苦于田产微薄，难于承担岁赋。宋末元初始从闽广传入棉种，试种棉花，获得很大成功。元人陈高有桐花（棉花）诗：“炎方有桐树，衣被代蚕桑，舍西得闲园，种之渐成行。”② 这正是上海引种棉花初期试验的情景。一经试种成功，传播推广很快，正如邑人褚华所说：“邑种棉花，自海娇来，初于邑之乌泥泾种之，今遍地皆是，农家颊其利，与稻麦等。”③

上海县最早植棉的地方是乌泥泾，元陶宗仪说：“松江府东去五十里许曰乌泥泾，其地土田硗瘠，民食不给，因谋树艺，以资生业，遂觅种于彼（指闽广）。”④ 植棉能在乌泥泾发展起来，还应当归功于黄道婆的倡导。黄道婆本上海县人，早年流落崖州（海南岛），从黎族人民学得一套较为先进的纺织技术，元贞年间遇海舶归来，回到乌泥泾居住，她携回一部纺织机，并教会当地人碾除棉籽、振弦弹棉、脚踏纺车等工具的制造和操作方法，又教会大家错纱配色、综线絜花的技术。这使乡人大受其利，“人既受教，竞相作为，转货他郡，家既就殷”。据说黄道婆能在被褥带悦上，作折枝、团凤、棋局的

① 陶宗仪：《辍耕录》，卷24《黄道婆》。

② 褚华《木棉谱》。

③ 褚华《木棉谱》。

④ 元 陶宗仪《南村辍耕录》。

花纹，邑人又从而发展成象眼、绫文、云朵等花①。于是，植棉和纺织手工业在上海全县、松江全府，都迅速发展起来。

黄道婆死后，人们“感恩洒泣而共葬之”。为表彰她的功绩，在乌泥泾修了祠堂纪念她。元诗人王逢作歌称颂她说：

“前闻黄四娘，后称宋五嫂，道婆异流辈，不肯崖州老。崖州布被五色缫，组雾紃云灿花草，片帆鲸海得风归，千轴乌泾夺天造。天孙漫司巧，仅解制牛衣；邹母真乃贤，训儿喻断机。道婆遗爱在桑梓，道婆有志覆赤子。荒哉唐玄万乘君，终缅长衾共昆弟。赵翁立祀兵火毁，张君慨然继绝祀。我歌落叶秋声里，薄功厚享当愧死。”②

王逢诗中所说的赵翁，即乌泥泾人赵如硅。他的儿子赵庭芝，至治元年（1321 年）中进士，是元代登进士第的第一个江南人③。至正二十二年（1362 年）乡贡士张守中因黄道婆旧祠已毁，又于他的祖茔之南④，为之另立新祠。张守中即王逢诗中的张君。清代又有人在上海县城中渡鹤楼西北小巷内，为黄道婆立祠，妇女们岁时结伴前去礼拜，呼作黄娘娘。

上述记述中，有一些细节问题值得研究。

首先是有关黄道婆返回松江的时间不一样，按时间先后是：宋末元初、十三世纪末、一二九五年前后、成宗元贞年间（1295—1296）和成宗大德时（1297—1307）。由于均未标出史料出处，因此真正确切的时间很难定夺。

其次是她在海南岛生活的时间也有不同说法。朱绍侯主编：《中国古代史》说幼年“沦落崖州”（海南岛）……一二九五年前后回来。李天石等主编：《中国古代史教程》称，黄道婆作出了重大的贡献。她出生于南宋末年，因不堪做童养媳受虐待而流落崖州（今海南岛）。她在崖州生活三十多年。施宣圆等主编《千古之谜——中国文化史五百疑案（续）》（中州古籍出版社 1996 年版）第 887 页转引广东人民出版社出版的《黎族简史》说：“她在崖州 40 年”。两者相差十年，待考。

第三，胡志新在施宣圆等主编《千古之谜——中国文化史五百疑案（续）》还提出了“黄道婆是上海人，还是海南人”的问题。他引了一段海南当地的民间故事，称黄道婆就是海南岛人娜郐，并称诗人王逢是元朝的惠州知府，从他“前闻黄四娘，后称宋五嫂，道婆异流辈，不肯崖州老”、“道婆遗爱在桑梓，道婆有志覆赤子。”这两诗含义来看，称黄道婆为“异流”，遗忘了自己可爱的家乡，又不肯“老”在崖州。而有志于造福炎黄子孙。而又始终称她为“道婆”而不冠以黄姓，“似有来自海南岛的可能，但证据也

① 褚华《木棉谱》。
② 清同治《上海县志》。
③ 清同治《上海县志》。
④ 清同治《上海县志》。

不足。”

然后胡志新继续发挥说：“更重要的是向我们提出了一个值得探讨的问题。‘前闻黄四娘’，说明在黄道婆以前，就有人在这方面下过工夫。‘后称宋五嫂’在黄道婆以后，又有人加以发展。可惜有关‘黄四娘’与‘宋五嫂’两人的史迹记载，比黄道婆还要少，且到目前为止，还没有发现她俩的民间传说。”我认为这是胡先生对诗的误读。“前闻黄四娘，后称宋五嫂，道婆异流辈，不肯崖州老”是一完整的意群，简单叙述了黄道婆的一生。她先叫黄四娘，改嫁宋某后又按丈夫在家里的排行叫宋五嫂了。如果我的解释没错，关于黄四娘、宋五嫂这两个人的民间传说是不可能会发现的，因为胡先生认为的三人实为一人，即黄四娘、宋五嫂就是黄道婆。同时，“道婆遗爱在桑梓”那就是遗爱在松江了，而决不能解释为“遗忘了自己可爱的家乡”。因为黄道婆“遗”的“爱”正是她千辛万苦传授的来自海南黎族的先进棉纺织技术，而传授的地点就在松江地区。如此，黄道婆是上海人而不是海南人其意自明。不过我们同意：尽管“黄道婆的籍贯、身世、业绩，都没有一个完整、可信的说法。但她在中外历史上作为一个杰出的革新者的地位，却是世所公认的。”

锦衣玉食话长江[①]

服饰在人类生活中占有极为重要的地位，它在日常生活中有护体、御寒、遮羞、标识和装饰等功能。服饰首先是实用，因此它的演变便受到自然环境的影响。由于长江流域气候温和，因此人们着装比较宽松。而服装制作的材料主要是受社会条件特别是生产力发展条件的影响。由于长江流域水土气候环境适宜于桑蚕的种植养殖，用丝绸作为衣料古已有之。在封建制度下，服饰的纹饰有严格的等级限制和差别。历代思想意识（包括审美风尚）的变迁又直接促进了服饰的发展变化。不同时期的服饰代表着不同时期的文化。

饮食是维持生命的第一要素。“民以食为天”这句话充分说明了饮食的重要性。饮食水平的高低是一个地区经济文化是否发达的显著标志之一。作为一种社会习俗，饮食的发展演变主要是受人们经济生活、生产活动的制约。历史上长江流域是以农业经济为主的地区，农业生产的发展为蔬菜的人工栽培提供了充分的条件，而沿江渔业生产的发展又使长江中的鱼虾蟹络绎不绝地送上了人们的餐桌。这种得天独厚的条件，决定了长江沿岸饮食习俗的丰富性。在此基础上形成了一些著名的菜系，追求色、香、味、形、环境、礼仪等等全方位的审美，已不仅限于果腹充饥；各菜系又具有独特的地方风味和鲜明的地方特点，西辣南甜是它们大致的乡土特征或地理特征。

1. 华丽舒适的丝绸衣料

蚕桑事业在长江流域的发展　1959 年考古工作者在江苏吴县梅堰新石器时代遗址中出土的黑陶器上发现了绘有蚕纹的装饰。由于原始人有把他们生产劳动对象刻画下来欣赏的习惯，可以确证，长江流域当时有了蚕事活动。1958 年在浙江吴兴县钱山漾新石器时代遗址中发掘出一批丝帛、丝带、丝线，经放射性同位素碳 14 测定其绝对年代距今 4700 年左右。

长江流域水量和水力资源丰富，气候温和，有一定湿度，较适宜于蚕、桑的养殖和种植。上游的四川很早就有了蚕桑丝织，四川的代称“蜀”本身就由象形字“蚕”演化而来。又据战国时成书的《禹贡》记载，长江中游荆

① 原载《长江文化与中华民族》，上海书店出版社 1996 年版。

州即今湖北、湖南一带，出产“玄、缥玑组”即黑色或红色的穿珠丝带。湖北江陵马山1号楚墓出土的舞人动物纹锦的花纹，比商周时代较为简单的对称几何花纹大大前进了一步。长江下游扬州即今江苏、安徽沿长江西岸地方，则以生产“织贝”，即类似贝壳花纹的织锦而闻名。

汉代是封建王朝的兴盛时期，政府十分重视蚕桑丝织，特设“蚕官令丞”进行管理。当时的丝织盛况在西汉末年著名文学家扬雄的《蜀都赋》中有生动形象的描述。1972年春长沙马王堆汉墓出土的114件丝织品就是汉代遗留下来的实物。

桑树种类繁多，再生分枝力强。南北朝时人们在桑树繁殖种植上运用了压条法。与传统的播种法相比，缩短了桑树生长的时间。

唐代政府鼓励蚕桑丝织，其先后推行的均田制和租庸调制均与蚕桑丝织有关。在政府给每个男子的100亩田中必须有20亩用于种桑，百姓必须向政府缴纳一定数量的丝织品，同时可用交纳绢帛的办法来代替服劳役。

宋代以后随着我国经济中心的南移，蚕桑丝织的中心也随之南移。宋元以来，南方蚕农发明了桑树嫁接技术，加速了桑苗的繁殖和桑树优良品种的选育。也是在宋元时期，江浙一带经过长期培育，已成功地培育出一化性或二化性的四眠蚕，较之北方一化性的三眠蚕，茧丝的质量大有提高。明代中叶以后，北方的蚕桑丝织更趋衰败，而南方的蚕桑丝织保持持续高涨。明清长江流域生产的丝织产品，无论在花色品种还是在内在质量方面都有了长足的发展和提高。

巧夺天工的蜀锦　蜀锦是四川著名丝织品，以成都地区出产的为最佳。历史上成都是蜀锦的主要集散中心，“锦城”的美名即因此而饮誉中华。

四川盆地气候温和，适农宜桑，自古就有蜀国之称。《诗经》中生动地描绘了古代蜀地的蚕桑业：“娟娟者蜀，熏在桑野，榛榛狂狂，缘山遍野。”1965年成都百花潭出土的战国时期的宴乐猎采桑纹壶，其颈部所绘的采桑图就是蜀地丝织业的生动写照。公元前316年，秦惠文王派兵伐蜀并统一了巴蜀之后设置了锦官，管理当地的织锦业。汉朝也在成都东南角织锦繁盛的地方设官管理，因此成都又名“锦官城”。三国时成都出产的蜀锦是对魏、吴贸易的主要商品，其花色品种得到了魏文帝曹丕的赞叹。流经成都城下的岷江支流成了织工们洗濯刚织成锦缎的场所，《蜀中广记》说：“成都织锦既成，濯于江水，其文分明，胜于初成，地水濯之则不如。”久而久之，这段江面被称之为“濯锦江”。

魏晋以后蜀锦勃兴。成都城中桑梓相连，“技巧之家，百室离房，机杼相和”。南朝刘宋时期，蜀锦织造技艺传播到了江南丹阳等地。至唐代，蜀锦的生产水平和织造技艺达到了鼎盛时期。蜀锦既是主要的外贸商品，也是馈赠外国君主、使节和边疆少数民族首领的主要礼品。以写实、生动的花鸟图案为主的装饰题材和装饰图案，构成了绚丽的时代风格。唐末文学家陆龟蒙在《纪锦裙》中详细记叙了亲眼看过的一幅蜀锦裙：前裙左边织有20只鹤，口衔花枝，单腿弯曲，呈欲飞之状；右边织有20只鹦鹉，耸肩展尾。这两类鸟中间隔着花卉界道，界道缀有五彩闪光的细点向四边伸展，既像空中朝霞和残虹，又似流动的云烟与堕雾。近处春草没路径，远山横座出世，织造技艺巧夺天工。至明清两代，蜀锦形成了流霞锦（即月华三闪锦）、雨丝锦、方方锦、条花锦、铺地锦、散花锦、浣花锦、民族锻等8种优秀纹样图案，机织技巧也有所提高，从而进一步扩大了它的影响。

蜀锦工艺的显著特点是彩条牵经。蜀锦那由浅入深依次排列的几组彩色经线色阶，像雨后初晴的彩练，清新明朗，富于韵律感。彩条与锦群浑然一体，对比强烈，既富有民族风格，又具有地方特色。蜀锦的优点还在于织造精致，质地坚韧厚重，织纹精细匀实。其图案精美，取材广泛，有山水人物、花鸟虫鱼以及二龙戏珠、双凤朝阳、莲池鸳鸯等吉祥纹样，反映了劳动人民对幸福生活的追求，富有浓烈的生活气息。

解放后，古老的蜀锦焕发出灿烂的青春，产品有被面、衣料、装饰锦等门类。图案主要有月华锦，由几组彩色经线排列成由浅入深、逐步过渡的色彩，然后加上装饰花纹。

雨丝锦，从传统的“月华三闪”发展而来。用白色和其他色彩的经线作色白相间、疏密不同的排列，状如雨丝，中间饰以各种花纹图案。

方方锦，在织物单一的底色上，以彩色经纬丝配成若干个不同色彩的等形方格，以水波纹、万字纹作暗地纹。后来发展成为在小方格内填充各种小团花，格调清新。

铺地锦，即锦上添花，是用几何形或其他细小花纹作地纹组织，地纹上再饰以大朵花卉，色彩富丽，层次分明。

散花锦，即满地花排列的锦样。

浣花锦，即落花流水锦，以梅花、桃花或其他单朵花组合成漩涡宛转、落花飘浮的锦样，格调简练古朴、典雅大方。

民族缎，以团花为装饰，缎面上的图案是由经纬交错的自然光泽显现出来的，是部分少数民族所喜爱用的衣料。

古色古香的宋锦　宋锦，顾名思义可知产生于宋代。唐末五代后蜀降宋时，仓库里留下了著名的“十样锦”，即长安竹、天下乐、雕团、宜男、宝界地、方胜、狮团、象眼、八答晕和铁梗襄荷，为宋代织锦所继承。北宋王朝从成都调出熟练的锦工为骨干，在京城汴京（今河南开封）建立起内绫锦院。每年要锦院专门生产“八答晕锦”、“官诰锦”、“臣僚袄子锦”和“广西锦”。而各类锦的花色又不相同，如“臣僚袄子锦”的花色有翠毛、宜男、云雁细锦、狮子、练鹊、宝熙大花锦、宝熙中花锦等7种。宋人织锦又吸取了当时花鸟画中成熟的写生风格，发展了遍地锦纹，形成了构思独特、色彩更加复杂的丝织品。从此，万紫千红的宋锦名扬神州，一直流传至今。

进入明朝后，处于长江下游的苏州成了宋锦的主要产地。苏州生产的宋锦继承了传统的纹样，保留了原先的特点。如灯笼锦又名庆丰年、天下乐，其纹样取自宋代“臣僚袄子锦”中的一种，由普填于几何图案中的宫灯并列组成，灯旁谷穗高悬，灯四周蜜蜂飞动，隐喻五谷丰登。“八答晕锦”也是宋代典型的纹样，它以多边几何形作图案骨架，在骨架中的主要部位填入写生风格的花纹，同时在其他次要部位辅以各式细巧的几何形小花。室内铺陈和饰匣及字画的装裱，就十分适宜采用这种由几何图案和自然形图案相结合的晕色花纹。明代苏州织锦还流行一种把写生花卉修饰连接成为缠枝莲花和穿枝牡丹以及花鸟配合的各种优美图案，这同样也是继承宋代织锦传统而发展起来的新图案。

苏州生产的宋锦，不少纹样曾因受明代战乱的影响失传，到了清代方从外地得到宋锦裱贴，千年古锦才得以重放异彩。不过大量仿制的是色彩古朴淡雅的宋锦，而艳丽夺目一类的宋锦实样至今尚未找到。清代苏州织锦专门仿制宋锦图案，质量以李万隆、陆万昌作坊为最优，产品一直远销北京、天津、上海等地。

宋锦的用途有两大类：一类如“臣僚袄子锦”是服装用料；另一类用于装裱书画等。无论哪一类，宋锦都起到了美化生活的作用。

解放后，建立了专门生产宋锦的苏州织锦厂。除苏州外，南京以及浙江一些地方也有宋锦生产。

金碧辉煌的云锦　云锦是南京生产的著名丝织物，它与四川的蜀锦、苏州的宋锦并称中国的三大名锦。

明代，江南织锦业空前繁荣，并分成了两股潮流。苏州织锦完全按照宋代织锦的正轨走，保留了传统的宋锦特点。南京织锦则接受了元代织锦的新特点即彩丝中多加金、银线的“纳石失”织作方法，形成了崭新的独特的风格。因这种新的丝织物织成后色彩富丽，气势豪放，花纹如同空中的彩霞，故名云锦。

云锦的织造工艺十分高超，它是以纬线来显示和装饰花纹的，称纬锦，比经线起花的蜀锦复杂。云绵又有挖花工艺，它吸收了缂丝通经断纬的方法，根据花纹需要，使纬线色丝不通贯整个幅面，只是在花纹轮廓线内来回盘织，织出的效果像是花纹从锦面上挖出来一样，达到了锦上添花的效果。

云锦图案设计方面继承了宋锦，但又有所发展。云锦中常见的缠枝莲花、缠枝牡丹、折枝三多等继承了宋锦图案，但又采取了“花大不宜独梗，果大皆用双枝”、“枝长用叶遮盖，叶筋不过三五（根）”等艺术技巧处理，装饰了细长的枝条，丰满的花果在成双的枝干和清新的叶脉的衬托下，在云锦锦面上显得稳妥自然。云锦中云彩造型也绝不拘守一格，它有四合云、七巧云、和合云、如意云、蚕茧云、行云、卧云和大小勾云之分，气象万千。每一种彩云的姿态又有不同，绚丽多姿。云锦的花纹图案设计一般是纬向（包括色彩）一致，如果纹样变化，则沿经向变化色彩。

云锦在色彩搭配上，成功地运用具有强烈对比的色彩，体现了长江流域民众喜好温暖、明快、鲜艳颜色的习俗。其中属于赤色和橙色系统的有银红、水红、妃红等 15 种以上，属于黄色和绿色系统的有 16 种以上，属于青色和紫色系统的有宝蓝、古月、青莲等 20 多种。云锦在用色时巧妙搭配，充分利用各种色彩的浓淡、层次和节奏，使人看后有和谐浑厚、灿烂悦目之感。同时又在云锦锦地上以片金绞边、大白相间的方法，使对比强烈韵色彩得到调和和统一。

在缎地上以各色丝织出花纹，同时用片金绞织花纹边缘的“妆花缎”是云锦中最精美的一种。它设计更为独特，即使是纬向纹样，单元也不尽相同，可以各个悬殊。除“妆花缎”之外，云锦的种类还有“库锦”和“库缎”，两者均因在封建社会后期织成后作为贡品送入内府缎匹库而得名。“库锦”又称织金，在缎上用金线或银线织出各式花纹，其中金银线并用的称“二色金库锦”；如果还夹着二至三种色丝，则称“彩花库锦”。“库缎”则在缎地上起本色花。花纹又分明花和暗花两种，明花浮在表面，暗花平板不起花。时代变了，但“库锦”、“库缎”的名称却一直沿用至今。

秀丽典雅的苏绣　锦上添花如实地反映了长江流域民众的审美情趣。长江流域的刺绣中数苏绣历史最为悠久。早在春秋战国时期，江苏就有了刺绣的服饰。1981 年在江苏高邮西汉广陵王刘胥夫人墓中出土的刺绣棺梯罩，是迄今为止所见到的最早的苏绣实物。它以并列而等长的流畅线条，针针扣套而成，精心绣制了流云鸟禽、卷枝花草等生动图案。

宋代的苏州，号称东南都会，是刺绣、丝织、造纸、造船等手工业生产的中心。朝廷为了搜集刺绣精品，在苏州专设了绣局。当时苏州的刺绣已具有相当的规模，形成了一些刺绣和丝线生产集中的街巷。据《宋平江城坊考》记载，当时已有绣线巷、滚绣坊、锦绣坊、绣衣坊、绣花弄等处。

苏绣在明清时期有了重要的发展，在图案、针法、色彩、原料等方面已形成了精细雅洁的独特风格。清代，由于苏州刺绣生产的迅猛发展，最盛时绣庄多达一百五十多家，绣工四万多人，同时还设有云华、锦文等绣业公所，有“绣市”之称。在技艺上，已出现了正反两面图案相同可供同时观赏的双面绣。刺绣品种除艺术欣赏品外还发展到服装、鞋面、被面、床挂件、靠垫、荷包、眼镜套等日用品方面，配色雅而不俗。

20 世纪以来，苏州刺绣艺术家沈寿在继承传统优秀技法的基础上，吸收了西洋绘画、日本刺绣的长处，刺绣时讲究明暗和透视，注重物像的立体感和神情，被称之为“美术绣”、“仿真绣”，在国际上负有盛名。

解放后，苏绣得到了蓬勃的发展，形成了构图简练、色彩典雅、针法多变、绣工精细的独特风格。1956 年刺绣工艺美术生产合作社在苏州成立。1957 年又成立了苏州刺绣研究所，全面开展创作设计、刺绣历史、技法理论、针法等研究工作。该所考察了全国主要博物馆收藏的绣品，并广泛深入民间调查，系统地总结了苏绣的针法，汇编成 13 册。

苏绣的针法各具特点，变化无穷，主要有齐针、抢针、散套针、施针、接针、滚针等九大类近 50 种，各种针法都有其不同的线条组织形式和独特的表现方法。用施针、滚针绣制的小猫，毛丝松软，双目有神，栩栩如生，呼之欲出。用散套针绣制的花卉，娇美鲜嫩。用虚实针绣制的金鱼，鳞片上发出五彩变幻的光泽，立体感强。

双面绣是苏绣艺术成就的集中体现。“文革”后绣制的双猫图适用了一百多种不同色彩的绣线及施针、滚针等多种针法，其中最密的丝线靠人的肉眼根本看不见，它只是普通丝线的四十八分之一。在猫的眼睛上运用了十五六种色彩的丝线逐渐晕染，绣得既水汪汪，又目光炯炯。由于丝线光泽回动的特点，猫的目光竟能跟随观赏者的位置变化而移动，好像总是在注视着观赏者。苏绣还在 1978 年创造出双面全异绣，即正反面图案、色彩、针法完全不同的绣品，如“小花猫、哈巴狗”双面全异绣就是正面为小花猫，反面为哈巴狗。

解放后，苏绣的优秀作品先后参加了近百次在国外的展览，并且还派出优秀刺绣艺术家和工艺师赴英、美飞法、德、日、加以及澳大利亚等国献技，赢得了各国朋友的交口赞誉，为国际文化交流作出了贡献。

优美质朴的湘绣　长江中游湘江流域的刺绣——湘绣，同样具有悠久的历史。1958 年从春秋时代的长沙楚墓中出土的龙凤图案绣品，是迄今为止我们所能见到的湖南最早的刺绣实物。这一绣品运用针脚整齐的连环针法在细密的丝绢上绣出生动的龙凤图案，说明早在战国以前湖南的刺绣已具有较高的技术水平。1972 年在长沙马王堆的西汉古墓中又出土了 40 件绣衣和一幅内棺外面的铺绒绣锦。这批绣品在针法上有平针、接针和打籽针等，线条洒脱。绣线是彩色散丝，有深蓝、深绿、草绿、朱红、浅棕红、黄、绛、紫灰等 18 种色彩，图案多达 10 余种，反映了湖南刺绣在当时已较为成熟。从宋朝到明朝，湖南刺绣得以进一步发展，针法日益丰富、图案写实，基本上已接近定形。

至清代，刺绣工艺已遍及长沙、宁乡等地。绣制服饰和日常生活用品是这些地方农村妇女的一项重要副业，并作为收入的主要来源。据清代嘉庆十五年（1810）《长沙县志》记载，当地妇女“工刺绣者多，事纺织者少”。随着商品经济的发展，从 1858 年至 1915 年间仅长沙一地开设的专门经营湘绣的商号就有40多家。

湘绣借鉴了中国国画的长处，但又不是完全模仿国画，而是善于从充分发挥刺绣技艺特长出发“改蓝本”，将湘绣与国画紧密地结合起来。即使是小行书字屏也是精心绣制，根本看不出针迹。据1910年出版的《考察南洋劝业会纪略》记载，当时在南京南洋劝业会上展出的湘绣人物作品“惟妙惟肖”，写意山水则“色晕墨润，浑笔墨于无痕”。由于湘绣在艺术上达到了源于原作、高于原作的境地，因此受到各地客户的青睐。长沙的一些绣庄远在沈阳、北京、天津、武汉、上海等地开设有分号，生意兴隆。

湘绣的艺术风格是质朴优美。手法写实，形象逼真，设色鲜明，针法多变。湘绣的针法有掺针、游针、毛针、筋毛针、平针、网针、打籽针、交叉针等数十种。其中掺针细腻致密，善于表现牡丹娇嫩的质感和富丽堂皇的品格；毛针变化多端，对走兽、鸟禽的翎毛有特殊的表现力；筋毛针善于表现猛虎皮毛的质感，使之刚劲坚硬，力贯毫端。湘绣艺人强调“应物施针”，即根据不同的对象和题材灵活运用各种针法和线色。

狮、虎、松鼠是湘绣的传统题材，其中尤以虎更为著名。湘绣运用旋游针等针法生动地刻画了老虎的眼睛，通过眼睛丝光的反射，无论观赏者站在什么位置，似乎都会感到它那虎视眈眈、咄咄逼人的眼神。

湘绣一贯重视绣稿的设计。湘绣稿较多地继承了宋代绘画的写实手法，构图时突出主体，大胆留出大片空白，以致虚实结合，既省工又美观。然后刺绣者再根据绣稿进行再创造，以加强物像的质感和立体感。

解放后，湘绣艺术获得了新的发展，水平日益提高。70年代末，湘绣成功地绣制了双面绣和双面异物绣。1980年又创制出双面全异绣，即在同一底料的正反两面刺绣的图案中色彩、针法均截然不同。“花木兰”、“猫、猴”、“狮、虎”等均为双面全异绣的精品。“花木兰”正面是披坚执锐的巾帼英雄形象，反面则是梳妆打扮的闺阁少女模样。这批精品构思精巧，具有很高的艺术观赏价值。

1995年6月湖南省湘绣研究所历时两年半，用工二万六千多个，成功地制作了巨幅双面绣《群仙祝寿图》，原作系晚清著名绘画大师任伯年的代表作，表现了中国古典神话传说中群仙为王母娘娘祝寿的盛况。绣品高2.08米，长8.80米，由12页绣屏组成，画面上46个人物形象生动，这一当今存世最大的双面绣堪称中国刺绣史上的传世杰作。

2. 脍炙人口的沿江馔食

辣味多样的川菜　川菜历史悠久，源远流长。三国时曹操在《四时食制》中记下了四川的郫县子鱼、江阳黄鱼和肥美鲇鱼。西晋文学家左思在《蜀都赋》中生动地描写道："三蜀之豪，时来时往，……吉日良辰，置酒高堂，以御嘉宾。金垂中坐，肴核四陈，觞以清醥，鲜以紫鳞。"东晋人常璩在所著《华阳国志·蜀志》中记述了四川民众在饮食上当时就有"尚滋味"、"好辛香"的习俗。川民口味嗜辣，是因为生活在潮湿多雾的四川盆地，多食辣味有利于发散湿气。唐宋时期，川菜发展迅速。唐代著名诗人杜甫留下了"青青竹笋迎船出，日日江鱼入馔来"的清新诗句。南宋诗人陆游对川菜评价也很高，他在一首诗中写道："新津韭黄天下无，色如鹅黄三尺余；东门彘肉更奇绝，肥美不减胡羊酥。"

唐宋时川菜已沿江东下，进入汴梁和临安的许多高级酒楼。至清代，湖广、陕、豫、苏、鲁、皖、浙、赣、滇、黔等省民众大批入川，川菜广采博收了来自各地的烹调技艺，使自己的风格更加完美独特。

傅崇榘在《成都通览》中列出川菜川点 1328 种，按春夏秋冬四时分类，其中不乏燕窝、鱼翅、海参、鱼肚等名贵大菜，这说明川菜至清代已相当成熟了。

四川位于长江上游，全境处于盆地中，山峦环抱，江河纵横，沃野千里，物产丰富，自古就有"天府之国"的美称。江河中有江团、岩鲤、雅鱼、石爬鱼（又名石斑跳）、鲶鱼、鲟鱼、水密子（又名圆口铜鱼）等淡水鱼佳品。山野中有银耳、竹荪、虫草、青菌以及各色珍禽异兽。牛羊猪狗鸡鸭鹅兔各类家禽家畜繁殖兴旺，笋韭芹茄瓜藕菠蕹各类蔬菜四季不断。所有这些都是做川菜的好材料。四川长期以来还生产各种各样风味独特的调味品，如自贡井盐、内江白糖、阆中保宁醋、德阳酱油、郫县豆瓣、永川豆豉、涪陵榨菜、叙府芽菜、南充冬菜、犍为白姜、新繁辣椒、茂汶花椒、金条海椒、汉源椒油、夹江腐乳等，这些调味品奠定了川菜味道变化无穷的物质基础。烹制回锅肉和鱼香肉丝，必用郫县的豆瓣和辣椒，否则便不是"正宗"川味了。

目前川菜由高级筵席菜式、三蒸九扣菜式、大众便餐菜式、家常便餐菜式和民间小吃菜式五大部分组成，品种近 5000 种。一年之内，每天可排出完全不同、绝不重复的食谱。其代表菜品有家常海参、樟茶鸭子、宫保鸡丁、干烧明虾、灯影牛肉、麻婆豆腐、毛肚火锅、干烧岩鲤、清蒸江团、河水豆花、锅巴肉片、鱼香肉丝、菠饺鱼肚、一品熊掌、回锅肉、棒棒鸡、连锅汤、怪味鸡等。川菜的影响很大，目前川菜馆已遍及全国以至全世界，有"食在中国，味在巴蜀"的说法。

川菜取材广泛，调味多样，一菜一格，百菜百味。仅凉拌菜就有红油、麻辣、椒麻、姜汁、蒜泥、白油、芥末、麻酱、糖醋、椒盐、酸辣、咸甜等 10 多种复合味。川菜之味，以麻、辣、咸、甜、酸、苦、香 7 种基本味为主调，并以善用麻、辣而著称。川菜有多达几十种的味型，主要是家常味、鱼香味、怪味、红油味、麻辣味、酸辣味、糊辣味、陈皮味、椒麻味、椒盐味、酱香味、五香味、甜香味、香糟味、烟香味、咸鲜味、荔枝味、糖醋味、姜汁味、蒜泥味、麻酱味、芥末味、咸甜味等。其中前3种味型是川菜独有的，地方色彩相当浓厚。

家常味型源于民间的调味法，特点是咸鲜微辣，有家常豆腐、家常茄饼、家常海参、家常鱿鱼等。鱼香味型也是源于民间独特的烹鱼调味法，广泛运用于冷热菜式，有鱼香肉丝、鱼香排骨、鱼香肝片等，咸甜酸辣兼备。怪味型的特点是咸、甜、麻、辣、酸、鲜、香并重，所有调料互不压抑，相得益彰。以怪味鸡块为例，所用的调料就有酱油、麻酱、香油、白糖、醋、芝麻、花生碎米、糟蛋汁、味精、红油、花椒米、豆豉汁、油酥豆瓣酱等14种，使鸡块咸鲜中微带甜酸，又有麻辣、芝麻、花生和糟汁的芳香美味。川菜味型变化精微，可以因人、时、地、料而异。如同样是家常味型，有的回味带甜，有的则回味带醋香。大众便餐以麻辣为主，调辣味时使用青椒、干红辣椒、泡辣椒、辣椒油、花椒、胡椒等，每道菜有不同的辣味。川菜的宴会菜肴，则以清鲜为主，麻辣味仅占十分之一二。

川菜在烹调方面的常用技法有30多种，尤以小炒、小煎、干烧、干煸见长。炒菜不过油换锅，芡汁现兑现炒，急火快翻。炒腰花、炒肝片、爆双脆、爆肚头等菜，下锅后利用猛火炝火，连铲几下，只要一分多钟，便可起锅。如此快速制成的菜肴，嫩而不生，熟而不老，热烫鲜香。川菜的汤也十分讲究，分清汤、奶汤、红汤、鱼汤、毛汤等。清汤要清澈见底，反复清除汤中杂质，清得没有星点细花。奶汤则浓醇如乳，浓而不腻，汁味醇香。

酥嫩香鲜的徽菜　徽菜包括皖南、江淮、沿江三种地方菜。沿江菜盛行于芜湖、安庆及巢湖地区。19世纪中叶以后，长江中游口岸芜湖被辟为商埠。至清朝光绪初年芜湖米市开始兴旺，安徽境内长江两岸和江西东北部所产稻米均以此为集散地，运往我国各沿海城市。随着芜湖成为我国四大米市之一，来往客商猛增，芜湖的饮食业也进入了鼎盛时期，烹调技术和风味有了新的提高和改进。20世纪30年代初，沿江菜首先在芜湖兴起，后又发展到合肥地区。

芜湖地区河流纵横，沟汊密布，水产资源十分丰富，素称鱼米之乡。所产鱼类有30余种，其中刀鱼、鲥鱼和螃蟹有“芜湖三鲜”之美誉。螃蟹中以白蟹和紫蟹最为肥美。北宋王安石曾称赞说：“采石山下，白蟹实为东南之奇味”；“牛诸山下有白蟹，为江南奇品，淳裕中已无取之者。”当地古有“到了当涂，不到采石观赏辜负目，不食花津螃蟹辜负腹”的名言。紫蟹因甲壳呈紫褐色而得名，秋天出江滩奋力向弋矶山爬行，寻穴产卵。届时人们常在弋矶山江滩边，插上竹帘捕捉。芜湖地区季节性的蔬菜也丰富多彩，品种繁多，“韭黄芹碧菱蒿短，甘荠和泥称足斤”。沿江人民的食俗是“菜花甲鱼菊花蟹，刀鱼过后鲥鱼来，春笋蚕豆荷花藕，八月桂花鹅鸭肥”。

厨师们充分利用上述得天独厚的条件，精心烹调，创制出不少具有地方风味特色的菜肴。沿江菜以烹调河鲜、家禽见长，讲究刀功，注意形、色。如工艺菜“葡萄鱼”，经过坡刀刻花烹制以后，色泽红润光亮，形如整枝葡萄，鱼肉外皮微酥，内部鲜嫩，汤汁微甜，有葡萄香味。当涂“芙蓉套蟹”巧将蟹壳做模具，剥出蟹肉，蟹身上覆有以蛋清炮制而成的“芙蓉”，色香味形俱佳。安庆风味的“五丁虾规”造型清新，配膳鲜脆，诱人食欲。“蟹连鱼肚”选用当涂山大螃蟹与鮰鱼肚烹制以后，鱼肚质地松软，鱼肉洁白鲜嫩，黄、白、橘红、黑、绿五色交映，色形俱美。“椒盐米鸡”块块鸡肉粘有八宝，皮脆肉酥，味透且浓，米中有鸡鲜，鸡中有米香，相得益彰。

沿江菜无论清蒸红烧，都具有酥嫩、鲜醇、浓香的特色，并善于用糖调味。其常用的味型有咸鲜微甜、浓甜微咸、糖醋味、椒盐味、辣味酸甜等复合味型。

在烹调技术方面，沿江菜的烟熏技术别具一格。烟熏有生熏、熟熏之分。生熏技术要求高，难度大，但熏制出来的菜品精良味美。操作时将原料稍加腌渍入味、涂抹饴糖，放熏锅铁笼上，垫以青葱。熏料多以锅巴、上等茶叶（浸水）及香料配制，待熏至冒黄烟时向锅内淋水，至熏烟四起即停火烟熏一段时间即成。菜品出锅后复用芝麻油涂抹上桌，香气四溢。如用黄山毛峰茶叶熏制出来的鲥鱼油亮发光，富有脂肪，肉质细嫩鲜美，有清馨的茶香。又如无为熏鸡，采用先熏后卤的独特加工方法，经过浸、腌、烫、熏和恒温下宽汤焖制等多道工序，制成后金黄油亮，食之有烟熏芳香，回味隽永。在无为当地，人们还将熏鸭作为订婚礼品，有“无为熏鸭牵姻缘”的传说。

制作精细的淮扬菜　淮扬菜是以扬州风味为主的菜系，它包括了扬州、镇江、淮安菜肴的风味，是江苏菜的代表。

扬州一带地处长江中下游，河流密布，湖泊星罗，水源充足，土地肥沃，气候温和，物产丰富，有“鱼米之乡”的美称。淡水渔业一直很发达，“水落鱼虾常满市，湖多莲芡不论钱”，河鲜菜特别丰富。春有刀鲚夏有鱼，秋有肥鸭冬有蔬，一年四季中水产、畜禽、蔬菜、瓜果、野味连绵上市。其中龙池的鲫鱼，高宝湖的麻鸭、野味、藕粉，靖江的肉脯，中堡的醉蟹，泰兴的银杏，高邮的双黄蛋等都是当地的名产。

隋朝时，随着大运河的开拓，使扬州四通八达，成了江淮流域经济中心和全国重要的农副产品供应和集散地。从隋至清，扬州向京城朝贡之物甚多，有鱼鲚、鱼绔、白鱼、糖蟹等水产品，有天鹅、活鹿、野鸡、獐等野味，还有各种果品和调味品。隋炀帝“三幸江都”，清朝康熙、乾隆两个皇帝巡游扬州，都促进了扬州烹调技艺的发展。从隋唐到清末的一千三百多年间，扬州古城一直极其繁华，历代扬州的食品都源源不断地供应着宫廷内膳。扬州又是淮盐的主要集散地，盐商、富豪、官僚长期集居也促进了扬州饮食业的发展。早在一千多年前，淮扬菜已享有盛名，以清淡味雅而著称。由于长江中下游气候湿热，所以菜点均偏重于鲜嫩清淡和素净雅致。至明朝扬州的饮食业已以精巧而称雄江南。至清朝扬州著名的餐馆多达40余家。目前全国各地都有扬州风味的菜馆，世界上70多个国家和地区也开设有扬州风味的饭店。

淮扬菜以烹制河鲜、湖蟹、蔬菜见长。主要特色是制作精致，浓而不腻，清而不淡，清新鲜嫩，在烹制中十分注重吊汤。

淮扬菜追求色、香、味、形等全方位的审美，决不仅限于果腹充饥，它给人们以高尚的文化艺术享受。扬州悠久的瓜果雕刻技艺，可将萝卜雕刻成梅、兰、竹、菊等各式花卉形状；用香瓜制成金鱼灯、用西瓜制成镂刻人物花卉鱼虫之戏的宫灯，作为宴会点缀，使菜肴更富有艺术风格。淮扬菜在拼装冷菜时特别讲究造型美观，其通常的拼法有排、堆、叠、围、摆、覆等6种。用上述方法制成的“双鱼戏水”、“风吹牡丹”、“松鹤延年”、“龙凤呈祥”、“孔雀开屏”、“蝴蝶采花”等菜肴，在技术上和艺术上都有相当造诣。

淮扬菜十分注重刀工和火工。“鸡汁煮千丝”就是要将普通的豆腐干用刀批成薄如纸的片片，然后又切成细若线的丝丝。在火工方面，淮扬菜擅长炖焖，所制菜肴酥烂脱骨而不失其形，滑嫩爽脆而不失其味。如“清汤三套鸭”就是采用家鸭、野鸭、菜鸽整料去骨，用火腿冬笋相隔，逐层套制，文火宽汤炖焖，通过不同的传热程度，使菜肴保持形态完整，形成家鸭肥嫩、野鸭香酥、家鸽细鲜、汤汁清澄的特点。淮扬菜非常注重原汤、原汁，保持鸡、鱼等原料的本味，为此在烹制时密封加盖，小火慢烹，使原料精华尽出，原味不走。

为了保持和增加主料的本味，淮扬菜在烹调中适量地使用料酒、醋、麻油、胡椒粉、甜酱、芝麻酱等调料，还利用葱丝、桂皮、茴香、香叶、花瓣、茶叶、香椿、芝麻、松子等香料去除原料本身的怪味，增加香味。许多菜既放糖也放盐，有的菜入口甜，收口咸；有的菜入口咸，收口甜，滋味多变。但总体而论，淮扬菜在味道上有偏甜的特点，如“糖醋鳜鱼”就是酸中带甜，余味无穷。淮扬菜还十分重视根据不同季节，做出符合人们心理状态的菜肴。在夏季配制出清淡色泽，冬季配制浓艳色泽，春秋配制浓淡相宜色泽。如“淮扬狮子头”这道名菜，春秋用清炖，春季少许投放蟹粉，冬季则用红焖而少许加入芽菜风鸡。又如同样是鸡，在气温较高的夏季做清炖鸡，汤汁清澈见底，鸡块鲜嫩洁白，使人清爽悦目；而在气温较低的季节，则做成栗子黄焖鸡，色泽棕黄油亮，使人有温暖感。

风味别具的小吃　与各著名菜系伴生的，又有数不清的地方小吃，形成了又一个美食王国。

四川小吃誉满天下。著名的品种有赖汤圆、郭汤圆、叶儿粑、红油水饺、担担面、韩包子、龙抄手、鲜花饼、蛋烘糕、夫妻肺片、鸡汁锅贴、珍珠圆子、三友凉粉、缠丝酥焦饼、苕耳香麻枣、樟茶鸭粒角、绿沙灵芝酥等等。其中龙抄手（即馄饨）皮薄馅嫩、滋润化渣、汤味浑香。韩包子肉馅饱满，泡嫩鲜香。红油水饺，皮薄有筋丝，馅嫩肉鲜，突出甜咸鲜味和红油蒜泥香味。担担面则用红油、咸酱油、芽菜、葱花、味精、甜醋作调料，别有风味。

湖北小吃历史悠久，也很有名。其中金牛麻花、府河馓子源于战国，九黄饼和春卷源于两汉，大麦粥源于南北朝，绿豆皮始于隋唐，东坡饼和荷月始于宋元，焦包、油登、米酒、鱼面、黄州甜烧卖和面窝创始于明清。“芝麻馓子叫凄凉，巷口鸣锣卖小糖，水饺汤圆猪肉担，深夜还有满街梆甲”，这就是清代汉口小吃夜市的生动写照。荆州的江米藕、碗碗糕，宜昌的冰凉糕，光化的锅盔，武汉的豆皮、汤包、热干面均大快朵颐。黄冈的东坡饼和东坡肉一样，均因著名散文家苏东坡而得名，更有文化韵味！至于高档席点如责牌馒头、五子献寿、金鱼莲藕酥、八角花轿顶、荷花莲蓬包、四时果点等更是耐人品尝。

粽子的前身为“竹筒食”，是距今三四千年之前夏商时代南方吴越一带先民为纪念端午节而创制的。他们在端午这天用竹筒或树叶包裹食物扔入水中，献给图腾神吃。后来人们为了表示对爱国忧民的楚国大诗人屈原的缅怀和崇敬，才将端午节吃粽子和赛龙舟与纪念屈原巧妙地结合在一起。江苏沿江的点心本来就很精致，有扬州的卤子面、无锡的杏仁酥、太湖的船点、镇江的蟹黄汤包、淮安的茶馓、南京的月季花酥、常熟的定胜糕等都是可口美味。但姑苏名点更是精美绝伦，高出一筹。

姑苏名点继承了战国“糗饵粉糍”和“柜敉密饵”的工艺传统，吸取了南宋糕桐食品的调制方法，至明初已趋于成熟。苏州所产的松子糕、八珍糕、赤豆糕、五色荤油大方糕、木渎枣泥麻饼和苏式月饼等，全部采用传统的生物色素和桂花、玫瑰花、薄荷等天然香料，多次在国际食品博览会上获奖。在苏州城乡民间，每个节气都有应时的糕点。正月半吃“闹元宵”，清明节食“酒酿饼”，端午节尝粽子，七月七吃“氽巧果”，中秋节尝月饼，九月九食“重阳糕”，除夕过年“蒸年糕”。这些小吃具有鲜明的特色和寓意，是饮食文化的一个重要方面。

苏州的粽子品种繁多，吃法讲究。从外形上分有角粽、锥粽、菱粽、筒粽、秤锤粽、九子粽；从馅料上分又有甜味的赤豆、红枣、黄豆、豆沙、猪油夹沙和咸味的火腿、鲜肉、咸肉、香肠、豆瓣粽等，此外还有无馅的白水粽。吃甜粽和白水粽时要蘸白糖或玫瑰酱，而吃咸粽就要在裹扎时就放入盐、酱油和味精，吃起来鲜美酥糯。苏州的年糕也有红糖、白糖和猪油三大类。红糖和白糖年糕色泽白亮，粉细粘甜，蒸透柔韧，油煎香甜，水煮不腻。猪油年糕又有玫瑰、桂花、枣蓉、薄荷等多种，色泽鲜艳，肥润香糯，食而不腻。现在苏式年糕和各式糕点又发展到酥皮、水蒸、炉货、片糕、油氽、印糕、糖货等7大类，品种多达300余种。

上海的小吃也是品种繁多，美不胜收。光上海过年的年糕就有定胜糕、龙凤糕桃、八仙对桃、万果松糕等不下30种。上海老城隍庙内的绿波廊餐厅中的小吃有三丝眉毛酥、菠橘地力糕、凤尾烧卖、鸽蛋圆子和蟹粉小笼，每天中外食客盈门，赞不绝口。

参考文献：

1. 杨力编著：《中国的丝绸》，人民出版社1987年版

2. 朱培初编著：《中国的刺绣》，人民出版社1987年版

3. 上海市纺织科学研究院《纺织史话》编写组：《纺织史话》，上海科学技术出版社1978年版

4. 黎莹：《中国的食品》，人民出版社1987年版

5. 陈光新：《中国烹饪史话》，湖北科学技术出版社1990年版

6. 曾再新：《徽菜的形成与发展》，《中国烹饪研究》1993年第3期

四、边缘群体探索

游民变迁

近代中国天灾频仍，战乱不断，社会经济结构出现了前所未有的变动。不少人倾家荡产，流离失所，过着朝不保夕、漂泊不定的生活。

日趋严重的土地兼并割断了农民与土地的联系，迫使他们背井离乡，成为游民。清代道光年间（1821—1850）大学士、直隶总督琦善一人占有土地256万亩。与此同时，江苏吴江地主沈懋德也占了万余亩良田。鸦片战争后随着地主阶级对农民剥削的加重，农民卖田破产成了一种定势。江苏苏州府属各县的土地，自种者连十分之一都不到。第二次鸦片战争前后，一批外国传教士凭借不平等条约的保护深入中国各地，使用各种手段夺取大量的族产、庙产和土地，成了仗势欺人的洋地主。在富庶的江南，基督教耶稣会霸占了约200万亩土地，仅在松江佘山一带即占地6000余亩。川西天主教主教杜昂在任约20多年中霸占了良田30万亩，仅彭县白鹿场1地就占了农田1万亩。湖北老河口的天主教堂也在光化、谷城一带占地万亩以上，洋地主的出现加剧了土地兼并的势头。另外靠镇压太平天国起家的湘系、淮系官僚军阀，凭借着在战争中掠得的财富和手中的政治权力，强行收买他人的田宅。湘军头目曾国荃每攻陷一座名城，必请假回乡购置田产，在他名下的土地累积有6000亩。淮军将领李鸿章兄弟6人，在安徽合肥先后占田60万亩。相反，农民在农业连续歉收、苛捐杂税加重等情况下经常只能以低价出卖土地来偿还公私债务，地主们趁机大量吃进。安徽有个地主利用1910年的洪灾，一下子买进了9000亩土地。

在近代以前，东北作为清朝的龙兴之地，土地一般只许满人八旗使用。随着沙皇俄国以及后来崛起的日本对东北地区的觊觎，清政府自1860年起决定向东北移民，从而成了华北各省特别是直隶、山东等地移民的较好去向。1907年春天，吉林、黑龙江变为行省后，取消了一切阻止汉人移民的禁令。在这以后每年迁来的移民约有三四十万。至1911年奉天、吉林的人口分别是1897年人口数的两倍和五倍。其中有一部分沦为东北的匪帮——红胡子。

鸦片战争后，中国社会的经济结构开始了一系列的变化，使一些从事传统行业的人们失去了生计。五口通商后由于对外贸易的重心由广州转向上海，致使广州经大庾岭沿赣江北上至九江、经南风岭至湖南湘潭的传统交通线趋于衰落，沿线水陆运输工人和其他劳动者濒于失业。在洋布洋棉的冲击下，中国东南沿海传统的农村手工纺织业首先遭到破坏，这给以土布土纱为主要运输业务的沿海航运业带来连锁反应。五口通商不久，福建漳州、泉州、兴化、福宁以及浙江宁波、台州、温州等地的商船大多歇业，水手们失业后逗留在上海等城市中成了无所事事的游民。19世纪60年代后，外国资本主义侵略势力从中国沿海侵入内河内地，他们在长江沿岸开辟了上海、镇江、南京、九江、汉口、芜湖、宜昌、重庆为商埠，开辟大通、安庆、湖口、武汉、陆溪口、沙市为寄行港。外国轮船肆意地在长江内河航行，将外国商品向内地倾销。中国旧式的航运业无力竞争，亏本破产，在船水手数十万人失去生计。1899年至1904年，岳州和长沙相继开埠，湖南地方当局应外国侵略者的要求拓深湘江水道使得外国轮船一年四季往来自如，加上洋货输入不再须纳子口半税，以前垄断湘省货物的民船运输顿形衰竭，赖以为生的水上运输工人无以为业。

自1853年起，由于太平军占领了江淮一带，再加上运河淤阻等原因，浙江的漕粮改河运为海运，后成为定式。海运的全面实行使十数万漕运水手骤然失业，他们缺乏正当的谋生途径，被迫大批加入青皮流氓的队伍，在运河、长江中下游一带从事贩私伙劫。在这之后胶济铁路、京奉铁路、芦保铁路的相继兴建，给了大运河运输事业以更沉重的打击，致使运河沿岸的城镇一蹶不振，大批船工车夫、贩夫店铺破产失业。义和团运动兴起后，北京地区失去车船店脚之利的数万贫民红巾黄裹，起而响应。因建铁路而失业的天津工人也联群结党，投入斗争。

近代中国国内战争、对外战争接连发生，兵连祸结，民不聊生。每次战争结束后清政府当局又不得不裁撤因战争而临时集结起来的兵员，这些人被裁撤后生计无着，一批又一批地加入了游民的队伍。鸦片战争结束后广东水陆撤勇，这些人有的西进潜入梧浔江面行劫，有的在两广边界掳掠，勾结广西土匪水陆横行。与此同时，广西当局也解散了集中在梧州办理防堵的兵勇，其中一些凶狠之辈相聚为盗，与烟贩盐枭合流为污。六七十年代，清朝统治者镇压了太平天国和捻军起义之后，陆续遣撤湘军数十万、淮军和川勇十余万、绿营50万以及大量的巡防营等各色军队。这些数千百万被遣散的勇丁由于生活得不到安置，就大量流向城市。1895年中日甲午结束后清政府再一次大规模地裁撤兵员，仅前线部队就裁了5万人，加上因兵制改革裁撤的绿营兵共达11万人，各营临时招募的勇营被裁撤的尚不计算在内。同年法国侵略者又迫使清政府签订《中越边界会巡章程》，迫使留在越南北部的原广西天地会武装无法立足，重新打回国内，最后酿成了20世纪初年的广西会党游勇大起义。

各种自然灾害的反复发作，轮流肆虐，也使游民队伍日益扩大。1850年福建大面积旱灾，晚稻歉收。1852 年六七月间闽江、九龙江流域又溪涨为灾，大水漫溢城乡各处，平和县受灾最重。百余名百姓被淹死，民房也大多坍损。云霄厅、长泰县也有淹毙人工。龙溪、南靖等县的堤岸全被冲坏，漳浦县则遭到拔木飞瓦的风灾袭击。1853 年浙江有 62 个州县分别遭到水旱灾害。

由于清朝政治腐败、财力空虚，黄河流域多次发生水旱灾荒，灾民四出逃荒，形成了庞大的流民群体。

1875 年陕西、山西、河南、直隶大旱，灾区之广、饥民之多是二百年来所没有的。两年后，山西、河南、陕西再次发生特大旱灾，山西重灾达 82 个州县，饥民达 500 余万，有一半以上的人被饿死，死亡遍野。只有身强力壮者才能借逃荒免于一死。1882 年一年之中黄河多次决口，灾民多达 75 万人。两年后，黄河再次决口，灾民达百余万。1898 年黄河大决口，山东受灾 50 个州县，直隶受灾 26 个州县，淹死二十六七万人，无家可归者不可胜计。当决口时，水高数十丈，壁立而行，瞬息千里，田园村舍被淹，活人会同死尸一道顺流而下，幸遇渔船货艇相救者，百无一二。淮河流域也是如此，1876 年安徽大旱，受灾地区达 48 个州县，苏北也是大旱，并加蝗灾，流民集江南者有 9 万余人。1883 年淮河沿岸发大水，二十余个州县受灾，灾民达数十万人。至于长江流域的江苏、浙江、安徽、江西、湖北、湖南六省在 1880—1890 年间，每年都有数十州县遭受水旱等灾，其中江苏省平均每年受灾达 61 个州县。灾民们成千上万地涌进汉口、南京、上海等沿江城市，成为街头的游民和乞丐。1906 年春夏间，长江中下游阴雨连绵，发生水灾。在湖南长沙，自年初起接连下了 4 个月的倾盆大雨，洪水泛滥于衡、永、长、常四府之交，沿岸居民的生命财产付之一洗，数百里汪洋一片，遭灾难民达三四十万，其中十分之一死亡。上述灾民、难民有的成群结队地涌进大中城市行丐就食，致使一些城市的人口猛增。如上海 1880 年总共有 10.7 万人，到 1911 年已达到 125 万人。有的就地结伙抢掠。闯入民家分食，如 1875 年陕西饥民相继抢粮甚至拦路抢劫，直隶遵化一带的饥民则专抢囤积，号称分粮。自然灾害使许多地方游民的比例大得惊人。据统计 19 世纪 90 年代，陕西某县达 90%，湖南某县达 25%。他们有的聚集铁路沿线乞讨度日。1895 年直隶饥民云集在唐榆铁路唐山、林西等车站，鹄面鸠形，每一停车，蜂拥而上，向乘客乞讨。苏北、淮北等地由于经常遭到粮食不收和各种天灾，流民南迁已成定势，即使是在丰收年景，一到一定季节也会成群南下。如 1912 年江北各属普遍丰收，然而秋收一过，沿运河、洪泽湖等处竟有多数流民船只不顾各地官员的堵截禁止纷纷南下。对他们来说不论年岁丰歉，秋收后南下春耕时北返已成惯例。在此数月之中一律靠乞食为生，甚至有一些家庭借此略有积蓄。

庞大的游民队伍的出现是中国近代社会急剧变化动荡和各种社会矛盾激化的重要标志，也是各种秘密结社得以生存发展的社会基础。

主要参考资料：

《剑桥中国晚清史》下卷第十章，中国社会科学出版社 1983 年版
《中国近代史新编》中册，人民出版社 1986 年版
周育民：《辛亥革命与游民社会》，《上海师大学报》1989 年第 3 期
饶怀民：《湖南会党与辛亥革命》，《湖南师大学报》1988 年增刊

洪帮功过

洪帮是天地会的别称。天地会起源于清朝初年福建漳州地区“以万为姓”的集团。1761年洪二和尚万提喜取“人生以天地为本”之意在福建正式建立。天地会以反清复明为宗旨、会员互相问询时必称本姓某改姓洪，故称洪帮。又因为在起义时会员一般戴红巾为标志，青帮崛起后为了与之相对应，故又有红帮之称。

19世纪初，天地会已遍及福建、两广、湖南、江西、云贵等广大南方地区。鸦片战争后，由于外国资本主义势力侵略和本国封建统治者剥削压迫的加重，人民群众的负担比战前增加了一倍多。大批农民流离失所，手工业者破产失业。散兵游勇无以谋生，致使南方天地会势力迅速膨胀。在广东，他们数百成群白昼结拜，甚至在省城广州附近的白云山一带也不例外。在广西各色天地会堂的名称多达120多个，拜台结党之风几乎无地无之，无时无之。他们啸聚山林，活动频繁，吸引了清政府的注意力，客观上掩护了太平天国金田起义。

金田起义爆发后，广西天地会首领胡有禄、朱洪英于1852年9月在南宁再次聚众起义，率数万起义军横扫数桂北湘南十余个州县，于1854年秋占领灌阳，建立“升平天国”政权。1852年广西天地会的又一首领吴凌云也在新宁（今扶绥）起义，先后攻克新宁、养利、龙州等州县和太平府城。1861年2月起义军在新宁陇罗建立“延陵国”政权。在广东，天地会首领陈开于1854年7月在南海县佛山镇发动声势浩大的红兵起义，李文茂等在广州北郊起而响应。头戴红巾的起义军接连攻克番禺、东莞、顺德等十多个县，围攻省城广州达半年之久。1855年1月由于英美法外国侵略者的干涉破坏，红兵从广州撤围。其中周春等人率部分义军北上，转战湘赣，于同年12月在江西新昌（今宜丰）加入太平军。陈开、李文茂等率主力转进广西。9月攻下浔州（今桂平），改称秀京，建立“大成国”政权。

天地会有许多分支，小刀会即是一种。1853年5月在太平天国的影响下闽南小刀会起义在福建海澄爆发，不久攻占了厦门等6个府县厅城。在闽南小刀会起义的策动和鼓舞下，同年6月台湾岛上也发生了规模巨大的会党起义。1853年9月上海小刀会在刘丽川的领导下起义，一举占领上海县城，并先后攻克了宝山等4个县城。上海小刀会起义军与清朝统治者以及外国侵略者进行了英勇的斗争，一直坚持到1855年2月。

太平天国失败之后，哥老会在被裁撤的湘军士兵中迅速崛起。哥老会会内称首领为大哥，各个组织均有山、水、香、堂的名称。自1867年始，哥老会就在湖南湘乡、浏阳、湘潭等地相继起事。1870年10月湘潭起事致使江西、湖北两省戒严。1871年4月哥老会曾占领益阳、龙阳两县，引起了较大的震动。19世纪90年代由于帝国主义侵略势力加紧侵华，与哥老会群众形成了尖锐的矛盾和对立，哥老会充当了长江流域反洋教斗争的主力。1891年5—9月间，哥老会领导的反洋教斗争首先在安徽芜湖兴起，很快蔓延到镇江、扬州、丹阳、无锡、江阴、如皋、武穴、宜昌等数十个城市。凡是有外国教堂的地方，群众愤然而起，竟有一县焚毁数处者。在此前后四川大足县哥老会首领余栋臣也在1890、1895年两次发动反洋教斗争。特别是1895年的那次斗争中，余栋臣及时提出了反清灭洋的口号，焚毁教堂医院二十余处，涉及州县三十余个，在邻近的湖北、贵州等地都引起了强烈的反响。几乎与此同时，广西三点会也在1898年夏起义，立誓驱尽洋人，以保卫华民。三点会是由天地会改名而来，以洪二和尚“洪”的部首三点命名。广西三点会起义军在李立亭等人的领导下先后攻占过梧州、郁林、容县、陆川、博白等地，队伍最多时曾发展到十万余人。

兴中会成立后，在联络哥老会共图反清革命方面做了一些工作，从而将部分哥老会组织纳入了资产阶级民主革命的轨道。1899年11月兴中会成员，湖南哥老会龙头毕永年运动湖南哥老会首领杨鸿钧、李云彪、张尧卿等人南下香港，与广东三合会，兴中会的干部聚会共商国是。会后经三方同意组成兴汉会，推定孙中山为总会长。1900年夏毕永年带领杨鸿钧、李云彪等哥老会头目在上海等候孙中山武装起义的命令时，一度帮助过唐才常筹划自立军起义的行军方略。杨鸿钧的金龙山堂、李云彪的腾龙山堂、萧子云的安徽大通哥老会以及邓福田、姜守旦的洪江会都参加了自立军的富有山堂。其中洪江会是哥老会在长江中游的一支，活动于湖南江西一带。自立军起义是近代中国从改良走向革命的转折点，不少参与此役的哥老会成员后来积极地向革命党靠拢。1904年湖南哥老会回仑山马福益部在华兴会的策动下，参与发动长沙起义，被清政府所镇压。1906年与马福益有密切关系的洪江会首领姜守旦、龚春台等人在同盟会会员的影响下，发动了声势浩大的萍浏醴起义。同年12月4日洪江会激进分子廖叔宝首先在醴陵麻石街发难，参加此次大起义的基本群众有数万人，起义军遍及萍乡、浏阳、醴陵等十多个县，先后与清军交战二十余次，清政府集中了湘、鄂、赣、苏四省兵力才将这次起义镇压下去。

在华南有不少三合会首领加入了同盟会。那些接受同盟会领导执行同盟会交办任务的三合会势力自称“革命三合会”，1907至1908年参加了一系列同盟会领导的武装起义。潮州饶平黄冈起义的主力是当地三合会众七千余人。惠州七女湖起义的领导人邓子瑜也是靠三点会的势力起义的。防城起义的直接领导者、中华国民军南军都督王和顺原为1902至1905年广西会党大起义的领导者之一，王曾在1902年6月隆安县马鞍山的战役中击毙清总兵马盛治，几乎全歼马盛治部。防城起义之后，王和顺又受命为滇南关都督，联合当地游勇头目黄明堂等人共同起事。1907年12月初取代王和顺继任滇南关都督的黄明堂率部80余人成功地袭取了镇南关炮台，并坚守了七昼夜。1908年3月参加边防城之役和镇南关之役的会党分子加上一批华侨组成中华国民军南路军自越南进入广东钦州、廉州、上思带转战四十多天，屡败清军，后退回越南。同年4月这批革命军从越南渡过界河，攻占云南河口，成立云贵都督府。起义军分兵出击，连克新街、南溪等地，队伍从几百人扩展到三千人。

辛亥革命时期，社会上的及一些省份新军士兵和旧式巡营士兵中的哥老会分子经过革命党人的联络，卷入了革命的浪潮，壮大了革命的声势。四川哥老会在保路斗争到武装起义这一历史过程中的表现特别突出。但由于哥老会等会党组织所处的社会地位，加上部分地痞、流氓、赌徒、散兵游勇的加入，因此已在表现革命积极性的同时也有消极的一面存在，大多数会党分子头脑比较简单。有的为了争权夺利不惜互相火并，掌握了一定权力之后又恃权横行，为害社会；有的企图以封建帮会的“洪家天下”与新生的革命政权相抗衡；有的居功自傲，不改旧习，或公开赌博，或勒索抢劫，或寻仇报复，具有相当的破坏性，引起了社会的强烈不满，很快成了民国初年一个难以解决的社会问题。

洪门会党尽管分枝众多，山堂林立，但不相统属，各行其是。即使在同一组织内部也分帮结派。如上海小刀会内部有福建的二帮、广东的三帮，闽粤二派各不相让，政出多门。又如广西天地会中有广帮、客帮、土帮之分，界限分明，彼此有一定的活动区域，互相戒备，在组织结构上存在严重的分散性。

由于洪帮的骨干分子出自游民阶层，长期脱离社会生产劳动，没有正当的谋生手段，平时靠赌博勒索，贩私等黑生意维持生计。如广东嘉应州（今梅县）人张嘉祥在广西起事前，曾在贵县刘公塘开卖洋烟馆，又在平南县大乌公开搭篷开赌。李绍熙、陈阿六、陈阿林、林阿福等人在上海小刀会起义前也卖烟聚赌。1853年7月，李绍熙押运的去苏州贩卖鸦片烟的船只在青浦千秋桥被拦，意外地使上海小刀会和青浦县的天地会接上了关系。天地会在广西打家劫舍、掳人勒赎时还有专门的术语，抓到男的叫捉参，抓到未婚女子叫托花，已婚女子称水盘。有些哥老会武装横行乡里，为所欲为。1875年至1880年在贵州梵净山一带活动的一支哥老会武装竟烧掳村寨一千百余家，杀毙老幼男女三千余丁口。

洪门帮会的这种社会破坏性又是和其政治上的严重不纯有关。为了敛钱发财，洪帮在扩大组织成员时不计贫富，不分阶层，不加选择，只要愿交纳会费，均可入会。这必然使洪帮内部鱼龙混杂，极易被封建统治阶级分化瓦解。有些组织则为地主绅富所直接控制，成了他们的政治工具。基于这些严重的缺点，洪帮不可能成为民主革命的中坚力量，引导群众去夺取胜利。

主要参考资料：

蔡少卿：《中国近代会党史研究》，中华书局 1987 年版

青帮湖匪

青帮又名清帮，是中国近代最重要的秘密会社之一。早期的青帮组织是清代漕运水手的一种行会性的秘密结社。最晚是在清朝康熙年间，青帮的钱坚、翁岩、潘清三祖在杭州北新关外拱宸桥地方创立三庵，崇奉罗教，供奉该教的祖师罗清而成帮，因此叫清帮。清雍正朝之后，罗教庵堂内部发生了一些重要变化，原来传统的世袭关系为宗法关系所取代，粮船水手已在各立教门、各收门徒了。乾隆三十三年，清政府一举平毁苏杭两地 33 座罗教庵堂后，在客观上反而帮助了这些帮派扔掉徒具形式的宗教外衣。至道光初年，水手帮派活动的中心转移到了老堂船上，形成了帮会的权力系统。

鸦片战争后，清政府逐步将漕粮由河运改为海运，大量以漕运为生终年受雇在船的水手无以为生，只得游行于各地，号称站码头，以越轨的方式寻求衣食之源。在他们的帮会中又注入了大批的盐枭成分。清朝自鸦片战争后财政收入短缺，诸饷告急，为了增加盐税收入，两淮盐政经过曾国藩、李鸿章等人的一系列改革，致使课厘、捐输加价繁重，盐价昂贵，造成了兴贩私盐谋利的队伍急剧膨胀。长江中下游和浙江产盐地区是青帮活动的主要地区。青帮在贩卖私盐时经常勾串两淮及浙江盐场的兵弁壮丁，将食盐装船运往湖南、湖北或安徽、浙江、苏南地区出售。太湖沟通长江，位于常州、苏州、湖州、嘉兴、松江五府的交通要冲，港汊分歧，四通八达，向为私盐运道。太湖的盐枭均为青帮，他们除贩运私盐外还收徒霸赌、当地分赃，杀人不法。其中由皖籍无业游民和被裁革的淮军士兵组成的巢湖帮最引人注意，进入 20 世纪之后，苏、松、常和浙江嘉兴、湖州各地的地方无赖也随声附和，使得巢湖帮的声势更为壮大。

在苏北安东、清河一带于 19 世纪 60 年代初出现了一种名则安清道友的青帮分支组织。其中的“安”指位于淮河北岸的安东，“清”指地处淮河与运河交界处的清河。这些安清道友包贩私盐、掠卖妇女、屡犯劫杀重案。他们有时还成群结队地冒充清朝兵勇，把持街市，借查街查河为名骚扰商旅，抢劫民财。后因屡遭剿捕，被迫从两淮向地僻人稀的安徽盱眙、来安两县交界地区以及江苏六合等地转移。

某些青帮首领的活动能量很大。如出生在川沙高桥的范高头当时既是江苏沿海一带的青帮首领，又是哥老会青龙山的山主。范高头自造船只，购买军火，活动于浦东、上海、吴淞口、通州及烟台、青岛等地，甚至公然在黄浦江一带私收棉花捐。活动在江苏常州、江阴一带的青帮首领曾帼璋也具有哥老会首领的身份。他与哥老会天目山熊满堂部的势力联结一气，将活动地段扩张到通州一带。曾国璋部拥有私下购置的大量军火，强劫典铺，为所欲为，还敢于同前来追捕的清军正面交战。沙州人吴梅生、欧阳四瞎子等人见曾帼璋势大，也打着曾的旗帜横行于长江、太湖一线。1908 年 1 月，由浙江湖州青帮头目余孟亭率领的船队在松江县境内抢劫招商局的轮船，得手后又在白鹤港地方抢劫日本大东公司的船只。同年春天清政府调集江西、湖北、江苏、浙江四省兵力共 30 多营对太湖流域的青帮湖匪展开了大规模的清剿，余孟亭部旋被击垮，余孟亭等人被俘后被处死。1909 年青帮的又一头目夏小辫子也在安徽湾沚被抓。夏小辫子这一帮拥有船只五六百只，枪数百杆，专搞船装和盐包送贩卖的行当。资金不够则向富户强行借贷，并多次公开抗拒清朝官兵。

在长江下游活动的徐宝山可以说是清末青帮的一个代表人物。徐宝山，江苏丹徒人，1865 年生。他从小不安本分，不务正业。1883 年徐在江都江女庙犯抢劫重案被捕，在押送途中又潜逃回籍，开始在扬州附近七濠口岸从事贩运私盐，往返于大通、芜湖、汉口、江阴等千里长江之上。徐宝山先是在盐帮的内讧中帮助枭魁孙七击败其他同伙，名声大振，手下的私盐船发展到七百余只，徒众也有万余人。他后来结识泰州口岸的青帮大字辈任春山，拜任为师，并与任合开洪帮形式的春宝堂，继续从事有组织的贩私活动。1900 年唐才常发动自立军起事时曾派人联络策动徐宝山，徐宝山也一度表示愿意勤王反对西太后，并以两湖两江兵马大元帅的名义发过勤王布告。但他被两江总督刘坤一招降担任新胜水师缉私营兼虎字陆营管带后，马上背信弃义转而捉拿自立军分子，并向帮会弟兄开刀。1903 年秋，徐宝山带队参与围捕曾帼漳部，击伤曾帼漳，俘获熊满堂等 28 人。1911 年 5 月又在江都嘶马拿获青帮头目朱羊林等 5 人。朱羊林是个拥有二百余人的贩私头领，多次劫掳杀人，曾于 1909 年 1 月伙同忠义堂头园朱盛椿纠党劫夺已被清军拿获的朱盛渍，打伤清军兵勇多人。由于有功于清廷，徐宝山在武昌起义前夕已升任江北防营统领，驻扎镇江。革命党人前往策动，"许以特别扬鹾利益"，同意光复后仍为徐保留扬州这块地盘。徐宝山在这种情况下决定改换门庭，于 1911 年 11 月 10 日发出扬州独立电，成立扬州军政分府。在这之后徐曾率部参加过进攻浦口之战，实力有所扩充，在同年 12 月于扬州组织第二军军部。民国成立后，身在南方革命阵营内部霸占扬州盐税的徐宝山却居心叵测，一面暗中勾结宗社党人搞复辟，一面向袁世凯表忠心，把自己的儿子送到袁处任侍卫武官。徐处处同革命党人唱反调，1913 年发展到竟然在瓜步劫夺国民党由上海发往安徽、江西的军火，案发后被陈其美设计炸死。

辛亥革命前后，青帮湖匪的活动并没有停止下来。护国战争时期江苏吴江殷佩六宣告“独立”，被镇压后率其溃兵与太湖枭匪为伍，专在吴县、吴江所属的各乡镇及太湖一带肆行劫掠，到处骚扰，掳人勒赎，无恶不为，以致当局不得不出动三艘兵舰一营步兵前往分头痛剿。袁世凯死后，军阀纷争的政局使青帮湖匪得以进一步的发展。1916 年 11 月，吴海珊、朱三瞎子、董双清等主客各帮匪首纠集匪船 30 余艘、匪徒数百人窜扰华亭县亭林镇，抢劫该镇巡警局的枪械弹药和数十家商号店铺，掠走财富 20 余万元。在此前后，吴子昌匪股也在湖州织里镇连劫典当商号 10 余家，共得银洋四五千元及大量的金银首饰和服装，并抢得浙江水师枪船五条，嗣后又开往莘塔向典当勒索大量银洋。

青帮湖匪的活动使富户官员到普遍居民的生命财产经常面临威胁，成为民初社会的一大公害。

丐帮内幕

在中国近代城乡各地，经常可以看到一些衣衫褴褛面容憔悴的行丐者。其中有相当一部分是参加丐帮组织的。

丐帮常常分疆立界，各有门户，互不相犯。在其界内，无论何种庆吊，主办者视门户大小对丐帮总有所赏赐。同时庆吊时迎亲、出殡所用的杂役，也通常由丐帮承办，以此获得佣资。

广东的乞丐往往用当地称之沙包的沙罐煮饭。1841 年一直在曲江、阳山等县求乞度日的王萧氏为抵御他人欺侮发起组织沙包会，纠众 140 余人，自任头目。至 20 世纪初年一种名叫关帝厅人马的丐帮组织在广州逐渐流行起来。首领陈起凤是外省流入广州乞丐头目，最初住在城西华林寺内，后迁居大沙头金花庙，其他关帝厅人马多住在小北外的东西得胜庙、西关的湄洲庙以及附近其他的庙宇公所内。广州民家办凶喜二事时，事先必视家境到关帝厅乞头处缴纳一元数角至五元的喜钱，领回一张“附城花子陈起凤”的条子贴在门口即可避免乞丐的滋扰。这笔喜钱按关帝厅惯例分作五份：丐帮头一份，群丐三份，管段警察一份。领钱之后关帝厅人马负责为事主打扫门前，赶走外来的滋扰者，保证无事故发生。陈起凤对于有病不能出乞的人，在厅内派专人看护，遇有乞丐病重或死之的，负责报城西方便医院就医或殓葬，还组织群乞送殡出灵，并给一定的抚恤。广州全市的乞丐大小头目都拜在他门下，尊其为大头目。只要挂上陈起凤的名字求乞，所到之处无不得偿所欲。附近南海、番禺、东莞、顺德各县的乞丐也纷纷闻风来归。凡每年冬天流入广州行乞者必须通过关帝厅人马的事先许可。关帝厅人马有时还充当骗食团的首领，带领一班流浪者去一些小饭馆骗食。先行几个人同在一张台食，食完一个个陆续逃出，只剩下新加入者一人最后留下听候老板处置。这种人往往被老板痛殴致残乃至丧生。陈起凤死后，广州关帝厅人马因无人继任头领很快陷于四分五裂。自 1912 年起广州、河南、大东门等地段的丐头开始各立门户，不相统属，争夺地盘的纠纷时有发生。由于越界求乞打架杀伤的事件也经常发生。

在河北宁津也有丐帮组织“穷家行”，叫化子是它最基本的成员。他们极端穷困，无家可归，又不从事生产，终年行乞。穷家行奉东汉末年高士范冉为祖师爷。相传范冉结草为屋，食不果腹，但穷居自若，言貌不改。穷家行的乞丐们平时分住在各处破庙里。行乞的主要对象是烧锅、油坊、盐店和当商。通常是三五个乞丐为一捻，捻的头目称为篓子头。群丐讨来的东西由篓子头值十抽一，但群丐的食盐由篓子头提供。每到年节，篓子头总要到铺商和豪绅地主家中念喜歌、接财神、送财神、送礼拜年，讨要财物。要来之后，大家分份子。每逢麦收和小秋之后，穷家行成群结队地推着独轮车下乡向地主、富农家去要粮食。不满足要求就赖在门上死活不走，人多势众，一般都能达到目的。某年秋后穷家行到水郡庄地主家去讨要。地主开发太少，且出言不逊。二十几个乞丐就赖在门口不走，一直闹了两三天，迫使王姓地主出粮二百斤才算了结。穷家行平时是趁赶集会之机，向散摊索要钱物，向富家要锅头做盘费。穷家行有一定的组织纪律，他们师徒相传，讲究义气，注重团结，行乞时一人有病除有徒弟照护之外，同伙的人有钱的出钱，有物的出物，不在一起住的也要设法捎去。行乞时更是互捐照顾，扶瘸携瞎，走不动的用独轮车推。正因为如此，穷家行这种丐帮组织在中国近代社会中具有很强的生命力。

不过当时流行华北各城市的是里家的组织。里家据说最早是由清雍正年间北京满洲八旗的八个穷王爷首创的，故分为张门、高门、韩门等八门子人。里家同样奉范冉为祖师，其基干是乞丐和唱“莲花落”、“数来宝”的行吟艺人。入里家的乞丐不得自由行动，平日在指定的街巷讨要，别处有喜庆宴会也不待越界去凑热闹。在包头，里家乞丐们掏窑打洞，在原先停放棺材的草市街以北的死人沟（今在慈人沟）落脚居住，并与其他游民团伙会组织为流氓组织“梁山”。里家乞丐有时奉命为人家站岗，打发其他乞丐，制止闲杂人员入内等，一天可得银币一元，后走时还要替里家不能行动的乞丐代讨一元，拿回去交柜，不得私自克扣。包头“梁山”规定，凡外埠来包头的小偷窃盗必先到“梁山”挂号，并由“梁山”头目指定其作案的时间和地段，不得擅自改变。具体监督由里家乞丐负责，一旦发现越界作案立即报告梁山头目予以惩治。里家乞丐如能为商店字号的伙房掏炉灰倒泔水，就可把成桶的剩饭打弄回去。如遇大雨或气候严寒则由死人沟里家组织供应稀饭。辛亥革命以后哥老会在内蒙古等地迅猛发展，大有独霸西北之势。里家乞丐们审时度势纷纷更换门庭，加入了哥老会，后来大都沦为老哥老会土匪，里家从此衰落下去。

在中国近代社会，丐帮一般是民间秘密社会的团伙，但也有例外的官办丐帮。官办丐帮是地方官中为维护自身利益而组建的慈善机构，却用行帮把头的办法任用团头加以管理。清朝末年黑龙江双城府的乞丐处即是一例。该处位于双城府西角隅的富翼长胡同，外院东西厢草房各五间是乞丐食宿之处，二门内雕梁画栋的七间房才是乞丐团头的住所。乞丐进了乞丐处就成了团头的奴隶，任其奴役支使。乞丐的口粮每月由商会员负责供给，每人一斗高粱米。衣服是从每年军警缴销的旧衣物中拨用。因此乞丐处收养的化子，只能在商会规定的每月初一、十五两天才能上街讨要。平时负责收殓、掩埋死尸，帮助丧户办丧事等，所得的收入大部分归团头所有。乞丐处乞丐的烧柴按例是由派守四处城门的乞丐从进城卖柴草的挑子或车上抽取，最多时一季可抽收上千捆。但团头为了从中谋利，在隆冬季节不顾群丐死活，限制化子房烧柴，冷屋凉炕冻得乞丐们全身发抖，着凉泻肚。仅 1917 年一个冬天就有 20 多具冻死的乞丐尸体堆在化子房后，直到解冻时才弄到城外鬼王庙的万人坑里去。团头在掩埋这些尸体时还下令抽回棺材板，扒下一身的破烂衣服，吓得外来乞讨者宁肯夜宿破庙也不敢进乞丐处的化子房。在黑龙江双城府乞丐处这种官办的特殊的丐帮中，腐朽的封建统治的色彩极为浓厚，乞丐们要指望它保障糊口度日，到头来只能是竹篮子打水一场空。

主要参考资料：

《穷家行》，《近代史资料》总 58 号

曲彦斌：《中国乞丐史》，上海文艺出版社 1990 年版

《包头流氓低层社会的“梁山”》

教门兴衰

在中国封建社会后期，白莲教作为一种秘密宗教在民间颇为活跃。白莲教始自南宋初年茅子元创立的白莲宗，主要活动于东南地区，后逐渐向北方及内地蔓延。至明初，白莲教立足于华北地区，扩散至湖北、江西、四川、陕西等地，奉无生老母为创世主。教主独揽大权，父死子继，教徒入教交纳钱财，定期集会，烧香礼拜，教习拳棒。清代嘉庆年间爆发的川楚陕白莲教大起义持续了十余年，遍及七八省，打击了清王朝的统治。白莲教的支派青莲教、斋教、八卦教、习文教、金丹道等在近代中国均有活动。

鸦片战争以后青莲教在许多省份都很活跃，1847 年湖南武冈新宁地区的雷再浩起义和 1849 年的李源发起义都与青莲教有关。另外 1856 年在贵州铜仁也爆发了青莲教起义。1857 年青莲教教主刘义顺在四川涪州发动起义，失败后转入贵州，在思南直接领导白号军起义攻克府城。白号军后以玉华山为基地，与清军周旋了十余年。

1861 年春，活动在山东邹县以东群山之中的习文教教徒在捻军起义的影响下起事，群起攻打邹县县城，后转战云蒙山中，一直到 1863 年 9 月云蒙山白莲池被清军攻陷，起义才告失败。1861 年流行于山东东昌、临清一带的天龙八卦教在张锡珠等人的领导下发动起义，奉黄旗首领、白莲教主张善继为总教首。

太平天国失败之后，地主阶级加强了对农民的剥削和压迫，再加上各种自然灾害的频频发生，给了民间宗教以有利的发展时机。各种教门利用灾荒的威胁，大肆宣传救劫免灾、入教可以不怕水旱荒乱，并用求神医病和衣食相济等手段吸引群众入教。例如以江西封禁山（旧名铜塘山）为中心的斋教势力在向闽浙粤滇等省的发展方面取得了很大的进展。同时一般百姓为了求生存和自身安全，为了免受他们的凌辱，不得不结成团伙，结拳自卫，因此大刀会、金钟罩、义和拳、八卦教等各色刀会和拳会在山东、直隶、河南等地久盛不衰。然而外国资本主义宗教势力在太平天国失败后迅速向中国内地的扩展使中国民间秘密宗教受到了前所未有的严峻的挑战，洋教势力的横行不法及其劝诱秘密教门的信徒改信天主，基督的活动引起了秘密宗教各分支日益增长的憎恨和反抗。

1891 年热河的金丹道和在理教发动反洋教起事。金丹道是青莲教流入北方的一支，具有浓厚的神拳风习，传习符咒，请神附体，声称刀枪不入。该道同时也标榜不食烟酒，吃斋行善，在这一点上与理教又有相似之处。这年10月初，金丹道教首杨锐春因外国教会强占土地，官逼民反，率众数千起义，攻占敖汉贝子府，建立开国府。在理教首领郭方昌率众首先响应，攻入朝阳县城。10月中旬建昌金丹道在教首平清王傅连信的率领下在松岭子镇起义，首先捣毁附近的天主教堂，并在在理教首领林玉山部起义军的配合下攻入平泉州城，焚毁外国教堂数处。不久，直取建昌城，一个月后以“奉天伐暴”为号召的义军在清军的镇压即告失败。1895年8月以“代天行事”、“天国普有”为宗旨的斋教在福建古田发动反洋教斗争。斋教群众杀死了新教传教士等洋人十几名，焚毁英、美教堂。

甲午战争前后，随着帝国主义侵略的加深和民族矛盾的上升，秘密教门和武术结社加紧了活动。1894年在苏鲁豫皖交界地区的曹州、东昌、归德、徐州一带兴起了大刀会的组织。大刀会来自于武术团体“金钟罩”，据称其成员运气后犹如“金钟罩身”，“身着铁衫”，刀枪不入。一些秘密教门为了寻求自身的生存和发展，纷纷与民间武术团体相结合，借习武以布教。鲁西南大刀会创立之初主要是为了“捍卫乡闾，缉治盗匪”。但随着帝国主义宗教侵略势力的步步进逼，各地大刀会很快转入反洋教斗争，他们在秘密教门与西方教会势力的激烈冲突中积极声援秘密教门。山东大刀会明确表示以诛锄西教为本旨。1896年大刀会在山东曹、单等县起义，焚烧教堂，并波及江苏、河南交界的砀山、虞城、夏邑等县，杀死了一些外国传教士和本国的教民。自1899年起大刀会等组织逐渐聚集在义和团“扶清灭洋”的旗帜下，汇成了义和团运动的洪流。义和团运动被镇压后，大刀会的势力一部分原地潜伏。一部分流窜分散到全国各地发展组织进行活动，继之而起的是在理教的势力。

在理教又名白衣道教。入教之人夏季以白色的辫绳裤带为标志，冬季以白色的软领腰巾为记号，以不抽烟喝酒为最主要的戒律。据传在理教是杨来如在清初创立于直隶（今河北）蓟县岐山揽水洞。1765年直隶盐山县人尹岩在天津永丰屯正式建立理教公所后，理教逐渐传遍天津的四面八方。进入近代以后，由于鸦片流行，谋财害命众多，因此劝人戒烟戒酒并致力于救济病人的在理教在一般百姓中有一定的号召力。如天津理教公所在光绪末年专门成立了一个经办慈善事业的机构“公善所”。春季种豆、夏施暑药、冬舍棉衣，为死去丈夫的“守节”妇女发放救济款和物品，掩埋倒毙街头的无主尸体，对贫民死者施舍棺木等。各地城市后来大多有了理门公所的组织，但各省的公所互不统属。某一理门资深道亲如能取得当地绅商的支持援助，即可设立公所，自为当众领众，开始点理传道。反之，某地绅商为倡导戒烟戒酒，还可在有在理教组织的地方接聘领众，开设公所点理传道。各理门公所以办斋为名向道众敛钱。一般一年四季各办斋一次，各道亲接到公所发的通知后，必须量力出钱，少则三元多则十元，前来参加。届时在公所大吃一顿，同时摆设理坛点收新理。办斋余款多留作领众个人生活之用。

1913 年李毓如串通理门闻人苑文鉴，联合北京各理门公所领众，发起组织中华全国理善劝戒烟酒总会，得到了内务部的批准。李毓如被推为总会会长，对外应付场面，苑文鉴为理事，把持总会内部事务。总会成立后，上海、江苏、湖北、天津、辽宁、吉林、黑龙江等省市相继成立了分会。总会办有《理铎》杂志，通过各分支机构发行全国，由理门道亲订阅。总会还印行《理门须知》一书，分发全国分支机构。中华全国理善劝戒烟酒总会在民国初年与佛教会等宗教团体并列，积极从事一些慈善救济之类的活动，有一定的社会影响。

主要参考资料：

《中国历史三百题》，上海古籍出版社 1989 年版
《天津文史资料选辑》，第 24 辑
《文史资料选辑》，第 77 辑
《中国教案史》，四川省社科院出版社 1987 年版

绿林行踪

绿林土匪古已有之。近代以来由于清朝政府在对外战争中接连失败，其在国内的统治力量日趋衰弱，封建秩序陷于紊乱，使绿林土匪有机可乘。而历次内外战争结束后大量被裁撤的兵勇，不甘解甲归田，又源源不断地投身绿林，这又是近代绿林的一个新变化。

1842 年夏南京条约签订后，广东当局即命令将以前招募的万余水兵遣散。这些人前来当兵的目的在于坐拿军饷，加上农民一旦与一向紧密相连的土地分离就很少可能再回复原位。于是这些人在生活无着的情况下，持械抢劫，为害治安，成了中国近代第一批的游勇。太平天国失败后，大批的湘军、淮军士兵又遭裁撤，流落江湖。其中湘军士兵大多参加了哥老会的组织，而相当一部分的淮军士兵加入了青帮湖匪的队伍。青洪帮共同进行贩运盐和掠卖女子、抢劫杀人等违法活动，并使盐枭在人数和装备方面得到了很好的补充。与此同时，广西地区的一些天地会武装如刘永福的黑旗军等在清军的追剿下被迫进入越南境内以求生存。这些天地会武装在 19 世纪 80 年代的中法战争中曾获得清政府的认可，配合或参加清军抗击法国侵略者。中法战争结束后，对法作战有功的黑旗军等武装被清政府遣散，生活无着，他们乘机藏得一些武器和号衣，以劫富济贫来维持生活。桂滇黔三省边区成了游勇土匪盘踞的中心。广西上林人游维翰首先由镇南关外率领部众来到三省边区交通要道百色，沿途吸收了不少义勇豪侠、绿林壮士及失业农民。广西武缘（今武鸣）人陆亚宋原为清军冯子材部的马夫，遭遣散后先率领军中弟兄先在果化、归德之间做绿林豪客，后远走百色、镇安、归顺及边关一带充任游勇大哥。游勇的装束有特殊的标志，其中最主要的是“薙发”而不“编辫”。游勇生活所需以及枪弹饷械等等费用都由各大小股的首领自行筹措，均不外采用劫掠、抽捐、“献纳”等手段。游勇招人入伙叫“入湾”，其介绍人叫“拉马”，新“入湾”者视家道情况必上缴几元至十几元的入湾费，再经过拜台仪式才能成为正式的游勇伙伴。至 19 世纪末 20 世纪初游勇土匪在左右江流域及云贵南北盘江流域的声势很大。他们勾结官兵，利用地痞，罗致流氓，为商帮武装护运，或绑票勒赎，诈取钱财，有时甚至杀人越货。南宁游勇首领梁丹桂与水上警达成默契：游勇不侵入巡警的管辖范围，游勇则利用用脚蹬车轮排水的新式江船到广州、澳门、香港等地私运军火。

1902 年 10 月游勇土匪首领饶五自称洪门大王，率部万余人渡过红水河，攻入兴义县城，杀死官绅，沿街张贴告示。1904 年 5 月游勇出身、一度被清廷招安的陆亚发在柳州发动兵变，攻占衙署，劫取藩库饷银 20 万两和大批枪械。陆亚发部撤出柳州后，先后攻占柳城、罗城及中渡等地，转战于迁江、上林、融安、永宁各县。这时本来就是游勇根据地的永宁、雒容边境的四十八峒和环江、宜山、罗城边境的五十二峒得到了巩固与发展。清政府直到 1905 年初才聚合桂滇黔三省官兵力量把广西游勇起事镇压下去。当时陆亚宋为苏元春招安，改名陆荣廷，所部编为健字营，对招降游勇起了很大的作用。

东北地区的绿林土匪大多骑马，又称马匪，主要产生于 1895 年至 1905 年间，活动于受甲午战争、沙俄入侵及日俄战争之害最严重的辽河下游一带和辽西各县。历次兵灾之后，地方极度动荡不安，大批的散兵游勇流落社会，一些游手好闲的青壮年也趁机铤而走险。如马匪头目张作霖原来是宋庆毅军骑兵队的勤务兵，后升任哨长，跟着兽医官学了些兽医知识。1895 年 9 月毅军回防河北时，张作霖退伍在海城县高坎庄开设兽医店，常为各路匪帮医马疾，后自立匪伙。1900 年沙俄趁东北义和团兴起大举入侵，海城县衙役冯麟阁趁机打劫，以杀富济贫为名，纠合了地方上的流氓赌棍、散兵游勇在盘山县的田庄台、辽中、台安、彰武一带横行，抢劫淫掠，为害一方。另有辽中县人杜立三，纠众千余人，枪马俱全，自立一帮。各帮初起时抢劫行旅，焚掠商民，奸淫妇女，捉人勒赎，无恶不作。时局平静后转为各踞一方，在自己的地县内实行保险。由辖区居民按月摊派一切费用，就可同意界内不再发生绑票抢劫案件。冯麟阁曾组织大团对大团所驻的小北河、庙儿岭、韩家峪一带约 240 余村及海城、牛庄周围的 100 余村实施保险。杜立三在辽中三界沟霸占上等良田 800 余亩，规定周围几十里居民都由他负责“保护”。当地人民不论年景丰歉，对杜家的供纳不得缺少一点。杜立三还在柳条窝子渡口公然设立临时关卡，派人对过往的船只收捐，下行船每只 2 元，上行船每只 5 元。

在日俄战争中，冯麟阁匪部数千人在日军的策动下从辽西以西进击驻在首山的俄军，俄军不支向北败退，对整个战局有重要的影响。杜立三也带领部分马匪北上洮南，配合日军阻击、牵制沙俄骑兵，使之疲于奔命，延迟了进军的速度。日俄战争结束后，清政府在日军的压力下，委任冯麟阁为奉天省巡防营帮统，原冯麟阁的部下金万福被委任为巡防营统领。他们驻扎在铁岭、开原一带，在当地敲诈撞骗，设赌抽头，绑票勒赎，由土匪变成了官匪。稍后张作霖匪部也经奉天将军增祺批准收编招安，经新民一带负责维持地方治安。杜立三在日俄战争结束后势力越来越大，除继续在辽西掠夺民财、霸占民女外，还派人到辽阳、营口、盘山等地硬捐，甚至公然到辽中县军营抢夺快枪 300 支、子弹万余粒。1907 年东三省总督兼练兵大臣徐世昌下令张作霖解决杜立三。同年6月张作霖利用杜立三叔叔的亲笔信诱骗杜立三到新民府共商进止，杜立三欣然前往，中计毙命。杜立三部余众大部分被张作霖收编，张因此升为奉天巡防营前路统领。

在陕西及相近的山西、河南部分地区，关中刀客活动频繁。关中刀客每人携带临潼县关山镇制造的长约三市尺、宽不到二寸的刀子。到了1900年以后，有的刀客还置备了长短枪，既用于自己防身又用于报仇搏斗。早在19世纪50年代刀客就已出现了，破产农民和失业的城市小手工业者是它的主要成分，另外还有些受地主恶霸迫害，逃避追捕的人也掺杂其中。刀客三三两两自由结合，除做一些保运、贩运盐茶的营生外，每逢集市商会总要设摊赌博；遇见不平他们每每拔刀相助，虽死不惜，事成之后只要一席茶饭即可，并不索要其他的物质代价。但由于刀客缺乏明确的政治目标，加上各集团画地自封，有时被恶霸地主利用，彼此火并，互相残杀。刀客团伙不论人数多少，总有一个被称为某某哥的人物作首领，陕西朝邑县人严孝全即是其中的一个。严孝全到任的朝邑县北金水沟地形复杂，形势险要，关中刀客都视为避难的好地方，严孝全对前来投奔的避难者均予以殷勤接待，因此势力逐渐壮大。他曾率40人据险抗击前来进攻的清军巡防马队百余人，在三昼夜的激战中毙伤马队18人，自己无一伤亡，省城为之震惊，必图之而后快。严孝全在这种情况下只得远走甘肃，暂避风头。辛亥革命时期有些刀客集体参加了革命军，东路节度使陈树藩与北路招讨使井勿幕的属下都有一些标营主要是由刀客编成的。严孝全部当时在陈树藩的第十标，该标曾渡河支援山西的辛亥革命，光复过运城。标统严孝全后在进攻醴泉城的战斗中阵亡。

辛亥革命时期，新旧政权交替，海安力量大为减弱，大批游民一时得不到妥善的安置，酿成严重的匪乱。四川成都嘉定等属的匪徒白天抢劫，受害者如敢报官则杀人焚屋。江苏徐海一带大股土匪抢劫财物，杀戮人民。兵匪大队在苏州阊门商业繁华之地逐铺抢劫，通宵达旦地一抢再抢。及至1913年二次革命失败后，遭受嫌疑的南方军队悉数被裁，由于谋生之路断绝，大多流为匪类，在城乡各地掳掠劫杀，制造恐怖。随着时间的推延，中国近代社会兵匪一家的特点表现得越来越明显。

主要参考资料：

《广西游勇》、《关中刀客》，均见《辛亥革命回忆录》第六集

烟花飘动

娼妓业是近代社会中一个十分兴盛的行业，各地的娼妓既有无法靠正当手段谋生的土著，也有背井离乡被人骗至城镇从事此种行业的。江苏苏州、扬州、清江（今淮阴）一带女子被掠往闽粤辽沈等地从事皮肉生涯的甚多。在汉口的妓院中有苏帮、川帮、湖南帮、江西帮和本帮等各色名目。远在兰州的娼妓皆为私卖，而且绝大多数不是当地人。

鸦片战争后各地妓院发生了一些重要的变化。首先是鸦片烟盛行，各妓院中均以鸦片为嫖客唯一的应酬品。特别是1868年清政府与外国侵略者协定鸦片作为洋药对民人开禁后，全国青楼中游客妓女吸食者更难数计。其次是赌风日炽，自清代同治朝以来，妓女们以赌博消遣，嫖客也从赌博中抽头，作为报效妓女之资。第三，进入近代以后清朝官员更加腐败，狎妓治游，成为风气，其中还有特制浅水小轮船，携妓女游经秦淮河的。

近代以前北京几乎没有娼妓。进入19世纪50年代后嫖妓之风盛，胭脂石头胡同家悬纱灯，门揭红帖，每逢过年，香车络绎，游客如云，呼酒送客之声彻夜震耳。达官贵人为了妓女不惜革职查办。当时妓院多在城外，直到70年代末才移进内城砖塔胡同（俗称口袋底），于是宗戚朝士，趋之若鹜。至1897年北京的妓院发展到37家。在京官员嫖妓引起朝野议论，后遭御史指参，妓院乃尽数驱出城外。1905年清政府设立巡警部之后又设内外城巡警厅，公开抽收妓捐，凡月缴妓捐的官妓获得法律的承认。康熙、嘉庆年间处置开设娼寮、冶游游娼寮的重典已不再适用。北京的妓院中原来都是北方的妓女，集中在韩家潭、百顺胡同、陕西巷等处。1900年前后苏州、杭州等地的南方妓女纷纷北上，进京安营扎寨，开始僻处于李铁拐斜街、胭脂胡同等处，后扩展至韩家潭、百顺胡同、陕西巷，弄得北妓只有在王广福斜街短巷中求生。赛金花就是来京南方妓女中的一个。赛金花又名傅彩云，原苏州名妓，13岁时依姐居上海，后成为洪钧之妻，曾随洪钧出使英国。洪钧回国逝世后，赛金花返沪重坠风尘。1899年她进京开办妓院“金花班”是南妓北上的重要标志。庚子之变时她又与八国联军及日后议和有关，名噪一时。据说北京南城外胡同窑主重新开张时清吟小班的各种条规都是赛金花手订的，直到民国年间仍然有效。

上海的情况与北京不同。在19世纪40年代上海的妓院皆在城中虹桥左侧，有苏常帮、扬州帮和本地帮，前往冶游者多为财大气粗的闽粤商人。1853年9月上海小刀会起义后各妓院纷纷移至城外。至60年代上海之妓集中在老北门一带，沉香阁以东，以朱家庄最有名。70年代中期租界的工商业有了初步的发展，各种妓院又开始从城内逐渐向法租界和公共租界转移，时髦的妓女大多住在四马路（今福州路）、新会乐、三元坊、群玉坊一带，有长三、幺二等第。长三因出局陪席、留宿的价格均为三元而得名。幺二则出局、过夜均收费二元。此外上海的妓院妓女还有草台、私局、野鸡、花烟间、钉棚、粤妓、咸水妹等名目。其中花烟间多存在于法租界小东门及褚家桥一带。

广州的妓院变化开始于1905年，这年长堤遭受风灾，所有花舫奉粤督之命移至海珠下游贴近大沙头地方。1908年一场飓风使大沙头的花舫大半毁坏，风定后各妓女尽寄籍于陈塘，花舫修复后返回大沙头者仅十之六七。陈塘的妓院老板见有利可图，及时而筑大寨，因此1908年陈塘的大寨猛增到35个，拥有妓女2000人。1909年初，大沙头发生严重火灾，焚毁花舫及大小船只数百只，大沙头的妓业因此一蹶不振，让位于陈塘和东堤。东堤建于1910年，洋楼、戏台、商铺一应俱全。广州城内金花巷、清源里等处的妓院相继迁徙于东堤后面的沙地。水上大沙头的妓艇亦被勒令陆居。于是新建的洋楼充作妓院，与陈塘构成东西对抗之局。辛亥广州光复时，东堤各妓院被民军占居，妓女逃散。再加上不久陈炯明禁娼，东堤自此不振。陈塘的妓院也在民初荒废了二年，1913年二次革命失败后龙济光入粤，娼妓重来陈塘，再操旧业。

民国以后娼妓仍很繁盛。在北京，勾栏胡同改为内务部街，“粉子”胡同用作农商部的所在地，但王广福斜街、陕西巷、韩家潭、皮条营、石头胡同、胭脂胡同、百顺胡同、纱帽胡同的妓院生意并未衰落。1913年参众两院在北京城立后，议员身价百倍，妓院也成了他们讨论政事的安乐窝。有关国务员之同意事件、预算案之通过事件、政团间之相互事件，几乎都以八大胡同为接洽交谈之处。至1918年北京的妓院增加到400多家，拥有妓女3880人。上行下效，当时各省的省议员、县议员以及市乡自治员在选举前后的运动接洽也几乎都是以酒食征逐狎妓邀冶为应酬的。

甚至一些原来没有公娼的地方在民国后由于军阀有意搜括也出现了公开的妓院，安庆即是一例。辛亥革命前安庆只有私娼，没有公开的妓院。1912年安徽省会警察厅长为加强搜括，准设公娼。在安庆御碑旁巷内宝风、清和、鸣雅、四喜等四家妓院公开挂牌接客，每家妓院各有妓女20余人。老鸨、账房、厨司及男女外人100人左右。同时挂牌的还有扬州悦来班、如意班、双福班。1913年秋倪嗣冲到安庆后，其部下那些高级军管常去妓院，花天酒地。其他中下级军官以及省府机关中的秘书、科长乃至外县来省的官员也相习成风，几乎以妓院为论政议事、联络款接的场所。妓院生意日趋兴旺。扬州班添设了长春、同乐两家妓院。妓院营业须向警察厅领照，每月应缴牌照费20

元。另外每月还要交纳按妓女人数算的“娼捐”。

各地妓女从事卖笑生涯并不都是出于自愿，她们平时经常受到老鸨和班主的打骂。当晚客人走后，妓女如有招待不周或过于殷勤，或那天妓院生意不好，都难免遭受毒打。有时用木棍、铁条甚至是烧红的通条来打，有时用猫放在妓女的裤裆中打，其余罚跪，关黑屋、不给吃饭等更是司空见惯。妓女若是老鸨或班主买来的，便成了妓院的摇钱树。她们出卖色相换来的钱自己一文也不能用。因此有的妓女从妓数十年连自己每月收多少都不知道。妓女人身也无自由，不管有病无病照例接客，有些妓院为了防止妓女出逃，雇有守更的看守，妓女入妓院后便不准自行外出。广州某些妓院还在所在的街头街尾设木闸企栋，仅容一人进出，类似山寨，故被人称为“大寨”。在中国近代在妓院中的折磨致残致死的妓女不知道有多少，她们的悲惨境遇总的来说是由半殖民地半封建的社会所造成的。

主要参考资料：

王书奴：《中国娼妓史》，上海三联书店 1988 年版
《北京封闭妓院纪实》，中国和平出版社 1988 年版
《旧社会安庆的娼妓、鸦片和赌博》，《安徽文史资料》第 16 辑

江湖骗局

晚清社会政府腐败，战乱不止，天灾频发，世风日下，游民激增。这些辗转流落江湖的人们不事生产劳动，专在茫茫人海中寻找弱者，对其施展种种诡计绝招，肆意骗取受害人的金钱财物。大小骗子层见叠出，各种骗术令人眼花缭乱，稍一不慎，即中圈套陷阱之中。

在近代城乡各地，相面算命十分流行。相面算命就是根据顾客的面貌、气色、体态、皱纹等，运用江湖上的“军马”、“英雄”、“仪注”、“气度”等方法推测其人凶吉祸福、贵贱寿夭的一种行为。“军马”就是鼓动如簧之舌。“英雄”就是察言观色，试探顾客是否真是外行人。“仪注”就是装腔作势，以坚定顾客的信任。“气度”即是出言有方，旁敲侧击，务必使顾客上钩。上海的算命瞎子高档的开设命相馆，其中以在南京路开相命馆的吴鉴光最为著名。吴起课必禳星礼斗，驱邪必要道士配合，猜度应答之术炉火纯青，索费也高，因此生活富裕，竟有四房妻妾。走街串巷的是低档的算命瞎子，又以籍地与师承分为扬帮、宁波帮、徽帮与本帮，各有地盘。扬帮集中于沪西，以万航渡路康定路口的顺园茶馆为活动中心，宁波帮在市中心区，徽帮居沪东，本帮在南市。

在华南，一些大的算命先生每到一城一市，就要租店铺，挂招牌，住上一至几个月。在天津还有俗称“黄雀叼帖”的用鸟算命者。他们买进黄雀后先训练它吃红色食物的习性，过些日子把红烧爪子塞在纸包的口上喂黄雀。在算属相时，只要将所有需要的属相包儿红点朝上，其他十一种属相的包儿红点朝下，这一来鸟儿只能叨出和算者相同属相的纸包。不知内情的外行人无不称奇。

为了骗钱，也有人假冒僧道的。冒充和尚者每到一地首先做几日“净街”，即晚上在街上边行边敲木鱼念经，树立形象。过几天便公然拿看缘簿求人签助，伪称要修理南海普陀山观音阁或修理其他如来佛像等等，以善有善报、公修公德的迷信话来诱惑愚夫愚妇，骗取钱财。他们有时扮成道士模样，在事先探听好的有钱人家门口念念有词，久留不去，坚称要捉拿企图危害屋主的五鬼。相信迷信的主人便会留其住宿，供给上好的饭菜，任其开坛作法。事成之后还要给其相当的酬报。1874 年上海法租界有个以画符为业的诈骗集团，首领胡士恒宣称能画符包治百病，有同伙十余人串街走巷蒙骗市民。

堪舆一门，俗称看风水的，是相看坟地和住宅的行当。在近代中国不少人认为活人的住宅和死人的坟地都与命运有关。风水先生利用人们的迷信，编出种种说法诱使人们改造房舍，迁葬祖坟。他们还勾结要卖地的主儿硬说该地是风水宝地，买主后辈可以出几个大官享受荣华富贵，诱使买主高价买地，自己则从中渔利。有人听信了他们的胡言乱语，被骗得一蹶不振，求富反贫，求福得祸。有的因碍及邻人或同族的风水，以致缠讼多年，倾家荡产，两败俱伤。

有人则冒充巨贾大商、富贵人家，瞄准大绸缎庄、珠宝古玩行骗。有的到某地后住进当地最大的旅馆，穿着华丽，举止阔绰，带上仆人或女眷招摇过市，到大商店购买珠宝绸缎古玩，选定后先令店员将货物送到寓所，然后设法脱身；或诡称带店员到某地取款中途脱逃。由于他们一次行骗动辄百万，在天津被称之为“高买”。有的则携带一些样品或货物，住进大市镇行庄为货主准备的客房，先在该行庄将货物寄售或降价卖出。然后由同伙冒充这家行庄的店员去纱绸店或金饰店，声称奉老板之命前来选购送人的礼品，随后请商号派店员随自己回行庄交货收款。当到达行庄时早已等待在客厅的行骗主谋让商号店员暂候，自己拿了货物诡称让老板最后定夺后立即付账，随同副手一道逃之夭夭。在华南这种骗子被称为“谣相”。

卖假药这种行为在近代中国社会更为流行。在天津，高大愣买来药铺剩下的各种药渣子碾成细末用糖稀合成“大力丸”，高价售出，声称吃下后可身强力壮，百病不生，挣了不少钱。实际上这种丸子吃了无益无损，知其内情的人称之为“切糕丸”。也有人将药铺卖的辛夷染红，或用糖腌白萝卜晾干，冒充人参，内行称之为“糖葫芦”；或用卷柏当场用开水浇，立时灰色转成碧绿，说是能治咳嗽。有的从药铺买来白芷头，用酒精浸透后阴干，冒充峨眉山“老田七”，说能专治远年跌打积瘀。在上海城隍庙等人多处摆药摊者，将常人不识的树根冒充价值连城的人形何首乌，将松香镯冒充能治肝胃气痛的琥珀镯。专门卖假药者多为两三人合伙，一人卖，两三人假装买，故作疑问，彼此一问一答作为宣传，有的诧异惊呼，故作赞美之词，掏钱买药，推波助澜。路人不识，信以为真，纷纷争购，最终上当。

在各地“扬宝”行骗也屡见不鲜。所谓“扬宝”，即行骗者扮成有钱人，或是露金银财宝，以引诱贪小便宜的人上钩。先由一骗子假作拾获小包一个，内有金钷一对或港钞一束，要求无知妇女和乡民替他们上金铺或钱台上兑换现钞，并答应付出很高的酬金。等受骗上钩后，他就提出要对方拿出东西作抵押品，这时骗子的同伙，以过路人的身份出来作公证人，受骗者在他们甜言蜜语的引诱下，急于贪图高额酬报，常常拿出自己的金饰或现钞作抵押。然而当他们拿那些东西出去兑换时才发现全是赝品或废币，再去找行骗人时早已去如黄鹤。

在上海、天津等大城市中还有一种“放白鸽”的。所谓“放白鸽”就是以将美貌的妇女放出去为人妻姘头，一有机会捞足钱财，如鸽飞回，使被害人人财两空。清末有陆姓的外省人来沪经商，数年后积蓄渐多，便托媒婆物色对象成家。媒婆约来一年轻美貌女子，陆某十分满意，定其身价为300元，即日结婚。婚后生活十分美满，陆某遂将钱交夫人掌管。不料有一天家中闯入一个自称是该女丈夫的男人，指控陆某拐骗人妻，并要拖陆见官。惊恐万状的陆某只得求其原谅，听任此男公开与该女子携财而去。

在晚清时期，上海、天津等地出现了拆白党组织，宗旨是以色相攫取女子钱财。入伙要求十分严格，必须眉清目秀，能说会道，反应灵活，交游广泛，熟悉当地风情习惯，且须两个人介绍。其首领称为“部长”，内部分工严密，互相配合。活动时必须衣色光鲜，出语温柔，时而由风流俊逸的美少年出场，时而由文质彬彬的文化人上阵，一旦有女子被其钩住，定将其财物骗尽才肯罢休。在上海，拆白党多活动于大世界、新世界、新舞台、张园、愚园等闹市地区。上海还有女拆白党，分布在戏馆、照相馆、工厂、电车等处，专以女色引诱男子骗其财物。其首领的丈夫大多是探目、巡捕或马车夫，有时夫妇合伙行骗，得心应手。女拆白党在虹口设有传习所，因人施教，传授行骗秘诀。

在华南广州语系地区内则有“江相派”迷信诈财集团。“江相派”大约起源于清朝康熙年间，中国近代是它的极盛时期，其成员遍布两广各大城市以及上海、汉口、香港、澳门等地。该集团成分极为复杂，有相命先生、和尚、尼姑，道士、江湖贩药者、流氓、小偷和骗子等等，也属洪帮的一支，因为当时江相派人物不和洪帮结合，就难免遭到入帮绿林的拦劫和土霸的欺凌。各地江相派首领称大师爸，内部讲究义气，在大师爸们的家中不仅经常食客满座，即一般的同派中人求其帮助也会如愿以偿。只要入了门就不愁饿死，这是该派得以长期存在的重要原因之一。

辛亥革命后，洪门各堂的捞家、土匪坏了规矩，对江相派也一样抢劫、欺负了，因此“江相派”便和洪门分了家。1925年至1927年的大革命又大大冲击了迷信诈财活动，使“江相派”进一步衰落。因此当该派“通天教主”何立庭1925年去世后，再也没人敢于接充头子了。

主要参考资料：

谢敬鸿：《旧社会江湖十二相》，《广东文史资料》第13辑

于城：《记“江相派”——旧时代一个迷信诈财的集团》，《文史资料选辑》第47辑

苏智良等：《近代上海黑社会研究》，浙江人民出版社1991年版

《天津文史资料选辑》第25辑

镖行兴废

中国近代社会官场腐败，横征暴敛，民不聊生，弱者只能忍气吞声，勉强度日，强者便铤而走险，沦为盗贼。这些寇贼少则二三十人，多则七八十人，也有三五成群的，盘踞各方，啸聚山林，拦路抢劫，行旅视为前途。由于这些寇贼平日与衙门里的捕差役早有联系，常给些好处，因此当官府发令捉拿时，差役只拿几个外路的无名小辈交差塞责，真正的大盗不仅抓不到，而且还暗中受到保护，官府对此已无可奈何。过路商旅为求安全无事，只能找会武术的保护。最初，一些会武术的人住在客店里等候客人的雇用。客人雇妥了，他们就推着自备的小车上路。一天走上八十里地。后来他们的买卖一天天发达起来，就在通都大邑、重要城镇自立镖局，自充掌柜，聘请有名的武术家充作镖客，并注意招揽农村初通武艺的青年入局作为徒弟。镖局还备有轿车，听候客人雇佣。

由于当时单身上路的客人、来往运货的商人、上任卸任的官员以及官方运送的饷银都要求镖局保护，因此镖局发展很快。在甲午战争前后仅北京城内前门一带就有会友、永兴、志成、正兴、同兴、义友、光兴等八大镖局，其中数开设在粮食店南头路西街会友镖局规模最大。会友镖局在它的极盛时期在南京、上海、西安、天津各地都有分号，在河北冀州绢子镇也设有南柜，共有保镖一千余人，其中常在北京柜上的也有二三十人。来自南北各地时人进入镖局之后均以师徒相称，因此局内有师兄、师弟、师叔、叔大爷等各色称呼。进局之人虽说先前都有些武功根底，但仍要拜师学艺，精益求精。为了今后靠一身硬功夫吃饭护镖，他们必须学习刀枪拳术、暗器使用、飞檐走壁、游泳马术等一系列功夫。武艺精通后方可穿上厚皮背心、搬尖靰鞋参加护镖。

镖局各有字号，各有疆域，哪家专走哪路都有一定的路线。如会友镖局有东（东三省）、南（南京、上海）、西（西安）、北（张家口、热河）四路走镖买卖。参与人数视所保的货物价值而定，约每一万两银派出一名侍镖，报酬是值千抽五。保镖一般每月能得四五两银子，另外吃喝均由掌柜的提供。掌柜又名“镖头”，是武林中的老前辈，凭着平生武艺创出名气，平时对绿林盗贼也有相当的联系。镖局和盗贼是相互利用的，由于有贼，而且贼大多讲江湖义气，所以镖局才得以生存和维持。保镖路上遇贼，必须用江湖黑话好言应付，一般都会得以放行。盗贼进城后由镖局保护，住在镖局以免官厅查拿，一日三餐好酒好饭均由镖局招待。待数天后盗贼观光、购货事毕后再由镖局派车护送出城。当然镖客也有遇上蛮不讲理不懂行规的盗贼的时候，免不了一场恶战。如镖客战败，所护送的财物即被扣压，镖局只得再派高手出面，文武兼施，取回原物，实在无法取回，只能由镖行如数赔偿。

为高官大宅、商号看家护院也是镖局的一大生意。当时以李鸿章为首的高官大户和各家大商号为防止贼人拦路劫抢，主动与镖局联系，由镖局派人前往坐夜。即使外国人在中国开的许多洋行、银行如华俄道胜银行等也请镖局卫护。镖局也乘为李鸿章护院之机，也请李鸿章为名誉东家，做后台老板，致使专门负责捉拿盗贼的采访局一见贼进镖局便不再过问了。

由于清朝吏治腐败，京城的库丁偷拿库中银两已成了公开的秘密。北京方面的一些地痞流氓专门绑架库丁以诈索钱财，致使库丁上班下班都得找镖局派人保护。

还有些镖局专门和空局（赌窟）、娼寮打交道，负保护之责，免不了要和前来捣乱寻衅的地痞流氓们发生冲突，因此彼此断不了寻仇斗殴。

除了镖局之外，各地还有些跑散镖的。这帮人虽没有镖局那样大的规模，但声名远播，总有人愿找他们保镖。活动于陕西关中渭河两岸地区的刀客就是一种跑散镖的。当时山西省的潞盐是以关中各县为引地，而远销蒙古、西藏地区的茶砖又是用湖南产的茶叶运进陕西泾阳加工制成的。因此这两项生意运量很大，而商人不仅要交纳重税，还要受沿途局卡的额外勒索。为了避免官府的留难，商人们乐意请刀客作保镖。作为保运人的刀客携带关山刀子结成团伙，不顾税卡人员的拦阻检查，强行通过，致使陕西地方税减少，于是遭到地方当局的迫害和镇压。

义和团运动高潮时，带有小洋枪的镖局人员遭到了义和团的为难。凡保镖除了长枪短刀等旧式武器外还带有防身之用的小洋枪者，一经查出，就予以没收。义和团运动被镇压后，由于火车、轮船等新式交通工具日益发展完善，来往客商不再需要起早雇用民船了，镖局走镖生意逐渐减少。至民国初年北京的镖局只剩会友一家，且只做护院的买卖。由于电报汇兑的通行，官府解饷或向上峰缴款也不必再请保镖帮忙保驾，因此民国初年硕果仅存的几家镖局的生意日益清淡，无可挽回地走向衰弱。1921 年北京会友镖局的告终就是一个明显的标志。

主要参考资料：

李尧臣：《保镖生活》，《文史资料选辑》第 75 辑
李然犀：《走江湖的形形色色》，《天津文史资料选辑》第 25 辑
《关中刀客》，《辛亥革命回忆录》第六集，文史资料出版社 1963 年版

僧徒道士

中国佛教本院有两种不同的传承制度。一种是剃度派的子孙庙，庙内住持由师徒制度世袭相承；一种是十方丛林制，即由十方诸山长老推选贤能担任。至中国近代这两种制度依然并存，但在上海等东南沿海地区推行十方丛林制逐渐成为一种趋势。

鸦片战争后杭州海潮寺首先来上海设下院留云禅寺，又称海潮寺，面积13亩，僧众四百余人。该寺是上海著名的禅寺道场。至清末民初留云寺佛事之盛已称上海第一。继杭州海潮寺之后，常州清凉寺、永庆禅寺，宁波阿育王寺、雪窦寺、普陀山报本堂也纷纷到上海设立下院或分院，一则可在上海筹集资金，二则可在上海设立窗口，拉香客去朝圣，政府则从中征税取利。还有无数的游方僧人，在上海街头巷尾临时租屋设寺，以经营佛事为谋生手段，被称作“马路和尚”、“佛摊头”。由于社会上有钱人家祈求在动荡的社会中平安，大做佛事，因而佛事十分兴隆。

然在内地佛家寺庙的情况很不景气。太平军兴起后，见庙宇即烧，见神像即毁，给佛教带来了沉重的打击。太平天国失败后张之洞等洋务派又发动了驱僧毁像、占庙提产的“废产兴学”运动。20世纪清政府实行新政时各地方政府也普遍推行“占寺兴校”的活动。因此至辛亥革命前内地寺庙大半被毁被占，真正属于僧界的寺庙已屈指可数。

由于近代社会的逼迫和长期以来寺僧制度的蜕变，佛门内部也极端衰败，各种弊病充分暴露出来。社会上一些游民逋客、市井无赖钻入佛门。一些寺僧不甘贫困，也借诵经念佛做法事而谋取私利，甚至有靠贩卖如来佛像度日的。也有些寺僧趋炎附势，攀援权贵，以谋求供养。一些住持则把持寺刹，胡作非为。

在这种情况下，佛教界的一些有识之士为争取佛教在近代社会中的生存和发展，提高僧众素质，积极开展了“兴教保产”活动。1909年圆瑛法师在宁波创办了“佛教讲习所”，后又在上海创办了“楞严专宗学院”和“上海圆瑛佛学院”。杨文会、寄禅等人也开办了南京祇洹精舍、常州普通僧学堂、江苏僧师范学堂等佛教学校。1914年9月月霞法师在康有为的敦促下，在上海哈同花园创办的中国第一所佛教大学——华严大学正式开学，有僧众学员80余人。4个月后该校因战迁往杭州城外的海潮寺。次年刘仁航在成都创设报恩学院。1918年，谛闲在宁波成立观宗学舍。这些佛教院校的开办，推动了中国佛教的近代化发展。上述学院的开办，推动了中国佛教近代化进程。

在晚清资产阶级民主革命浪潮的冲击下，一些爱国爱教的僧徒积极参加了辛亥革命。宗仰法师（乌目山僧）多次运用与上海犹太富商哈同夫妇的特殊关系，筹集巨款资助革命。上海著名的中国教育会、爱国学社、爱国女校等革命组织都得到过他的帮助。浙江海宁普陀山寺僧也主动为革命捐助经费。同盟会革命僧华山、栖云、铁岩和亚髡等在各地寺僧中大力倡导革新佛教必须襄助革命共和，得山、意周师徒等掩护和协助革命党人开展秘密活动。西湖白云庵就是杭州著名的革命秘密机关。在光复汉口、上海、南京、西安、长沙和进行北伐等战斗中，许多寺僧发扬救苦救难的精神，冲锋陷阵，有的还牺牲了生命。长沙岳麓山寺僧等则组织救护队支援前线。

民国成立之后，联络团结同仁的佛教统一组织纷纷出现。欧阳渐、李政纲等在居士首先发起建立中国近代第一个佛教组织中国佛教会，接着释太虚和释仁山等在南京筹建“中华佛教协进会”。1912年4月，寄禅、谛闲、铁岩、圆瑛等在上海留云寺集会决定将各省的僧教育会统一重组为中华佛教总会，在上海清凉寺设办事处，原各省僧教育会改为支部，县教育会改为分部，陆续成立的支部有22个，分部达400多个。南京临时政府批准中国佛教会立案并支持中华佛教总会的建立。与此同时，一些寺僧不顾僧界顽固保守势力的极力反对和阻挠，以杭州净慈寺等处为基地，着手改革僧伽制度。他们在实行寺产公有化、作务平等化等方面取得了一定的成效。1917年，圆瑛在担任宁波佛教会会长期间创办了佛教工厂和农林场，实行农（工）禅结合，并在开办僧学校的同时专为社会上无力上学的青少年开设了一所民校。当时各地僧寺在开办僧学校时几乎都同时开设俗民学校，还利用寺产开办养老院、孤儿院、病院、给食所等社会慈善机构，获得了社会上的普遍好评。

道家是中国社会的传统宗教。自清朝以来由于朝廷重佛抑道，道教在社会上层的地位和影响日趋衰弱，不少道徒只能走向民间以求生存。1843年上海开埠后，社会经济迅速发展，逐渐成为中国经济文化的中心。江浙一带的道士纷纷来上海谋生，有想在上海结庐修行的，也有著名道教宗观的道士来沪建下院的。1861年杭州显真道观在上海北门外建立了显真观分院。后因拓修马路，该分院迁至西门附近（今西林后路100弄8号），先后购地5亩进行扩建。1888年该道观派人进京，以白云观下院的名义，在北京白云观请得明版《正统道藏》八千余卷，留镇山门，观名也因此改为白云观。1869年苏州道士曹瑞长领到了官方下发的“外方流道执照稽查”，也在上海开办道观。日益增多的来沪道士最初是为旅沪的同乡做道场，在同乡人的帮助提携下逐渐形成了根据原籍及斋醮仪式的不同特点划分、各占地盘的12个道教帮派。

北京白云观位于西便门外，始建于739年，明清两代经过不断的扩建。

1887 年该观方丈募缘再次修建时得到戒友、清宫内监副总管刘诚印倡首助银 15000 两。该观在大兴、宛平、密云等县拥有 36000 余亩土地，敛取田租作为经费。另外京都王府门第、大富巨商一旦有丧事时，搭棚筑坛，醮荐亡灵，也是该观重要的经济来源之一。但是只有零星香钱归观内苦行道众执事分配，大的布施统归观中司房。因此清末民初常年住观的 200 多名道士每天的伙食除了高粱米的一饭两粥外，其他什么都没有，而上层道士方丈、都管等却终日大摆筵席，与名流政客们馈珍往来。

中华民国成立后，江西都督府在 1912 年下令取消远在南北朝就已出现并成为道教符箓三宗之一的龙虎山正一道及其“天师”称号。同年 9 月正一道第 62 代天师张晓初从江西龙虎山天师府改驻上海，不久在豫园萃秀堂召集上海、苏州、无锡、常州、镇江等地正一庙观的代表举行中华民国道教总会发起人会议。10 月中华民国道教总会正式成立，宗旨是“昌明道教，以维世道，以道为体，以法为用”。该会以江西龙虎山为本部，北京为总部，上海为本部总机关部，其他省县为分部支部，但并未得到当时政府的核准。尽管如此，由于长期的历史影响，道教在民初社会仍有相当的群众基础。云南临沧地区道教最盛，仅在这一地区的二仙庵受戒的弟子就达 400 余人。在沈阳中断传戒达 40 余年的太清宫也在 1914 年重开传戒，弘扬道家法旨。就内部结构而言，一些道观在民国建立后也发生了重大的变化。如浙江湖州云巢的纯阳宫在清代是设总理一人，称为守山，负责管理会庙事务，另设协理一人，辅佐总理开展道务。进入民国后纯阳宫设立了董事会，有董事若干人，公推董事长一人，决定庙内外兴办事宜。不论何人，只要出身清白，品行端正，略识文字能诵经忏，不分男女老少、阶级职业，经道友可挟乩时具推荐书焚于神前即有派名入道之机会。由于上述变化，使得道教在民国时期继续得以存在。

主要参考资料：

何建明：《论晚清资产阶级革命对近代佛道的影响》，辛亥革命 80 周年全国青年学术讨论会论文

《宗教钩沉》，上海画报出版社 1991 年版

《白云观史略》，《全国文史资料选辑》第 120 辑

《湖州云巢清阳宫道教的封建迷信活动》，《浙江文史资料》第 11 辑

国外邪教[①]

20世纪六七十年代以来，世界上邪教组织不断出现，在欧、美、亚、非各地一些极端狂热的邪教组织制造了一幕又一幕的震惊世界的惨剧，引起了各国政府和人民的高度关注和警觉。

1978年11月18日，由美国牧师吉姆·琼斯创立的“人民圣殿教”的900多名教徒在这个患有妄想狂症的教主的带领下，在圭亚那的琼斯镇集体自杀。其中294名是不满18岁的少年，他们是喝下了或被迫吞下了有毒的果汁后毙命的。琼斯原为“五旬节”教派义务宣教师。1975年他曾被美国宗教生活基金会组织选为“美国100名优秀教师”之一。建立人民圣殿教后他宣称，“在几千年前他化身为神”，“曾经在世上生为基督耶稣”，世界末日即将来临，只有自杀才是“圣洁之死”。他后来又说，1996年将是灾难性的社会大崩溃和发生核战争的年头，只有他才能拯救众人。许多人听了琼斯的讲道信以为真，甚至辞去了工作，带着财产入教。该教派以旧金山为大本营，其分支机构渗透到了拉美各地。教中有严格的教规，信徒必须按比例上交年薪的一部分，教徒被剥夺了私生活权（严格禁止男女相爱）和集会言论权。教派内部成员失踪或逃亡均被视为叛变。琼斯在圭亚那租用大片土地，建立了一个自己控制的国中之国。琼斯以没收护照和建立专门武装卫队、设置岗哨等方法，防止教徒出走。凡拒不上交财产，对教主不服，未经许可擅自与外界联系或逃跑者都要受到惩罚以至被杀。1978年琼斯把前来圭亚那调查的2名美国联邦众议员、3名新闻记者当做敌对分子加以杀害。随后他以与其被敌人毁灭不如先自我毁灭、决不让对方获胜为由，强迫85名信徒以所谓“革命性”的自杀来抗议社会。一些幸存的教徒由于长期离群索居对是否能回归并适应美国的生活感到担忧，有些人甚至宁可留在圭亚那而拒绝回到美国。

1993年2月28日邪教“大卫教派”的教徒在美国得克萨斯州韦科市以东卡梅尔庄园被联邦调查局出动的军警包围。经过51天枪战、对峙，4月19日该庄园的教徒集体自焚，整个庄园被大火夷为平地，86人葬身火海。其中有教主戴维·考雷什和至少17名10岁以下的儿童。后据调查人讲，其中有些

① 原载教育部师范教育司组织编写：《当代人类社会问题》，上海教育出版社2001年版，原标题为《外国邪教一览》。

人并非烧死，而是头部中枪而死。该教派于1968年首创于美国得克萨斯州，教主考雷什熟知《圣经》的内容，自称是“耶稣基督转世”，降临人间揭示《圣经》新约中所述的神的七封书信的秘密。考雷什反复宣称世界末日即将来临，只有投靠他才能上天堂。考雷什还谎称上帝告诉他应该建立一个新的大卫之家，要他享受大卫王的待遇，多娶妻生子，以便将来率孩子们解救世人，共同统治世界。他规定其他男人均没有结婚的权利，只有他本人则可以无数次结婚。他以为上帝生育辅佐人才的旗号，大肆诱奸女教徒，至少有15个女人被迫为他生下了十几个孩子。在他的庄园中，考雷什是横行一时的霸主，经常用各种残忍的手段来惩罚不听话的信徒。大卫教规定教徒须将薪资、银行存款全部交给教主处理，并要求男女教徒分开居住，每天诵读《圣经》，报告思想活动。他还强迫教徒们接受残忍的自杀训练，如怎样将手枪放入口中自毙、如何服内用氰化物等。从1991年10月到1992年7月该邪教订购了几百支型号不同的步枪和成千上万发子弹，并且还自行设计了手提机关枪，几年中共制造了价值十多万美元的武器。“大卫教”还对信徒进行军事化训练，公然对抗政府。1993年美国联邦执法人员接到该教囤积武器炸弹、修筑地下掩体、囤积武器粮食的报告后，立即前往搜查，“大卫教”当即开枪顽抗，打死联邦执法人员4人，打伤16人。联邦调查局则出动军警、坦克和直升机攻击“大卫教”总部，给了该教以沉重的打击。为了不被警方抓获，教徒们最后在绝望中烧庄园自焚，只有9人冲了出来得以逃生。

1994年10月5日、1995年12月23日、1997年3月22日太阳圣殿教在瑞士、法国、加拿大各地接连制造了3起集体自杀事件，死亡者在140人以上。该教创建于80年代初，提倡星相学、炼丹术、针灸及生态进化等，是一种集魔法、迷信、炼金术和占星术为一体的邪教。教主若雷自称是“耶稣降世”，能带领已死的信徒通过火星到天狼星上生活，并称自杀是为了寻求与这个充满虚伪、欺诈的世界不同的真理。因此太阳圣殿教的信徒相信自杀是通往天狼星星球、躲避世界末日、享受新生命的途径。有些信徒在临死前还留言：“死亡并不存在，它纯粹是幻想。”“通过内在的生命，我们永远能够重逢。”该教把发展的重点放在知识分子方面，主要招募收入丰厚的及有影响力的人士如自由派绅士、医生、银行管理人员等。太阳圣殿教的总部设在瑞士的山村里，该教的主要经济来源靠信徒供奉，在瑞士、法国、加拿大、澳大利亚都有房产或庄园，并在瑞士、渥太华银行中存有巨款。成员遍及法国、德国、比利时、丹麦、荷兰、瑞士和加拿大，在法国约有1300名成员。有些信徒变卖了家产，把数十万美元作为会费上交了教主，想要退出就很难了。

1994年10月5日太阳圣殿教的23个信徒的尸体在瑞士弗里堡州的郊区被发现，而另外25名信徒包括首领若雷和迪芒布罗则在瓦莱斯市附近丧命。调查人员认为，其中1/3的死者可能是被谋害而死。同年该教派的5名成员的尸体在蒙雷阿勒北部莫兰高地被发现。1995 年 12 月 23 日在法国与瑞士接壤的维尔科尔高原的一所烧焦的房子里发现了该教 16 名教徒烧焦的尸体，大部分尸体在地上呈太阳状圆形排列，他们的脚都对着正中心的一个火堆。1997 年 3 月 22 日该教派教徒三女二男在加拿大魁北克市自杀，尸体列成十字架形。

1997 年 3 月 28 日“天堂之门”的 39 名教徒穿着相同的服装，在美国加州圣迭哥高级住宅区集体服用掺入苹果酱和布丁的苯巴比妥镇静剂自杀，希望不明飞行物会把他们带进天堂。该邪教教派是马歇尔·阿普尔怀特于 1975 年在美国加利福尼亚州创立的。该教教义其实是由基督教思想、神智派以及其他各种玄学的教义和有关飞碟的现代民间传说构成的。这种游说吸引了不少 UFO 的崇拜者。他们放弃所有财产，穿着同样的衣服，戴着同样的戒指，与教主一道过集体生活，一日两餐，不吸烟，不喝酒，清心寡欲。阿普利怀特宣扬入教要断六亲，绝六欲，教主及一些男教士甚至进行了阉割。该教教徒互相之间以姐妹兄弟相称，不看电视，光看用红字印刷的《圣经》。该教同时还宣扬上帝是外星人，天国处于外太空星体，称“海尔—波普”彗星后有一艘太空船，将接载信徒回天国。教徒们相信，成员可以转世，进入天国的唯一办法就是在人间修行，产生“人类个体的变形”。自己被杀后躯体会驾云乘飞碟上天。1997 年 3 月阿普尔怀特向信徒预言，人类末日即将来临，唯一的解脱办法就是自杀或搭乘外星人的飞船逃离地球。自杀事件发生前该组织通过互联网发表声明，称 3000 年才光临地球一次的“海尔—波普”彗星的临近是我们一直等待的“标志”，我们很高兴地准备离开现世。可见邪教害人之深。

1995 年 3 月 20 日奥姆真理教一手策划了东京地铁沙林毒气事件，导致 12 人死亡，5000 多人受伤。该教教主麻原彰晃在毒气事件发生前夕写的新著中称：“1999 年 8 月 1 日前后是你决定你生命的时间，届时将大难临头，全球经济崩溃，战争爆发，时世艰难。”

奥姆真理教创立于 1984 年 2 月，原名“奥姆神仙会”，供奉的菩萨是印度教的破坏神“湿婆”。麻原本人自称是“弥勒菩萨的化身”、“最终的解脱者”，进行过多年的佛教瑜伽功的修炼，于 1988 年完成了最后的解脱。他宣传教徒们喝了他的血液和洗澡水可以得到智慧。一开始该教只有十几个信徒，后因麻原讲道及身怀的“腾空功功法”（声称能在空中浮游）吸引了大批青年，10 年后信徒发展到万余人。该教主张世界末日思想，以出家的形式否定现实，宣称战争是世界终极战争，即神魔最后决战的日子。在神魔最后决战时，日本人全部死去，剩下的只有奥姆真理教的教徒。平时只要拥有一发炮弹剂量的毒气沙林便可威胁政府不得压制他们。为此奥姆真理教建立许多实验室试制沙林。1994 年 6 月 27 日麻原在长野县松本市进行了喷洒沙林毒气的试验，使7名市民中毒身亡，约600人受害。

信徒们入教后要把个人所有的财产全部贡献给教派，割断与现实世界的联系，住进教团组织戒备森严的集体设施中。设在山梨县上九一色村的设施可供900名信徒集体生活。教徒每天修行，吟唱教歌和咒文，一日两餐是以蔬菜为主的“奥姆食”。

1990年奥姆真理教成立“真理党”，参加日本的众院竞选，结果连同麻原在内的25个人全部落选。其教内组织模仿日本的政府体制，有法务厅、建设省、厚生省、科技省、防卫厅等省厅机构，设大臣和次官。防卫厅负责警备，自治省应付警方，建设省负责制定武装计划，厚生省负责细菌研究。麻原还下令部下花费13亿日元秘密制造1000支枪。麻原自称“神圣法皇”，有自己的宪法和武装，企图以所谓的奥姆佛法为基础建立自治国家。以“太阳寂静国”取代日本国。从1993年起麻原开始将自己说成是“世纪最后一位救世主”，将用超凡的能力实行使信徒摆脱世纪性毁灭的救济活动，建立起个人崇拜。麻原还称现代人都积有“恶业”，只有通过“收回其灵魂的办法”才能拯救他们。奥姆真理教对于稍不听从上级旨意的或有反悔之意的信徒毫不手软，加以杀害，美其名曰“拯救信者的灵魂”。

在经济上奥姆真理教拼命从信徒身上搜刮钱财。一份仅7页的“修行法”复印件要卖30万日元，200毫升的教主洗澡水“饮料”要卖2万日元，据说滴入教主血液的液体，饮一次要100万日元。1998年以来奥姆教从370场演讲会中就获取了2亿日元的入场费，仅1998年春在东京郊区搞的一场演讲会就收了50万日元。该教在1989年到1995年的6年中资产扩大了250倍，达1000亿日元。奥姆真理教在日本至少有1.7万名信徒。另在俄、美、德、澳大利亚等建立了分支机构。在俄国的信徒据称多达3.5万人。

沙林事件发生后，日本政府对于制造此次恐怖事件的奥姆真理教采取了严厉的措施，逮捕了教主麻原彰晃和大批骨干分子，引用有关法律于1995年12月取消该教宗教法人资格，并冻结其财产。1999年11月2日日本进一步制定并通过了“奥姆对策法案”，限制其活动，不让其死灰复燃。2000年2月初，日本政府批准由公共安全调查局对奥姆真理教实行3年监督，在此之前日本国会于1月份通过一个特殊法案，允许警方在不需要搜查令的情况下对奥姆真理教采取突击行动，向这个邪教要求资料和财政数据，因为奥姆真理教至今仍坚持其基本教义，尽管它声称进行了某种改革。

新千年伊始，从非洲乌干达西南部的卡农古镇又传来了邪教“恢复上帝十戒运动”屠杀近千名教徒的噩耗。该邪教教主克姆韦林德十余年来一直宣扬世界末日论，自诩是圣母玛利亚，只有她才能拯救苍生。为了加强信徒对她的崇拜，她把过去的卖淫丑行说成是做善事。10多年前一天克姆韦林德去了尼亚布吉托小镇一次，回来即到处对人宣称在小镇附近一个洞穴中看到了圣母玛利亚，并称自己有“超常本领”，能与上帝和圣母玛利亚直接进行交流，能“将敌人的子弹化为水”等。1989 年她伙同当地的恶棍约瑟夫·基布韦提创建“恢复上帝十戒运动”，宗旨是修习“十戒”，宣传耶稣的世界。曾被天主教扫地出门的基布韦提在邪教中自称“先知”，他预言世界末日将在 1999 年 12 月 31 日降临，后来又改称将在 2000 年到来，唯有在这一天到来之前入教才能有救。教首还有专喝儿童血的恶习，认为这样可以“避免灾祸”。1990 年后该邪教开始在小生产经营者中发展教徒，要求他们变卖自己所有的财产，然后一起去见上帝。致使有的农民为了入教不惜卖掉所有值钱的东西，甚至家破人亡。克姆韦林德用从信徒身上搜刮来的钱在她的家乡新建了教堂，并称这就是他们的“诺亚方舟”。据称该教的成员约有 4000 之众，分布在全国各地。随着教首们“世界末日”谎言的被揭穿，一些教徒开始怀疑、动摇。为了控制教徒的外逃，克姆韦林德一手策划了 3 月 17 日 600 余信徒的“自焚”事件。24 日警方在离昆吉里地区发现三个大型教徒坟墓，共挖出 153 具尸体。29、30 日两天警方连续挖掘该邪教的两处群葬墓地，挖出的尸体超过了 130 具。其实乌干达政府在 1999 年就曾以虐待和绑架儿童为由对该教进行过调查，并下令关闭了由该邪教开办的一所小学，只是没有彻底摧毁“恢复上帝十戒运动”，以致酿成现今的大祸。

事发之后乌干达警方查封了该邪教的一些地方分支机构，并于 4 月 6 日发出通缉令，下令逮捕涉嫌残害 900 名教徒的邪教头目。

中外黑社会[①]

1969 年美国作家马里奥·皮尔佐写的长篇小说《教父》引起了轰动，1972 年又被成功地搬上了银幕，次年荣获奥斯卡金像奖的最佳影片奖。《教父》描写了一个意大利西西里男孩到美国寻找幸福，但现实并没有给他带来温饱和欢乐，反而促使他逐渐成为一个黑手党人，在犯罪的道路上开始发迹，最终成了一个在当地无所不能的“唐”的历程，向人们展示了黑手党在美国的种种劣迹。它是以当今世界上规模最大、历史最悠久、影响最强烈的黑社会组织——黑手党为蓝本的。

黑手党

黑社会在国外称地下社会 Under World Society，它是一种职业的暴力犯罪集团。其组织严密，规矩重重，同时千方百计跻身正常社会，借以掩盖自己的真实面目。黑手党就是其中最主要的一种。

黑手党发端于意大利西南部的西西里岛中心的封建领地。在意大利统一之前的几百年间，西西里岛人习惯于自行解决他们之间的问题。19 世纪初，“二领主”加上他们招募的打手是最早的黑手党 Mafia。Mafia 的原意为“勇敢”、“出众”、“自豪”等。黑手党最初的活动范围主要在西西里岛的巴勒莫、特腊帕尼和阿格里琴托三省，以后逐渐向东发展，推崇暴力，实施暴力，成了有权有势，能帮助别人解决问题的人，他们力图打破已有的秩序，强行充当“第二政府”的角色。1871 年意大利统一后仍保存着不少封建残余，南部的经济发展水平远比北部差，原先被贵族领主雇佣的“二领主”逐渐凌驾主子之上，成了事实上的统治者。

20 世纪中叶，随着第二次世界大战的结束，意大利土地改革的展开，黑手党赖以生存和发展的庄园制度不复存在，于是开始进行贩毒、色情、赌博、走私等行业，向有组织的犯罪形式——黑社会过渡。与此同时，中央政府开始镇压黑手党，黑手党遭到重大的打击。进入 70 年代以后黑手党开始介入选举，将黑手伸进政治领域，并多次暗杀严重妨碍其利益的政治家。

① 原载高级中学课本《历史》一年级第二学期（试验本），上海教育出版社 2004 年版。

随着庄园的解体与土地转租的消失，依附于庄园主的“二领主”已不再需要。这些缺乏必要生存技能的人开始不择手段地进行集团性的犯罪活动。从50年代末开始他们远涉重洋与当地的黑手党联合经营制毒贩毒事业。1962年意大利议会成立“反黑手党委员会”，后来的10年间几乎所有主要的黑手党头领都被捕下狱或被驱逐。70年代以后中央对地方放权，黑手党人物利用钱财控制选票，亲自充当候选人并屡屡获胜。与此同时检察官、法官、警察局副局长、议员、省督接连被刺丧命。

19世纪末20世纪初一些意大利黑手党随大量的本国移民到了美国。他们常以暴力为后盾，在本国移民聚居地区和纽约码头强行收取“保护费”。1933年随着禁卖酒走私的结束，他们又开始投入到毒品、赌博、色情等行业，获得了前所未有的巨额利益。至50年代中后期，美国黑手党逐步勾结意大利西西里岛的黑手党合作贩毒。60年代开始的大规模贩毒给他们带来了滚滚财源，通过“洗钱”黑手党又把势力插进合法的经济领域。

1900年黑手党头目唐·卡西欧·费罗来到美国，此后黑手党逐渐在美国几十个大中城市得到发展，至90年代美国黑手党党徒约有2万人。1933年美国政府废除了长达10多年的“禁酒令”，断了黑社会的走私财路。同年美国各地的黑手党在芝加哥开会，会上提出了贩毒、经营赌博业、收取保护费等对策，会后逐一实施。到1968年他们在英国伦敦有1000多个俱乐部，每年营业额约有19亿美元。通过把“毒品美元”投入合法产业，黑手党的势力进入了服务、服装、金融、建筑、房地产、石油、煤炭、冶金、汽车制造等行业。从20世纪60年代后期开始，在欧、美、日一些发达国家各种激进的黑社会组织如日本的“山口组”也异常活跃，他们采取绑架、暗杀、劫机、爆炸、抢劫等单一恐怖手段，来实现他们的极端的政治目的，严重干扰了正常的社会生活。这些单一的暴力活动还与民族矛盾、宗教矛盾纠缠在一起，更增加了问题的复杂性。

三合会

进入清代康熙乾隆以后，人口增长迅速，阶级压迫民族压迫交织，失去了土地的农民成了游民，他们组织帮会进行社会破坏性很强的反抗斗争。嘉庆年间在广东出现了三合会，内部讲究兄弟义气，同生共死，对外勒索绑票，抢掠钱财。英国发动鸦片战争武装占领香港前后三合会曾经为英军提供食物，并在英军的纵容下从事海盗活动。1845年港英政府立法，监禁及递解涉嫌三合会分子出境。1909年香港十多个三合会的堂口召开“洪门大会”后，香港的黑社会开始缓和关系，互相称兄道弟了。

三合会原为天地会的一个分支，取天时、地利、人和“三合”之意。“洪门大会”后香港出现了不少“和”字头的黑社会组织。在其内部比较讲究“帮规”、“义气”，各堂口之间的纷争大多能通过“讲数”和解，不再动辄打杀。但它们并不具有任何政治色彩和民族意识，是欺行霸市、压榨百姓、危害社会的恶势力。

在1912年至第二次世界大战爆发前夕的20多年中，香港人数最多、经费最足、规模最大的黑社会组织是“和安乐”。在1925年省港大罢工期间进行大劫掠。1941年12月日军开始进攻香港，九龙半岛沦陷之前，黑社会分子趁火打劫，大肆烧、杀、抢、掠，将大多数敢于反抗或身无分文的人推进火堆，活活烧死。香港沦陷后，三合会又公开经营烟、赌、娼，还协助日军建立“慰安所”，蹂躏女性。

“和安乐”又名“汽水房”，“水房”。香港沦陷前，他们在九龙半岛分区划定抢劫范围，遭遇反抗立即杀害。事后这批大发国难财的歹徒还自称是所谓的“胜利友”。沦陷期间最猖狂的是“和安乐”、“和洪胜”、“和利和”等。

战后，三合会乘社会百废待兴，政府暂时无暇顾及的机会，各自抢先控制地盘，按时向市场摊点收缴“保护费”。新中国成立后，以国民党特务机关为政治背景的14K在1956年10月10日发动震惊中外的大暴乱，使居民的生命财产遭到很大损失。

当天晚间到次日，14K、“和安乐”等黑社会组织的暴徒砸毁商店、抢劫货物、焚烧汽车、强奸妇女、杀害中外人士多人并打伤了一些警察、消防人员和员工。14K的前身是国民党特务机关在两广改组的三合会“大洪山”。1949年冬，14K的一些人从广州逃到香港，站稳脚跟后迅速发展，至60年代初期，成员已经发展到8万人。10多年后这个组织又继续扩展到日本、东南亚和欧美各国的唐人街。

从70年代末开始，三合会各个组织又开始非法经营毒品，操纵各种赌博和色情行业，诈骗勒索、偷盗强奸、杀人放火，无恶不作。中国大陆改革开放后它们又向邻近的广东等地渗透。

黑社会从事香港和国际间的运毒、制毒与贩毒活动，致使香港的吸毒者超过了10万人。除赛马会和政府开办的六合彩外，其余所有合法、非法的赌博都与黑社会有极大的牵连。14K、“和胜和”、“新义安”等经营的色情机构有十几个。进入90年代以后，“新义安”成了香港最大的黑社会组织。大陆改革开放后香港黑社会向广州、深圳渗透，在青少年学生中发展组织，有组织地进行各种刑事犯罪活动。

五、中国近现代史散论

鸦片战争前后粤闽浙的海盗活动[①]

粤闽浙海盗在鸦片战争前后的所作所为关系到禁烟运动与鸦片战争的进程，与鸦片战争前后中外力量的重新排列组合密切相关。

1810 年 4 月张保仔率众投降官方，8 月著名海盗蔡牵义子蔡小仁等也被招安。这年共有 2 万余粤闽海盗缴械。他们伙同稍前投降的郭学显部“黑旗帮”大量杀戮其他也愿接受招安的海盗。至此华南沿海的大股海盗基本平息，转入小股海盗与土盗并存的新阶段。1826 年清朝政府又重新发布了严惩海盗的条律。不过，至鸦片战争爆发前夕广东沿海仍有一些海盗活动，他们抢劫过往船只，包括外国船只。

当然，海盗是多种多样的。有的与外国人为难，有的则投靠外国烟贩，大赚黑心钱。由于当时中外关系空前紧张，各地方当局均把防范英国侵略作为首要任务，抓捕海盗只能暂缓。

1849 年英国“米底亚”号在电白进攻海盗船

鸦片战争前后粤闽浙海盗是十分活跃的。在籍贯上，福建海盗以粤匪为主体，浙江海盗以闽匪居多。在区域分布上，以香港、福建泉州的深沪、同

① 原载《中国社会科学报》2010 年 10 月 26 日。

安县的潘涂、浙江温州、台州、宁波等附近洋面为重灾区。在装备上，有长矛、枪支、火炮与洋炮。在座船方面，有快蟹船、草鸟船（又名白底船）、牵风船、草鹃船、艚船与租渔船等，其共同特点是快捷灵便。烟土私贩船、商船、渔船与外国轮船都是海盗抢劫的对象，具体涉及的人员有外国侵略者、水手、中外不法烟犯，也有普通商人和渔民。海盗手段残酷无情，令人望而生畏：打单勒索，炮轰枪击、火攻焚烧、劫掠虐杀，无所不为，有时还用割耳等方式伤害被俘人员，将他们弄成残废。

海盗与官兵特别是水师官兵、与外国侵略者的关系盘根错节，错综复杂，你中有我，我中有你。其聚散分合的标准是资财，而在这其中争夺私贩烟土的巨大经济利益又是重中之重。

对于清朝地方官府而言，本来在训练、武器、整备、作战等方面上并不较海盗占有多大的优势，加上外国侵略势力的介入与操纵，海盗问题更加难以解决。纵观粤闽浙各地负责官员的奏报，对剿灭海盗的前景普遍看好，对这一斗争的艰巨性、复杂性估计不足，盲目乐观。这些认识既是对当时态势的误判，反过来又对正在进行的惩治海盗事务带来不利的影响。

1840 年 6 月鸦片战争正式爆发。素充英国兵船买办的卢亚景在英军的庇护和支持下，自充海盗头目，在虎门外洋面肆行劫掠。广东官方至 1841 年 11 月已先后招回 1000 余名，连同炮位器械俱全的大小船只 4 艘。但首恶卢亚景仍执迷不悟，借口滞留香港不归。1842 年四五月间，英军进犯台湾时“以草鸟匪船为其羽翼，俾于浅水处所探试导引。”这些为英军侵犯台湾打头阵的草鸟船在台湾是有内线接应的。

不过在 1840 年 7 月英国舰队北上途中，浙江海盗曾经在舟山群岛附近与之发生武装冲突。这些海盗在中华民族与英国侵略军浴血奋战的重要时刻，能够与英军进行正面武装对抗，不管其原始动机如何，是应该充分肯定的。

鸦片战争结束后，海盗问题并没有随之解决。鸦片战争后，在泉州府属之马巷厅，同安、惠安两县之滨海乡村以及浙省台州府属滨海等地区又出现了滨海殷实之户合伙出资，提供船只、枪炮，招集滨海穷民出洋行劫，得赃俵分的新情况。福州开埠初期，由于成群的海盗阻碍了当地的海上贸易，以至于 1848 年整个下半年内，没有任何英国或其他欧洲国家的商船到过福州。由于福建水师巡缉攻盗很不得力，葡澳当局便乘虚而入，越俎代庖，抢夺所谓的“护航”权。到 1853 年，港英当局也介入福建海上剿匪事务。

鸦片战争中浙江水师战船毁坏严重，导致战后缉捕海盗的能力大大下降，浙江洋面很不太平。而对于在鸦片战争中战败被迫割地赔款的朝廷来说，要拿出一笔客观的经费重整水师又谈何容易。1847 年中国官员只好雇请 7 艘葡萄牙快艇，扫荡了宁波一带的海盗。1848 年中国的 60 只师船以 5 艘葡萄牙快艇为前锋，捣毁了宁波海盗的老巢。1855 年一批广东海盗应宁波官方和商民的重金雇请赴宁波护航，1857 年他们在法国人的直接支持下向葡萄牙快艇发起总攻，重创葡萄牙人。1859 年葡萄牙人在英、法领事的干涉下被迫退出他们勉强维持的“护航”生意，有些快艇落到了海盗们的手中。

1842 年清政府在《南京条约》中被迫将香港岛割让给英国侵略者。英国统治香港初期，华南海盗十分猖獗，他们往往聚集盗船数十只，抢劫过往船只。于是英国以中国打击海盗不力为由，自行采取了海上缉匪行动。英国海军以香港为基地，无视中国政府的主权，在广东海面来往巡弋，炫耀武力。事实上，广东当局对于惩治海盗是下过工夫的，特别是两广总督叶名琛剿办海盗还相当认真。然而英国侵略者为了进一步扩大自己的在华权益，不惜袒护“亚罗号”上的海盗，并以此为借口，联合法国对中国发动了第二次鸦片战争。第二次鸦片战争结束后，由于英、法两国的侵华欲望暂时得到了满足，中外关系趋于缓和，在联合打击海盗方面进行了一定程度的合作。此后，喧嚣一时的粤闽浙海盗逐渐趋于平定。

边疆史地研究的展开[①]

由于列强入侵，中国边疆危机，也使得相当一部分学者展开对边疆史地的研究。

咸丰八年，何秋涛撰成《北徼汇编》（即《朔方备乘》）。该书研究了俄国的历史、地理、社会现状及中俄关系，详细叙述了中俄边疆沿革情况，堪称中国近代首部系统而详尽的中俄边疆关系史著作。何秋涛（1824—1862），福建光泽人。他在沙俄加紧侵华之际，利用道光二十五年俄国赠送给清政府的357种俄文书籍，深入研究了俄国的历史、地理、社会现状及中俄关系，写成了《北徼汇编》，咸丰帝赐名为《朔方备乘》。该书首卷列“圣训”、“圣藻”、“圣武述略”，意在以唐、元和清初功业，激励清廷抵御外侮。其他各卷记叙了汉晋至清道光间中国蒙古、新疆至中亚、东欧等地区的史事，其中对中俄关系的考察是该书的精华部分。作者历叙清初沙俄屡次侵犯黑龙江地区都被击退的史实，考证了该地区的边疆沿革，纠正了一些不正确的提法。该书搜集大量资料，较为系统地介绍了俄国的历史、地理、政区、户口、文化、宗教、民族、习俗和物产等概况，为抵御沙俄侵略提供了可靠的参考资料。何秋涛著书目的在于借称颂清初武功来激励清统治者效法先王，总结经验，振奋精神，以抵御外来侵略。其中《北徼界碑考》、《雅克萨城考》、《尼布楚城考》、《库叶附近诸岛考》、《北徼山脉考》等对当时中俄边界情况作了详细考证；《俄罗斯馆考》、《俄罗斯学考》、《乌孙部族考》、《俄罗斯互市始末》等则考证了俄罗斯学术、宗教、民族、风俗、商业等方面内容，学术价值极高。他提出：“西北塞防，乃国家根本”[②]，“北徼边防，不可不留意于东海矣（指东三省）”[③]，这在当时俄罗斯对中国领土虎视眈眈之际，极有现实意义。该书在体裁方面也独创一格，作者采取了合纪传、编年、记事本末、考订、注释于一体的编撰方法，从各方面综合反映了他的研究成果。就研究范围而言，《朔方备乘》远远超过了仅研究中国新疆地区的祁韵士的《西陲要略》、《西域释地》、徐松的《新疆识略》以及仅研究蒙古地区的张穆的《蒙古游牧

① 原载《中国史学史》山西教育出版社2001年版，现在行文次序上略作调整。

② 《朔方备乘》卷五《征乌梁海述略叙》。

③ 《朔方备乘》卷一《东海诸部内属述略叙》。

记》，大大扩大了西北边疆史地的研究范围。

张穆遗作《蒙古游牧记》[1]，重点叙述蒙古各处地形、驻军重镇及边地卡伦屯兵地点，是研究蒙古草原地区地理、历史、风土人情的重要著述。张穆撰《蒙古游牧记》，历时十年，未竟而卒，后由何秋涛整理出版。张穆著书目的是“缀古通今，稽史籍，明边防”，即著史以达到巩固国家疆域的目的。《蒙古游牧记》资料来源是：大致元之前采纳《元朝秘史》、《圣武亲征记》等，明代则取《蒙古源流》，清代除《清会典》、《大清一统志》等书外，还采集国史列传有关内容及方略《亲征平定朔漠方略》、《平定准噶尔方略》、杨宾的《柳边记略》、方式济的《龙沙纪略》等，同时参考了大量地方志，因此内容极为丰富扎实。在具体编撰上极具新意。他采用自撰自注方式，正文较为简练，主要叙述沿革，而注文中则征引大量史料，将蒙古自古以来到道光年间各部游牧所在、舆地形势、道里四至和历代沿革，对元亡以后各部变迁尤为注重；尤其对各处地形、驻军重镇及边地卡伦屯兵地点考订得十分翔实。此书是研究蒙古地方地理、历史、风土人情的重要参考书，填补了在此以前内外蒙古地区尚无专书的空白。

姚莹的《康輶纪行》主要记载西南边疆的舆地，以及廓尔喀（即尼泊尔）连接后藏的重要关隘的情况。此外，祁韵士的《西陲要略》、《西域释地》，徐松的《新疆识略》、《西域水道记》等，都是研究新疆地区的边疆史著述。

① 道光十九年张穆参加乡试后才发奋著述，以10年之力撰此书，未成而卒。

曾国藩与水军建设[①]

曾国藩是湘军的创立者和统帅，1854 年 2 月当湘军正式练成时，即有水陆两军，其中水师有 10 个营，以褚汝航为总统，以杨载福等为营官。

1853 年曾国藩在奉命自办团练时即看到了水军在沿江作战中的重要地位，于是花大力气设厂造船，训练水师。他曾上奏朝廷，称太平军以舟楫为巢穴，长江千里，任其横行。欲加攻剿，以办战船为当务之急。当广东解江南大营的军饷经过长沙时，曾国藩奏请截留四万两，作为筹办炮船、招募水勇的经费。曾国藩在衡州、湘潭各设一个船厂，建造各种战船，大的有快蟹、稍小的有长龙，又有舢板、小艇，还多方购买民间钓钩船，改建为炮船。曾国藩对于湘军水师舰只的建造十分重视，以至于对用料、船只长度、帆樯桅橹、火器配备无一不亲自过问。在船未造好、水师没有练成之前，曾国藩宁可不服从君命，也不盲目出战。等到水师练成后，他在与太平军的战斗中又以水战为主，陆战为辅，以摧毁太平军水营作为重要的战略目标，争夺水上优势。

为了消灭太平军的水营船队，曾国藩在 1854 年 4 月底至 5 月初的湘潭靖港战役中亲自统带湘军水师 5 营发动进攻。被太平军打败后，曾又领悟到湘军水师还不行，于是立即予以整顿，三个月后恢复了元气。在同年的岳州城陵矶战役中，曾国藩定下了水师为主、陆营配合、水陆并进的作战方针，在不利中争取有利，以陆战的胜利来弥补水战的损失。同年 10 月间的武昌战役中，他是东岸、西岸、江中三路并举，而三路中又以水师在江中攻击为主。经过湘军水师与太平军水营的四次大战，至 1855 年初太平军已累计损失战船万艘，又因无法及时补充，太平军水营趋于衰弱。

相反，湘军水师的作战船只，经过补充，比以前数量更多，质量上更坚固，速度上也更快捷。为加强指挥，曾国藩又在每只船上增设一名哨官。另外又从广东广西奏调了水师 400 人、水勇 1000 人会集湘南，与太平军拼死对抗。

总之曾国藩是一个能纵观全局、指挥水陆协同作战的统帅人物。在战略上他较早地领悟到水上优势的极端重要性，以水陆配合的湘军死死缠住太平军，使对方逐渐陷入被动。

① 原载《天国寻踪》，上海远东出版社 2000 年版，原标题为《曾国藩为什么重视水军建设?》。

咸丰帝倚重肃顺[①]

咸丰帝即位后，面对的是从鸦片战争惨败后暴露出来的种种弊端以及更加激化的阶级斗争的形势。对于太平天国的造反他自然不会容忍，对于西方列强的步步进逼也尝试进行抵抵。在他执政初期对于军务、政务兢兢业业，还想有所作为。但因其年轻气盛（即位时只有20岁），急于求成，性情焦躁、处事鲁莽、喜怒无常，常使群臣不但很难揣摩他的真实意图，且有人人自危之感。

从表面上看，咸丰帝对他左右的大臣不管是权贵派还是经世派均兼容并蓄，而实际上他更倚重载垣、端华、肃顺等经世派官僚，特别对肃顺尤为依纵。

肃顺为满洲镶蓝旗人，郑亲王端华之弟。原来只是一个四品闲散宗室，充当刑部郎中，咸丰帝即位后，肃顺经人推荐，入内廷供奉。他在受咸丰帝召见时才思敏捷，所答皆迎合咸丰帝的心意，且敢于直言、敢于任事，因而获得了咸丰帝的高度信任，升任内阁学士、护军统领、工部侍郎、理藩院尚书、礼部尚书、户部尚书、御前大臣、总管内务府大臣等职。他和其兄郑亲王端华，怡亲王载垣相互附和；结党擅权把持朝政，屡兴大狱，同僚为之侧目。胜保等人不服，多次奏参。但咸丰帝对肃顺的信任不减。临死前还一再提拔重用，委以领侍卫内大臣等要职，统管热河宫等事务。

咸丰帝画像

咸丰帝依靠肃顺具体来说是在处理内外事务方面两人有较多的共识。肃顺在镇压太平天国方面主张重用汉人，他十分注意倾听郭嵩焘、尹耕云、王闿运等人的意见，主张重用曾国藩、胡林翼、左宗棠等汉人的地方军事势力。曾国藩、胡林翼每有陈奏，都得到他的赞同，但也有人认为若重用曾国藩、付与军权，会形成外重内轻尾大不掉之势。对清朝统治更加危险，主张依靠

① 原载《天国寻踪》，上海远东出版社2000年版，原标题为《咸丰帝为什么倚重肃顺?》。

八旗、绿营这些正规军来镇压。咸丰帝则看到八旗、绿营屡战屡败，感到光靠这些正规军是无济于事的。

在对待西方列强的侵略方面，咸丰帝、肃顺等人始终充满疑虑，咸丰帝在 1860 年 9 月下旬为躲避英法联军仓皇逃往热河后，一直不肯回京。其实出逃热河的建议是由肃顺、端华首先提出的。肃顺在事前为出逃做好了物资上的准备。在热河肃顺集团利用咸丰帝疑惧外国侵略者的心理，再三制造种种借口，拒不回銮北京。对肃顺集团来讲，固然可以借此挟天子以令诸侯，号令全国；对咸丰帝来讲，可以借此与外国侵略者避免直接接触，保持天朝上国国君的尊严。

在咸丰帝的私人生活方面，肃顺尽量迎合咸丰帝的欲望，引导这位年轻的皇帝纵情声色。甚至在英法联军陈兵大沽大举进攻时，还怂恿咸丰帝及时行乐。对于懿贵妃那拉氏，咸丰帝先是宠爱有加，后发现她“弄权宫掖”，一度有杀母留子实行钩弋故事的念头，并首先征求过肃顺的意见。肃顺当时并没有把慈禧放在眼里，认定她不会对自己构成致命的威胁，因此没有发表意见。然而不管怎样，此事传到懿贵妃耳里后，即种下了仇恨的种子，为日后慈禧发难除掉肃顺埋下了伏笔。

祺祥政变的来龙去脉[①]

1861年8月咸丰帝在热河行宫病死。遗诏以年仅六岁的儿子载淳继位，并命怡亲王载垣、郑亲王端华、协办大学士户部尚书肃顺、军机大臣兵部尚书穆荫、吏部左侍郎匡源、署礼部右侍郎杜翰、太仆寺少卿焦佑瀛以及御前大臣额附景寿等8人为赞襄政务王大臣。为了使顾命八大臣全力扶持幼主，又赏给皇后纽祜禄氏及小皇帝载淳印章（各一方，规定不盖印的谕旨无效），实际上给了皇后和幼帝某种程度的否决权。而小皇帝的印由懿贵妃那拉氏掌管。这种垂帘辅政、相互牵制、权力制衡的政治格局从一开始就埋下了权力斗争的种子。

肃顺等八大臣根据遗诏拥立载淳为帝，主持朝政。并决定从次年开始起改元为“祺祥”。载淳生母慈禧太后对八大臣掌握军政实权极为不满。找来妹夫醇郡王奕譞商议对策，奕譞认为要制服八大臣，非恭亲王不可。9月5日一直在北京主持和局的恭亲王奕䜣在列强的支持下，以奔丧为名，赶到热河行宫，同慈安、慈禧两太后密商回京除掉八大臣的政变计划。随后，奕䜣返回北京，进行准备、布置一切。

奕䜣像

不久，御史董元醇首先发难，公开上奏，奏请皇太后权理朝政并另简亲王辅政，点燃了祺祥政变的导火线。八大臣先是扣住董折不发，继而在政务会议上与慈禧、慈安激烈争论。慈禧气极，手颤不已，6岁的幼帝也吓得大哭大叫，尿湿了皇太后的衣服。最后还是八大臣的意见占了上风，以本朝“向无皇太后垂帘听政之制”驳回，并加上了“是诚何心，尤不可行”的训斥之词，在慈禧、慈安迟迟不盖印下发诏书的情况下，八大臣以罢工，拒不处理其他诏

① 原载《天国寻踪》，上海远东出版社2000年版，原标题为《祺祥政变是怎么一回事?》。

旨文件相要挟对抗，最后以慈禧、慈安的让步暂告结束。但董元醇的奏折却得到率兵前来热河吊丧的兵部侍郎胜保的大力支持。

10 月 7 日，载垣、端华、肃顺为试探慈禧、慈安，请求酌情减轻他们所担负的差事。慈禧、慈安抓住时机、顺水推舟，及时解除了他们所掌管的兵权，撤销了载垣的銮仪卫、端华的步军统领以及肃顺的管理理藩院事务。接着慈禧、慈安决定了回京日期。慈禧故意让肃顺负责护送咸丰帝的灵柩，沿着崎岖的山路缓慢行进，她自己和慈安以及小皇帝在其他七个顾命大臣的随从下于 11 月 1 日抢先赶到北京。回京当天慈禧即召集奕䜣和其他亲信大臣秘密部署。次日黎明发动政变，在宫廷中当场逮捕了载垣、端华，解除了八大臣的职务，随即派奕譞前往密云，捕回尚在那里逗留的肃顺，一起交宗人府治罪。

11 月 8 日，慈禧以幼帝载淳的名义发布上谕，公开否认咸丰帝任命肃顺等人为赞襄事务王大臣的遗诏，指责他们“诸事并不请求，擅自主持”、“不能尽心和议”，处死载垣、端华、肃顺。其余五大臣也被革职治罪。在此之前，她已任命恭亲王奕䜣为议政王，掌管军机处和总理衙门，桂良、文祥等人为军机大臣。11 月 11 日慈禧为载淳举行了登极大典，废除八大臣原先所拟的“祺祥”年号，改明年为同治元年。从此慈禧翦除了她的政敌，实际统治中国达半个世纪之久。

洪秀全评价①

洪秀全是太平天国时期的领袖人物。1949 年毛泽东在《论人民民主专政》一文中指出，洪秀全等人“代表了在中国共产党出世之前向西方寻找真理的一派人物”。30 年后有人提出不同看法，引起深入的讨论，主要有两种意见。一、不是向西方寻找真理的先进人物说。杜经国认为：西方的真理就是资产阶级民主主义，洪秀全开始向西方只找到了一个“皇上帝”，与西方资产阶级的民主主义毫不相干。到后期，他越来越倾向于宗教迷信与封建特权，因而更不可能转向资本主义。王凡也认为：洪秀全不是向西方寻找真理的代表人物，他“发动革命所采取的舆论说教是农民意识的反映”，洪的“平等思想并不是随着西方基督教传入中国的，这种观念在中国古典经史上早有记述”，它“同西方的平等思想有本质的区别，洪秀全在政权建制及政治观念方面也是与近代西方背道而驰的。二、向西方学习的先进人物说。苏双碧认为：洪秀全是近代史上向西方学习的先进人物，尽管“在洪秀全的思想领域中，既有新的资本主义的思想因素，又有浓厚的、传统的封建色彩”，但“他制定了《天朝田亩制度》这个崭新的农民革命纲领，提出解决土地问题的方案，“在历史的进程中作出了新的贡献，不承认这些，就无法解释他为什么赞成洪仁玕指出的旨在发展资本主义的《资政新篇》的事实。”显然西方的真强的具体含义是什么，这是评价洪秀全有没有向西方学习乃至评价洪秀全一生的一个重要问题。

洪秀全像

主要参考资料：

杜经国：《洪秀全向西方找来的是什么》，《学术月刊》1979 年第 8 期

① 原载《中国通史史论辞典》，黑龙江人民出版社 1992 年版。

王凡：《试论洪秀全“向西方寻找真理”的思想与实践问题》，《江西大学学报》1981 年第 1 期

苏双碧：《论洪秀全》，《太平天国人物论集》，福建人民出版社 1981 年 7 月版

杨秀清评价[①]

杨秀清是太平天国前期仅次于洪秀全的重要领袖，对于杨秀清前期的贡献，史学界意见无大分歧，但对他“逼封万岁”则看法大不相同。主要有两种意见。一、功大于过说。郭毅生认为：“杨秀清以‘种山烧炭’一贫苦农民投身革命，为创建太平天国奋其才智，竭心尽力，功业皎然赫然。”他“虽然犯了这样那样的错误，但他仍不失为彪炳史册的农民革命的卓越领袖之一，”郭氏认为太平天国是多主、多万岁“并立”，杨“逼封万岁”只是居功邀封，并非篡位。因此杨称万岁后，“天王依然是天王，并未遭到废黜或杀害”，天王府也未被围攻。二、前期有贡献，后期个人野心家说。方之光认为：“金田起义到定都天京前，杨秀清为太平天国革命作出了有益的贡献”。建都天京后，在政治上复辟封建制度，在经济上维护地主土地所有制，在思想文化方面反对反孔运动，在组织上对抗洪秀全，搞宗派分裂，，最后逼封万岁，篡夺最高领导权，这完全是出于个人野心，不能将其归于时代和阶级的局限性。王承仁的看法与此相近，他认为：“逼封万岁”是“属于反革命性质的夺权”，是杨秀清长期阴谋篡权野心的总爆发，杨由一个革命者堕落成地主阶级在农民革命队伍中的代理人，是当时社会阶级斗争的产物，反革命阶级政策的结果，是封建地主阶级腐蚀杨秀清的具体表现，绝不是农民阶级局限性的表现。由于在太平天国政治、宗教体系中，杨秀清是唯一与洪秀全相匹敌的人物，因此研究洪杨关系的发展演化的全过程会有助于本问题的解决。

主要参考资料：

郭毅生：《如何评价杨秀清》，《历史研究》1978 年第 6 期

方之光：《关于杨秀清评价问题的再讨论》，《南京大学学报》1978 年第 1 期

王承仁：《关于评价杨秀清的几个问题》，《江汉历史学丛刊》1979 年第 1 期

① 原载《中国通史史论辞典》，黑龙江人民出版社 1992 年版。

韦昌辉评价[①]

韦昌辉是太平天国首义诸王之一，又是天京事变中的主角，对于韦的评论分歧很大，主要有三种意见。一、阶级异己分子说。郭毅生认为："韦昌辉是混进太平天国领导集团中的阶级异己分子"，"蓄谋杀杨秀清而夺权，由来已久"，"杨秀清之死是韦昌辉矫诏擅杀的。"天京事变是"地主阶级与农民阶级这个主要矛盾在太天国领导集团内部的爆发"。二、功过兼备论。梁彬人认为：地主阶级出身的韦昌辉是在地主阶级内部的倾轧中被逼得走投无路的情况下归附农民革命的，他为金田起义进行了思想上组织上和物质上的准备。金田起义后，他转战南北，独当一面，在制定政策措施，建立革命秩序，保卫天京要塞，反对外国侵略者的斗争中，都起过作用。因此韦昌辉是太平天国的创始人和领导者之一。天京事变中韦昌辉奉洪秀全之命诛杨，滥杀无辜，是犯了严重的政治错误。三、罪大于功论。苏双碧认为：韦昌辉参加起义"很大程度上是为了报私仇。从起义，进军到建都期间，韦昌辉做了许多工作，为太平天国革命事业作了贡献。他阴忍残刻，奸险成性"，"终于在天京事变中矫诏杀了杨秀清，杀害太平军将士达二三万人，"韦昌辉制造的天京惨剧，给太平天国革命事业造成不可估量的损失"，"不能因为洪秀全在天京事变中应该承担责任，而减轻韦昌辉的罪责。"评论韦昌辉要对他一生的是非功过全面考查，韦在天京事变中杀杨秀清有无密诏关系不大，因为从杨被杀后洪秀全处分韦昌辉很轻的事实来看，杀杨即使不是出于洪的授意，也在客观上为洪解决了一大矛盾。

主要参考资料：

郭毅生：《如何评价杨秀清》，《历史研究》1979 年第 6 期

梁彬人：《必须实事求是地评价韦昌辉》，《学术月刊》1979 年第 12 期

苏双碧：《评韦昌辉》，《太平天国人物论集》，福建人民出版社 1984 年 12 月版

① 原载《中国通史史论辞典》，黑龙江人民出版社 1992 年版。

洪仁玕评价[①]

洪仁玕是太平天国后期著名的思想家和政治家。对他的评价有不同的说法，主要有三种意见。一、改良派说。侯外庐认为：洪仁玕是一个富有近代知识的知识分子改良派，《资政新篇》的最高精神是“开明专制”。洪仁玕与外国传教士相勾结，到天京成了“革命阵营中改良主义反动思想家”，在思想上是和“洋务运动相合拍”的。二、学西方先进人物说。李竞能认为：洪仁玕是19世纪50年代“一个向西方寻求中国富强之道的先进人物”，“他的根本缺陷是未与工农群众相结合”，然而“他没有对清朝反动政权存在任何幻想，这是他远远超出中国所有资产阶级改良派的地方”。艾力云进一步提出，洪仁玕“向太平天国政权提出了一系列的治国主张，阐明在中国发展资本主义的方向和道路，成了太平天国革命运动中最先进最有远见的思想家”，“在当时或稍前稍后的几十年中，他都是出类拔萃的。和他同时代的许多思想家，在向西方寻求真理以及提出医治中国的药方等方面，都没有达到他的认识高度。”三、并未真正学西方说。俞政认为：对洪仁玕不应评价过高。洪仁玕虽然提出了资本主义纲领，但最后却从资本主义范畴退回封建范畴，主要表现在享乐主义与封官许愿、大汉族主义与排满，宗教迷信与神化洪秀全等方面，在临终的《自述》中“既没有表现资本主义理想，也没有表现反封建的平等思想”。看来洪仁玕究竟有没有提供前人所没有提供的新思想是正确评价洪仁玕的关键。

主要参考资料：

侯外庐：《论洪秀全与洪仁拜》，《新建设》1952年第4期

李竞能：《论洪仁玕的〈资政新篇〉》，《历史研究》1959年第12期

艾力云：《论洪仁玕》，《近代史研究》1981年第1期

俞政：《洪仁玕思想演变简析》，《太平天国史论丛》第2辑，《南京大学学报》丛书1980年5月版

① 原载《中国通史史论辞典》，黑龙江人民出版社1992年版。

张乐行评价[①]

张乐行是捻军的主要领导人，1855 年秋被各路捻军首领推举为盟主，对他的评价主要有三种意见。一、全面肯定说。张珊认为：“张乐行是农民革命的领袖，是反封建的战士。他的一生是反抗的一生，斗争的一生，革命的一生，”张乐行在阶级斗争中“毅然背弃了自己的封建家族，站到贫苦农民一边来，与农民群众结合在一起，共同反对封建统治阶级。”他慷慨帮助贫苦农民的生活，义务为他们解决纠纷，武装保护自由买卖食盐，“一心为农民办好事”。1855 年秋张乐行由捻军的旗主被推为盟主后，“始终坚持革命、坚持和太平天国合作、坚持接受太平天国领导”，于 1859 年秋接受太平天国的封号，使捻军成为太平天国领导下的军队，1863 年 3 月就义时“临难不屈，痛骂清军”。二，全面否定说。高鸿志认为：“张乐行不是一个‘坚持革命，坚持斗争’的英雄，而是一个曾多次出卖农民利益，出卖革命的叛徒，一个曾经为了做官，不惜出卖良心，充当鹰犬，屠杀革命农民的渺小人物。近百年来为中国人民革命事业而死难的烈士中，不应包括张乐行。”张乐行在 1853 年春雉河集起义后不久，同年年底次年年初及 1855 年春曾“多次叛变投敌，出卖革命”。1863 年被捕后又在口供中“诬蔑革命、咒骂革命者”，说洪秀全等人“待人不好”，甚至向敌人提供其兄张敏行往西南一带逃跑的情报，临死前的表现也是不好的。三、基本肯定说。郭豫明认为：“张乐行比不上同时代的洪秀全、冯云山诸人，但他为近代中国人民革命事业作出过自己的贡献，是一位应该肯定的历史人物。”“尚未担任捻军盟主之前的张乐行，走过一段曲折的道路”，从 1853 年至 1855 年“他依违于捻军与清朝之间，出现三次反复，但寻其主流，是越来越远离清朝，转向捻军。”“自当上盟主以后，仍有缺点错误，可是他坚持革命队伍的联合，反抗清朝的黑暗统治，符合当时中国人民反帝反封建的革命大方向；最后为叛徒出卖，牺牲于敌人的屠刀之下”，《自述》中谈及张敏行“带了数千人，往西南一带逃跑，不知去向”这类情况，“很难说是张乐行向清朝泄露革命机密，并以之作为他背叛革命的罪证”。看来评论张乐行似应分阶段为宜，并在此基础上作出一个合乎实际的估价。

① 原载《中国通史史论辞典》，黑龙江人民出版社 1992 年版。

主要参考资料：

张珊：《张乐行的革命精神永在》，《江淮学刊》1963 年第 5 期

高鸿志：《张乐行是不是英雄》，《江淮学刊》1964 年第 6 期

郭豫明：《试论张乐行》，《太平天国史学术讨论会论文选集》第 3 册，中华书局 1981 年版

杜文秀评价[①]

杜文秀是云南回民起义的领袖，他是否曾和外国殖民主义者相勾结，历来是对其评价的主要依据，对此主要有四种意见。一、卖国说。范文澜在50年代认为："1871年，杜文秀使义子艾山往伦敦出卖云南。……杜文秀是中国人，竟敢出卖祖国的云南和云南各族人民，从他勾结英国侵略者的第一天起，他不再是起义军的代表而是祖国和起义军的叛卖者。"二、有过但非卖国说。钱昌明认为：杜文秀虽有派刘道衡以他"义子"名义去英国和土耳其活动的错误，但不能据此给杜以"卖国"的罪名。第一，刘道衡的活动并无结果，且他回来时，杜文秀已经被害；第二，如果杜确想卖国，为何不逃到缅甸去，以便日后勾结英国侵略者再回云南？第三，杜结求外援的错误在于对外国侵略者缺乏正确认识，抱有幻想，不能与"出卖祖国"画等号，三、没有卖国说。罗尔纲对刘道衡使英一事进行了考证，认为：刘道衡不是杜文秀的义子，也不是杜文秀的部属，而是一个闯进大理来的曾流浪外国多年，与英法殖民主义者勾勾搭搭的无耻透顶的大骗子。因此杜文秀没有卖国。四、责任待查说。田汝康详细探讨了刘道衡到英国活动的情况，认为：从1855年到1871年间在杜文秀的直接抗拒和起义的间接影响下，英国殖民主义窥探云南的阴谋受到严重打击，蚕食云南的打算被拖延了十几年，最后阶段出现了刘道衡使英的事件确是可耻的行为。但杜文秀究竟应负什么责任及其原因何在，还要待进一步的研究。本问题的解决尚需在史料方面下工夫。

主要参考资料：

范文澜：《中国近代史》上册，人民出版社1955年9月版

钱昌明：《杜文秀是云南回民起义的杰出领袖》，《学术月刊》1979年第4期

罗尔纲：《杜文秀"卖国"说辟谬》，《学术月刊》1980年第4期

田汝康：《有关杜文秀对外关系的几个问题》，《历史研究》1963年第4期

① 原载《中国通史史论辞典》，黑龙江人民出版社1992年版。

《天朝田亩制度》的评价[①]

《天朝田亩制度》是太平天国前期最完整的纲领性文件，也是太平天国史研究中着重探讨的问题，对其评价主要有三种意见。一、本质进步说。郭毅生认为：《天朝田亩制度》虽然“带有空想性，但实质上却是一个彻底的反对封建地主所有制的进步纲领，它的本质是进步而不是反动的。”“《天朝田亩制度》所揭示出来的公有原则和平分土地的方法，对中国近代资产阶级革命而言是一个最彻底最坚决的革命方法，是一个摧毁封建地主所有制的彻底的、革命的反封建纲领。”“这种对封建土地所有制的坚决彻底的否定，就为资本主义开辟了广阔的活动场所。”二、有反动一面说。金冲及、胡绳武认为：《天朝田亩制度》是“有反动一面的”，它“不愿限制在平分封建的土地财产的范围之内，而且要平分所有农民的全部财产。这样它就会破坏非封建的一般的私有财产制度，就会破坏一部分中农的财产，就会打击广大农民的生产积极性，从而使农业生产力刚刚从封建土地所有制中解放出来时，又受到了新的束缚而不能继续前进。同时它将整个社会经济固定在自给自足的小农自然经济的范围内，这样是不利于资本主义的发展的。”晁福林也认为：“《制度》没有说明农民所分配的田地从何而来，这实际上是《制度》没有从根本上否定封建土地所有制的一个反映。从实质上看，《制度》是以历代封建王朝的政治、经济制度为楷模设计出来的一套方案，只是在特定的历史条件下，加上了某些外来的宗教色彩而已。”三、不符实际说。艾力云从实践角度探讨了《天朝田亩制度》，他认为：《制度》提出的绝对平均主义的口号“既没有物质前提，也没有思想条件，不论是封建社会的小生产者，还是正在发展中的资本主义经济因素的手工场的主人和商人，都是以强烈的财产欲望为前提的，从本质上看，他们是不会接受平均主义的口号的。同时《天朝田亩制度》所规定的平分土地和农村公社式的25家为一个基层单位的组织，从根本上看是不可能实现的”。要评论《天朝田亩制度》不仅要从理论上分析，而且要从实践上探讨，不仅要注意它反对什么，而且要注意它要建立什么，这样才能使讨论深入。

① 原载《中国通史史论辞典》，黑龙江人民出版社1992年版。

主要参考资料：

郭毅生：《略论太平天国革命的性质》，《教学与研究》1957 年第 2 期

金冲及，胡绳武：《关于〈天朝田亩制度〉的实质问题》，《学术月刊》1957 年第 9 期

晁福林：《如何评价〈天朝田亩制度〉》，《江汉论坛》1980 年第 3 期

艾力云：《论洪仁玕》，《近代史研究》，1981 年第 1 期

《资政新篇》的评价①

《资政新篇》是1859年洪仁玕到天京后提出的一个治国纲领，经洪秀全审批后颁布。对其评价，主要有三种意见。一，开明专制说。侯外庐认为：《资政新篇》的最高精神是“开明专制”，它一字未提土地制度，把与这制度相联结的人民性取消了，削弱了太平天国的革命精神。二、民主主义说。王汝丰把《资政新篇》放在整个近代中国向西方学习的历史发展过程中加以考察，认为：作为太平天国革命纲领性文件的《资政新篇》“是企图按资本主义的模式为太平天国找到一条‘新天新地新世界’的道路。”“洪仁玕在提出它的宏伟计划时选择了革命的道路以求其实现，这就使《资政新篇》更加带有民主主义色彩的战斗精神”。三、社会改革说。胡滨认为：《资政新篇》“是一个资本主义性质的社会改革方案。它主张保护私有财产，要求允许‘富者请人雇工’，企图用资本主义剥削方式代替封建主义剥削方式，它的这些内容同当时历史发展的方向是一致的。特别重要的是，它明确主张学习西方资本主义国家的先进生产技术和科学文化，要求改变中国的贫穷落后状态，具有很大的现实意义”，“《资政新篇》的提出，反映了中国社会经济发展的趋向”。艾力云认为：《资政新篇》未能提出一个完整的土地纲领来可以说是个欠缺，其原因是“洪仁玕如果提出新的土地制度来否定《天朝田亩制度》，势必引起天京一部分势力的反对，并导致对《资政新篇》中其他方案的否定”。太平天国没有一个可以推行新政策的强有力政权是阻碍《资政新篇》实行的原因，“我们绝不能因为《资政新篇》没有实行，而贬低了它应有的光辉作用”。看来全方位多角度地分析《资政新篇》是解决本问题的出路。

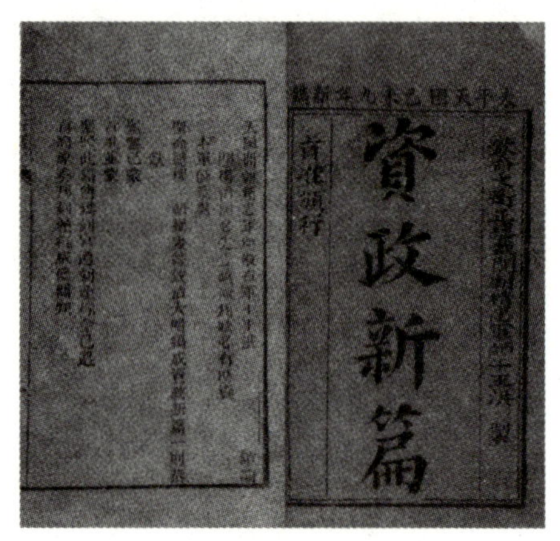

资政新篇

① 原载《中国通史史论辞典》，黑龙江人民出版社1992年版。

主要参考资料：

侯外庐：《论洪秀全与洪仁玕》，《新建设》1952 年第 4 期

王汝丰：《洪仁玕及其〈资政新篇〉》，《太平天国史学术讨论会论文选集》第 2 册，中华书局 1981 年 10 月版

胡滨：《关于洪仁玕的几个问题》，《太平天国史学术讨论会论文选集》第 2 册，中华书局 1981 年 10 月版

艾力云：《论洪仁玕》，《近代史研究》1979 年第 1 期

《李秀成自述》评价①

李秀成是太平天国后期的著名人物，史学界关于《李秀成自述》的分歧直接关系着对李秀成的历史评价，主要有三种意见。一、投降说。戚本禹认为：《自述》“只不过是为投降的目的而写的一个背叛太平天国革命事业的，‘自白书’”，李在《自述》中“美化敌人”，“丑化自己”，“忠王不忠”，“是一个十足屈膝媚敌的革命叛徒”。二、伪降说。罗尔纲在40年代就提出伪降说，以后又多次予以发挥，他认为根据《自述》的主要倾向和当时阶级斗争的具体情况，李秀成是谀敌伪降，并认为“《李秀成自述》那些自污的话和向曾国藩提出招齐章程乃是一条苦肉缓兵计”，主要是为了掩护幼天王，使长江两岸太平军迅速回师，保存太平天国力量，达到复国的政治目的。三、动摇乞降说。苑书义、吕翼祖认为：“李秀成在历史上应该是基本上肯定的人物”，“《自述》是一份带有若干追念天国内容的、但主要是向敌人乞降的文件。”李秀成在太平天国失败前，“基本上起到了作为一个农民革命领袖应起的作用”，他被俘后的乞降行为是必须否定的，但两者相较，前者是他一生的主流。茅家琦等人认为：李秀成在囚笼中向敌乞降，有亏于气节，但他乞降没有给太平天国革命事业造成任何损害。“只能说李秀成被捕后一度动摇，不能把农民革命领袖李秀成的名字从太平天国历史上抹掉”。看来只有认真地考察李秀成一生的全部言行，才可能对其作出恰如其分的评价。

太平天国忠王李秀成画像

主要参考资料：

戚本禹：《评李秀成自述》，《历史研究》1963年第4期

① 原载《中国通史史论辞典》，黑龙江人民出版社1992年版。

罗尔纲：《忠王李秀成苦肉缓兵计考》，《历史研究》1964 年第 4 期
苑书义，吕翼祖：《李秀成及其自述的评价问题》，《人民日报》1964 年 8 月 3 日
茅家琦等：《太平天国兴亡史》，上海人民出版社 1980 年 8 月版

太平天国运动的性质[①]

太平天国运动波澜壮阔、惊天动地，关于它的性质众说纷纭，主要有三种意见。一、旧式农民战争说。1951 年 1 月 11 日《人民日报》在《纪念太平天国起义百周年》的社论中提出太平天国仍是“单纯农民革命”。刘大年进一步认为：“太平天国期间封建经济占统治地位，社会生活中最普遍、最突出的是农民和地主的矛盾”，而“参加太平天国运动的群众仍是旧式农民战争中的群众。手工业者和城市贫民一向是农民革命的成员，不是要有资本主义萌芽才有手工业者和城市贫民参加农民战争。”“平分土地是农民的要求，不是市民的要求”，因此“太平天国是旧式农民战争的顶峰。”二、资产阶级性质的农民战争说。郭毅生认为：“中国资产阶级民主革命的任务和内容是反帝反封建，太平天国革命的反封建性以及它对列强侵略势力的坚决打击，便体现了这革命任务的要求。既然我们按照革命的任务和内容来决定革命性质，那么，现在我们便不能不肯定太平天国革命是资产阶级性质的农民战争了。”三、带资本主义因素的农民战争说。苏双碧通过对太平天国运动的纲领、太平天国政权形式、太平天国革命的对象等角度分析，认为：“这次革命运动是带有资本主义因素的农民战争”，“‘带有’是说有这么一些新的色彩和因素，已经不是单纯的、旧式的农民战争了”。这一问题的解决要从研究 19 世纪中叶以前的中国社会经济史入手，因为市民作为资产阶级的前驱是与资本主义的发生相联结的。同样，农民革命之具有资产阶级革命性质的条件是当时的全部社会经济都带有资本主义性质。

主要参考资料：

刘大年：《中国近代史研究中的几个问题》，《历史研究》1959 年第 10 期

郭毅生：《略论太平天国革命的性质》，《教学与研究》1957 年第 2 期

苏双碧：《试论太平天国革命的性质》，《太平天国史新探》，江苏人民出版社 1982 年 3 月版

① 原载《中国通史史论辞典》，黑龙江人民出版社 1992 年版。

捻军斗争的性质[①]

19 世纪中叶中国北方规模巨大的捻军斗争震撼了清王朝的反动统治。对于这次斗争的性质，史学界主要有两种意见。一、地主阶级实行割据说。傅衣凌认为：捻军是“代表北方地方有力者——地主、豪族领导北方贫农对于中央政权——专制的封建清朝之一种反抗运动”。捻军的前身——捻子的兴起是“由于苏皖鲁豫四省边区，地瘠民贫的特殊地理环境所造成，一般贫民困于生活，结捻结幅”，而捻军运动扩大起来的直接原因是“由于清朝封建制的解体，中央统治力的松懈，引起地方势力的轻视”，先是乡里“光棍”的纠党械斗以及族与族间的内讧私斗，而后愈演愈烈变成捻军的大规模斗争，并具有反抗中央政权的性质，太平天国兴起后皖北捻军“借名团练，不听节制”，逐步发展起来。傅衣凌还认为：清代中叶以后，大土地所有制盛行，江淮之间“圩寨势力的过度膨胀”，结果演化成捻军反抗中央政府、掀起地方割据的“叛乱”，“捻变的领导分子，有地主、有土豪、有士绅、有蠹役、有僧侣、有退伍军人，甚至地方官吏亦与其有相当的勾结”，而这些人原来“都是维护中国统一的专制的封建社会的基本力量”。二、农民起义说。郭豫明认为：捻军斗争是农民起义，他从捻军的起因、发展、圩寨的兴起及捻军的首领等方面论证了自己的观点。首先，“捻子最初是一些贫苦群众组成的”，而人民生活艰难的主要原因是封建压榨，捻军斗争的起因是广大贫苦农民谋求生存，而不是地主势力要扩张。其次，捻军运动发展壮大的根本原因“是鸦片战争后社会阶级矛盾激化的结果。‘争光棍’等类械斗虽然对捻军的扩展有一定作用，然而不是决定作用。一些捻众同外部地主士绅及团练的斗争，不能简单笼统地视为地方有力者的内讧私斗，因为其中或多或少都带有阶级斗争的性质”。捻军受到太平军的鼓舞后，才形成大规模的武装斗争的。第三，从时间上来看，皖、豫、苏，鲁、鄂等省大批圩寨“几乎都是在 1853 年捻军或当地人民展开大规模武装斗争之后”，“出自战守的目的才修筑的”。圩寨有“捻圩”和“民圩”之分，前者是捻军的基层单位和活动据点，后者为地主阶级对抗捻军的堡垒，并非地方势力反对中央实行割据的基地。第四，不少捻首来自封建统治阶级，并不能作为判定捻军性质的主要依据，“农民起义的领袖

① 原载《中国通史史论辞典》，黑龙江人民出版社 1992 年版。

不是农民出身的现象，在中国历史上不乏其例”，在太平军中的情况也是如此。而从捻军的基本群众及其反对清朝黑暗统治和平分财物的主张来考察，“这次运动的农民起义性质却是十分明显的”。看来在关于捻军斗争性质讨论中对于局部与全局、个别与一般的不同理解应当首先予以解决。

主要参考资料：

傅衣凌：《关于捻变的新解释》，香港《抖擞》杂志1980年7月号

郭豫明：《捻军斗争性质问题的探讨》，《太平天国学刊》第4辑，中华书局1987年7月版

西北回民起义的性质[①]

1862至1873年陕西甘肃的回民进行了大规模的武装起义，由于起义军的成分比较复杂，又掺杂了浓厚的民族的和宗教的色彩，因此对这次起义的性质众说不一，主要有三种意见。一、反清说。石钟健、杨光楣认为：西北回民起义具有反清的性质，“除一部分被回族统治上层利用为其扩张势力外，其他各支起义军，普遍地提出了鲜明的斗争口号。其中，有的虽然没有提出明确的反封建斗争目标，但始终坚持反对清统治者的民族压迫。”二、分裂说。80年代，马昌夏认为：陕甘各地回民领袖，或与阿古柏结合，或与阿古柏同盟，互通声气，互相支持，以英俄帝国主义作后盾，在分裂的道路上越走越远。三、回汉相残说。范文澜认为：1862年太平军攻入汉中，“陕西回民乘机响应。回汉两族不懂得自己同被满清愚弄，一开始就互杀起来”，结果是“回汉互残，满清获利”。曾立人也认为：西北回民起事“是由于清统治者的阶级压迫、民族压迫和民族挑拨，一开始具有反民族压迫的正义性”，“可是后来这一起事越来越中了清统治者民族离间政策的圈套和被回民中少数上层分子所利用，带有浓厚的狭隘民族主义色彩，其目的偏向于复仇，即所谓‘兼思报复’”。要解决这一问题固然要继续搜寻有关史料，但更重要的是如何准确地运用马克思主义阶级分析的方法。

主要参考资料：

范文澜：《中国近代史》上册，人民出版社1955年9月版

石钟健，杨光楣：《太平天国与少数民族》，《民族团结》1961年第8、9月号

曾立人：《西捻军和西北回民联合抗清的一些问题》，《太平天国史学术讨论会论文选集》第3册，中华书局1981年版

马昌夏：《也谈左宗棠的“过”》，《湖南师院学报》1984年第5期

① 原载《中国通史史论辞典》，黑龙江人民出版社1992年版。

义和团运动的性质[①]

义和团运动性质的评价，一直是学术界义和团研究中争论较大的问题。由于对义和团源流、口号的不同见解，涉及对义和团运动性质的评价也有各异，而义和团运动性质的评价又直接关系到对义和团历史地位的评价。

新中国建立以来，学术界对义和团运动的性质主要有三种看法。

（1）单纯的反帝斗争，不具备反封建性。李侃认为“义和团一方面表现了中国人民对帝国主义强烈仇恨及其反帝爱国的正义性，另一方面，又表现了农民小生产者的保守性和落后性。”“说义和团反对封建主义，甚至要推翻清朝的封建统治，那更是缺乏事实根据的臆断。且不说历史上农民起义的反对封建压迫和推翻封建王朝，不等于反对封建制度。就是从义和团的口号、揭帖、传单来看，他们甚至连清朝中央政府也不反对。义和团的旗帜上明白地写着‘扶清灭洋’或‘保清灭洋’，不但从来触及过政权问题和土地问题，而且还提出过维护封建礼法的主张。”[②] 廖一中指出，义和团“扶清灭洋”的口号不是把清王朝当做列强的附庸来打倒，而是当成列强的对立面来加以扶持，“就是‘扶保’清王朝，共同‘灭洋’”。“自从义和团提出这个口号之时起到清王朝宣布结束招抚之日止，义和团对于列强始终是主动进攻，坚决抗击。而对于清王朝则只是被动抗拒，而没有主动进攻，并且还予以‘扶’、‘保’、‘助’。在此期间，义和团“不打官府，不占城据地，不杀官员（个别‘二毛子’官员例外），就是数万团民云集涿州，也不杀官夺印”，“在接受招抚之后，接受官府的统率，甚至充当载漪、裕禄等人的卫队。可见，‘扶清’并不是策略，而是义和团的政治纲领”[③]。

（2）封建蒙昧主义和排外主义。王致中提出，义和团运动带有浓重的封建蒙昧主义色彩。义和团是“依赖神仙符咒同帝国主义作斗争的”，“义和团的勇敢精神，义和团的纪律，是靠封建迷信来维持的”。义和团“就其高潮阶段来说，却是一个‘奉旨造反’的运动，是中国农民在近代史上受封建统治

① 本文作者孙建国、邵雍，原载《社会科学争鸣大系·历史卷》，上海人民出版社1991年版。

② 李侃：《关于义和团运动评价问题》，《人民日报》1980年4月10日。

③ 廖一中：《论清政府与义和团的关系》，《历史研究》1980年第3期。

者的一次大蒙蔽。”[①] 吴民贵也认为义和团对北京使馆忽攻忽打，都与慈禧太后发布的上谕有关，“由此可见义和团在其发展和高潮阶段是打过‘奉旨旗号’，并且在事实上也基本上是奉旨行事的”[②]。苏寿桐认为，义和团进入北京后，被载勋、载漪等一伙率领冲入宫廷，企图发动弑君政变未遂之事表明，义和团在当时“的确已经同顽固派沆瀣一气，参与了清朝统治阶级内部争夺皇位最高领导权的斗争”，被“逐步改造成为‘努力王家，同仇敌忾’的工具，纳入他们‘盗窃兵柄，窥伺神器’的罗网”[③]。王致中又认为义和团“对‘外洋’事物一律加以排斥，这种“笼统排外，是一种历史的惰性力量，是封建蒙昧主义在义和团运动中的一个突出表现”，与蒙昧主义一样，笼统排外也是难以用“主流”、“支流”来解释的。[④] 左步青等提出，“在 19 世纪末叶中国政治舞台上，排外与反排外之争实质上就是封建主义和资本主义两条道路之争。这种排外主义的反动性，是非常明显的”[⑤]。

（3）反帝斗争又具有反封建性。金家瑞认为，“义和团运动的性质，固然是以农民为主的中国人民的反对帝国主义运动，这个斗争的主要锋芒是指向帝国主义侵略者，但也附带反对清朝封建统治。因为帝国主义和清朝封建统治者是相互勾结的，要反对帝国主义就必然也要反对清朝政府”[⑥]。陈振江也认为，“在整个义和团运动中，农民和手工业者始终居于主力军的地位。他们与地主和官府的阶级矛盾不会因为仇洋灭教而泯灭，只是由于中华民族与帝国主义的矛盾激化而暂时降为次要的地位，遂使义和团运动成为以反帝反洋教为主要斗争目标的群众运动。然而，由于农民与地主阶级的矛盾并未解决，因此在义和团运动中两者之间的摩擦和斗争始终是存在的”，“决不能因为义和团没有突出反封建斗争而从根本上否定它具有反对封建的性质。”[⑦] 荣孟源在《山东义和团案卷》的“编者的话”指出，通过这些档案史料，可以看到“义和团运动是帝国主义激起的中华人民的反帝运动”。“各地进行‘均粮’斗争的饥民投入义和团，声势更加壮大。反帝反封建的斗争结合在一起了。”据档案史料记载，山东义和团曾多次与清军作战，一些地方发生过义和拳“挟制官长”、“戕害委员”、“抚官拒捕”和“占县”、“闯营”等大规模的战斗。荣孟源据此认为，这一些史实表现出义和团“在反抗帝国主义、反抗封

① 王致中：《封建蒙昧主义与义和团运动》，《历史研究》1980 年第 1 期。
② 吴民贵：《慈禧太后与义和团》，《华东师大学报》1981 年第 2 期。
③ 苏寿桐：《试论庚子北京义和团运动》，《光明日报》1980 年 4 月 22 日。
④ 王致中：《封建蒙昧主义与义和团运动》，《历史研究》1980 年第 1 期。
⑤ 左步青，章鸣九：《评戚本禹的〈爱国主义，还是卖国主义?〉》，《历史研究》1979 年第 12 期。
⑥ 金家瑞：《义和团运动》，上海人民出版社 1957 年 12 月版。
⑦ 陈振江：《义和团几个问题的辨析》，《历史研究》1981 年第 1 期。

建主义、反抗袁世凯的‘剿办’斗争中的英勇气概”[①]。朱金甫等也撰文认为：“义和拳民在反对清政府的斗争中所流的鲜血和付出的生命代价，决不比在反帝反洋教斗争中的牺牲为少。因此，怎么能离开这些最实质性的内容而去谈什么义和团没有土地纲领或政权纲领，从而否定了他们的反封建性质呢?”《筹笔偶存》提供了大量的实例，说明义和团不仅坚决反帝反洋教，而且也反对封建统治。“因为义和团运动时期的清政府，已完全沦为帝国主义走狗的地步，所以当时人民要是反对帝国主义，必然会首先遭到封建走狗政权的镇压。只反帝而不反封建统治，事实上是不可能的。”[②]

关于义和团运动性质的讨论，尚有待深化，但要解决以下几个问题。

首先要统一标准。如义和团反封建的具体标准是什么？究竟是以反对封建主义、推翻封建统治、变革封建制度或改变封建生产方式为标准呢？还是只要反抗封建地主压迫、剥削即可？又从政治上来讲，义和团活动本身包括反洋教斗争带不带反封建性？

其次是统一认识。如义和团的口号究竟是只有“扶清灭洋”、“保清灭洋”、“助清灭洋’、“兴清灭洋”呢？还是同时兼有“替天行道”、“保国卫民”、“护国灭洋”等其他口号？仅就“扶清灭洋”而论，对于“清”字究竟如何解释？是仅仅代表清朝政权呢，还是寓有国家民族的意思在内，或两者兼而有之？

还有要开阔视野，过细研究。即要把义和团运动放在中国近代历史发展的长河中加以考察，研究中国近代社会的两大基本矛盾（中华民族和帝国主义的矛盾、封建主义与人民大众的矛盾）在义和团运动中是否同时均有反映？如有，则在义和团发展的各阶段中具有哪些特点？义和团时期清朝封建统治阶级和帝国主义列强之间关系的基本趋势是什么？较之以前有无根本的变化？

认真考察了上述问题，再加上对义和团运动作分阶段（包括起源阶段），分地区详细研究，从中找出主流和带规律性的东西，才能把义和团性质的讨论提高到一个新的水平。

---

① 朱金甫，庄建平：《新发现的山东义和团运动史料——〈筹笔偶存〉述略》，《山东义和团案卷上册》，齐鲁书社 1980 年 6 月版。

② 《义和团运动史讨论文集》，齐鲁书社 1982 年 4 月版。

晚清名将刘永福[①]

刘永福（1837—1917）字渊亭，广西上思人。晚清著名将领。雇工出身，1857 年夏投奔广西天地会首领吴凌云起义军。吴凌云战死后，刘永福于 1865 年 2 月建七星黑旗军。1867 年因与吴凌云子吴亚终产生分歧，独自率黑旗军南下进入越南境内。

刘永福在越南以保胜为据点，开山辟林，聚众耕牧，坚持斗争，很快扩展到 2000 余人。他对当时侵略越南的法国殖民主义者极为仇恨。1873 年 12 月刘永福应越南政府的邀请率黑旗军在河内城外纸桥伏击法军攻占河内，击毙法军统帅安邺，歼敌数百名，缴枪数百支，首战告捷。越南政府为此封刘永福为三宣副提督，管辖宣光、兴化、山西三省。10 年后刘永福率黑旗军在纸桥再建奇功，以伤亡 102 人的代价，斩获、击毙法军，官兵数百人，其中包括敌司令李威利等军官 30 余人，“伤者甚多”。第二次纸桥之战再次显示了黑旗军的威力，沉重打击了法国侵略者的嚣张气焰，在客观上遏制了法国侵略者北上侵犯中国本土的势头。

刘永福

中法战争正式爆发后，刘永福在清政府决意抵抗法国侵略的情况下，坚信“父母之邦不可背”，联清抗法，共御外侮。黑旗军一面在组织上、行动上保持着相对的独立性，另一面积极与清军联合作战。1883 年 12 月黑旗军与桂军、滇军合作在山西抗击法军，打死打伤法军 400 余人。1884 年 6 月，刘永福被清政府封为记名提督。1885 年 3 月黑旗军与滇军并肩作战，在临洮大败法军。

① 原载《知我中华——大学生爱国主义教育读本》上海财经大学出版社 1997 年版，原标题为《刘永福》。

与此同时黑旗军在宣光巧设地雷阵，毙伤法军460余人。宣光之战牵制了法军的部分兵力，在客观上支援了冯子材部在谅山的战斗。

中法战争结束后，刘永福于1885年11月奉清政府之命自越南率部撤回国内。清政府下令将黑旗军裁撤过半。1886年清政府调刘永福为南澳镇总兵，至次年刘永福部仅剩600人。

1894年甲午中日战争爆发后，刘永福奉命赴台协同台湾巡抚邵友濂办理防务。刘永福率黑旗军两营赶到台湾后先扎台北，后奉令移驻台南。刘永福这时将所部扩编至8个营，仍称黑旗军。

1895年4月清政府战败求和，与日本签订《马关条约》，竟将台湾全岛及其附属各岛屿割让给日本。6月初，日军在台湾三貂角澳底登陆，刘永福在台南草拟《盟约书》，呼吁台湾人民联合抗日，并表示为保卫国土，"万死不辞"，"纵使片土之剩，一线之延，亦应保全，不令倭得"。6月7日日本侵略军占据台北，接着向南推进。6月16日，日舰两艘企图偷袭安平港口，高度警觉的刘永福在炮台上严阵以待，待日舰进入炮台射程海域时指挥部下发动炮击。日舰被击中后仓皇逃遁。6月28日，台南地方绅民推刘永福继任台湾民主国总统，领导抗日。刘永福坚辞不受总统名义，认为"扼倭保台，国人有责，并非违逆朝廷，如此大事，务须从各方面考虑周全才是。"数天之后刘永福在台南各县代表的再次请求下，毅然担负领导全台军民抗击倭寇的重任，将全台各军及各地义军百数十营，分别调遣巡防各要隘，并派人接替"内渡"大小文武官员的职务，决心拒敌于国门之外。6月中旬，日军进攻台中门户新竹，刘永福令副将杨紫云率部会同义军吴汤兴、徐骧部与日军相持，据险扼守，痛击日寇。新竹之战历时1个多月，大小战斗20余次，打击了日军的气焰。8月中旬日军增调2万人进逼台中，8月28日守军全部壮烈殉国，彰化陷落。彰化之战歼灭了日军近卫师团精锐1千多人，使日军遭受了自侵台以来最大的损失。接着，日军连陷云林、苗栗，进逼嘉义。刘永福在危急关头亲赴嘉义，指授兵机，命部将王德标领军加强嘉义的防卫，令副将杨泗洪率部与各路义军反攻云林、彰化。9月初，抗日武装相继克复云林、苗栗，一度逼近彰化，击毙日军少将山根信成。但当时台湾抗战各军饷械告罄，刘永福派人赴内地求援，终因清政府严禁大陆官民援台而告失败。

10月11日，日军新增两个师团进攻嘉义。守军以地雷阵炸死敌军700余人，近卫师团长北白川能久亲王亦受伤毙命。经过激烈战斗，嘉义终告失守。接着日军海陆两路夹攻台南。15日，日舰进攻打狗港，刘永福派其子刘成良率军抗击，但因守军饥甚而溃散，刘成良被迫退守台南。19日，日军大举进攻安平炮台，刘永福亲自登台发炮，毙敌甚多。当晚日军攻城益急，城内土匪蜂起，秩序大乱。刘永福见大势已去，只得退回大陆。21日台南沦陷，刘永福领导的台湾抗战宣告失败。

刘永福内渡后，于1897年被两广总督谭钟麟任命为广州镇抚，负责维持广州及广州附近的社会治安。1902年他受命署理广东碣石镇总兵。1908年辞职返乡，曾保护过参加抗捐起义的农民。1911年11月广东独立后，刘永福曾出任广东民团总长，3个月后辞职回乡。1917年在家逝世。

近代外交家曾纪泽①

曾纪泽（1839—1890）字劼刚，湖南湘乡人。晚清爱国外交家。从小就在其父曾国藩的严格要求下熟读经世致用、天文地理之书籍，为接受“西学”打下了良好的基础。他30岁以后刻苦学习英文，数年之后，大见成效，能用英语交谈，以英文写作。

1872年曾国藩在两江总督任上病死后，曾纪泽袭封一等毅勇侯。1878年曾纪泽受命出使英法。出使之前他在为汪凤藻编的《文法举隅》写序时指出：“盖泰西之轮楫旁午于中华，五千年来未有之创局也。”尧舜禹汤文武周公孔子没有去过外国，更来不及研究当今世界上的问题，对于外国的政治、经济和文化，只能由我们自己去考求，这样才好和外国打交道。对此“不得以其异而诿之，不得以其难而畏之也。”当然曾纪泽也知道办外交颇有难度，他曾对慈禧太后说：“办洋务难处，在外国人不讲理，中国……但须徐图自强，乃能有济；断非毁一教堂，杀一洋人，便算报仇雪耻。”1882年曾纪泽在法国巴黎致函陈俊臣，指出中国士民对西洋诸国“或畏之如神明；或鄙之为禽兽，皆非也。办洋务只须以情理酌之”，“中理之所在，百折不回，不可为威力所绌；理有不足，则见机退让，不自恃中华上国而欺凌远人；可许者开口即许，不可许者始终不移，庶交涉之际稍有把握。”

曾纪泽

1880年初，清政府任命出使英法大臣的曾纪泽兼充俄国大臣，“将崇厚所定约章再行商议。”此前，崇厚曾作为全权大臣赴俄国谈判，索还1871年俄国乘中亚细亚浩罕部军官阿古柏侵入新疆之际替中国“代为收复”的伊犁地区。不料崇厚在俄国的胁迫和愚弄下，于1879年10月擅自与俄国签订了

① 原载《知我中华——大学生爱国主义教育读本》，上海财经大学出版社1997年版，原标题为《曾纪泽》。

《交收伊犁条约》，偿付俄国“代守”伊犁兵费500万卢布；割让伊犁西境霍尔果斯河以西及南境特克斯河一带地区，并将塔尔巴哈台及喀什噶尔中俄边界作有利于俄国的修改；俄商不但在蒙古、新疆全境贸易一律免税，而且还能通过西北地区到天津、汉口等地贸易。清政府迫于舆论，拒绝批准这一丧权辱国的条约。曾纪泽就是在这种严重的不利形势下担负起对俄交涉的重任的。用他自己的话来说，就是“障川流而挽既逝之波，探虎口而索已投之食”。

谈判一开始，俄国代表、代理外交大臣格尔斯面冷词横，声称崇厚修订条约“只候照行，无可商议”。曾纪泽从容应付，主动拟就改订新约的6条“节略”送到俄国外交部作为谈判的基础。在交还伊犁问题上，曾纪泽认为伊犁南境之帖克斯河流域属战略要地，若任俄割据，“则俄有归地之名，我无得地之实”。故据理力争，寸土不让。俄方理屈词穷，最后始允归还。在喀什噶尔划界问题上，俄方坚持按崇厚原议，将中国现管之苏约克山口等地划归俄国。曾纪泽在谈判中机智地抓住俄国代表、驻华公使布策“原议所分之地，即两国现管之地”一语，称“如此，何妨于约中改为‘照两国现管之地勘定’乎?”结果保全了苏约克山口等处领土，取消了崇厚所定的界址。在偿付兵费问题上，俄国方面坚持要求中国赔偿1200万卢布，并以战争相威胁。曾纪泽不为所动，反问他们，双方既未打仗，何来兵费？万一真打起来，胜负谁知，中国获胜，则俄国亦须偿我兵费。曾纪泽针锋相对的斗争制止了俄方的漫天要价。由于曾纪泽艰苦卓绝的斗争，也由于左宗棠奉命做好了武力收复伊犁的准备，1881年2月中俄双方终于签订了《中俄伊犁条约》。条约规定：中国收回伊犁地区，保全了特克斯特河流域的领土；改俄商在新疆贸易“均不纳税”为“暂不纳税”；俄商只能东到嘉峪关，取消原定嘉峪关经西安至汉口一段商路；赔款900万卢布。这一条约虽然赔款有所增加，但毕竟为中国争回了一部分领土主权，这在鸦片战争后的晚清外交史上实属绝无仅有之事。难怪条约签字后，格尔斯不得不赞扬他的对手曾纪泽，说曾“不惟出众于中国，亦罕见于欧洲，诚不可多得之使才也。”

曾纪泽作为一名杰出的外交家，善于敏锐地发现新问题。早在1881年冬他就觉察到法国侵略越南进而侵略中国的野心，指出“法人觊觎越南，蓄意已久……欲占据越南东京，由富良江入口以通云南，添开商埠。”由于清政府中的当权者主张牺牲越南，与法国妥协，所以至1883年初越事益不可为。曾纪泽只能在任上“向英法绅民及新报馆以口舌表我之情理，张我之声威，冀以摇惑法绅，倾其执政”。曾纪泽的爱国举动引起了法国侵略者的极度仇视，他们疯狂攻击曾纪泽，甚至在议会中也不例外。法国政府也借口曾纪泽谈话有损法国“尊严”，要求清政府撤换驻法公使。1884年清政府派李鸿章与法国代表签订《中法简明条约》之后，为排除对法妥协的障碍，下令免掉曾纪泽出使法国大臣之职。曾纪泽对此只能在致九叔曾国荃的信中表示自己是“一腔愤血，寝馈难安”。

1885 年 6 月清政府另派人充任出使英国、俄国大臣，要曾纪泽“回京供职”。次年年底，曾纪泽回到北京。回国后他先后任“帮办海军”等职，但为同僚所排，又不得当路之助，于 1890 年病逝，享年 51 岁。

辛亥革命时期的反满问题[①]

“反满”（或“排满”）是辛亥革命时期最响亮的口号，在辛亥革命中起过重要的作用。研究反满问题与评价辛亥革命的性质有直接关系。国内史学界曾有较为热烈的争论，涉及的有以下几个问题：

1. 反满的思想渊源。有两种意见：一是以地主阶级反满派思想为主。刘大年认为，“辛亥革命反满宣传之所以突出，大部分不是来源于资产阶级小资产阶级革命思想，主要是来源于地主阶级反满派的思想。不过这时的地主阶级反满派是资产阶级化的封建主，是跟资产阶级革命派搭伙的。他们是用前人的腔调，穿着古代服装，参加演出世界历史的新场面。”[②] 二是以西方资产阶级革命思想为主，金冲及等人阐述了反满思想与资产阶级民族主义的关系，提出反满思想“自然同汉族传统的民族思想有着密切的历史联系”，但“造成辛亥革命时期反满思想如此高涨的决定性原因，还不在于这种汉族传统民族思想的重新抬头，而是当时严重民族危机下的产物。”“当革命派在向西方资本主义国家寻求革命理想和精神武器时，十九世纪德意志、意大利等国在建立民族统一国家时广泛流传的资产阶级民族主义学说对他们也产生了很大的吸引力量。……这种西方资产阶级民族主义思想就很容易被附会过来，给予传统的反满思想以新的解释和新的论据”，反满思想“是从属于当时资产阶级新学的整个思想体系的”[③]。李时岳也认为，“辛亥革命时期的‘反满’口号来源于内求‘人之独立’、外求‘国之独立’的资产阶级民族主义思想，并非明末清初地主阶级反满派主张的再版。”[④] 章开沅则考察了反满思想与资产阶级民主主义的关系，指出排满论中含有可贵的民主主义内容，而“人们往往迷惑于‘排满’论喜爱使用的古老以至陈腐的语言，因而指谪其封建落后者多，肯定其积极进步面者少。”其实，“20 世纪初年的‘排满’论者是旧礼教的贰臣逆子。他们公开鼓吹‘天赋人权’、自由平等，蔑视上下尊卑等封建纲常。他们愤恨奴隶的既往，愤恨奴隶的现状，并且向往摆脱奴隶枷锁的明

① 本文作者施扣柱、邵雍，原载《社会科学争鸣大系·历史卷》上海人民出版社 1991 年版。

② 刘大年：《辛亥革命与反满问题》，《历史研究》1961 年第 5 期。

③ 金冲及，胡绳武：《辛亥革命史稿》第一卷，上海人民出版社 1980 年版。

④ 李时岳：《近代中国社会的演化和辛亥革命》，《吉林大学学报》1981 年第 5 期。

天。仅仅从这一点来说，他们已经从根本上区别于两百年前以恢复明王朝为宗旨的地主阶级反满派。他们不再是封建统治者的臣仆，而是资产阶级的新人。”①

2. 反满的实质内容。海外学者往往把辛亥革命时期的反满与清代前期的反满斗争等同起来，他们过高地估计了满汉民族矛盾，认为反满是“种族主义”或“种族复仇主义”，是“全中国人反对满族人”等等，从而否定辛亥革命的资产阶级民主革命的性质。对此，中国学者大多持有异议，他们认为辛亥革命总的来说不是在民族冲突中，而是在民族和解中进行的。但对反满的实质内容的见解仍有差异。一是“反帝反封建说”。刘大年认为“反满，就是反对帝国主义的奴才。人们只要打倒了清朝统治者，就是打击了清统治者背后的帝国主义者。既要革帝国主义的命，就必须同时革封建主义的命。二者是不可分割的。因此辛亥革命时期的反满，其阶级内容，是反对帝国主义统治中国的工具和清政府背后的帝国主义，反对本国的封建统治阶级。”② 二是“反帝反封建反君主专制说”。章开沅认为，“清政府在《辛丑和约》签订以后，完全堕落成为帝国主义的走狗”，“资产阶级革命派利用人们对满洲贵族的民族压迫和专制暴政的深仇大恨，重新捡起古老的‘反满’旗帜，并且给它印染上新时代的色彩和图案，使之增添了青春的活力。20 世纪初年的‘排满’，实质上成为反帝、反封建、反君主专制主义三位一体的战斗口号”③。几乎与此同时，李新主编的《中华民国史》也提出了类似的观点，该书认为辛亥革命时期的“排满”口号所凝聚的社会内容远远超出了满汉矛盾的范围，“包含着反对帝国主义及其走狗的要求和反对封建专制的要求”。从根本上说革命党人提出“排满”口号仍是从反对封建专制统治这一点出发的。在观察“排满”这一口号时，不能忽略隐伏在它背后的占主导地位的普遍性的社会内容。④ 三是“阶级矛盾与民族矛盾统一说”。沈渭滨、杨立强认为：资产阶级革命派的反满宣传之所以在当时深得人心，决不仅是因为当时的满汉矛盾宣传只体现了资产阶级的利益，是资产阶级提出的缘故，而是主要因为满汉矛盾已经超出了资产阶级利益的范围，既表现为统治阶级与广大被统治阶级的矛盾，又表现为压迫民族与被压迫民族的矛盾。它的内涵和外延，远较资产阶级与封建地主阶级的矛盾宽广得多。因此，“全部反满斗争都是从属于资产阶级，都是为了消灭专制制度，为资产阶级取得政权、发展资本主义等说法，与历史实际不尽相符。”他们考察了资产阶级反满宣传的主要内容

---

① 章开沅：《“排满”与民族运动》，《近代史研究》1981 年第 3 期。

② 刘大年：《辛亥革命与反满问题》。

③ 章开沅：《“排满”与民族运动》。

④ 李新等主编：《中华民国史》第一编，中华书局 1981 年版。

后指出：反满宣传的一部分言论，揭露的是满族贵族和清政府的专制统治，它所体现的反满内容是从属于资产阶级革命要求的，有时代气息。另一部分内容则仍是满汉间的民族矛盾，基本上是旧事重提，老话重议，没有什么时代气息，所以“反满与反封建有时并不是完全相同的概念，不是同等的内容。”①

3. 反满口号有无消极作用。在一致肯定反满口号具有进步作用的同时，对其有无消极作用尚有争论。主要有两种意见：一是有消极作用。刘大年认为，反满宣传的消极作用在于“模糊了革命斗争的方向。把一切仇恨简单地集中在满族统治者身上，模糊了对帝国主义封建主义两个主要敌人的认识。”革命的方向没有由反满进一步明确指向反对帝国主义封建势力，没有真正提高群众的民族觉悟和阶级觉悟”，是辛亥革命失败的原因之一。② 李新等也认为“排满”口号不是科学的语言，并列举其弊病，“第一，有人因此放松了和帝国主义的正面斗争。革命宣传家们最早提出‘民族主义’时，包括着‘外拒白种，内覆满洲’两个方面。但在强调‘排满’时，有人就……一般地否定‘排外’……违背了为抵抗列强而‘排满’的初衷。第二，汉族的种族主义情绪因此滋长。……忽视了中国是长期历史形成的多民族国家，而反对封建统治却是各族人民共同的历史任务。第三，它妨碍把社会政治制度、经济制度的变革要求放在重要的地位，降低了革命民主主义的水准。”③ 还有的文章提出反满口号的不科学性还表现在只是侧重民族革命，放松对民权主义和民生主义的宣传，对建立和巩固资产阶级民主共和国不利。二是“口号无误”。章开沅认为排满口号本身没有过错。指责这一口号模糊了反帝的斗争目标并不符合当年“‘排满’论者的原意。从大量文献记载可以作出如此判断：“‘排满’不仅是反对国内的封建统治和民族压迫，而且也是反对清朝政府的后台老板帝国主义及其在中国实行的殖民主义统治。”革命派采用“排满”而不采用“排外”来作为自己的战斗口号是出于策略方面的考虑，“不仅完全是可以理解的，而且还是比较恰当的。”“问题在于提出‘排满’口号的人们自身的软弱，是他们的阶级性格，决定了‘排满’不能导致反对帝国主义的胜利”。“他们毕竟既无胆量更乏实力进行彻底的反对帝国主义的斗争”。章开沅同时认为，“把‘排满’与反封建割裂开来并且对立起来的看法，显然是不恰当的”，因为“满族皇室是中国最大的封建主集团，清朝政府则是封建地主阶级的国家机器，代表最落后最腐朽最反动的生产关系。从这个意义上来说，‘排满’就是反对封建主义的极其重要的组成部分。”革命者在排满宣传中是

① 沈渭滨，杨立强：《论辛亥革命时期的满汉矛盾》，《社联通讯》（上海）1982 年第 4 期。

② 刘大年：《辛亥革命与反满问题》。

③ 李新主编：《中华民国史》第一编。

说过许多偏激的过头话，“但他们的思想言行的本质和主流却始终是反抗压迫”。至于在推翻清政府后，资产阶级革命派未能及时扩展反封建主义的战果，又未能把反对封建主义的斗争引向深入，“这同样不是‘排满’口号本身的过错，而是由于民族资产阶级自身的软弱性格使然”。“它不可能进行彻底的反对封建主义的斗争，更不可能完成消灭封建主义的历史任务”①。

由于辛亥革命时期宣传反满的队伍庞大而驳杂，每个人的主张并非完全一致，如孙中山、汪精卫、章太炎等人对反满的阐述均有不同。甚至同一个人在宣传反满时也往往瑕瑜互见，正确的论述和错误的看法并存，如章太炎、孙中山均是如此。因此，考察反满问题，首先要全面地系统地完整地了解资产阶级革命派的观点，其次还要把他们的言论和行动结合起来加以考虑，即哪些言论付之实施了，哪些则没有，并从中找出本质和主流的东西，才能把讨论引向深入。

① 章开沅：《“排满”与民族运动》。

中国民主革命的先驱——孙中山

孙中山是中国民主革命的先行者。在辛亥革命时期，他创立了中国同盟会，领导人民推翻了封建帝制，建立了共和国。在第一次国共合作时期，他与时俱进，又把旧三民主义发展为新三民主义，为中国革命建立了丰功伟绩。

一、踏上民主革命征途

1866 年 11 月孙中山出生在广东香山县（今中山市）翠亨村一个贫苦农民的家庭。小时候很喜欢听老人讲太平天国的故事。后来接受哥哥孙眉的资助，赴檀香山就学。1892 年他在香港西医书院毕业后，在澳门、广州行医。不久，清政府的腐败无能和祖国积贫积弱的现实使他认识到“医术救人，所济有限”，“医国”比“医人”更为重要，开始寻求救国救民的道路。1894 年孙中山北上天津，上书李鸿章，提出富国强兵革新政治的主张，遭到冷遇。受到此事刺激的孙中山遂赴檀香山组织革命小团体。1894 年秋孙中山在檀香山成立兴中会，第一次响亮地喊出了“振兴中华”的口号，并提出了推翻清朝政府，建立资产阶级共和国的革命目标。次年孙中山在香港设机关，准备在广州起义，因起义计划被泄露而失败，孙中山被迫流亡海外。1900 年他又派人至惠州发动起义，失败后继续在日本、檀香山、美国、英国等地开展革命活动。在长期的革命活动中，孙中山逐渐成为人们公认的革命领袖。

二、创立中国同盟会

1905 年孙中山从欧洲来到在日本，联络其他革命志士，发起成立全国性的革命政党中国同盟会，被推为总理。同盟会确定以“驱除鞑虏，恢复中华，创立民国，平均地权”为革命纲领，并创办《民报》作为机关报，积极展开革命宣传工作，同康有为为首的改良派进行激烈的论战。孙中山在《民报》发刊词中把同盟会 16 字政纲归纳为“民族”、“民权”、“民生”三大主义，合称三民主义，它是孙中山领导辛亥革命的指导思想。中国同盟会在成立后的几年间，孙中山和他的战友们在各地大力发展革命组织，联络华侨、会党和新军，多次发动武装起义，打击清政府的反动统治。每次起义虽然均以失败告终，但却在全国民众中扩大了革命的影响，加深了人们对清政府的憎恶和仇恨。革命形势在全国范围内逐渐成熟。1911 年（农历辛亥年）10 月 10 日湖北新军中的革命党人在武昌首先发动起义，很快攻克了武汉三镇，建立湖北军政府。各地革命党人纷纷响应，南北各省相继宣布脱离清政府独立。次年 2 月清帝宣布退位。孙中山领导的辛亥革命不仅推翻了清皇朝，而且结束了几千年来的君主专制制度。

三、中华民国临时大总统

武昌起义后，革命形势迅速发展，清朝统治分崩离析，建立一个新的统一的中央政府迫在眉睫。1911 年 12 月下旬，孙中山从海外回国，29 日即被独立各省代表会议推选为中华民国临时大总统。1912 年 1 月 1 日，孙中山在南京宣誓就职，宣告中华民国南京临时政府正式成立，月底组成临时参议院，体现了资产阶级立法、行政、司法三权分立的原则。孙中山在领导南京临时政府时期，颁布了一系列有利于发扬资产阶级民主政治、发展资本主义经济和文化教育的政策法令，移风易俗，使民主共和的观念深入人心。3 月孙中山颁布了由临时参议院主持制订的《中华民国临时约法》，这一文件体现了资产阶级的革命性和民主性，具有临时宪法的性质。不久，由于革命党人的妥协退让，袁世凯在北京就任临时大总统。1913 年 3 月袁世凯派人刺杀宋教仁，革命党人意见分歧，在同年夏袁世凯出兵进攻时仓促应战，旋即失败。

辛亥革命失败后，孙中山在极端困难的环境中不屈不挠地坚持反对外国侵略和本国军阀势力的斗争。1914 年他在日本建立中华革命党，重举资产阶级革命旗帜，坚持讨伐袁世凯。次年孙中山与宋庆龄结婚。1917 年国会被解散后，孙中山在广州组织护法军政府，当选为大元帅，誓师北伐。1918 年因受南方军阀的挟制，被迫去职，至上海发愤著书。次年发表《建国方略》，内含《孙文学说》、《实业计划》、《民权初步》，体现出他立志改造中国的强烈愿望，描绘了一幅国民经济全面现代化的宏伟蓝图。同年中华革命党改组为中国国民党。1920 年孙中山回到广东，次年就任非常大总统。1922 年又因陈炯明叛变，退居上海。

四、第一次国共合作

孙中山在几经挫折后，深感苦闷、彷徨。俄国十月社会主义革命的胜利和中国共产党的成立，给了他带来了新的希望。在共产国际和中国共产党的帮助下，1922 年秋，他开始同李大钊等共产党人建立联系，真诚地欢迎与共产党员合作，欢迎苏联对中国国民革命的援助，并邀请共产党人陈独秀参加改组国民党的会议。1923 年 2 月，拥护孙中山的一部分军事力量将陈炯明逐出广州，孙中山重新回到广东，建立陆海军大元帅府，控制了富饶的珠江三角洲和广东中部地区，并且拥有一支数万人的军队。10 月初，苏联代表鲍罗廷应孙中山的邀请到达广州，受聘请担任国民党组织教练员（后来又聘为政治顾问）。苏联政府还给予广州政府军事和物资援助。国民党改组很快进入实行阶段，孙中山向宋庆龄解释与共产党实行党内合作的必要性时说："国民党需要新鲜血液"。

1924 年 1 月，中国国民党第一次全国代表大会由孙中山主持在广州举行。出席开幕式的代表中，李大钊、谭平山、瞿秋白、毛泽东等 20 多人是共产党员。孙中山指定李大钊为大会主席团成员。大会确立了联俄、联共、扶助农工的三大革命政策，审议并通过《中国国民党第一次全国代表大会宣言》，接受了中国共产党反帝反封建的主张，对三民主义作出适应时代潮流的新解释。在民族主义中突出了反对帝国主义的内容；民权主义中强调了民主权利应为"一般平民所共有"；民生主义则以"平均地权"、"节制资本"为两大原则。会后不久，孙中山又提出"耕者有其田"的口号。新三民主义同中国共产党在民主革命阶段的政治纲领的基本原则是一致的，因而成为第一次国共合作的共同纲领。1924 年 5 月，孙中山在共产国际和中国共产党的帮助下，在广州黄埔创办中国国民党陆军军官学校。孙中山亲自兼任黄埔军校总理，任命曾被派往苏联考察的粤军参谋长蒋介石为校长，著名的国民党左派廖仲恺为党代表，先后聘请布留赫尔（在中国化名加伦）等苏联红军将领为军事顾问。同年 11 月，刚从欧洲归国不久的中共广东区委委员长周恩来担任校政治部主任。国共合作的黄埔军校为国民革命培养了一大批军事政治人才，为日后建立国民革命军奠定了基础。

革命形势的发展，使国民党内部发生了分化。1924 年 6 月，国民党内的右派分子邓泽如、张继、谢持首先发难，向国民党中央执行委员会提出了《弹劾共产党案》，借口共产党员在国民党内设有党团，提出要同共产党人分裂。8 月 30 日，孙中山主持召开国民党一届二中全会的最后一次会议，他在讲话中严厉指责反共的右派冯自由并当场宣布将其开除出党。孙中山警告说："如果所有的国民党员都这样，那我就抛弃整个国民党，自己去加入共产党"，这一斩钉截铁的表态及时制止了国民党右派的反共分裂活动，维护了国共合作的局面。同年 11 月，孙中山应邀北上讨论国是，提出召开国民会议结束军阀统治和废除不平等条约反对帝国主义的主张。1925 年 3 月 12 日积劳成疾的孙中山在北京因肝病逝世。弥留之际，他留下遗嘱："余致力国民革命凡四十年，其目的在求中国之自由平等。积四十年之经验，深知欲达到此目的，必须唤起民众及联合世界上以平等待我之民族共同奋斗。”孙中山去世，在全国人民中引起巨大的悲痛，国共两党纷纷组织各界人民举行哀悼活动，广泛传播孙中山的遗嘱和革命精神。

孙中山与海南开发[①]

民主革命的先行者孙中山先生对于海南岛的开发和建设十分关切。早在1912年9月孙中山就与广东旅京同乡就此问题进行恳谈，孙中山指出，从国防上看，海南岛“孤悬海外，当民国之最南，其海峡之最狭者，亦与内地口岸隔八十里，万一不能关照，失去琼州，则高、廉、雷等府及广西之太平等处大有危险。今为边防起见，宜将琼州另立一省。”从经济上看，“琼州四面滨海，海物甚丰。……农田岁数熟，矿产又极富。琼地又能种树胶之木。琼之糖产，槟榔等又极丰。若为外人所占，则大利外溢，遗患无穷。”因此孙中山和广东旅京同乡一致主张海南建省。同年孙中山等86人联名向政府提出《琼州改设行省理由书》，对海南建省进行了详细论证：一、“倘改为行省，则琼州之军港易于建设”，有利于巩固海防。二、海南岛动物、植物、矿物资源和产品十分丰富，但因交通不便，产品无法从产地运到市场，“加以法律行政制度未能完备，保护未周，故投资者视为畏途，……今民国成立，振兴实业，诚为急务，倘不改为行省，则实业之发达无由”。三、海南岛上黎、汉杂处，应本着民国五族平等的精神，在黎族人民中实行文化政策，“然则，欲发达该岛文化，非改设行省不为功”。四、海南岛人口稀少，而广州等处人口过剧。“倘改琼州为行省，则人口过多之地，必源源而来，资本亦因之而流入，不久必变为富庶之区”。五、从行政上考虑，海南岛也应改设行省，因为“由琼至省，必经海道千余里之遥，由省御琼，有鞭长莫及之叹”。孙中山还据理驳斥了海南不宜改省的观点，例如当时有人提出海南一改为行省，恐各省纷纷效尤，何所底止。孙中山就认为“既有上陈五大理由，他省之欲效尤者，无从藉口”，再次重申海南建省有固边防、启利源、兴文化诸功能。

后来孙中山在《建国方略·实业计划》中又提到了海南岛的开发，他把海南岛的海口列为重点建设的港口之一，认为“此港位于海南岛之北端，琼州海峡之边……而海南固又甚富而未开发之地也。……如使全岛悉已开发，则海口一港，将为出入口货辐辏之区”。针对“海口港面极浅，即行小船，犹须下锚于数英里外之泊船地，此于载客、载货均大不便”的现实状况，孙中山提出“海口港面必须改良”。孙中山还在实业计划中认为海南岛南端的榆林

① 原载《海南日报》1988年7月23日。

港是该岛南端的一个天然良港，适宜于建设渔业港。孙中山还专门为此绘制了有关的示意图。

据上述，可见孙中山对于海南岛建省、开发等问题的考虑是周密的，理由是充分的，他的某些设想至今仍有重要的参考价值。

科学研究与民众教育[①]

1932年，清华大学数学系主任熊庆来教授聘请了一位年仅22岁、只有初中学历的年轻人当数学教师。一年半后，这位年轻人学完了大学数学系的全部课程，还自学了英、德、法文，在许多国家的数学杂志上发表了数学论文。他就是后来成为中央研究院院士的杰出数学家华罗庚。

中央研究院　1928年，作为民国政府最高学术研究和评议机关的中央研究院成立，由蔡元培任院长。到1937年抗战爆发前，中央研究院已设立物理、化学、工程、地质、天文、气象、历史语言、心理、社会科学及动植物等10个研究所，创办了南京中山陵园植物园、紫金山天文台、九江庐山植物园等。抗战胜利后，又成立了数学研究所。这些研究机构集中在南京和上海。科学家们筚路蓝缕，艰苦创业，奠定了中国近代科学和学术事业的基础。

评议会作为全国最高科学评议机关，负责决定学术研究方针，促进学术发展和交流。在时局动荡、经费紧缺、设备落后的条件下，科学家们发扬为科学献身的精神，为振兴祖国科学事业作出了贡献。

中央研究院为中国科学事业的发展积聚了宝贵的人才。1947年，中央研究院设立院士制度，次年，在全国学术界有特殊贡献者中遴选院士。1949年中央研究院随国民党政权迁往台湾，大多数院士留了下来，为新中国服务。

中央研究院有一大批知名学者，如气象学家竺可桢，化学家侯德榜、沈家骢，生物学家童第周，地质学家李四光，物理学家吴健雄、钱三强，数学家陈省身等。1948年遴选了81名院士。中央研究院迁往台湾时，只有7名院士和数学、历史语言两所大部分人员迁走，留下的科研机构和科研人员为中国科学院所接纳。

平民教育和职业教育　五四运动前后，面向大众的平民教育和职业教育得到了倡导和推广。20世纪20年代，陶行知提出改造全国乡村教育的计划，主张教育与生活结合，为工农大众服务，创办了南京晓庄乡村师范学校，尝试实践他的生活教育理论。30年代以后，陶行知又建立了“山海工学团”，创办《生活教育》半月刊。不到一年，工学团在上海市郊就发展到十多个。

---

① 原载《九年义务教育课本·中学历史（试用本）七年级第二学期》，华东师范大学出版社2007年版。

为了弥补师资的不足，陶行知采取学生教学生的“小先生制”，对初等教育的普及起了积极作用。

陶行知从美国留学回来后，以“捧着一颗心来，不带半根草去”的精神，献身祖国教育事业。他重视实践，提出“生活即教育，社会即学校”，“教、学、做合一”的思想。他倡导的“小先生制”在全国各地（包括抗日民主根据地）风行一时，并被日本、东南亚国家效法推行。

1917 年，黄炎培在上海发起成立中华职业教育社，推广职业教育。职教社提出在各地推进农村职教计划，首先在江苏农村开办试验区，把推广职业教育与农村生产、医疗卫生等方面的改革结合起来。

1918 年，中华职业教育社创办中华职业学校，采取“做学并进”、“半工半读”和“工读结合”的方针，特别重视培养学生的劳动习惯和实习能力。1926 年秋，职教社与东南大学等合作，在江苏昆山创办农村改进区，推进农村改进计划。职教社后来还创办中华新工具推行所，提倡使用农业机械，促进农业生产。

中华职业教育社还大力举办职业补习教育，帮助已受过义务教育的就业青年补习专门知识和职业技能。抗战爆发后，职教社转入四川活动，在内地先后建立了一批学校和职业指导所，继续推行职业教育，为抗战、建国输送人才。

中华职业教育社在内地办的学校主要有中华职业学校渝校、中华职业补习学校、中华函授学校、中华工商专科学校等。补习学校为便于职业青年接受训练，开设了日班、晚班、晨班、午班和星期日班。

西南联合大学　日本发动全面侵华战争以后，东部地区的高等院校开始大规模内迁。北京大学、清华大学与南开大学等校迁到长沙组成临时大学，后又迁至昆明，成立西南联合大学。数百名师生告别遍洒热血的中原，历经千辛万苦，汇聚在昆明，为洗雪国耻而发愤学习。该校设文理、法、工、商、师范五院二十六系，两个专修班和一个进修班，集中了闻一多、华罗庚等一批杰出的学者，是抗日战争时期中国规模最大的高等学府。在八年抗战中，从西南联大毕业的学生达 3000 多人，其中不少奔赴抗日前线，为国捐躯，或者为新中国的建设和科学事业作出了重大贡献。

1937 年 7 月到 1945 年 8 月，各种专科以上学校内迁的有 80 余所。西南联大由北大、清华、南开三校校长蒋梦麟、梅贻琦、张伯苓为常务委员，梅贻琦兼常委会主席。为了摧毁中国精英人才汇聚之地，1940 年 10 月和 1941 年 8 月，日军两次派飞机猛烈轰炸西南联大。联大的生活条件十分艰苦，闻一多是著名的诗人和学者，华罗庚则是杰出的数学家，他们两家一度只能合住一间房，中间用布作帘子隔开。华罗庚曾题诗道：“挂布分屋共容膝，岂止两家共坎坷。布东考古布西算，专业不同心同仇。”就是在这种艰苦的条件下，华罗庚完成了他的名著《堆垒素数论》。在西南联大读过书的学生中，有诺贝尔奖获得者杨振宁、李政道，有国家最高科技奖获得者黄昆，有两弹一星功勋奖章获得者邓稼先、朱光亚等 6 人，有 90 名科学院院士和工程院院士。1946 年西南联合大学结束，北京大学、清华大学与南开大学各自迁回原址复校。

上海青洪帮在台湾

1949年以前上海是青洪帮会活动相当活跃的地区。创立于1933年的以杜月笙为精神领袖的恒社以及于1923年开山的以向海潜为山主的五圣山分别是上海青洪帮组织的佼佼者和典型代表。在1946年10月在上海成立的中国新社会事业建设协会这一全国帮会集合体中，杜月笙、向海潜与杨虎同为协会仅有的三个常务理事。然而时过境迁，随着解放大军的节节胜利，杜月笙、向海潜相继悄然离沪，恒社与五圣山也随之搬迁台湾。

由于蒋经国等人一度将杜称之为“政治垃圾”、“经济蝗虫”，并借故将杜子逮捕下狱，杜月笙经再三考虑决定赴香港定居。不久杜因经济窘迫以董事身份协助“香港杜月笙”李裁法创办并经营九龙青山酒店股份有限公司。1951年8月杜月笙在港去世后，蒋介石等人专门发去唁电，又于次年10月将其灵榇运回台湾，11月特意组建灵榇安厝委员会，后将其安葬在台北汐止湞大尖山麓。1961年8月杜去世十周年和1967年8月杜八十冥寿时，国民党要人均为之举行过纪念活动。生前从未到过台湾的杜月笙死后成了台湾帮会的楷模，后起的竹联帮头目陈启礼公开对人宣称其人生目标是“能像杜月笙那样青史留名”；曾在福州加入洪门金台山的蔡金涂打入政坛后由于左右逢源，被人称作“台湾杜月笙”，这自然给恒社增色不少。恒社在台湾的活动最初由“立法委员”陆京士、潘士诰、“国大代表”万墨林等人主持，平时按月聚餐，每年正月初五团拜一次。社内辈分高的人经与当局沟通，承诺不再收徒，改收不一定要入帮的干儿子，其礼仪排场已经大不如前了。但凭借着“商界巨子”朱士刚等人的强大的经济实力，恒社在公职人员选举中，竭力为国民党籍候选人投票助选，作用不容忽视。

五圣山山主向海潜在上海解放前夕，前往香港组织“反共抗俄忠义大同盟”，遭香港政府勒令离港后经澳门赴台湾，一直到1974年去世。在政治上，向海潜的五圣山曾与恒社联合举行百桌宴请，成功地帮助国民党人黄启瑞竞选上了台北市市长。1989年2月台湾洪门举行了纪念向海潜诞辰百周年和五圣山开山57周年的活动。在此前后五圣山智松堂与同德山、太华山合组“中国洪门爱国同盟中部地区联谊会”。五圣山的五伦总堂和下属五个分堂参加了1989年组建的“中国洪门联合总会”，全面走向社会。先前奉蒋介石之命打入洪门的黄埔系将军陶涤亚就任五圣山第二任山主。接着在台湾解除戒严允许政党竞争后的首次选举中，五圣山除了继续支持国民党籍候选人之外，同时推出了该山五伦总堂“金凤”、仁文堂“三爷”以及义衡堂“心腹大哥”参加竞选，开始从幕后走向台前。五圣山的大哥、“立法委员”雷渝济充任大公党主席，该山另一大哥、退役军长郑祥麟担任中和党主席。五圣山的不少成员涉足水泥、电子、游览、进出口贸易等行业公司和法律会计事务所等单位，拥有较大的经济实力。1999 年 4 月五圣山在台北汉来饭店公开进行了第三任山主刘会进就职暨五圣山新闻社创刊成立大典，台湾《民众日报》对此进行了公开报道。另据五圣山新闻社报道，刘会进本人在大陆成立了莆田南少林文武学校，并在福建省旅游文化部门的支持下，与大陆学者共组“海峡两岸洪门历史文化研究会”。

看来从上海迁台的一些青洪帮组织经过五十多年的发展磨合，已与台湾社会打成一片，它们的活动反过来又影响了台湾政治经济的运行。

秘密社会与中国革命[1]

中国革命的道路漫长而艰辛，自孙中山开始起，革命党人为民族的独立、国家的富强、人民的自由进行了坚苦卓绝的英勇斗争。

在半殖民地半封建的中国，基本矛盾是帝国主义和中华民族的矛盾、封建主义和人民大众的矛盾。因此，中国革命的首要任务是对外推翻帝国主义压迫的民族革命和对内推翻地主压迫的民主革命。一切反帝反封建的阶级、阶层均可以成为革命的动力。由于在旧中国，内部没有资产阶级民主制度和议会可以利用，没有组织工人举行罢工的合法权利，因此革命的道路只能是暴力革命，武装夺取政权。因此如何有效地动员、吸引、指导处在社会下层的秘密社会组织的广大群众参加革命是革命党必须考虑的战略问题。

中国的秘密社会源远流长，根深蒂固，具有社会整合、精神归属、道德教化和健身强体等功能，能在贫穷落后的旧中国吸引众多的群众加入，具有顽强的生命力。由于斗争形势的需要以及某些政治思想观念的大体相似，秘密社会与革命政党存在着短时段的合作关系；又由于双方的本质和终极目标不同，秘密社会与革命政党存在着长时段的对抗关系。如何正确处理好这种互动的关系，是衡量一个革命党到执政党是否成熟的重要标志之一。

孙中山领导的辛亥革命虽然取得了推翻清朝，结束帝制，建立民主共和国的伟大胜利，但是没有完成反帝反封建的历史任务，中国半殖民地半封建社会的性质并未改变。从秘密社会与中国革命互动关系的角度来看，辛亥革命的失败至少有以下经验教训：

在组织方面，革命政党在联络秘密社会方面主张歧异，行动不一，组织涣散。武昌起义前在海内外均出现过革命党和会党互相参加的情况。孙中山本人在檀香山参加洪门致公堂、后又在美国实行致公堂与同盟会的组织合并，但真正在组织上加入同盟会的只是秘密会党中的一小部分人。同时还出现了由革命党向秘密会党后退的倾向，部分同盟会员仿效哥老会的样式组织共进会就是一个最明显的例子。武昌起义后秘密社会的不良作风在一定程度上侵蚀了革命党，严重破坏了原先制定的民主原则和程序，恶化革命队伍内部原本就已紧张的关系，最后在敌人的进逼下，致使革命功败垂成。

① 原载《中国社会科学报》2011 年 2 月 10 日。

在政治方面，资产阶级革命党人无法辨识谁是真正的敌人，谁是真正的朋友。辛亥革命前夜，孙中山亲自出马前往美国、加拿大游说海外洪门，但很少对他们进行三民主义的完整宣讲。革命高潮迅速到来时，革命党人急于同表示赞同推翻清朝实行共和制度的立宪派、旧官僚实行妥协，没有从根本上触动封建旧制度的根基。参加辛亥革命的只是部分的秘密会党，会道门系统基本没有参与。因为急于妥协，革命党还压制和打击包括秘密社会在内的下层群众自发的反封建斗争。

在军事方面，在辛亥革命的进程中，同盟会始终没有建立起一支具有共同革命理想和严格组织纪律的革命军队，而是习惯雇佣现成的会党武装，在西南边境地区的多次武装起义均有会党分子的积极参加。这些武装化的会党平时就不严格遵守纪律，听从指挥，在武昌起义后又居功自傲，扩大了他们固有的消极面。同盟会联系的部分新军中，秘密会党的潜在势力很大。辛亥起义后，新军中一些革命分子掌握了很大的权力，有的依托秘密会党演变为新的地方军阀。

事实证明，孙中山领导的国民党，没有也不可能找到国家和民族的出路。这一任务，只能历史地落在中国无产阶级及其政党的肩上。与孙中山领导的旧民主主义革命不同，中国共产党领导的新民主主义革命是无产阶级领导的，人民大众的，反对帝国主义、封建主义和官僚资本主义的革命。因此，这个革命的是包括了秘密社会的基本群众在内的中国最广大的人民大众；而革命的对象是帝国主义和本国的地主买办阶级、官僚资产阶级。敌、我、友三者十分明确。

中国共产党在民主革命中依靠了统一战线，武装斗争和党的建设的三大法宝克敌制胜，在与秘密社会的关系上三大法宝均有具体的应用：

中国无产阶级虽然是最有觉悟、最有组织性和最有战斗力的阶级，但是毕竟占少数，单凭自己阶级的力量，是不能战胜异常强大的敌人的。这就必须在各种不同情况下团结一切革命阶级和阶层，组织革命的统一战线。在一定时期和一定程度上，或在敌人内部矛盾尖锐化的时候，秘密社会是可以参加反帝反封建的革命斗争的，无产阶级为了集中力量反对当前的主要敌人应当同他们建立统一战线。在中国，建立如此广泛的统一战线不但完全必要也是完全可能的。

在当时的历史条件下，离开了武装斗争，就没有无产阶级的地位，就没有人民的地位，就没有共产党的地位，就没有革命的胜利。共产党的主要任务就是联合尽可能多的同盟军，开展武装斗争。从红枪会到哥老会，在各个革命历史时期秘密社会的武装参加革命，最终融入人民军队的事例是很多的。

在民主革命阶段，加强中国共产党自身的建设，对于中国革命胜利具有极其重大的意义。在旧中国占人口的大多数的是农民、游民这些秘密社会赖以生存和发展的阶级和阶层，而不是无产阶级。因此坚持保持党的无产阶级先锋队性质，着重从思想上建设党，防止和抵御秘密社会的影响和侵蚀，不断地从错误和挫折中学习并总结经验教训，是共产党从小到大，由弱变强，不断取得胜利的关键之一。历史表明，中国共产党争取、团结、改造秘密社会的工作是新民主主义革命时期的一个非常重要的斗争方面和一种非常必要的斗争形式，其中的成功经验是值得人们认真总结的。

总体而言，建国初期共产党领导全国人民基本解决秘密社会问题是一项了不起的伟业。尽管在解放以后的一段时期，国家的权力可以随时进入社会的每个领域，控制社会中的每个阶层，全国处在全能主义的政治状态之中，解决秘密社会问题相对来讲比较容易。不过细心而论，共产党对帮会与会道门的治理效果还是有一定差别的。直到改革开放之前，在中国大陆帮会根本绝迹，会道门则多次死灰复燃，屡禁不绝。这是因为前者是以游民为主体的刚性的社会团体，张牙舞爪，横行不法，其实十分脆弱，只要解决了就业这一民生之本，其他问题就迎刃而解了；而后者是以农民为主体的柔性的社会团体，表面上通常摆出顺从现政府的姿态，实际上其宗教信仰情结很深，有很强的弹性，在短时段内很难彻底根除。而建国初期对迷信思想的破除、对乡村社会信仰的改造，主要触及物质和制度层面，在观念层面的改造是肤浅的。土地改革解决了农民的土地问题并不等于解决了农民的思想信仰问题，而思想信仰问题又绝不是发动几场急风暴雨式的运动所能解决的。当时表现出来的乡村社会传统信仰衰微的种种现象，或许仅仅是一种表象，长时段形成的乡村社会信仰心理难以在短时段中得到根本的改变。

六、世界史研究

朝鲜传统家训中的妇女观①

家训是为教化子孙而作的训诫之语，是家庭伦理道德、行为方式、礼俗习惯的集中体现，比较完整全面的家训实际上也就是为家庭制定的行为规范和运行模式。朝鲜的家训起源于高丽时期，朝鲜时代直至近代，编著家训之风颇盛，据当代学者黄纯艳统计韩国历代家训共九十四种。② 解读这些家训是了解朝鲜传统思想文化的一个重要途径。笔者以黄纯艳整理标点的《韩国历代家训汇编（一）》为例，分析这些家训中的妇女观，以期了解当时朝鲜主流学者的价值取向与思想定位。

由于《韩国历代家训汇编（一）》的整理者没有对每篇家训的作者和背景进行必要的介绍，给我们利用这些材料带来了不少的困难。不过有的还是表明了写作的年代，如《治家节要》的序作于“永乐四年岁在丙戌”，《兰溪遗稿·家训》作于“景泰六年乙亥”，《眉岩集·庭训》作于“己卯士祸”之后。③ 至于作者，大多数是我们不熟悉的，只有《栗谷先生全书·正家》的作者我们知道是李朝著名学者李珥。李珥，字栗谷，是“海东朱子”李晃（号退溪）的弟子，发展了李晃的学说，促进程朱理学的发展，在家训方面也不例外。

定位：难养

在朝鲜传统家训中，一方面特别强调“妇”的重要性。《会峡家训》说：贤妇能使“不孝可以化为孝，不友可以化为友，不能敦睦者可化为敦睦。”若妇不肖，则相反。④《治家节要》说：“妇者，家之盛衰所由也。”⑤《戒惧斋集

---

① 原载《朝鲜·韩国历史研究》第十一辑，延边大学出版社 2011 年 6 月版。

② 《韩国历代家训汇编（一）》（代前言）第一页，云南民族出版社 2008 年版，当然这只是黄纯艳本人直接过目的，韩国历代家训的实际数量远远不止九十四种。

③ 《韩国历代家训汇编（一）》第 333 页，云南民族出版社 2008 年版。

④ 《韩国历代家训汇编（一）》第 16 页，云南民族出版社 2008 年版。

⑤ 《韩国历代家训汇编（一）》第 148 页，云南民族出版社 2008 年版。

·家训》甚至说："家人之道，利在女正，女正则家道正矣。故家之兴丧，系乎闺门。"① 一句话，就是将所有责任、义务统统揽在妇人的头上，对她们寄予了极大的期望。

另一方面朝鲜传统家训又秉承孔子的论调，将妇女与"小人"并列为"难养"的一族。将孔子的儒家思想精致化的程朱理学在高丽朝就已传入朝鲜，到了朝鲜时代成了国学。李朝建立后，李晃、李珥更是将程朱理学发展到一个新的高峰。《栗谷先生全书·正家》引用了《论语》："子曰：'惟女子与小人为难养也，近之则不逊，远之则怨。'"② 《戒惧庵集·家训》也载："子曰：'女子与小人难养也，远之则怨，近之则不逊。'夫和而制以义，然后妻顺而承以正也。和则不至于怨。义则不至于不逊也。故夫妇之间，和而静正，乃常处可久之道，近而亵狎，则玩侮乖离之所自生也。"③

《治家节要》提出，"近世多有亵渎者或妇人，浓妆艳粉于祀典庙宇游乐，……皆小人不能修省而反之耳。"④《顾庵家训》进一步宣称："凡难化者，妇人。……易惑者，妇人。……盖妇人用事，败亡之兆也。""凡妇人之性，偏隘难化"⑤。"进而提出："女人之为祸也……大以亡国，小以亡家。"⑥

观点：祸水

在朝鲜传统家训中有所谓"红颜祸国"的历史实例："冶容诲淫，无才可悦者，只足以蛊惑昏庸而已。……彼缪姜、南子二女者，……迹其行，无异褒、妲。虽明睿之主，或未免爱其色，悦其才，骎骎然蠹心丧德"，"人君好德之诚，不如好色，则枕席之闲，娇媚之毒，日浸月渍，深入骨髓，守法之士，怫欲之言，日忤月乖，听之迈迈，必有顺旨逢恶之臣，伺隙人于左腹，以孽嬖为根柢，内外胶结，以致政令颠倒，危亡随至。故飞廉、恶来，根柢妲已而商以亡。"⑦

有女人误事、连累丈夫的警句与论调。"孔子曰：'吾未见好德如好色者也。'虽英雄之才气盖一世者，尚且蛊心于一妇人，误其平生者多矣。"⑧ "贤妇令夫贵，恶妇令夫贱。"⑨ "男子中人以下莫不为妇人所移，而贤不肖之间，荣辱之判如此焉，则为妇而导其夫者，其可以善乎？抑可以恶乎？其于利害

① 《戒惧庵集·家训》，《韩国历代家训汇编（一）》第410页，云南民族出版社2008年版。
② 《韩国历代家训汇编（一）》第441页，云南民族出版社2008年版。
③ 《韩国历代家训汇编（一）》第410页，云南民族出版社2008年版。
④ 《韩国历代家训汇编（一）》第153页，云南民族出版社2008年版。
⑤ 《韩国历代家训汇编（一）》第75页，云南民族出版社2008年版。
⑥ 《韩国历代家训汇编（一）》第76页，云南民族出版社2008年版。
⑦ 《栗谷先生全书·正家》，《韩国历代家训汇编（一）》第434页，云南民族出版社2008年版。
⑧ 《栗谷先生全书·正家》，《韩国历代家训汇编（一）》第435页，云南民族出版社2008年版。
⑨ 《治家节要》，《韩国历代家训汇编（一）》第167页，云南民族出版社2008年版。

之分辨之不难矣。然而世之妇人多不思此，只以妖媚固宠为能事，服食供奉为尽道，而不复以辅善救过为意。一言之忤己也，则虽在舅姑必怀怨望。一利之婴怀也，则虽在兄弟，不惮争竞，而巧言诬说，左右怂恿，利害祸福，日夜诱胁，使其夫耳熟心稔，沈浸罔觉，人其邪说，丧其本心，上以忘孝于父母，下以失和于兄弟，而得罪于一家，得罪于乡邦，得罪于天下，万世而为天地间一弃人，则未知于渠妇人之身有何光荣，有何乐利乎？是不过使其身为恶人之妇。不足比数于恒人。而人之观于外者，亦必知其内助之不正，而唾骂及之矣。"①

有指认破坏夫家兄弟情谊的谴责："人家兄弟其初无不相爱，其终多有不义者，皆缘娶妇入门。……为兄弟者各私所爱，各溺所闻，不复究察其源，不知遏塞其流，而夫妇相右，兄弟交恶，分门割户，患若贼仇。此皆妇人之所为也。"②

在他们看来，所有坏事的责任归根到底都在女人身上，女人要为男人的罪错买单，为事情的后果接受谴责与批判。朝鲜传统家训认为"为可妇人聪慧，未有不亡国败家者。"③ 因此提出要"戒酒色"，特别是要"戒色"，认为"酒色之害，小则丧命，大则亡家。其中色祸速而尤惨。""色之害，身先亡而家后败。"因此要"避色如仇"。

有的还直指美女为"妖"，说"凡物迷惑人神，使不忍割断其情爱者，妖也。……至于旨酒美色也，尤为妖之甚者。令人浸浸然坠其中而不自知觉，竟至于亡身之境。良可悲夫。是故读书君子以理接物，虽众妖在前，不移其心矣。"④ 对于在家男子来说，"凡婢之有才色者，必为祸乱之祟，可早赎而远之。"⑤ 对于"鳏居之人及久宦在外者"而言，"切不宜多畜娼妓贱女，以养祸胎也。"⑥

方法：全面禁锢女子

1. 精神上提倡"三从"

在儒家传统文化的三纲五伦中，在男女关系上强调三从之道。朝鲜家训《内苑》引用了孔子的一段话："妇人伏于人者也"，"是故……有三从之道。在家从父，适人从夫，夫死从子，无所敢自遂也。"⑦

---

① 《韩氏女训》，《韩国历代家训汇编（一）》第231页，云南民族出版社2008年版。
② 《韩氏女训》，《韩国历代家训汇编（一）》第231页，云南民族出版社2008年版。
③ 《浑斋集·家训》，《韩国历代家训汇编（一）》第304页，云南民族出版社2008年版。
④ 《家政》，《韩国历代家训汇编（一）》第53页，云南民族出版社2008年版。
⑤ 《韩国历代家训汇编（一）》第80页，云南民族出版社2008年版。
⑥ 《浑斋集·家训》，《韩国历代家训汇编（一）》第208页，云南民族出版社2008年版。
⑦ 《韩国历代家训汇编（一）》第174页，云南民族出版社2008年版。

《果斋集家训》有一段三纲五伦说，宣扬“三纲者，君为臣纲，父为子纲，夫为妻纲。纲者总众目之谓，则目不可以为纲也。三纲不立，则天地乱而万变生矣。其立之之道，各正其心以统之而已。五伦者，父子有亲，君臣有义，夫妇有别，长幼有序，朋友有信。夫伦者等分之谓，若父子不相爱，君臣不相得，夫妇不相敬，长幼相慢侮，朋友相导恶，则虽或有一于此，五者相随而致绝。是故合而论之曰五伦者也。五伦之重，与三纲并称。若五伦不明，则人不可以为人矣。”又认为“父者子之天也，夫者妻之天也，君者臣之天也。上莫上于天，而敬之如天，则其严可知。”① 具体方法是“女儿十岁之内必令晓解谚字，抄给三纲行实，使之知伦常之道”②。

朝鲜传统家训肯定了男尊女卑，认为“养女太多”是“家有十盗”之一。③《内苑》说：“世俗生男则喜，生女则戚”④。

“夫为妻纲”与三从论从根本上否定女性的主体地位，而只是将她们视为男性欲望的对象。以夫为妇纲，为妇者当然被养于夫，不必有独立生活。《会峡家训》强调：“妇人惟衣食是仪，故惟夫是从”⑤《顾庵家训》说：“夫唱而妇随，夫健而妇柔者。”

2. 交往上坚持内外有别，严守男女之防

传统社会要求女子从小要严守男女之防，强调“男女授受不亲”，并以“男女有别”为由把女性幽闭于闺房。汉代女学者班昭在《女诫》提出男女七岁不同席。宋代学者司马光在《居家杂仪》提出，女子七岁至九岁要读《论语》、《孝经》及《列女传》、《女诫》等书。《庞氏家训》则要求女子六岁诵《女诫》。受其影响，朝鲜早在高句丽时期就认为女子即使与兄弟同席也要慎重，⑥ 夜晚出户是不合礼义的。⑦ 史官注重女性的贞节，强调忠臣不事二主、贞女不事二夫。⑧ 朝鲜传统家训《槐庭集·家训》主张女子“自七岁至十一岁”首先要读“汉文之《小学》”⑨。《家政》规定：女子“十岁之内必令晓解谚字，抄给《三纲行实》，使之知伦常之道”⑩。《艮斋集·家规》则强调“必令读《女戒》、《女范》及《小学》、《中说》及妇女事者，其于男女

① 《韩国历代家训汇编（一）》第460-461页，云南民族出版社2008年版。
② 《韩国历代家训汇编（一）》第39页，云南民族出版社2008年版。
③ 《韩国历代家训汇编（一）》第43页，云南民族出版社2008年版。
④ 《韩国历代家训汇编（一）》第189页，云南民族出版社2008年版。
⑤ 《韩国历代家训汇编（一）》第16页，云南民族出版社2008年版。
⑥ 三国史记卷16高句丽本纪5。
⑦ 三国史记卷16高句丽本纪4。
⑧ 三国史记卷50列传10甄萱条。
⑨ 《韩国历代家训汇编（一）》第314页，云南民族出版社2008年版。
⑩ 《韩国历代家训汇编（一）》第39页，云南民族出版社2008年版。

之别必令谨之又谨"[①]。《近斋集·家训》作者则将"《小学》、《立教》、《明伦》等篇，采其最切于妇道者，略加节删，添入班昭《女戒·妇行》一章"，自行搞了八条女诫。[②]

严守男女之防的前提是坚持内外有别，防患于未然。《栗谷先生全书·正家》引用《礼记》："男子居外，女子居内，深宫固门，阍寺守之。男不入，女不出。""男不言内，女不言外，非祭非丧，不相授器。""外内不共井，不共湢浴，不通寝席，不通乞假。男女不通衣裳。内言不出，外言不入。"又引程子曰："失长幼之序，乱男女之别，伤恩义，害伦理，无所不至，能以法度闲之，则无是矣。故悔亡也。"[③] 提出：女子七岁，"男女不同席，不共食。"[④]《正家》还引用了《列女传》："古者，妇人妊子，寝不侧，坐不边，立不跸，不食邪味，割不正不食，席不正，不坐。"要求孕妇"目不视邪色，耳不听淫声，夜则令瞽诵诗，道正事。"[⑤]

为了从小捆住女子的手脚，限制她们的行动自由，《治家节要》提出："女年长大莫令游走。"[⑥]《鼓山先生家诫》规定"女子年及八岁，不许随母到外家。馀虽至亲之家，亦不许往者。"[⑦]《治家节要》认为"男女既有途路之殊，人家岂无内外之别。凡为大小之家，无分人口多寡，必须别其亲疏，分其内外，切勿纵容男女杂坐，嬉笑喧哄，及至戏谑，终无其他，免傍人讥笑。其元宵游走街市，节届游玩山水，俱不宜也。又如男女不亲受授，礼之常也。闺门不宜月刀镊工制面，亦不可暗浼男子，收买首饰之类，及将私密之事诉与他人。如妇人欲出外，自非至亲男子，勿令根随，皆至急至切之务也。又如僧尼、巫祝、媒牙等妇，更不宜与其稠密在家交往，智者谅之。"[⑧]《艮斋集·家规》也规定："宗族男妇，八寸以外，不许相见，虽服亲相见，非有夫子（谓夫与子也）婢使在傍，亦不敢入室。若寡妇处女，另加谨慎。虽比屋，不许乘夜往来。"[⑨]

为了实施内外有别、男女有别的原则，对于已婚妇女的行动自由朝鲜传统家训给予了多方限制，大大强化了她们的男性从属关系。《艮斋集·家规》规定："妻之兄嫂弟妇及姊妹，不许相见。(妻之伯叔母，苟非年三二十岁相悬者，亦不宜相见)"[⑩]《鼓山先生家诫》提出"严内外"，宣称："古之妇人见至亲，

---

① 《韩国历代家训汇编（一）》第 363 页，云南民族出版社 2008 年版。
② 《韩国历代家训汇编（一）》第 242 页，云南民族出版社 2008 年版。
③ 《韩国历代家训汇编（一）》第 440 页，云南民族出版社 2008 年版。
④ 《韩国历代家训汇编（一）》第 435 页，云南民族出版社 2008 年版。
⑤ 《韩国历代家训汇编（一）》第 435 页，云南民族出版社 2008 年版。
⑥ 《韩国历代家训汇编（一）》第 160 页，云南民族出版社 2008 年版。
⑦ 《韩国历代家训汇编（一）》第 236 页，云南民族出版社 2008 年版。
⑧ 《韩国历代家训汇编（一）》第 153 页，云南民族出版社 2008 年版。
⑨ 《韩国历代家训汇编（一）》第 360 页，云南民族出版社 2008 年版。
⑩ 《韩国历代家训汇编（一）》第 360 页，云南民族出版社 2008 年版。

有闲门而语。以今观之近乎已甚。而朱子载之《小学》，岂无以也。……”金华邓氏《家范》所谓：“诸妇无二亲，不许归宁。诸妇姻亲除本房至亲外，并不许见。可见者亦须子弟引导，方入中门。女子年及八岁，不许随母到外家。馀虽至亲之家，亦不许往者。”[①] 无独有偶，元末明初中国的《郑氏规范》也规定：女子年及八岁者，不许随母到外家，余虽至亲之家，亦不准往。

《治家节要》攻击“近世风俗，夫人不知为妇之道，重嫁者多，淫邪者众。”[②]《内苑》强调：“饿死事极小，失节事极大。”[③]

在《家训》的作者们看来，妇女必须按照他们所制定的符合男性社会价值观念的主流行为规范来约束自己，必须始终处于被男性影响和控制的地位。

对男子的要求

1. 在内外事务上防范女子

在朝鲜传统家训中，数落女子的文字比比皆是，给广大妇女罗列了种种不是，按上了形形色色的罪名。《柱江文集·奉先仪式·庭训》说：“妇人之性通舒者恒少，偏啬者恒多”[④]。《会峡家训》说：“妇人偏性也，多有不能通达义理之事，故言不可听。”[⑤]《与犹堂全书·家诫》提出“妇人如破器，漏渗多孔”，浪费败家。[⑥]

正因为如此，《家政》提出，“凡财谷，不可全付于妇人之手”[⑦]。《与犹堂全书·家诫》提出：“妇女……其或不肖者，防之察之，操之切之，须如大奸。妇人……轻用子钱者必败乃家，仕宦家犹有补苴之路，若夫田家寒士之妻，敢用子钱，宜私定律文，一犯戒之，再犯阻，三犯出亦可也。”[⑧]

《艮斋集·家规》说：“宗族宜聚居，毋得轻就母家妻家。为目前计，亲戚妇女，非有吉凶大事，勿令频数往来，以致言语祸阶。”[⑨]

《兰溪遗稿·家训》说在兄弟关系上：“不听妇人之言”[⑩] 在《桂岩家训》中“和兄弟”的措施之一就是“防妇言”[⑪]。

《浑斋集·家训》说：“妇言不信，然后乃可以庶尽人道矣。妇人虽聪明

① 《韩国历代家训汇编（一）》第236页，云南民族出版社2008年版。
② 《韩国历代家训汇编（一）》第149页，云南民族出版社2008年版。
③ 《韩国历代家训汇编（一）》第176页，云南民族出版社2008年版。
④ 《韩国历代家训汇编（一）》第286页，云南民族出版社2008年版。
⑤ 《韩国历代家训汇编（一）》第16页，云南民族出版社2008年版。
⑥ 《韩国历代家训汇编（一）》第458页，云南民族出版社2008年版。
⑦ 《韩国历代家训汇编（一）》第44页，云南民族出版社2008年版。
⑧ 《韩国历代家训汇编（一）》第458页，云南民族出版社2008年版。
⑨ 《韩国历代家训汇编（一）》第360页，云南民族出版社2008年版。
⑩ 《韩国历代家训汇编（一）》第197页，云南民族出版社2008年版。
⑪ 《韩国历代家训汇编（一）》第239页，云南民族出版社2008年版。

智慧过人者，国不可使豫政，家不可使豫事。”

《眉岩集·庭训》提出：“居官之道，先要正家。妻妾不得出言于外。”① 《保闲斋集·家训》提出：“女谒所当先绝，其昵比足以移人。”②

2. 行动上管束妻子

由于在家训的作者们看来，女子性本褊狭，因此丈夫必须修己刑妻（刑内）。《戒惧庵集·家训》说：“刑妻之道，修己而已。必须言语动作，一循乎礼，以尽修己之工。而夫妇之间，不失礼敬，以正齐家之本，然后内外自正而家事可理矣。”③《苍树集·郑氏家政》说“家齐之道，莫不以教妇人为难，尽由妇人性偏难化也。其教之道，当躬率以正而已。”《杜江文集·奉先仪式·庭训》要求“夫者必先正心修身，作法于室家。察其几微之际，审其善恶之分，便辟者而警之，强梁者而制之。毋使妇人有自专之失”④。

如果妻子胆敢不领教，不就范的，则有“七去”之说。大戴《礼记》中记载“妇有七去，不顺父母，去；无子，去；淫，去；妒，去；有恶疾，去；多言，去；盗窃，去。”这也是中国古代男子弃妻法定的理由。朝鲜家训《内苑》亦有这方面的内容。⑤ “七去”保障了男子的在婚姻家庭方面的优越地位，而对一般妇女的婚姻保障问题根本不予考虑。

3. 社会交往上远离女性

由于在朝鲜传统家训中占统治地位的是“红颜祸水论”，将“女性”、“美色”视为妖惑、祸水、尤物、致命诱惑物等等，实际上是为男性实行非分的占有欲望（将女人像物一样更多地占有）以及在此过程中的越轨行为预留地步。不过当时的主要目的还是借此给男子们提出克制欲望、在社会交往上远离女性的要求。

《慕述斋遗稿·杂训》认为：“色乃妖惑，陷情迷意，……不可不戒也。”⑥

《家政》进一步提出：“毒莫甚于佳姬美酒。惟当深戒。庶民可尽其天命。”⑦

《沧溟先生·家训》第十篇为“远酒色”，认为“色是沈人蛊人，无酒色若矣。”⑧《治家节要》提出“祸莫大于纵己欲”⑨，“美婢娇妾非闺房之福。”

---

① 《韩国历代家训汇编（一）》第344页，云南民族出版社2008年版。

② 《韩国历代家训汇编（一）》第330页，云南民族出版社2008年版。

③ 《戒惧庵集家训》，《韩国历代家训汇编（一）》第410页，云南民族出版社2008年版。

④ 《韩国历代家训汇编（一）》第286页，云南民族出版社2008年版。

⑤ 《韩国历代家训汇编（一）》第174-175页，云南民族出版社2008年版。

⑥ 《韩国历代家训汇编（一）》第223页，云南民族出版社2008年版。

⑦ 《家政》，《韩国历代家训汇编（一）》第59页，云南民族出版社2008年版。

⑧ 《韩国历代家训汇编（一）》第279页，云南民族出版社2008年版。

⑨ 《韩国历代家训汇编（一）》第167页，云南民族出版社2008年版。

"见色而起淫心，报在妻妾。"①

《槐庭集·家训》认为："色者，亡身促寿之源，切勿贪色"②。《兰溪遗稿·家训》认为："女色最关名节，不宜轻忽。……苟以一时之欲，妄意轻犯，……遂成终身之玷，悔不可追。……凡于公私宴集，欢乐之场，若无所干之事，则不可久留。"③

具体而言，《眉岩集·庭训》提出："居家勿听女乐。""一切妇女，敬而远之。"④《怀庭集·家训》要求："在官锁直而勿出外，勿挟妇女。"⑤《桂岩家训》要求"远妓乐"⑥。

上述看法体现了儒家理欲的融突与和合，很大程度上成了家庭成员视、听、言、动的圭臬。

结　论

综上所述，朝鲜传统家训中的妇女观具有整体有序、层次清晰的特点，总体上是消极的。其对于妇女的定位偏低，有关妇女的观点明显有误。在这些家训中基本上看不到妇女在社会上的主体地位以及应有的权益。在家训作者的笔下，她们只是男性欲望的对象、想象中的敌人以及现实生活中所有罪错的最后责任人与承担者。家训的作者们在精神上大力提倡"三从"，力主在交往上坚持内外有别，严守男女之防，以图全面禁锢女子。与此同时又要求男子在内外事务上防范女子，在行动上管束妻子，在社会交往上远离女性。虽然其中不无某些合理的可取之处，但总体而论，被如此设定的男女关系是消极的、落后的、不利于社会整体进步的。

朝鲜家训体现了历代社会精英教化社会和引导社会的理念和实践。它反映了儒家文化特别是程朱理学，在朝鲜社会下移和渗透的历史轨迹。在相当长的一个历史阶段，儒家文化特别是程朱理学是朝鲜主导的意识形态，价值观念的是非标准，行为举止的规范所依。在朝鲜近代面临日本和西方文化冲击时，《华云遗稿·居家要训》指责道："今世妇女自以为解放，洋洋得意"，"初袭于倭俗，再化于洋风，深可叹恨。以堂堂华夏之族，安可渝染夷狄乎"?⑦ 表现出恪守儒家文化、信守儒家思想的选择。而这种传统文化又在一定程度上决定了朝鲜历史的走向。

---

① 《韩国历代家训汇编（一）》第170页，云南民族出版社2008年版。
② 《韩国历代家训汇编（一）》第316页，云南民族出版社2008年版。
③ 《韩国历代家训汇编（一）》第199页，云南民族出版社2008年版。
④ 《韩国历代家训汇编（一）》第336页，云南民族出版社2008年版。
⑤ 《韩国历代家训汇编（一）》第319页，云南民族出版社2008年版。
⑥ 《韩国历代家训汇编（一）》第239页，云南民族出版社2008年版。
⑦ 转引自《韩国历代家训汇编（一）》（代前言）第十二页，云南民族出版社2008年版。

开港前后朝鲜朝野人士对基督教的反应[①]

西方基督教是在19世纪80年代朝鲜开港后逐步取得合法地位的。朝鲜政府对基督教的政策从严禁转为默认和承认，但有相当一部分朝野人士并没有同步转向，对基督教的排斥抵制依然如故，由此发生了一次又一次的抗争，而每次抗争的结局又直接或间接地影响了基督教在朝鲜的传播和发展。笔者认为，朝鲜民众强烈的民族主义情绪和悠久的儒家文化传统是基督教在朝鲜传教的最大障碍。

西方传教士是从1830年起潜入朝鲜传教的。由于当时朝鲜政府采取闭关政策，严禁传教，西方传教士在19世纪中叶直接把朝鲜教徒带到中国上海或澳门进行训练，然后命其潜回国内活动。其中有些人回国之后即脱离了朝鲜本国的国籍。1860年，英法联军攻陷北京大肆烧杀的消息传到朝鲜后，百姓为了防止洋人打来时受难，竟纷纷胸挂十字架向传教士献媚。上述情况对朝鲜的国家安全带来一定的威胁。

1866年2月大院君采取行动，大肆逮捕并处决了一批外国传教士和本国的基督教徒。同年9月又采取了彻底禁止基督教的措施，规定“凡是里通外教的以卖国贼论罪，严加惩处”。[②] 天主教会在堤川创办的舟论新学校被迫关闭。法国对此采取炮舰政策，出动军舰侵入朝鲜，宣称：“我们法军是为远征朝鲜而来的。你们国家曾杀害我们九名同胞，我们将要杀死九千名朝鲜人。”[③] 打着保卫圣教旗号的法军在朝鲜的野蛮侵略行径引起了朝鲜朝野人士的极大愤慨，致使基督教士在朝鲜的活动陷于更加困难的境地。

当1876年日本侵略者武装入侵朝鲜，威逼朝鲜政府签订《江华条约》时，崔益铉就上了“五不可疏”，明确表示反对。他在上疏中提出“倭夷一体论”，认为日本与洋夷没有区别，反对与日本开展贸易，反对与日本签订条约，“如果缔结条约，天主教就将进入朝鲜”。[④] 但由于事后签订的《江华条约》中没有提及传教的条款，因此防范天主教传入的问题遂暂时搁置。

---

① 原载《韩国研究论丛》第7辑，中国社会科学出版社2000年版。

② 朝鲜民主主义人民共和国科学院历史研究所著：《朝鲜通史》上卷，第三分册第992页，吉林人民出版社1973年版。

③ 《日省录》卷四十五，转引自《朝鲜通史》下卷，第17页，吉林人民出版社1975年版。

④ ［韩］李基白：《韩国史新论》第282页，国际文化出版公司1994年版。

几年之后，随着朝廷内部是否接受黄遵宪的《朝鲜策略》争论的展开，防范西方传教的主张再次提了出来。1880 年 8 月，朝鲜政府派出的修信使金宏集到达日本后，与清政府驻日公使何如璋、参赞黄遵宪有过多次交往。何如璋与金宏集谈话时建议朝鲜采取均势政策，“联合各国以图牵制”沙俄，金认为此策实施起来颇有难度。他说：“本国凛守旧规，视外国如洪水猛兽，自来斥异教甚峻故也。”① 黄遵宪根据何如璋的指示写出了《朝鲜策略》一文，于9 月 6 日送给即将回国的金宏集参考。《朝鲜策略》的要点是结日本联美国御沙俄。朝鲜国王收到金宏集上呈的《朝鲜策略》后指示大臣们传阅讨论，其中大多对此持支持态度，作了积极肯定的评价，但也有守旧派的强烈反对。守旧派反对的重点不在外交方面而在宗教方面。《朝鲜策略》在说明美国宗教状况时说：“美国所行耶稣教，与天主教派虽同，党派各异犹吾教之有朱、陆也。”② 平心而论，黄遵宪这句话是用来说明中西之间学派教派均有同源分派的情况，重点不在价值判断和价值比较。不料此遭到了兵曹正郎刘元植的猛烈攻击。就在金宏集调升兵曹参议的当天，刘上疏说：“朱夫子上接孔孟、亲炙周、程，道炳千载，师表百世。虽蛮貊之邦，莫不尊奉为大贤。夫黄遵宪中国人，必无不知朱子之为斯文尊师。今于遣词之际，何患无证，乃以如彼耶稣、天主之稗，肆然凭据乎？”③ 刘元植认为黄遵宪的上述提法简直是对曾被奉为朝鲜国教的朱子学的亵渎，阅后“自不觉发竖胆掉，心寒骨竦”。“以修信使言之，若见此种凶惨之句，理应声言而责，以示尊贤守道，卫正斥邪之意志，焉可安而受之。以馆学言之，对此书此句，岂可视若茶饭，缄口无闻乎。此等文字，骚扰人心，感染邪道，故应除此潜伏之凶徒，快雪舆论之郁愤”④。国王接到此疏后不为所动。次日朝鲜政府宣布，刘元植“阳托卫正之说，阴怀逞教之计，摘出他国人文字，诽讪朝廷，污蔑士林”，决定将其发配至边远地区。⑤

但争论并未到此结束。1881 年 3 月李晚孙等万余名儒生聚会京城，向国王请愿，反对开化政策。他们上书攻击金宏集将《朝鲜策略》带回国内，称“伏见修信使金宏集所赍来黄遵宪私拟一册之流传者，不觉发竖胆掉，继之以痛哭流涕也”，同时指责黄遵宪“自称中国之产，而为日本说客，为耶稣善神，甘作乱贼之嚆矢，自归禽兽之同科。”请愿书要求国王采取严厉措施，发配一切传播西学之人，销毁一切有关西学的书籍，以此“益明周、孔、程、朱之教”。朝鲜国王认为李晚孙等人是断章取义，误解了黄遵宪的用意，并以

① 转引自杨天石：《海外访史录》第 24 页，社会科学文献出版社 1998 年版。
② 《海外访史录》第 35 页。
③ 《海外访史录》第 35 页。
④ ［韩］李瑄根：《韩国近代史》第 58 页，中华丛书编审委员会 1967 年印行。
⑤ 转引自杨天石：《海外访史录》第 36 页。

此“谤讪朝廷”，因而采取强硬措施，将请愿儒生押出城外，并下令将“作头主论”之人“严刑远配”①。同年 8 月，儒生洪在鹤、申夔等人再次上疏，对当时国人着西装、用洋货表示不满和担心，要求当局在全国收缴洋货，并要求将把《朝鲜策略》送达朝廷的金宏集等人斩首示众，以儆效尤。鉴于前几次国王均偏袒金宏集为代表的开化派，洪在鹤在上书中直接指责国王“不事学问，故知不足以烛理，……悦于谗之诱也”。结果自然是可想而知的，洪在鹤本人被处死并抄没家产。

当然，是否应当接受《朝鲜策略》这场争论的核心是开化开港还是继续闭关的问题，但力主继续闭关的那些人总是力图保持以朱子为代表的儒家学说的统治地位，坚决反对以基督教为代表的“邪说”。而在当时的历史情况下，朝鲜的开港开放又是不可避免的，因此基督教传教的合法化也决非守旧派人士的上疏、请愿所能阻止的。

1883 年 10 月，英、德两国援引朝日《江华条约》的先例，逼迫朝鲜政府签订了朝英、朝德《修好通商条约》。条约规定外国人在朝鲜各开放港口有自由信教的权利，这实际上意味着朝鲜官方默认基督教今后有权在朝鲜自由传教。美国监理教传教士麦克莱经金玉钧介绍面见高宗，获得在朝鲜兴办医疗事业和教育事业的许可。这种世俗派间接传教的方法很快在朝鲜打开了传教的新局面。

1884 年，天主教会在汉城创办了“韩汉医院”。次年监理教传教士文普泽勒尔创办了“培材学堂”，后又创办了“梨花学堂”。1886 年改新教传教士艾伦开设了广惠院附设医科学校。天主教会在 80 年代还创设了孤儿院和养老院。自 1890 年起教会传教的原则有所改变，倾向于尼维斯式的直接传教，规定由朝鲜人“自立传教”，教会由朝鲜人自立经营和普及。后又规定在传教的对象方面不应只注重两班，而更应侧重一般庶民和妇女。同时又加大了宗教宣传品的发行力度。所有这些新的举措，有力地传播了近代西方的自然科学和社会科学知识，提高了西方教会在朝鲜的知名度，在长期受中国儒家文化传统熏陶的朝鲜民众中产生了较强的心理冲击力，传统的价值观念遭到了前所未有的挑战。东学党揭示称，耶稣教“初以习英语，教汉文，招诱良家子弟，究竟迫入尔辈之教中。且于学徒之供给，敕办之群会，除饭剥衣……其传道者，只以游览印经卖书等事为第一紧务”②，从中人们不难获取西方教会在朝传教取得顺利进展的历史信息。

由于当政者已决意开放教禁，因此除了不多的以教务形式表现出来的正面冲突之外，广大民众对西方教会的不满更多的是通过谣言这种渠道宣泄出

---

① 杨天石：《海外访史录》第 36-38 页。

② 转引自［韩］李碹根：《韩国近代史》第 435 页，中华丛书编审委员会 1967 年印行。

来的。1888 年 5 月之后，在汉城长安时有民间小孩迷失事件发生。在其原因尚未搞清的情况下就有人趁机大肆炒作，编造种种离奇的谣言来煽动人们对外国人的不满。他们扬言只因为“洋人、倭人买食婴儿才发生这种事情”。尽管没有发现任何可以证实这种说法的证据，但谣言还是不胫而走，人们对此津津乐道，宁可信其有，不可信其无。官方的捕盗厅花了九牛二虎之力加以压制管束，但收效甚微。美、法、俄三国借口朝鲜民众“对于一般外国人猜疑及敌对心日益浓厚”，悍然出动军舰、派遣陆战队登陆示威，才勉强压下了这股势头。但这类谣言很快从汉城传到了元山、仁川等开港场，全国民心为之震撼。在交通、信息十分闭塞的乡村，盗儿之说同样盛行。有人还大加发挥，煞有其事、绘声绘色地宣称，“外国人扮僧服而来诱儿童，或云和药于糖，使迷乱性情”。由于讹言四布，人心惶惶，弄得乡间“严禁卖糖，僧民不敢出行”。同年夏天，在朝鲜湖南地方又出现了倭人、洋人在井泉投毒的新版谣言，声称“倭、洋人，散民间，毒于井泉，饮者立毙”，这更引起了平民百姓的极大恐慌。为了防止中毒，一时间人们相戒不饮井水泉水，给日常生活带来了极大的不便。由此可以想见，百姓对于外国人的痛恨达到了何等程度。当时“都下讹言，洋人燕啖孩儿，民家看守之，不敢外出”，而恰在此时有一街坊负其子而往，被人指为窃鬻小孩者，即遭到众人共殴，“其人未及辩而已毙”。洋人听到这样的消息后自然是“有啧言”了。[①] 这种用制造、传播谣言来煽起并积聚百姓对外人及外国教会势力仇恨的做法并非朝鲜人的发明。在此之前，这种做法已在中国流传。1870 年关于洋人挖眼剖心，用作药材、教堂迷拐小孩等谣言导致了天津教案的爆发。负责处理善后事宜的曾国藩经过再三调查，认定洋人“挖眼剖心，戕害生民”的说法毫无根据，纯属谣传。然而 1876 年哥老会又编出了“纸人剪辫”的谣言，专剪不信教百姓的辫子，有意识地把民众的怀疑和愤恨引向天主教会，成功地引发了皖南教案。1891 年哥老会预谋发动长江教案时，在芜湖等地再次传出洋人挖眼制药、教堂迷拐小孩的谣言，同样收到了预期的效果。上述情况表明，在百姓遭受外力挤压又无法通过合法途径表达自己内心情感和愿望时，表面看来荒诞不经的谣言往往成了动员群众排外的利器，而且屡试不爽。从社会心理学的角度来分析，这种谣言与群众内心的排外倾向是合拍的，因而也是他们所乐于接受的。1888 年排外谣言在朝鲜的广泛传播，为数年后爆发的东学党起义作了思想上、心理上的准备，光靠东学党自身的力量，起义要发展到如此大的规模是不大可能的。

起义前的东学党处境十分困难，它既遭到了同意天主教开禁的朝廷的取缔，也遭到了坚决抵制天主教传播的守旧派人士的攻击。事实上东学党是个

① ［韩］李碹根：《韩国近代史》第 414-415 页，中华丛书编审委员会 1967 年印行。

儒、道、佛三教合一的民间教门，与天主教毫无关系，而且顾名思义是与包含基督教义在内的西学相对抗的产物。东学党后来在攻击耶稣教和外国人的揭示中严正声明，“岂可以我修道之学，与尔牟利之事，同坐交舌哉”①。但在它起义之前总有人出于各种动机有意无意地把它与天主教混为一谈，把它说成是与天主教一样的“邪教”。1893 年 2 月，200 余名儒学生为对抗东学党的举动而俯伏于阙门，同时李健重以下的大臣上疏主张讨斥东学党，指责东学党“无不是天主余教”，吓臣等誓不与此徒俱生”，恳请朝廷“快伸雷霆之威”②。保守派的策略是迂回出击，正面攻击天主教肯定为朝廷所不容，于是硬把东学党与天主教捆绑一起。朝廷要镇压东学党造反吗？那好，请一并清算“逆党”的主体天主教吧！平民百姓是通过谣言表达他们对外国人的怨恨，守旧派官员、儒生则通过硬指东学党为“天主余教”来发泄他们对天主教以及决意开禁该教的最高当局的不满。

东学党公开登上政治舞台后亮出了斥倭斥洋的旗帜，以尊王攘夷、忠君报国为号召，以“内折贪虐之官吏，外逐横暴之强敌”③ 为目标。

东学党有自己的“卫正斥邪”的理论。它竭力维护传统的儒家思想体制，并将其理想化，在文告中宣称“昔我列圣朝，贤相良佐，忠善辅弼，设学立教，渐磨仁义，化被东西，此则一治乎？……一治之道，在于王里至文之中，可不惧哉？可不戒哉？”④ 在与政府要员的接洽谈判中，东学党人声明“东学初无邪术，而设使谓之邪术，其在君辱臣死之地，忠义一也”⑤。他们多次质问当局，“倡义击倭洋，有何大罪，一以欲捉囚，一以欲扫除乎？”⑥“斥我斥倭洋者为邪类，则臣伏于犬羊者，为正类乎？”⑦ 东学党警告本国的基督教徒称，“惟我东方，几千年礼仪之国也。生此礼仪国，行此礼义犹尚不暇，况他教乎？”东学党指斥基督教“异道纵横，惑诬苍生”，“虽曰敬天，其实则悖天；虽曰爱人，其惑则贼人也……虽有天堂云，然见之者谁也？”而一班“愚夫愚氓，惑其虚无，信其荒诞，舍正大而就其兼爱，弃俎至而行其淫祠，圣贤所谓无君无父是也。”东学党勒令本国的基督教徒悬崖勒马迅速悔悟，“偕之大道，人其人，火其书，庶可少有万一之生”⑧。对于外国教会，东学党更是集中力量痛加声讨，指责它们“含庙堂之垢，藏污之化，以许匪类通款之

---

① ［韩］李碹根：《韩国近代史》第 345 页，中华丛书编审委员会 1967 年印行。

② ［韩］李碹根：《韩国近代史》第 440 页，中华丛书编审委员会 1967 年印行。

③ 吴知泳：《东学史》，《朝鲜通史》下卷，第 112 页，吉林人民出版社 1975 年版。

④ 《东学乱记录·聚语》，李碹根：《韩国近代史》第 435-436 页。

⑤ 李碹根：《韩国近代史》第 441 页。

⑥ 李碹根：《韩国近代史》第 442 页。

⑦ 李碹根：《韩国近代史》第 441 页。

⑧ 李碹根：《韩国近代史》第 435-436 页。

诚”，认为对方虽称敬上帝、信耶稣，但均“绝无正心诚意之学，毫无践言笃行之实。……若有永苦之地狱，尔辈必先入之。”东学党告谕外国传教士“速治装，归本国，否则当以我忠信之甲胄，仁义之干橹声罪。”① 由此可见，东学党是坚决反洋教的。据1894年3月李鸿章给总理衙门的电报称，东学党在汉城，“迭有揭贴榜文。沿西人门多端诟骂，称将逐杀”，洋人为之大恐。②若不是这场起义被迅速平息，很可能发展成中国义和团式的运动，届时不听劝告的外国传教士和本国基督教徒均难逃遭到过火打击的厄运。

东学党对基督教的过激反应是该党排外言行的集中体现。东学党在向全罗道监司提出的逐斥倭洋的建议中指出，“试观今日之国，竟是夷贼之巢穴。……今我东方三千里兆域，尽为禽兽之据。五百年宗社，将见黍稷之移。仁义礼智孝悌忠信，而今安在哉。”③ 他们看到了“各浦口之船至勒索也，他国潜商之竣价贸来也”④，更看到了“倭洋之威胁吾君，罔有其极”⑤。为了救亡图存，他们打出了“讨倭斥夷”的旗号，赢得了多数民众的支持，“痛外夷之夺我利源，妄为大谈者归之。东学党于是趁势提出，“各国人商贾，在各港口买卖，勿入都城设市，勿出各处任意行商事”⑥。在这种盲目排外的大背景下，在朝鲜传教的基督教会被东学党选为斗争的主要对象是不难理解的。东学党在发扬民族主义进行爱国斗争的时候，它的思想水平始终未能冲破儒家传统文化的藩篱，要求它冷静地审视基督教会在朝鲜的活动并加以客观全面的评价是根本不可能的。

---

① 《东京日日新闻》明治26年4月20日，《甲午日本外交内幕》，第16–17页。

② 转引自《甲午日本外交内幕》第44页。

③ 《东学乱记录·聚语》，李碹根：《韩国近代史》。

④ 李碹根：《韩国近代史》第461页。

⑤ 李碹根：《韩国近代史》第443页。

⑥ 《甲午日本外交内幕》第21页。

崔济愚《东经大全》的价值倾向①

崔济愚即水云先生是朝鲜东学党的创始人，《东经大全》是他写于1860—1863年的一部汉学经典，集中地反映了东学党的历史观和道德观，在东学党内有着重要的影响。崔济愚本人以为《东经大全》足以“矫其人，修其身，养其才，正其心”，“凡天地无穷之数，道之无极之理，皆载此书，唯我诸君，敬受此书，以助圣德”②。该书虽然文字玄妙深奥文意若隐若现令人难以琢磨，但仍不愧为朝鲜近代思想史上的一篇重要文献，对于我们研究近代朝鲜的传统文化及其在民众中的影响有着不可替代的作用。

朝鲜自古称为东国，历史上属于汉字文化圈。儒家学说在朝鲜根深蒂固，深入人心。受其影响，崔济愚的《东经大全》的历史观完全是唯心主义的。该书歌颂“尧舜之世民皆为尧舜”，“自五帝之后，圣人以生，日月星辰，天地变数，成出文卷，而以定天道之常然”③，即认为五帝之后出现了道德社会。崔济愚认为自“挽近以来，一世之人，各自为心，不顺天意，不顾天命，心常悚然，莫知所向矣”④。究其原因是西方列强的坚船利炮打破了中国这一“天朝上国”的神话，从而引起了朝鲜民众的疑虑和失望。

1860年中国在第二次鸦片战争再遭败绩的消息传到朝鲜后儒家学说价值和思维定式进一步遭到怀疑。《东经大全》写道，“夫庚申之年，建巳之月，天下纷乱，民心淆薄，莫知所向之地，又有怪违之说，崩腾于世间：‘西洋之人，道成立德，及其造化，无事不成，攻斗干戈，无人在前，中国烧灭，岂可无唇亡之患耶？都缘无他，斯人道称西道，学称天主，教则圣教，此非知天时而受天命耶？’”⑤ 在历史上朝鲜是中国的藩属国，其社稷国家安全有赖于宗主国中国的庇护，中国的惨败引起朝鲜百姓的不安是可以理解的。崔济愚对完全不同于儒家文化的西洋异质文化不予认同，对列强侵华持强烈否定态度。他说：“至于庚申，传闻西洋之人，以为天主之意，不取富贵，攻取天

---

① 原载《韩国传统文化的反思和新探》，韩国大旺社2002年版。

② 崔济愚：《东经大全》，见金哲编著：《东学精义》第116页，韩国东宣社1995年版。

③ 崔济愚：《东经大全》，见金哲编著：《东学精义》第34页，韩国东宣社1995年版。

④ 崔济愚：《东经大全》，见金哲编著：《东学精义》第39页，韩国东宣社1995年版。

⑤ 崔济愚：《东经大全》，见金哲编著：《东学精义》第65页，韩国东宣社1995年版。

下，立其堂，行其道，故吾亦有其然岂其然之疑。"① 在儒家学说的影响下降、西方学说影响上升的严峻形势面前崔济愚苦思冥想，重新对自己的文化价值观念进行了认真的反思。由于日夜思考，殚精竭虑，精神长期处于亢奋状态，积劳成疾，神志恍惚。《东经大全》对此写道，"不意四月，心寒身战，疾不得执症，言不得难状之际，"有上帝"仙语忽入耳中，……'余亦无功，故生汝世间，教人此法，勿疑勿疑。'"崔济愚忙问："'然则西道以教人乎？'曰：'不然。吾有灵符，其名仙药，其形太极，又形弓弓。受我此符，济人疾病，受我咒文，教人为我，则汝亦长生，布德天下矣。'"② 结果崔济愚吞服了上帝给的灵符后，浑身感到轻松，病情开始好转。《东经大全》上述故事与我国太平天国领袖洪秀全的"异梦"非常相似。他们讲述这种神人交接非凡经历的意图是要自己的追随者相信，他们绝对是受命于天的特殊人物，他们的神学权威绝不是自封的。《东经大全》中有一点特别值得注意，即上帝教人用的是什么道？它不是西道即西学天主教。而"太极"是道教的一个主要的概念，显然属于东方文化的范畴。在作了这一决定性的选择后，崔济愚一面极力鼓吹这是他近20年求道生涯的最终结果，得了上帝"无往不复之理"；另一方面趁机抨击当时的国内外时弊：因人们"不顺道德"，"是故我国，恶疾满世，民无四时之安；是亦伤害之数也。西洋战胜攻取，无事不成，而天下尽灭，亦不无唇亡齿寒之叹，辅国安民，计将安出？"③

崔济愚上述坚持东方文化否定西学的价值倾向，在当时并没有得到朝鲜国内大多数人的赞同。《东经大全》指责他们，"未知世运，闻我斯言，则入则心非，出则巷议，不顺道德，其可畏也。贤者闻之，其或不然，"④ 此外根据崔济愚《教训歌》和《龙潭遗词·安心歌》讲，还有些"无知世人，忌恨贤良，无中生有，造谣诬陷"，"便将东学，诬为西学，走街窜巷，满城风雨：'邪妄之人，只配西学。'……'若信西学，速来龙潭。'"⑤ 崔济愚当然不可能向这些世人一一解释、开导，于是执意写下了《东经大全》。

《东经大全》首先强调了作者本人受命于天的特殊身份，然后着重解释了是什么道、什么是道的问题。崔济愚认为："儒教拘于名节，未达玄妙之境；佛教入涅槃，绝伦常；道教悠游于自然，缺乏治国平天下之术"，均有不足。⑥ 后来他在《龙潭遗词》中甚至认为："儒道佛道，时累千年，运数已尽"，而"洋学如斯而有异，如咒而无实，……首则同也，理则非也。"⑦ 因此崔济愚

---

① 崔济愚：《东经大全》，见金哲编著：《东学精义》第40页，韩国东宣社1995年版。
② 崔济愚：《东经大全》，见金哲编著：《东学精义》第44页，韩国东宣社1995年版。
③ 崔济愚：《东经大全》，见金哲编著：《东学精义》第53页，韩国东宣社1995年版。
④ 崔济愚：《东经大全》，见金哲编著：《东学精义》第56页，韩国东宣社1995年版。
⑤ 金哲编著：《东学精义》第57页、第84页，韩国东宣社1995年版
⑥ 资料丛刊《中日战争》（七）第35页，新知识出版社1956年版。
⑦ 资料丛刊《中日战争》（七）第75页，新知识出版社1956年版。

受之于上帝的道不是儒道佛道，也不是洋道，而是他兼采儒佛道而独创的天道即东学道。崔济愚强调：“吾亦生于东，受于东，道虽天道，学则东学……吾道受于斯，布于斯，岂可谓以西名之者乎?”① 《东经大全》进一步批判西学，指出：“西人言无次第，书无皂白，而顿无为天主之端，只祝自为身之谋，身无气化之神，学无天主之教，有形无迹，如思无咒，道近虚无，学非天主，岂可谓无异者乎?”崔济愚指出“吾道无为而化矣。守其心，正其气，率其性，受其教，化出于自然之中也。”② 这里的“其”指的都是天主。《东经大全》刊出的咒文即“不忘之词”是：“至气今至，愿为大降；待天主，造化定；永世不忘，万事知。”其中最核心的就是强调“待天主，造化定”。然而崔济愚使用的“天主”一词并不是西方天主教的“天主”，而是中国古籍中早已出现过的“天主”。在《史记》封禅书中称“八神，一曰天主，祠天齐。”另佛经《最胜王经》亦称诸天之主为天主，“有王法正论，名天主教法。”如果一定要追究“天主”一词渊源的话，先出自中国是毫无疑义的。与洪秀全拿中国古籍经典中的“上帝”去比附西方基督教的“上帝”不同，崔济愚是用中国古籍经典中的“上帝”去对抗西方基督教的“上帝”，从一开始就掌握了宗教话语的主动权。在崔济愚看来，中国的“上帝”比西方的“上帝”资格要更老，地位要更高。在咄咄逼人的西洋异质文化的挑战面前，崔济愚从陈旧的古籍中寻求往日的荣光，以此谋求心理上的补偿和平衡。那么如何才能侍奉好“天主”呢?《东经大全》认为只要做到“内有神灵，外有气化”即可。而这种境界又是一般常人经过修炼都可以达到的。至于如何“气化”，崔济愚在《东经大全》中向弟子们传授道：“仁义礼智，先圣之所教；守心正气，唯我之更定。一番致祭，永侍之重盟；万或罢去，守诚之故也。”③

虽然崔济愚在《龙潭遗词》中说过，时累千年的儒道，“运数已尽”，但他在创立东学道时在《东经大全》的书中正面歌颂孔子，认为“夫子之圣质了学而知之”④，而凡人只是“困而得之”。他强调“夫子之道，则一理之所定也；论其唯我之道，则大同小异也。”⑤ 当时已在向弟子传授东学道的崔济愚还在《东经大全》中连续用了四个典故津津漏乐道地自比孔子：“冠子进退，恍若有三千之班；童子拜拱，倚然有六七之咏；年高于我，是亦子贡之礼；歌咏而舞，岂非仲尼之蹈?”⑥ 其中“六七之咏”出自《论语·先进》：

① 资料丛刊《中日战争》（七）第84页，新知识出版社1956年版。
② 资料丛刊《中日战争》（七）第78页，新知识出版社1956年版。
③ 资料丛刊《中日战争》（七）第129页，新知识出版社1956年版。
④ 资料丛刊《中日战争》（七）第118页，新知识出版社1956年版。
⑤ 资料丛刊《中日战争》（七）第124-125页，新知识出版社1956年版。
⑥ 资料丛刊《中日战争》（七）第127页，新知识出版社1956年版。

"暮春者，春服既成，冠者五六人，童子六七人，浴乎沂，风乎舞云，咏而归。"仅此人们就可以知道崔济愚的儒学根底是很深的。那么他为什么又说儒道"运数已尽"了呢？我的理解，崔济愚反对的是在朝鲜很有影响的朱熹学说，这在《东经大全》中已有披露。从哲学上来说崔济愚的"至气说"是"至气一元论"即"物心一元论"，① 比较接近北宋张载的"理气一元论"，而与宋儒朱熹的"理气二元论"差别很大。张载主张"气者，无事不涉，无事不命，然而如行而难状，如闻而难见，是亦浑元之一气也"。崔济愚在《东经大全》中在解释他的"至气"时一字不差地抄录了张载的上述原话，只是在这之前加了"虚灵苍苍"四个字，以别于"气"而已。②

在19世纪60年代崔济愚否定西学创立东学绝对不是偶然的。这与崔济愚家世、教养密不可分。崔济愚的七世祖崔震立将军曾在1592、1597年两次率领义兵抗倭，授宣武功臣、三道统制使、公州营将等要职，1636年死于勤王之役。因此崔家有着强烈的热爱民族爱国卫国的传统和家风。崔济愚在《龙潭遗词教训歌》中也讲："围以善运，定以胎教"，"天主生我，保我国运"。与此同时崔济愚还有良好的家学渊源，从小受以儒学为中心的传统文化的教育和熏陶，传统文化的影响积淀甚深。其父近庵公崔沃是朝鲜庆尚道一带有名的大儒，所著的大量诗文收录在《近庵文集》中。不过崔沃效法汉代的严子陵，鄙弃官位仕途，甘心隐居乡间。崔沃还十分敬慕诸葛亮、陶渊明、周敦颐等人，曾模仿陶渊明的《归去来辞》并和该辞之韵，写过一首《归去来辞》。1824年崔济愚诞生后一直生活在浓重的儒家文化的氛围之中，常"审诵三代敬天之理，于是乎唯知先儒之从命，自叹后学之忘却。"③ 崔济愚在《东经大全》中自我描写他的乡间读书生活："……园中桃花，恐知渔子之舟；屋前沧波，意在太公之钓；槛临池塘，无违濂溪之志；亭号龙潭，岂非慕葛之心？"④ 说明崔济愚自读书起就一直以姜太公、诸葛亮、周敦颐等人为为人处世的楷模，有着远大的志向和抱负。16岁时他失去了父亲，后来为了求道，崔济愚离家出走，走遍了三千里河山，于1859年带着妻儿回到故乡。当时仍一无所获的他将本名济宣改为济愚，以表示拯救天下无知百姓的决心。经过一番锲而不舍的努力，终于在1860年4月宣称求得了天道，创立了东学。对崔济愚个人来说，他的家庭出身、读书生涯决定了他的价值判断和思想。

崔济愚的东学道自1861年6月起"布德天下，广济苍生，辅国安民"⑤，

---

① 金哲编著：《东学精义》第88页，韩国东宣社1995年版。
② 金哲编著：《东学精义》第86页，韩国东宣社1995年版。
③ 金哲编著：《东学精义》第124页，韩国东宣社1995年版。
④ 金哲编著：《东学精义》第122页，韩国东宣社1995年版。
⑤ 金哲编著：《东学精义》序言，韩国东宣社1995年版中文版。

这一民族宗教以其爱国爱民的特色、相对简单的礼仪方式以及提倡道德上的自我完善很快受到了朝鲜民众的欢迎。正如清朝政府不能也不愿将同拜“上帝”的拜上帝教与基督教区别开来一样，朝鲜李朝政府同样不能也不愿将同敬“天主”的东学道与天主教区别开来。1863 年 12 月李朝政府以邪教的罪名将崔济愚逮捕，在官方看来崔济愚的东学道是天主教的同道。次年 3 月崔济愚被害遇难，但是他所创立的东学并未从此消亡。1861 年入道的崔时亨早在 1863 年 8 月就继承了道统，并在崔济愚殉道后担任教主，1880 年 5 月和 1881 年 6 月他分别刊行了崔济愚的《东经大全》和《龙潭遗词》，此举对传播东学起了重要的作用，在朝鲜近代思想史上产生了重要的影响。1894 年孙秉熙奉崔时亨之命，与全蚌准一道发动了声势浩大的东学党起义。东学党起义代表了朝鲜大多数民众的意志，对外国列强和本国封建统治者作了英勇的抗争，是朝鲜近代农民战争的最高峰。在第一代教主去世 30 年后，朝鲜的局势发生了重大的变化，全蚌准等人不失时宜地提出了“制暴救民”、“斥洋斥倭”的口号，但无论如何东学党的思想渊源、价值观念均来源于崔济愚及其《东经大全》是毫无疑义的。在朝鲜资本主义极不发达，缺乏现代工人阶级的情况下急于反抗内外压迫的群众选择了崔济愚创立的东学作为思想武器是不可避免和理所当然的。

朝鲜东学党反洋教原因初探①

1894 年初朝鲜爆发了声势浩大的东学党起义，起义的目的是“内斩贪虐之官吏，外逐横暴之强敌”，“拯百姓于涂炭，奠国家于磐石”②。起义军的锋芒既指向本国的封建统治者，也指向包括日本侵略者在内的所有洋人。因此基督教作为一种外来的宗教理所当然地遭到了东学党人的排拒。本文拟从历史的角度出发研究东学党反洋教的原因，亦可从某一个方面来考察基督教对朝鲜社会的影响。

在东学党留下的原始文献中，“洋倭”或“倭洋”均特指日本侵略者。如东学党檄文中提出“驱逐洋倭，澄清圣道”③。又东学党曾向全罗道监司建议，“同心协力”，“扫破倭洋”④。然而东学党的矛头同时还指向了其他洋人，带有盲目排外的倾向。据 1894 年 3 月袁世凯电告，“东学邪教，联名诉请韩王，尽逐洋人。造有揭贴榜文。沿西人门多端诟骂，称将逐杀。在汉（城）洋人均大恐。”⑤ 明治二十七年七月二十四日《东京日日新闻》刊载的原文为汉文的东学党条目中亦有“各国人商贾，在各港口买卖，勿入都城设市，勿出各处任意行商事”等内容。1894 年 4 月 12 日东学党起义军在与政府军作战取得黄土岘大捷后发布了攻击基督教和外国人的揭示，全文照录如下：

为教头晓谕事，尔等侧耳听此。气数降衰，世道凌夷，含庙堂之垢，藏污之化，以许匪类通款之诚。然而，设馆传教，和约中在所不许。尔辈肆然接踵而来，名曰敬上帝，但只以祈祷为文，虽称信耶稣，但以赞美为法，绝无正心诚意之学，毫无践言笃行之矢。虽曰孝敬父母，但生无供养承顺之道，死无哭泣奔丧之节，斯可谓彝伦之常欤。婚姻之俗，则初以野合，终为改嫁，少不惬意，则有休离之弊，斯可谓夫妇之道乎。尔辈本以乞丐之类，尔会中贫卖例给之银，驰心于居处饮食之华美。初以习英语，教汉文，招诱良家子弟，究竟迫入尔辈之教中。且于学徒之供给，敕办之群会，除饭剥衣，何鄙

① 原载《上海师范大学学报》1999 年第 6 期。

② 东学党檄文，转引自《世界通史》近代部分下册，第 126 页，人民出版社 1972 年版。

③ 《东京日日新闻》，明治二十七年五月二十日。

④ 《东京日日新闻》，明治二十六年四月二十二日。

⑤ 李鸿章呈总理衙门电（1894 年 3 月），转引自［日］信夫清三郎：《甲午日本外交内幕》第 44 页，中国国际广播出版社 1994 年版。

陋之足耶。日其传道者，只以游览印经卖书等事为第一紧务。若有永苦之地狱，尔辈必先入之，可不恐惧哉。今焉敢请来办，岂可以我修道之学，与尔牟利之事，同坐交舌哉。如是晓告尔辈，速治装，归本国。否则，当以我忠信之甲胄，仁义之干橹声罪。以此知悉。①

上录《揭示》明白无误地反映了东学党人的反洋教倾向。接着要讨论的是东学党人的反洋教有没有合理的成分。

笔者认为，东学党人的反洋教是有其历史合理性的一面。

首先，基督教进入朝鲜与外国侵略者结下了不解之缘。天主教第一次传入朝鲜是在壬辰倭乱时期。1592 年 4 月丰臣秀吉派日本侵略军大举入侵朝鲜，在朝鲜北部焚烧劫掠，仅在晋州一地就屠杀了朝鲜军民 6 万人。后因朝鲜各地组织义兵抗击，加上明朝又派来了援军，有力地阻滞了日军进攻，并在 1593 年初迫使日军退守朝鲜南部沿海一带。正是在日军凶锋受挫，士气低落之际，天主教神父塞斯佩代斯和修士不干应日本军方之邀进入对马岛和庆尚道熊洲，对日军将士进行宣抚，同时开始对朝鲜俘虏进行最初的传教工作。天主教传教士就是这样伴随着血与火踏上朝鲜这块土地的。早期的新教传教士进入朝鲜也不光彩。1866 年 7 月英国传教士托马斯搭乘美国船“舍门将军”号非法进入朝鲜水域，船再次停泊靠岸时，托马斯“都要把传教书籍分送给周围的人们”②。由于美国船扣留前往交涉的朝鲜官员，抢劫商船，又以武力威胁要求金银人参大米，结果被激怒的平壤军民焚毁，托马斯连同全部美国船员丧命他乡。1882 年朝美通商条约签订后，美国传教士率先在朝鲜登陆。1884 年美国监理教传教士麦克莱经金玉均介绍，面见高宗，获得了在朝从事医疗事业和教育事业的许可，为在朝鲜传教打开了局面。同年金玉均等开化党领导人依靠日本军队发动甲申政变，政变被清军粉碎后金玉均亡命日本。由于投靠了人民所痛恨的日本侵略者的金玉均形象不佳，他所介绍的美国传教士自然也不会引起朝鲜人民的好感。

另外，自 1876 年朝日签订《江华条约》之后，美、英、德、俄、意、法等欧美国家先后与朝鲜签订了不平等条约。随之而来的是基督教各教在朝鲜的逐步合法化。开始有了某种特权的基督教传教士对长期处于闭关锁国状态下的朝鲜民众产生了不小的心理冲击力，因此在朝鲜被迫开放之初，也发生过几起教案。

其次，朝鲜基督教徒中有少数叛国分子，他们的卖国行径伤害了全体朝鲜民众的民族感情。1801 年朝鲜发生了辛酉教祸，教徒死难者达 300 多人，当时在地洞中躲了 8 个月的教徒、庆尚道昌原人黄嗣永与残存的其他教徒密

---

① 《东京日日新闻》，明治二十六年四月二十日。

② ［韩］金得榥：《韩国宗教史》第 278 页，社会科学文献出版社 1992 年版。

谋策划，为传教信教自由不惜借用外国武力。为此黄嗣永用蝇头小楷在白绢上写了一封长达1.3万字的外交书信，向驻北京天主教会本部求援。信中提出“一、朝鲜在经济上薄弱，因此呼吁西洋诸国援助，以求得到弘传圣教的资本。二、朝鲜奉行清国皇帝之命，所以要求清国皇帝下令，使朝鲜接纳传教师。三、要求清朝与朝鲜合并，朝鲜国王娶清朝公主为妻，统一衣冠。四、要求西洋派大舰数百只和精兵五六万，以及大炮和其他军需兵器威胁朝鲜国王，使传教士能自由出入朝鲜”①。如此赤裸裸的卖国书信被查获后，引起了朝鲜朝野上下极大的震惊，就是“同情西教的部分国民也为天主教徒的卖国行径感到愤慨，没有一个人对黄嗣永一党的穷途末路表示同情”②。事隔60多年之后天主教徒南钟三又秉承在朝鲜的法国教会的意旨，在1865年俄国舰队向朝鲜政府施加压力之时，向实际执政的大院君提出与法国结盟、借用法国的力量抗俄并以此解决传教合法化悬案的外交计划。曾经和南钟三有过密切交往的大院君从维护自己的统治出发断然拒绝了这一计划，并因此对教徒实行大规模的屠杀。1866年，法国政府以传教士被杀为借口，派遣亚细亚舰队司令罗兹率领7艘军舰和600水兵袭击江华岛。正当朝鲜军民同仇敌忾，英勇抗击外敌入侵之际，天主教徒4人竟然在鼎足山战斗中里通外国，危害本国。法军被击退后，这些卖国教徒“以与法军通谋罪被处以枭首刑”③，得到了应有的惩罚。

再次，基督教作为一种异质异域的文化与朝鲜固有东方型的传统文化格格不入。在儒家文化占统治地位的朝鲜，不少人认为基督教来朝鲜是为了传播伪教义，以异端蛊惑民众。早在18世纪朝鲜学者洪正河就著文《证疑要旨》，认为耶稣士的行为与儒家学说是完全背道而驰的：“今也离国，则去君矣；别父母，则去亲矣；别兄弟，则去同气矣；不娶，则去夫妇矣；无后，则去子姓矣；所不去者，只有朋友一伦。”④ 当时在朝鲜不祭祀祖先是犯罪行为，然而天主教会明令禁止信徒保留祭祀祖先仪式，对此朝鲜实学派巨儒安鼎福进行了批判和抨击。安鼎福认为天主教反对偶像崇拜，但他供奉十字架和圣母玛利亚像，同样是偶像崇拜。天主教徒谴责祖先祭祀，自己却相信鬼神。基督教新教传入朝鲜已是19世纪80年代，在教会的要求下，朝鲜的新教信徒们废除祖先祭祀，冒渎祖先，此外他们非但不向城隍堂或神庙牌位叩拜，反而砸烂或烧掉偶像。这些过激的举动自然引起广大不信教民众的极大反感和愤怒。他们将教徒从族谱中除名，赶出家门，不许教徒种地或往教徒

① ［韩］金得榥：《韩国宗教史》第248页，社会科学文献出版社1992年版。
② ［韩］金得榥：《韩国宗教史》第248页，社会科学文献出版社1992年版。
③ ［韩］金得榥：《韩国宗教史》第261页，社会科学文献出版社1992年版。
④ 转引自《基督教与近代中韩社会学术讨论会论文汇编》，第68页。

家中扔石头，实行武力袭击等。至90年代，教会方面被迫让步，在理论上承认应孝敬父母，但正如东学党《揭示》指出的那样，“生无供养承顺之道，死无哭泣奔丧之节”，没有任何切实具体的措施，因而这种承认仍是抽象的、空洞的。

此外，按照朝鲜自古以来的风习，男女从七岁开始就不能坐在一起。但新教在做礼拜时男女是坐在一起的。尽管教会方面考虑到了当地的风俗，在做礼拜的男女教徒坐席中间拉起了幔帐，但还是引起了一些守旧人士的猜疑和非难，指责教会导致男女杂处，伦常混乱甚至“野合”等等。

为了占领思想阵地，广传教义，1881年在朝鲜的各教派传教士商定，由大英圣书公会负责圣书出版事业。1889年朝鲜圣教书会正式成立后，致力于基督教的文学活动，至1893年刊行了安德伍德的《基督教原理》等12种传播用书。安德伍德本人还受命负责《圣经》朝文版的翻译工作。鉴于在朝鲜受儒家思想影响很深的上层统治阶级中传教阻力仍然很大，1893年在朝鲜传教士召开的第一次传教士公议会上确定了以劳动阶级和妇女为重点传教对象，一律用朝鲜文出版宗教书籍，培养朝鲜国人传道等传教的策略方针。在此之后建立起来的教会多数不是由外国传教士建立，而是由朝鲜本国教徒向他们的邻居、朋友、亲戚及商业伙伴宣教并使之入教的。朝文宗教宣传品的大量刊行和朝鲜本国人自建教会的逐渐增多，进一步加强和加剧了西韩两种异质文化和生活方式之间的冲突和碰撞。故东学党《揭示》指责基督教传道者“只以游览印经卖书等事为第一紧务”，并诅咒说“若有永苦之地狱，尔辈必先入之”。其实在反洋教方面，东学党和大院君是一致的。据日本驻朝鲜公使井上馨报告，“大院君七十五年来只知有中国，不知有其他，自顶至踵完全为顽固二字所充满的老翁”①。东学党起义爆发后，“大院君和李埃镕曾暗中派人去煽动该党”②，与之内外呼应。

第四，东学党长期以来被有意无意地认同于天主教，遭到查禁迫害。东学道是庆尚北道庆州人崔济愚融合儒、佛、道三教于1860年创立的。崔济愚认为，“儒教拘于名节，未达玄妙之境；佛教人涅槃，绝伦常；道教悠游于自然，缺乏治国平天下之术”③，均有不足。但“儒佛纵是天道的一部分”④，应以“诚、敬、信”教人。东学道这一名称本身就暗寓于西学相对抗之意，道首崔济愚在布德文中宣称：“古道衰弱，西教乘虚而入，因而国运危险。……

① 转引自《基督教与近代中韩社会学术讨论会论文汇编》，第11页。

② 伊藤博文：《秘书类纂》，中国近代史资料丛刊《中日战争》第七册，第37页，新知识出版社1956年版。

③ 伊藤博文：《秘书类纂》，中国近代史资料丛刊《中日战争》第七册，第35页，新知识出版社1956年版。

④ ［日］信夫清三郎：《甲午日本外交内幕》第3页，中国国际广播出版社1994年版。

信我教者即能避免疾苦，享受天命。西教是亡国家、灭百姓的邪教"[①]。但是崔济愚在布道时多次使用了"天主"一词，如在他创造的21字咒文"至气今至愿为大降。待天主造化定，永世不忘万事知"[②]中有"天主"二字。崔济愚还向他的信徒们宣称，"天主突然降临他的草堂，授以不死仙药和咒文，命他代天主布教济民"[③]。从表面上看，东学道与基督教似乎都信天主，为此东学道曾遭到儒生的误会和政府的镇压。1864年道首崔济愚被政府逮捕处死。在官方眼中东学道是天主教的同道，都是惑世诬民之邪教。在1866年大院君对天主教徒展开大屠杀时，东学道的处境也十分困难，第二任教主崔时亨被迫隐居英阳，全道只有几个人知道他的住地。1892年道徒徐介周首先提出，当今罗马天主教会宣教的禁令已被解除，却只对东学道施以严禁是不当的。在徐介周等人的强烈要求下，崔时亨在同年11月起草了给全罗道观察使的上诉书。书中写道，吾师崔济愚"生在东方，学在东方，东方何能成为西方?"并对"现在列邑守令将我们的道视为西学余派，随意逮捕残虐，榨取钱财"表示不满。书中还称东学道"意在使人改过自新，忠君孝亲，尊敬老师，亲近朋友，别无他意"[④]。全罗道观察使经过东学道人12月间的两次请愿后，态度有了改变，最终发表了禁止迫害东学道徒的声明。"以讨倭斥夷"为旗帜的东学党就是从上述控诉申冤运动逐步演变而来的。历史事实表明东学党的天主决不等于天主教的天主，东学道从产生的第一天起就与天主教势不两立。但因种种原因，天主教解禁之前它和天主教同遭取缔镇压，天主教解禁之后它的命运地位却并没因此得到改善。在这种情况下，东学党除了与政府当局抗争之外，对于连累它们的天主教自然不会有任何好感的。在对外宣传方面，东学党急于辩解与天主教毫无关系，宣称"岂可以我修道之学，与尔牟利之事，同坐交舌哉"是完全可以理解的。

综上所述，东学党人的反洋教倾向有着历史的合理性。但是东学党人反洋教的思想武器是极其陈旧的。所谓"以我忠信之甲胄，仁义之干橹"是根本无法抵御外来宗教势力的侵略的。按东学党的设想，断绝与外国人的来往，停止贸易，返回锁国的闭关状态是不可能的。而不分青红皂白，将所有的西人全行斩尽杀绝或赶出朝鲜也是办不到的。东学党的基本群众是广大的农民，此外前来归附的还有城市贫民、没落两班、儒生、乡吏等等。但在道首崔时亨的主持下，东学党对本国封建统治者没有完全放弃幻想。东学党人明知"现今之臣，不思报国，徒窃禄位，掩蔽聪明，阿意谄容，……不念保国安民

---

① ［日］信夫清三郎:《甲午日本外交内幕》第3页，中国国际广播出版社1994年版。
② ［韩］金得榥:《韩国宗教史》第337页，社会科学文献出版社1992年版。
③ ［韩］金得榥:《韩国宗教史》第337页，社会科学文献出版社1992年版。
④ ［韩］金得榥:《韩国宗教史》第336页，社会科学文献出版社1992年版。

之方，……惟谋偷生之方”[1]，但还是上书全罗道监司，“伏愿阁下同心协力，选有忠有义之士吏，同遂辅国家之愿”[2]，共逐倭洋。至于同大院君联络，更是所托非人。

1894 年 7 月 23 日，日军占据汉城发动宫廷政变后，整个朝鲜政府几乎完全操纵在日本侵略者的手中。8 月末正当东学党起义军首领全琫准集结 10 万大军准备自全罗道北进驱逐日军、推翻政府时遭到了教首崔时亨等人的无理阻挠。他们以使用暴力和武器为教义所禁止为词，多方迟滞起义军的进攻，致使起义军丧失战机，最终被日军和朝鲜政府军所镇压。东学党的反洋教斗争未及全面展开即随着起义的失败而告结束。

甲午战争后朝鲜实际上为日本所控制。基督教各教派在特定的历史条件下同情并支持过朝鲜人民争取民族解放的爱国斗争，它们与朝鲜人民的关系发生了极大的变化。但无论如何不能据此推论，在甲午战争之前基督教各教派在朝鲜的传播也都是受人欢迎的。

---

① ［韩］金得榥：《韩国宗教史》第 342 页，社会科学文献出版社 1992 年版。

② 《东学党檄文》，转引自［日］信夫清三郎：《甲午日本外交内幕》第 14 页，中国国际广播出版社 1994 年版。

马克思、恩格斯与伦敦世博会[①]

1851年在英国伦敦举行的首次世博会影响十分巨大，革命导师马克思、恩格斯对此也十分关注，对此有过一些重要的论述，这些论述在马克思主义发展史上有极为重要的意义，但长期以来，一直未受应有的关注。最相关的有牛俊伟：《从展品遇见未来：马克思恩格斯眼中的世博会》（《中国社会科学报》2010年5月13日）以及吴海勇：《恩格斯信中的世博愿景》（《党史信息报》2010年4月7日）。这两篇文章均描述了马克思、恩格斯对伦敦世博会的看法，在学术界填补了一个空白，但对两位革命导师在世博会前后的策略转变以及这一转变与世博会的关系基本没有提及，而且没有正式的资料出处。笔者试图在前面两文的基础上，将相关研究再推进一步。

（一）

众所周知，自1848年欧洲革命失败后，“大陆上工人阶级所有的党组织和党的机关报刊都被暴力的铁腕所摧毁”[②]，马克思被迫迁居英国伦敦，过着十分艰苦的生活，继续指导世界共产主义运动。伦敦是1948年欧洲革命失败后政治移民的中心，也是当时世界上最大的城市，有200多万居民，是世界工厂的首都，对考察英国乃至世界资产阶级社会是一个方便的地点。“英国是资产阶级世界的缔造者”，是世界资本主义社会的心脏。[③] 而发端于英国的工业革命使世界获得了新的动力，整个19世纪曾被人们称作“英国世纪”。1846—1847年，特别是1849年英国工业的巨大生产力比1843—1845年又有了增长。“1850年英国生产了全世界60.2%的煤、50.9%的铁，加工了世界46.1%的棉花。”[④] 至1851年召开首届世博会时英国有三分之一以上的人口住在城市里。

马克思在1850年写道：“在最近两年中，大陆上总是忙于革命、反革命

---

① 原载《安徽史学》2011年第5期。

② 《马克思恩格斯选集》第二卷，第603页，人民出版社1995年版。

③ 马克思：《时评：1850年5—10月》，《马克思恩格斯全集》第十卷，第595-596页，人民出版社1998年版。

④ 王振华：《英国》第208页，社会科学文献出版社2003年版。

以及与此密切相关的无休止的舌战，而工业发达的英国干的完全是另一种事情：繁荣经济。在这里，1845 年秋季按时爆发的商业危机曾经两次中断，一次是在 1846 年初，由于议会通过自由贸易的决定；一次是在 1848 年初，由于二月革命。……二月革命一度使大陆工业几乎完全停顿，这就帮助英国人轻易地度过了危机的一年，在相当大的程度上促进了海外市场存货的倾销，并且使 1849 年春季的工业新高涨成为可能。这种高涨——其实它也涉及一大部分大陆工业——最近三个月来竟达到了很高的水平。”①

1851 年 5 月 1 日万国工业产品博览会即首届世博会在英国伦敦海德公园拉开了帷幕，1.4 万家厂商参展，参加开幕式的就有 50 多万人，吸引了众人的目光。恩格斯说“从《泰晤士报》来看，伦敦现在的景象一定很可怕。因为它应该已经完全被鞑靼人、法国人、俄国人和其他野蛮人所占领。此外，还可能增添来自世界各地的暗探队，甚至还有普鲁士宪兵，至于将在 6 月来看大博览会和大人物的德国民主派朋友奥脱堡之流，还不计算在内。”恩格斯不无忧虑地对马克思说：“要注意，人家会派人带介绍信和不带介绍信去找你”，送来麻烦。② 5 月 3 日马克思在伦敦致恩格斯的回信中说：“这里麕集了各色各样的人。我不认为这使我有任何负担。……整个这一星期图书馆关门。……下星期我将到图书馆里认真寻找你批判路·勃郎所需要的材料。”③ 5 月 9 日恩格斯致马克思信中提到，“来参观博览会的人到现在还没有来打扰你，我很高兴。他们已经把我包围起来了。”④ 9 月 1 日恩格斯在致马克思信中抱怨：“我的弟弟（你认识他）要从伦敦到这里来，更不知道要对我的工作将妨碍多久。该死的展览会!”⑤

马克思在伦敦聚精会神地进行革命理论的研究，但这并不等于他对伦敦世博会漠不关心。1851 年 5 月 21 日他在给恩格斯信中说：“我现在每天从早上十点钟到晚上七点钟总是在图书馆里；我把参观工业博览会一事延迟到你来的时候再说。”⑥ 信纸上有“一八五一年大工业展览会用的宫殿”图。马克思与恩格斯常来常往，这年 4 月 20—26 日马克思住曼彻斯特恩格斯处。1851 年 6 月 7—8 日前后，恩格斯住在伦敦马克思处。这样看来如果两位革命导师确实参观过世博会的话，那只能在 6 月 7 或 8 日。不过他们是否实地参观过世

---

① 马克思：《时评：1850 年 1—2 月》，《马克思恩格斯全集》第十卷，第 274 页，人民出版社 1998 年版。

② 恩格斯致马克思（1851 年 5 月 1 日），《马克思恩格斯全集》第二十七卷，第 258-259 页，人民出版社 1972 年版。

③ 《马克思恩格斯全集》第二十七卷，第 261-263 页，人民出版社 1972 年版。

④ 《马克思恩格斯全集》第二十七卷，第 272 页，人民出版社 1972 年版。

⑤ 《马克思恩格斯全集》第二十七卷，第 352 页，人民出版社 1972 年版。

⑥ 《马克思恩格斯全集》第二十七卷，第 292 页，人民出版社 1972 年版。

博会是个尚需考证的问题。

与芸芸众生涌向伦敦世博会看热闹不同，马克思以无产阶级革命导师特有的敏锐的眼光看到了伦敦世博会的重要意义以及它所蕴藏的东西。在伦敦世博会开幕前马克思就指出：由于1851年将举办大型工业博览会等原因，英国的工业将会更加繁荣。他说："在1849年，当整个大陆还醉心于革命的时候，英国资产阶级就以令人赞赏的冷静宣布举办这个博览会。它举办这个博览会，就是要把它从法国到中国的所有仆从召集到一起，来一次重大的考核，让他们在这次考核中表明，他们如何利用了自己的时间；就连万能的俄国沙皇也不得不命令他的臣下多派些人参加这次重大的考核。这次产品和生产者的全世界大会的意义是非常重大的，不论是给我们大陆民主主义庸人添了不少麻烦的布雷根茨和华沙的君主会议，不论是形形色色的在异国的临时政府为了拯救人类而一再策划的欧洲民主主义者大会，都是根本不能与之相比的。这个博览会令人信服地证明了集中起来的力量的意义，现代大工业以这种集中的力量到处打破民族的藩篱，逐渐消除生产、社会关系、每个民族的民族性方面的地方性特点。正当现代资产阶级关系已经在各方面遭到破坏的时候，博览会在一个不大的空间密密麻麻地展出现代工业积累起来的全部生产力，这同时也就是展示在这动荡不定的社会的深层已经创造了的和正在一天天创造出来的建设新社会的物质。世界资产阶级以这个博览会在现代的罗马建立起自己的百神庙，洋洋自得地把它自己创造的众神供奉在这里。"① 在这里马克思第一次明确指出了世博会展示现代工业的全部生产力，打破民族的藩篱，逐渐消除生产、社会关系、每个民族的民族性方面的地方性特点的巨大作用，换言之世博会是有利于加强国际合作，推动全世界生产、科技与社会经济发展的。

"1851年在伦敦召开的第一届世界博览会向全世界展示了英国工业化的成果，并宣告英国成为世界上最强大的工业化国家。"② 马克思注意到英国博耳-瓦特公司在伦敦世博会上展出了当时远洋轮船使用的最大的蒸汽机。后来他在写作《资本论》第一卷时还专门提到此事。一个法国人在参观了伦敦世博会后说："像英国这样一个贵族国家却成功养活了它的人民；而法国，一个民主的国家，却只会为贵族进行生产。"③ 但在马克思看来，伦敦世博会既是英国强大国力的空前展示，也可以看到资本主义经济政治发展不平衡规律开始在起作用。人们从马克思关于世博会相关的一些评论中可以领会到这一点。

---

① 马克思：《时评：1850年5—10月》，《马克思恩格斯全集》第十卷，第585-586页，人民出版社1998年版。

② 唐晋主编：《大国崛起》第156页，人民出版社2007年版。

③ 转引自唐晋主编：《大国崛起》第167页，人民出版社2007年版。

1851 年底 1852 年初，马克思在《路易·波拿巴的雾月十八日》中指出：“虽然法国的资产者所具有的‘才能、知识、洞察力和智力源泉’越不出他们自己的鼻尖，但是他们在伦敦工业博览会整个会期内总能用鼻子触到自己的商业情况不利的原因吧。当法国工厂关闭的时候，英国爆发了商业破产。……不同点只在于法国发生的是工业危机，而英国发生的则是商业危机；法国是工厂关闭，而英国则是生产扩大，不过是在不如前几年那样顺利的条件下扩大的；在法国，受打击最重的是出口，在英国是进口。……这一方面是由于当时法国工业已经经受不住英国人的竞争而被排挤出所有的市场，另一方面是由于法国工业是奢侈品工业，每当出现商业的停滞，它都首当其冲。”①

关于资本主义世界的后起之秀美国，马克思有一些精彩的评论。早在 1850 年马克思在一篇时评中认为，“美国最大的事件，比二月革命更重要的事件，是加利福尼亚金矿的发现。仅仅过了差不多 18 个月，现在就已经可以预料到，这一发现带来的后果甚至将比美洲大陆的发现还要大得多。……从发现加利福尼亚金矿到现在，仅仅过了 18 个月，美国佬就已经着手修建铁路、宽阔的国家公路，开凿以墨西哥湾为起点的运河；从纽约到查格雷斯，从巴拿马到圣弗朗西斯科已经有轮船定期航班；太平洋的贸易已经集中在巴拿马，绕道合恩角的航线已经过时。一条跨越 30 个纬度的海岸是世界上最美丽最富饶的海岸之一，以前几乎荒无人迹，现在正迅速地变成一个富足的文明区域”②。伦敦世博会的展示结果毫无疑问地进一步显示了美国后来居上的强大趋势。5048 个美国企业家为伦敦世博会带来了 500 多项产品，其中麦考密克收割机等农场设备更是夺人眼球，好评如潮。1851 年 10 月 13 日马克思在致恩格斯的信中说：“英国人承认，美国人在工业博览会上得了头奖，并且在各方面战胜了他们。一、古塔波胶。有新的原料和新的品种。二、武器。有左轮手枪。三、机器。有收割机、播种机和缝纫机。四、第一次广泛采用银版照相术。五、船舶方面，快艇。最后，为了表明美国人也能够供给奢侈品，他们陈列了加利福尼亚金矿的一大块金子和用纯金制成的一套餐具。”③ 从这个意义上可以说，伦敦世博会是体现人类文明进步的窗口，显示了世界经济发展的中心已经开始从英国向美国转移，两年后美国纽约接办了第二届世博会。

伦敦世博会对人类文明的引领功能是双向互动的，它一方面号召世界各地向英国学习，另一方面也反过来给英国本身带来了极大的变化。1851 年 10

① 马克思：《路易·波拿巴的雾月十八日》，《马克思恩格斯全集》第十一卷，第 213-214 页，人民出版社 1995 年版。

② 马克思：《时评：1850 年 1—2 月》，《马克思恩格斯全集》第十卷，第 275-276 页，人民出版社 1998 年版。

③ 《马克思恩格斯全集》第二十七卷，第 380 页，人民出版社 1972 年版。

月伦敦世博会结束后，英国出版了《各国的工业》详细介绍了此次展览会的盛况。1860 年前后，英国达到了极盛时期的顶峰。“但由于资本主义经济政治发展不平衡规律的作用，英国从 19 世纪 70 年代起逐步丧失其在世界上的工业优势地位。……80 年代，美国的工业产值已超过英国。”① 1892 年恩格斯在为《社会主义从空想到科学的发展》写英文版导言时指出，“1851 年的博览会给英国这个岛国敲响了丧钟。英国在饮食、风尚和观念方面逐渐变得国际化了”，“从那时以来，英国已经‘开化’了”②。

（二）

英国历史学家霍布斯鲍姆认为：“资本主义在全球获得胜利的时代，是以宏伟全新的自我庆祝仪式揭开序幕，亦即‘万国博览会’”，包括伦敦水晶宫在内的“每一次展览都在一个宏伟的纪念宫中举行，隆重地展示其财富增加和技术进步，……吸引来众多的国内外观众。”③ 伦敦世博会是人类历史上的“嘉年华”与“狂欢节”，在尽情展示人类创造的最新文明成果的同时，营造出一种欢乐与喜庆的气氛，极大满足了人们文化消费的需求，自然对各色人等产生了极大的吸引力，在 164 天里参观人数达 630 万人次，其中不少是德国人。照马克思的说法“工业博览会在流亡者的生活中开辟了一个纪元。在这个夏季德国的庸人们像潮水一般地涌到了伦敦；德国庸人在巨大的、喧闹的水晶宫里，以及在更加巨大得多的、隆隆作响的、嘈杂的和人声鼎沸的伦敦感到很不舒服；当他们经过整天劳苦汗流浃背地完成了参观博览会和其他名胜这一任务之后，便到谢特奈尔的哈瑙饭店或哥林格尔的星星饭店里去休息，在这里那才是杯中乐融融，烟雾腾腾起，一片酒店政治的气氛。在这里，‘整个祖国都聚到一起’，况且还可以免费观看德国头号大人物。他们也坐在这里，有议会议员、议院代表、统帅、1848 年到 1849 年这段美好时期里的俱乐部演说家，他们像其他人那样吞云吐雾，日复一日地在公众面前以不可动摇的尊严议论着祖国的最高利益。在这里，德国小市民，只要不吝惜几瓶极廉价的酒，那就能详细地得知欧洲各国内阁的最秘密的会议上所发生的一切。在这里可以准时地得知什么时候‘开始冲击’。于是人们便一瓶又一瓶地冲击起来，各种派别的人虽然已经步履蹒跚，但是带着他们已为拯救祖国尽了自己一份力量这种令人鼓舞的意识回家去了。流亡者们在有支付能力的庸人大

---

① 王振华：《英国》第 208 页，社会科学文献出版社 2003 年版。

② 《马克思恩格斯选集》第三卷，第 701 页，人民出版社 1995 年版。

③ ［英］艾瑞克·霍布斯鲍姆著，张晓华等译：《资本的时代》第 36 页，江苏人民出版社 1999 年版。

批来到伦敦的这段时期里酒喝得比任何时候都多，而花费则比任何时候都少。流亡者的真正的组织就是这个在锡仑-谢特奈尔的庇护下设在朗-埃克街上的靠博览会兴旺发达的酒店组织。真正的中央委员会经常在这里开会。其他一切委员会、组织、党的机构都纯粹是这个真正德国懒汉酒馆的常客组织的骗人幌子和爱国主义的小摆设。"①

世博会期间来伦敦参观的外国人当然不只是德国人，还有匈牙利等国人。1851 年 2 月 5 日恩格斯在致马克思信中通报说："前几天我在这里碰见一个愚蠢的匈牙利亡命者，从他那里知道，这一类高尚的人利用大型博览会的机会又喋喋不休地宣扬暗杀和暴动的密谋计划。我觉得好像从这种喊叫中听到了伦敦暴徒——维利希和巴特尔米的英雄声音。不过，总是躲不开这帮无赖"②。

恩格斯信中提到的维利希是共产主义者同盟成员，1849 年曾经领导志愿部队在德国同普鲁士反动军队作战。同年 7 月起义被镇压后，他流亡英国，反对马克思长期积聚力量而不是应当准备马上进行一次革命的新策略。维利希空谈革命鼓吹冒险盲动，将革命视为儿戏，企图促使同盟过早地发动新的起义马上夺取政权，严重脱离群众，脱离现实，给工人运动带来损害，实际上反映了德国革命失败后不堪流亡之苦急于返回祖国的小资产阶级政治流亡者的观点。1850 年 9 月他另立中央，11 月被清除出共产主义者同盟。1851 年 4 月维利希大病了三个星期，不能出门。5 月初他在伦敦遇着班贝尔格尔时称："革命正在大大地向前进展。特别是在伦敦这里，我们很活跃。成立了两个新的分支。"③ 恩格斯绝不相信维利希等人的破坏阴谋能够得逞，1851 年 5 月 6 日他在致马克思信中说："我从内心深信，维利希之流现在正在酝酿一项在博览会期间使英国革命化的伟大计划，不过他们连指头也不会动一下，这也是无疑的。这种事情还会再有的！"④

世博会期间在伦敦的还有德国小资产阶级的重要代表人物哥特弗里德·金克尔，此人同维利希为代表的流亡者的极端派有所交往。他有时扮演成德国革命的受难者，在伦敦夸夸其谈，叫嚷革命的词句。他与维利希等人认为，"革命即将来临，而他们当然要做好准备。"⑤

金克尔有时不齿于四处奔走，奴颜婢膝地向德国政府献媚，污蔑、攻击无产阶级的革命者。他还到德国商人的家里去，"刊登夸大其词的广告，进行

---

① 马克思恩格斯：《流亡中的大人物——十二》，《马克思恩格斯全集》第十一卷，第 377-378 页，人民出版社 1995 年版。

② 《马克思恩格斯全集》第二十七卷，第 201 页，人民出版社 1972 年版。

③ 转引自《马克思恩格斯全集》第二十七卷，第 262-263 页，人民出版社 1972 年版。

④ 《马克思恩格斯全集》第二十七卷，第 267 页，人民出版社 1972 年版。

⑤ 马克思：《1851 年夏在伦敦的德国小资产阶级流亡者情况概述》，《马克思恩格斯全集》第十一卷，第 119 页，人民出版社 1995 年版。

诈骗，到处纠缠，对这些公众卑躬屈节。可是，大功到底告成了。哥特弗里德心满意足地陶醉于自己的荣耀，在水晶宫的大镜子里欣赏自己的映像，可以说，他感到非常舒畅。”① “水晶宫”即伦敦世博会主会场，大镜子是“水晶宫”中的一重要展品，均预示着人类建造史上“玻璃时代”的到来。金克尔对水晶宫的大镜子情有独钟，印象深刻，他在《宇宙》上发表的一篇关于工业博览会的文章中承认，最使他惊讶的是挂在水晶宫里的一面大镜子。马克思从哲学角度评论说，金克尔是“一个想象力大大超过理性的人，……对他来说，客观世界已化为一面镜子，而主观世界则化为一句空话。”② 马克思在另一篇文章中又从哲学角度对金克尔与伦敦世博会大镜子之关系作了诠释：“金克尔随着他认定的民众风向，忽而出现在前面，忽而躲在后面，忽而着手某项事业，忽而又把它抛弃。在为短命的《宇宙》写的一篇文章里，他特别赞赏水晶宫里展出的一面大镜子。由此您可以看到这么一个人：镜子是他的生命的要素。他首先实质上是个演员。”他既要“保证自己享受资产阶级的现在，又能保证自己享有对革命的未来的权利。”马克思预言金克尔也会“遭到无法挽救的彻底惨败的下场”。③

尽管马克思在伦敦的生活十分窘迫，经常被一些债权人催逼还债，有时因无法及时交纳房租被房东搬走家具赶出房门，有时“因无裤子和鞋子而被禁在家里，他的一家人过去和现在每分钟都受到确实极端贫困的威胁。”④ 1850 年 11 月 9 日他一岁的儿子格维多患肺炎，因为营养不良体质太差不幸夭折。1851 年 7 月 31 日马克思在给恩格斯的信中坦承：“我已被我的处境弄得筋疲力尽。……不可能再这样生活下去了。……在家里，由于一切总是处于紧急状态，并且流不尽眼泪使我整夜烦恼和生气，自然干不了多少事情。我感到对不起我的妻子。主要的负担都落在她的身上”⑤。伦敦世博会结束不久，灾难再次降临马克思一家的头上，1852 年 4 月 14 日马克思一岁的小女儿佛兰契斯卡病死。在得到一法国流亡者两英镑的接济后，才付清了买小棺材的钱。

但是马克思恩格斯这两位革命导师从一贯反对盲动主义的立场出发，坚决反对任何极左派针对世博会的恐怖行为，哪怕它打着革命的旗号。恩格斯在世博会召开期间写给马克思的一封信中说：“至于他们想使我们不能在德国

---

① 马克思恩格斯：《流亡中的大人物——四》，《马克思恩格斯全集》第十一卷，第 317 页，人民出版社 1995 年版。

② 马克思恩格斯：《流亡中的大人物——十一》，《马克思恩格斯全集》第十一卷，第 376－377 页，人民出版社 1995 年版。

③ 马克思：《1851 年夏在伦敦的德国小资产阶级流亡者情况概述》，《马克思恩格斯全集》第十一卷，第 118 页，人民出版社 1995 年版。

④ 《马克思恩格斯全集》第二十八卷，第 563 页，人民出版社 1973 年版。

⑤ 《马克思恩格斯全集》第二十七卷，第 312 页，人民出版社 1972 年版。

居留，就让他们去得到这种满足吧！他们不可能把《新莱茵报》、（共产党）《宣言》以及类似的东西从历史上一笔勾销，他们的一切号叫也无济于事。在德国能够对我们发生威胁的人只有暗杀者，可是自从哥特沙克死后，在德国没有哪个人有派遣这种人来对付我们的勇气。……要知道，民主的、红色的、甚至共产主义的暴徒是永远不会喜欢我们的。”[①] 笔者理解恩格斯在这里表达了对打着民主主义的、红色的、甚至于共产主义旗号的盲动主义的极度愤怒与鄙视。早在1846年马克思在与德国空想平均共产主义理论家、鼓动家魏特林的论战中就明确反对对方“幻想依靠乞丐、罪犯、强盗等流氓无产者”密谋暴动“推翻旧的统治”。[②] 因此恩格斯在这封信中的观点与马克思是完全一致的。

1852年马克思在论及包括金克尔在内的1848年革命失败后德国的一些“大人物”时认为，“大陆上的政治发展把他们中的大多数人引到了伦敦，于是伦敦便成了他们的欧洲中心。不言而喻，在这种形势下，这些世界的解放者必须干出点什么事情，发动点什么事情，好使公众日复一日地重新想起他们的存在。必须不惜任何代价来防止产生这种印象，似乎世界历史不靠这些强者的帮助也能前进。这堆人类渣滓越是由于自身的无能和受现存条件所限不能完成任何实际工作，他们就越是需要积极地从事毫无益处的表面活动，这种活动的参加者总是非常夸张地宣扬想象的活动、想象的政党、想象的战斗和想象的利益。这些人越是没有能力真正唤起新的革命，他们就越是不得不只在想象中实现这个未来的可能性，老早就分好位置，并且预先尝了尝当权的滋味。”[③] 在这段话中马克思旗帜鲜明，对极左派的愤怒跃然纸上，直接指斥他们为无能的“人类渣滓”，从事的只是些“毫无益处的表面活动”，成事不足，败事有余，名为革命，实为给革命抹黑。

历史的发展证实了马克思恩格斯的科学预言，长达半年的世博会有惊无险，没有发生任何暗杀和恐怖事件。

（三）

马克思、恩格斯坚决反对流氓无产阶级左倾盲动是有坚实理论基础的。

毋庸讳言，在伦敦世博会前后，马克思一度过高地估计了当时的革命形势。在伦敦世博会召开之前，马克思在高度评价世博会现实意义的同时，又

---

① 恩格斯致马克思（1851年5月9日），《马克思恩格斯全集》第二十七卷，第272页，人民出版社1972年版。

② 转引自吴海勇：《恩格斯信中的世博愿景》，《党史信息报》2010年4月7日。

③ 马克思恩格斯：《流亡中的大人物——四》，《马克思恩格斯全集》第十一卷，第318页，人民出版社1995年版。

认为当“资产阶级庆祝它的这个无比盛大的节日的时候，正是它的整个威严面临垮台的时候，这次垮台将比以往更加明显地向它证明，它所创造的力量已经如何摆脱它的控制。或许将来在一次博览会上，资产者不再作为这种生产力的所有者出现，而仅仅作为这种生产力的导游者出现。”① 他预言：“目前即将爆发的商业危机，就其影响来说，比以往任何一次都会严重得多。商业危机将同从英国废除谷物税时起就已经开始，并且由于最近丰收而愈益严重的农业危机一起爆发。英国第一次同时经受工业危机和农业危机。英国的双重危机，由于大陆即将同时发生动荡而变得更迅猛、更广泛和更危险，大陆的革命，则由于英国危机对世界市场的冲击而会具有比以往更鲜明的社会主义性质。”马克思认为，危机会导致议会改革“为无产阶级打开议会的大门，把无产阶级的要求提到下院的议事日程上去，并使英国卷入欧洲革命。”②

但是日后的历史行程并没有完全按照马克思设想的路径前进。1851 年底 1852 年初，马克思在《路易·波拿巴的雾月十八日》中一方面指出：“1849 年和 1850 年是物质大繁荣和过度生产的两个年头，这种过度生产本身直到 1851 年才显露出来。这年年初，过度生产因工业博览会即将举行而特别加重了。”另一方面他也承认 1851 年的危机是“表面上的”，“无非是在过度生产与过度投机还未用尽所有力量疯狂地跑过工业循环的最后阶段并重新回到自己的出发点——即回到普遍的商业危机去以前，在工业循环中经常与它们相伴而生的一种停顿。”③ 实际上马克思在 1850 年底已经意识到：“在这种普遍繁荣的情况下，即在资产阶级社会的生产力正以在整个资产阶级关系范围内所能达到的速度蓬勃发展的时候，也就谈不到什么真正的革命。只有在现代生产力和资产阶级生产方式这两个要素互相矛盾的时候，这种革命才有可能。……一切想阻止资产阶级发展的反动企图都会像民主派的一切道义上的愤懑和热情的宣言一样，必然会被这个基础碰得粉碎。新的革命，只有在新的危机之后才可能发生。”④ 马克思当时认为 1848 年到 1849 年的革命时代已经结束，因此共产主义同盟的策略应转变为为未来革命积蓄力量。他坚决反对任何玩弄革命的做法。事实上席卷整个资本主义世界的经济危机一直到 1857 年才爆发。

---

① 马克思：《时评：1850 年 5—10 月》，《马克思恩格斯全集》第十卷，第 585-586 页，人民出版社 1998 年版。

② 马克思：《时评：1850 年 3—4 月》，《马克思恩格斯全集》第十卷，第 357 页，人民出版社 1998 年版。

③ 马克思：《路易·波拿巴的雾月十八日》，《马克思恩格斯全集》第十一卷，第 214 页，人民出版社 1995 年版。

④ 马克思：《时评：1850 年 5—10 月》，《马克思恩格斯全集》第十卷，第 596 页，人民出版社 1998 年版。

1851年的伦敦世博会是历史上首次大规模的人类文明交流，具有直观性、整体性的特点。由此也引发了无产阶级革命导师的新思考，产生了一些新思想、新观念，包括列宁所说“要求人们善于在似乎是‘以和平方式’准备着新革命的新阶段进行工作。”① 世博会前后马克思恩格斯的一系列有关论述，发展了马克思主义的基本原理，丰富了马克思主义的理论宝库，对于指导日后国际共产主义运动的实践产生了深远的影响。

① 列宁：《卡尔·马克思》，《列宁选集》第二卷，第446页，人民出版社1995年版。

澳大利亚的致公堂[①]

孙中山先生在长期革命斗争中，得到过不少海外华侨组织的支持，澳大利亚洪门即是其中的一支。

19 世纪 50 年代，澳大利亚华人中已出现了反清的秘密洪门团体——义兴，即澳大利亚致公堂的前身。1910 年，在孙中山的革命思想影响下，悉尼出版了洪门报纸《国民报》，鼓吹民族主义。1911 年 10 月武昌起义不久，悉尼义兴首领黄柱稔组建新南威尔士少年中国会，为革命军筹款，并将筹得款项全数交给孙中山先生。几乎与此同时，维多利亚金矿区的义兴组织也决意联合墨尔本少年中国会，为推翻清朝统治和建立中华民国而奋斗。

1912 年 2 月孙中山决定让权给袁世凯的消息传到澳大利亚后，引起了墨尔本少年中国会的强烈反对，该会为此向南京临时政府提出书面抗议，反对选举袁世凯为临时大总统。孙中山收阅后很快写了复信，内称：

> 推翻满清和建立共和国的目的已经完成。整个中华民国属于我们四万万中国人民。我们已经履行了我们的义务，我们将享有基本人权的权利……今日之袁世凯乃是一个中国国民，而判断总统选举的是才能。他是以其才能和努力而获选的。既然如此，我们就应高兴并促使他为国家献身，同时我们也应以真挚之情去爱护他。

1912 年 3 月 30 日，墨尔本《警东报》发表了上述信件后，澳大利亚华侨们进一步了解了孙中山宽广的胸怀和“天下为公”的思想。为了更广泛地宣传孙中山的政治思想，黄柱稔等人经过努力，于 1914 年 2 月在悉尼重新开办了《民国报》（旧译《雪梨民报》）。孙中山闻讯特意写了祝词，赞扬该报“揭橥民治。风行海裔，名扬绩懿。于兹改组，日新月异”，并祝贺云：“贵报前程，发达无涘。贵报运命，垂诸万禩。”同年，墨尔本义兴改组为公开的政党“中华民国公会”，英文名称为华人共济会。根据孙中山的建议，悉尼华人共济会于 1916 年确认“中华民国公会”为澳大利亚联邦华人共济会统一的中文名称。与此同时，悉尼华人共济会总部组织了“洪门筹饷局”，在维多利亚、塔斯马尼亚等地洪门人士的配合下，共募捐到 2900 镑汇交孙中山先生，

① 原载《团结报》1990 年 1 月 6 日。

以支持反袁斗争。

1918 年孙中山在担任广州护法军政府大元帅领导护法运动的时候，派出刘星海作为私人代表前往澳大利亚为北伐军筹款。悉尼华人共济会总部闻风而动，与澳大利亚的中国国民党合作，组成以黄柱稳为主席的联合筹饷委员会，经过一年的努力，募集到资金 2300 镑。尽管当时护法运动已告失败，但这款项还是为孙中山的革命活动及时提供了经费。

1919 年澳大利亚华人共济会的中文名称正式改为致公堂。

朝鲜光复与统一战线

——以金日成与韩国临时政府为中心

长期以来由于意识形态的原因，南北朝鲜对共产主义者金日成与民族主义的韩国临时政府在祖国光复中的地位和作用的评价有着天壤差别，距离历史真相甚远。其实正是金日成与韩国临时政府的英勇奋斗才打下了朝鲜半岛双方建国的根基，而且当年双方的关系也绝不是水火不容，截然对立的。本文主要根据近年来发表的《金日成回忆录》和《申报》历史资料，尽可能地恢复历史的本来面貌，展示共产主义者金日成与民族主义的韩国临时政府之间的真实关系，以纪念抗日战争胜利60周年。

（一）

1936年5月，金日成领导的祖国光复会成立，发表全民都能接受的民族共同斗争纲领——十大纲领，号召全民族总动员起来，有力地开展统一战线运动。在中国境内活动的民族主义者积极响应了号召。

最具代表性的事例有：在南满活动的韩国独立军参谋长尹一坡向祖国光复会致函表示支持；上海朝鲜人居留民团的一位姓朴的独立运动者专程去南满会见祖国光复会南满代表李东光；金活石麾下的独立军残部由崔允龟带头自愿编入朝鲜人民革命军。①

金日成部队从抗日作战一开始就怀着满腔的爱国热情同金九精诚团结。

金九早就摸索武装抗战的道路。20年代初，他组织的劳兵会实际上是矢志于武装抗战的团体。他不喜欢那些不抵抗主义的培养实力或仅靠外交途径争取朝鲜独立的人。他为没有能力组建一支大部队痛快地进行武装斗争而感到遗憾。因此，他非常关注金日成部队的武装斗争，并寄以很大希望。1937年6月，金九听到日寇在普天堡战斗中被金日成部队打得落花流水的消息后，高兴得欢呼起来。金九曾经号召侨居美国的同胞为金日成部队筹措军费。旅美侨胞响应金九的倡议，向金日成部队和朝鲜义勇军给予巨额捐款。后来由于战乱和未能找到组织线索，这笔捐款最终没有送给金日成部队和朝鲜义勇

---

① 《金日成回忆录》第7-8卷，第537页，中国社会科学出版社2001年版。

军。[1] 但金九倡议捐款这一事实，说明他为支援金日成的武装斗争做出了极大努力。

在同中国关内的反日爱国力量联手方面，金日成一贯重视的团体之一是流亡上海的临时政府。日本军队入侵中国领土以后，临时政府频繁地改换所在地。由于跟随国民党政府频繁地改换所在地，因此处境十分困难，招牌也勉强维持。据当时曾在临时政府工作的人回忆，他们常常背着行李漂流各地。有时刚到旅馆下榻还没来得及解开行李，又害怕战火烧身，仓皇搬到别的地方去。

临时政府不仅为连绵不断的派系斗争、频繁的宪法修订和内阁改组而大伤脑筋，还为生活条件和人身安全得不到基本保障而忧心忡忡。金九说，那时经济困难，政府朝不保夕；政府办公楼每月租金是 30 元，勤务员的工资不过 20 元，可是临时政府连这几个钱都支不起，因此多次吃了官司；睡觉睡在办公楼的地板上，在有工作做的同胞家吃饭，今天吃这家，明天吃那家，像个乞丐。

1940 年临时政府结束流浪生活，在中国战时首都重庆定居，这才过上比较安定的生活。临时政府在重庆时组建了光复军（其前身包括韩国独立军），这支武装力量无论从建军时间、人员构成或者武器装备上看，都是年轻的。日本警察文件对光复军作了如下记述："尽管临时政府大吹大擂，但光复军阵容不足挂齿，每个支队不过十余人，惟独第五支队有 50 人，其中 20 名是罗月焕手下的无政府主义者，其他人都是朝鲜人俘虏，而且大都是文盲，有的还走私过鸦片。现在这个队伍几乎没有什么活动。"[2] 临时政府有关人员也认为他们的武装力量是有限的。尽管如此，金日成认为只要同金九派合作，就能动员他们参加祖国解放的最后作战。

起初，金日成的战友金策对与临时政府的金九派合作不大情愿，认为同反共分子金九合作是不可能的，即使合作成功，也发挥不了多大作用。但他听了金日成的说明后就同意了，承认自己对金九的爱国精神没给予应有的重视，片面地看重了其反共的一面。那时，崔庸健也不甘心同金九进行合作。他认为跟搞派系斗争成性的人联手没有好处。与其跟他们合作，还不如跟金元凤派合作。后来崔庸健也跟金策一样对金日成的主张表示了理解。

与此同时，临时政府为了与金日成合作，也进行了多方面的活动：

在光复军办的出版物有介绍金日成、杨靖宇和赵尚志等领导的朝鲜人民革命军和东北抗日联军的斗争情况的内容。[3]

1942 年 12 月，临时政府一名姓金的特派员来到牡丹江，但他没找到朝鲜人民革命军就返回重庆了。

另据金九的秘书安重根的侄子安偶生回忆，1945 年金九为了实现同金日成

---

① 《金日成回忆录》第 7-8 卷，第 538 页，中国社会科学出版社 2001 年版。

② 黄海道警察部高等警察科文件，昭和 18 年（1943 年）2 月。

③ 《金日成回忆录》第 7-8 卷，第 541 页，中国社会科学出版社 2001 年版。

部队的军事联合再次派遣了联络员，可是没等那个联络员进入东北就解放了。①

1945年8月15日日本宣布投降的消息传来后，金九并没有特别高兴，反而有天塌地陷之感。他认为突如其来的日寇投降，使他数年来煞费苦心做好的参战准备付诸东流。他又表示忧虑：由于没能为这次战争做出贡献，将来的发言权也会受到影响，这是十分遗憾的。光复军总司令李青天在分析海外反日力量状况时也坦率地指出，临时政府的势力难以掌握主导权，它对迎接“八一五”解放毫无准备。1946年5月16日李青天在南京宣布光复军复员，“全体归国从事建设工作。”②

（二）

崔庸健倾向与之合作的金元凤（又名金若山）曾经在1919年11月在吉林组建义烈团，不仅在关内和东北地区，而且在国内，都进行过暗杀和破坏活动。1932年11月在金元凤和朝鲜义烈团的倡导下，朝鲜义烈团和韩国独立党等9个团体组成韩国对日战线统一同盟。1935年7月4日在韩国对日战线统一同盟的基础上成立韩国民族革命党，金元凤被选为书记长兼组织部长。1937年1月在韩国独立党等民族主义右翼团体相继推出的情况下，韩国民族革命党改名为朝鲜民族革命党。在南京发行的民族革命党机关报，曾以《朝鲜革命武装运动的喜讯》为题，详细报道了普天堡战斗的消息。还把这条新闻资料送到了在咸兴的《朝鲜日报》社分社，对金日成领导的抗日武装斗争表示了全民族的支持、鼓励和声援。③

1938年10月10日金元凤在国民政府军事委员会的支持下在武汉成立朝鲜义勇队。其第一区队长是朝鲜解放初期曾任过中央保安干部学校校长的朴孝三。当时他手下有四十来名队员。金元凤承认，朝鲜义勇队因规模小，装备也很差，不大进行独立活动，主要跟中国部队一起活动，拿着扩音器做反战宣传和瓦解敌军工作。④ 虽然朝鲜义勇队的规模和武器装备不怎么样，但金日成等人还是重视他们要用革命的武装打败日寇的志向。朝鲜解放后，金元凤出任朝鲜民主主义人民共和国首任监察相。

1939年5月金元凤与金九发表《联合宣言》，主张加强民族团结，并提出了现阶段韩国革命的十大政治纲领。1941年5月韩国民族革命党在朝鲜义勇队主力北上的大背景下，开会决定参加韩国临时政府。1942年5月留在重

---

① 《金日成回忆录》第7-8卷，第546页，中国社会科学出版社2001年版。

② 《李青天在京招待报界韩光复军准备复员》，《申报》1946年5月17日。

③ 《金日成回忆录》第7-8卷，第538页，中国社会科学出版社2001年版。

④ 《金日成回忆录》第7-8卷，第542页，中国社会科学出版社2001年版。

庆的朝鲜义勇队余部也被编入韩国光复军。①

（三）

金日成等人对进入华北抗日根据地的朝鲜义勇军主力和朝鲜独立同盟也予以一定的关注。

朝鲜义勇军主力进入华北抗日根据地后，加入了由朝鲜革命者组织的华北朝鲜青年联合会，改称朝鲜义勇队华北支队。1942 年 7 月又改称朝鲜义勇军华北支队，与重庆总部脱离关系。华北支队组建后，为了建立与金日成的联系也进行了积极的活动，根据日方的资料称：

朝鲜义勇军华北支队动向：

……以京汉线一带我们占领的地区为目标，疯狂地进行争取同志、不良宣传等活动。同时，为跟在满洲活动的不法朝鲜人金日成合作，并同鲜内同志取得联系进行活动。……它还发表了一项宣言，摘要如下："我们为了争取朝鲜民族的解放，进一步巩固内部团结，并把在华北的 20 万朝鲜同胞、东北（满洲）、国内（朝鲜）的革命人士、革命团体与武装队伍联合起来，将抗日斗争进行到底。"……②

义勇军负责人武亭为了同金日成合作，从各方面做出了努力。1945 年 8 月他在祖国与金日成初次见面时说："每当听到将军的传奇故事，我就很兴奋；一想到朝鲜出了一位令日本鬼子不寒而栗的将军，不知心里有多高兴；我人在八路军，心在长白山。不知朝鲜义勇军以什么方式同金将军部队汇合？朝鲜义勇军和朝鲜人民革命军能不能共同抗日？"③

另外，40 年代在延安的很多朝鲜人都向往金日成的部队。朝鲜解放后首任朝鲜民主主义人民共和国内阁文化宣传相的许贞淑就多次请求周恩来和朱德同意她到满洲去。受当时客观条件的限制，未能成行。

1942 年 7 月金科奉、崔昌益等在华北朝鲜青年联合会的基础上建立朝鲜独立同盟。该同盟纲领明确提出："日本法西斯强盗侵略战争正处于最后阶段"，"在今日朝鲜民族解放斗争中，武装斗争是一个最重要的任务。我们为了展开全民族的反日武装斗争"要"促进国内、中国（关内和东北）、苏联

① 《金日成回忆录》第 7-8 卷，第 539 页（中国社会科学出版社 2001 年版）称："金元凤派，称之为人民战线派。金元凤派是接近共产主义系统的独立运动左派，……同……中国共产党有联系。"第二次国共合作实现后，"金九派和金元凤派结束了过去的对峙状态，于 1940 年 9 月宣告结成一条战线，并发表了联合宣言。联合宣言的许多内容与祖国光复会成立宣言、十大纲领相同。"其中多处史实有误。

② 黄海道警察部高等警察科文件，昭和 18 年（1943 年）2 月。

③ 《金日成回忆录》第 7-8 卷，第 543 页，中国社会科学出版社 2001 年版。

和美国境内的朝鲜人民反日武装力量的统一，急速力图建立统一的民族解放军队。”[①] 义勇军负责人武亭等人也参加了朝鲜独立同盟。

1945 年 8 月 11 日 12 时，八路军总司令朱德在延安总部发布第 6 号命令：

为配合苏联红军进入中国及朝鲜境内作战，解放朝鲜人民，我命令：

现在华北对日作战之朝鲜义勇队司令武亭、副司令朴孝三、朴一禹立即统率所部，随同八路军及原东北军各部向东北进兵，消灭敌伪，并组织在东北之朝鲜人民，以便达成解放朝鲜之任务。[②]

武亭回国以后，参与了朝鲜人民军的建设和祖国解放战争，历任朝鲜民主主义人民共和国民族保卫省副相、炮兵司令员。朝鲜独立同盟的领导人崔昌益及其同事们也来到了平壤，参加新朝鲜的建设。

（四）

朝鲜解放后，金日成等人以前所信任的人，全都团结在统一战线旗帜之下了。1948 年 4 月，朝鲜独立党领袖金九、民主独立党领袖金奎植、原韩国临时政府的人士赵素昂以及崔东旿、严恒燮、赵琬九、金月松等著名的民族主义者参加南北联席会议。

抗日战争胜利后，韩国临时政府领导人金九、金奎植以私人资格回国，分别在朝鲜临时立法议会中担任要职。1947 年 3 月，金九表示：“吾人不论其属于右派抑左派，抑共产党人抑民族主义者，所有人民如只要能达到统一与独立，皆愿牺牲一切”[③]。1948 年 2 月美国操纵联合国朝鲜委员会决议将在南韩单独举行总选举，时任朝鲜临时立法会议副主席的金九表示：“余反对分裂祖国之南韩单独选举及北韩之人民共和国，余坚决主张南北必须统一。”[④] 金奎植则辞去议长，以反对全韩分裂。他发表声明称，“主张苏联［美］共同撤兵，再由南北领袖召开会议，成立政府。”[⑤] 同年 3 月金日成在朝鲜劳动党第二次代表大会上提出：“为了实现祖国的自主和平统一的方针，就应当团结南北朝鲜的一切爱国民主力量”，“召开南北所有民主政党、社会团体代表的联席会议，作为实现祖国统一的当前措施之一。”[⑥] 4 月 19 日金九应邀启程北上赴会时称：“余已决定赴北韩一行，谋取南北韩统一，乃余一贯主张，此次赴北韩仍系努力打破南北分裂局面，虽能否达到目的未可确定，但余之任务在

---

① 朝鲜金日成综合大学：《朝鲜民族解放斗争史》第 135-137 页，东方书社 1951 年版。

② 《朱德军事文选》第 557-558 页，解放军出版社 1997 年版。

③ 《全国一心求达目标》，《申报》1947 年 3 月 7 日。

④ 《金九李承晚反响不一致》，《申报》1948 年 2 月 28 日。

⑤ 《金奎植辞议长反对全韩分裂》，《申报》1948 年 2 月 29 日。

⑥ 《金日成传略》第 383 页。

于继续进行此项工作。”[①] 同时，民主独立党领袖金奎植宣称，“北韩当局已接受本人所提参加平壤会议之条件五项，日内即将出途。该五项条件如下：一、反对独裁包括无产阶级独裁在内，而设立真正代议之民主政府；二、反对垄断的资本主义，承认民营权利；三、要求办理全国普选，组织统一政府；四、任何国不得在朝鲜保有军事基地；五、美苏两国政府在规定日期并同意解决撤兵条件及其所引起的问题后，应即实行撤退占领军。”[②] 4 月 23 日南北朝鲜 56 个政党社会团体联席会议发表告全国同胞书，要点是“为建立南北朝鲜之统一中央政府，要求驻屯军撤退。全国同胞要得到本身之利益，必须继续奋斗，不参加任何单独选举，否则将造成永久违反民主利益之分裂局面。本会议决组织全国同胞反单独选举斗争委员会，希望全国同胞联合一致，绝对不参加单独选举。”[③] 4 月 30 日南北朝鲜 43 个政党、社会团体领导人协议会在平壤开会，通过联合声明，宣布：“外国军队撤出之后，签署的各政党将联名召开全朝鲜政治会议，立即成立代表朝鲜各阶层人民的临时民主政府”，并由该政府组织“选举统一的朝鲜立法机关”，“制定朝鲜宪法，成立统一的民主政府”。声明最后表示“绝不承认南朝鲜单独选举的结果，也绝不承认和支持这一选举所产生的单独政府”[④]。5 月 6 日金奎植与金九联合发表声明，“竭力拥护本星期初在平壤通过之计划，主张撤退美苏两国占领军，全国选举制宪议会，决定政体。”[⑤] 5 月 10 日南朝鲜进行单独选举后，金九自知韩国独立希望渺茫，于是暂时退出政治活动。虽然他听说北朝鲜将单独成立政府时也表示反对，认为此举“有背今四月在平壤举行之南北韩政党联席会议精神，故不予同意。”[⑥] 但他在 10 月 27 日单独会见合众社记者还是宣称：“南韩领袖多人希望与北韩共产党谅解，以换取国家之统一，然美国竟不与鼓励，故‘美国政治上在南韩已告失败’。金九称，今日朝鲜之唯一希望，为由联合国重行主持朝鲜大选，此次应南北韩一体举行。渠称，选举后，美苏驻军撤退后，原被外国分化之朝鲜人民，力能恢复真正之国家统一，其后凡为祖国之统一计，而愿与对方协调之爱国民主领袖，即可完成建立统一政府之历史性任务矣。”[⑦] 无奈的是，南北爱国领袖统一朝鲜的美好理想在美苏“冷战”的大格局下是注定无法实现的。

---

① 《金九决出席南北韩联席会议》，《申报》1948 年 4 月 20 日。

② 《金九抵平壤出席联席会议　金奎植日内也将出发》，《申报》1948 年 4 月 21 日。

③ 《南北韩政党联席会议发表文告号召南北统一》，《申报》1948 年 4 月 26 日。

④ 《朝鲜问题文件汇编》，第 82 页。

⑤ 《金九金奎植拥护北韩决议》，《申报》1948 年 5 月 7 日。

⑥ 《北韩将成立单独政府金九等表示反对》，《申报》1948 年 7 月 22 日。

⑦ 《金九吁请联合国重行主持南北韩大选》，《申报》1948 年 10 月 28 日。

金日成与朝鲜基督教[①]

金日成是20世纪朝鲜共产主义运动的杰出代表。他在漫长的革命生涯中与各种团体、个人打过交道，在朝鲜有着广泛影响和众多教徒的基督教自不例外。本文旨在研究金日成与朝鲜基督教的双向互动关系，从而探讨朝鲜共产主义者在本国革命中是如何处理宗教问题的。

（一）

西方传教士从1830年起开始潜入朝鲜传教，至19世纪80年代朝鲜开港后基督教逐步合法化。1910年8月日本帝国主义强行吞并朝鲜后，基督教会同情支持朝鲜民众的反日运动，因而进一步扩大了它的社会影响。

在1919年著名的三一运动中，基督教起了重要的组织作用。据韩国学者金得晃的研究，“在三一运动中，……大众的中心在于基督教，起领导作用的大多数人物都是基督教徒，运动的集会场所大多是基督教会堂，受害最多的也是基督教。”[②] 在这场运动中“有两千多教徒被屠杀，两千多教会指导者被起诉，40多所教堂受破坏”[③]。陈独秀当时在《每周评论》上发表文章介绍说，“这回朝鲜参加独立运动的人，以学生和基督教徒最多。”[④] 金日成后来论及三一运动时也说，“三一人民起义时，朝鲜的三大宗教势力——天道教、基督教、佛教都积极参加了这一斗争”，[⑤] “由于天道教、基督教、佛教等宗教界人士和爱国师生主导，周密地计划，并推进了三一人民起义。”[⑥]

三一运动失败后，由于日本帝国主义加紧对朝鲜民众的剥削和压迫，导致城乡经济凋落，失业增加。百姓或是到中国东北谋生，或为了解脱现世苦难皈依上帝加入基督教会，或信仰共产主义，发动社会革命从根本上解决问题。在新兴的无产阶级运动迅速高涨的情况下，朝鲜基督教知名人士赵尚燮、

① 原载《韩国研究论丛》第8辑，中国社会科学出版社2001年版。
② 金得榥：《韩国宗教史》第318页，中国社会科学出版社1992年版。
③ 金得榥：《韩国宗教史》第321页，中国社会科学出版社1992年版。
④ 《陈独秀著作选》第一卷，第510页，上海人民出版社1984年版。
⑤ 《金日成回忆录》第5-6册，第353-354页，中国社会科学出版社1996年版。
⑥ 《金日成回忆录》第1-2册，第27页，中国社会科学出版社1994年版。

孙贞道等人委派汉城贞洞监理教第三代牧师玄楯以朝鲜耶稣教代表会议的名义出席 1922 年 1 月在莫斯科召开的远东人民代表会议。玄楯还在俄国共产党高丽部制定的调查表上亲笔写道，“目的是争取朝鲜独立，希望是实行共产主义”①。上述事实表明，日占时期朝鲜的“宗教势力并不是单纯地搞宗教信仰活动，也进行了爱国爱民族的运动”②，其中有的基督教徒还是“共产主义的信仰者、支持者和同情者”③。

至 1925 年朝鲜基督教的信徒从三一运动时的 19.6 万人增加到 26 万余人，成了一股不可忽视的社会力量，其中以李商在为首的一派以个人的名义加入 1926 年成立的由共产党领导的反日民族统一战线团体“新干会”。④

（二）

1912 年金日成出生于平壤附近的万景台村。1895 年甲午战争后随着朝鲜北方的基督教势力迅速崛起，平壤很快成了北方教会的大本营。北长老教会韩国宣教部在 1898 年的汇报中说：“平壤的教会飞快发展，不断扩大的建筑物经常满足不了需要。”⑤ 1903 年冬一场信仰复兴运动在饱受民族屈辱的朝鲜民众中迅速兴起，席卷全国各地，其中以平壤的查经祈祷会最为壮观。这次运动大大推进了基督教教义的传播，到 1913 年前后皈依者日渐增多，以平壤为中心的北方尤甚。金日成 7 岁左右就随父母亲从朝鲜中江度过鸭绿江到达临江，1924 年又返回家乡万景台进入七谷彰德学校学习。当时七谷地区基督教已十分流行，有不少宣传基督教的书籍在民间流传，就是在金日成小学的同学中也有很多信奉耶稣的人。他的外祖父本身又是七谷教会的长老，对耶稣教义有很深的造诣。母亲康盘石并非真正信教，但在紧张的劳作之余为了得到片刻的安宁和休息，常常带着儿子进入教堂听祷告。金日成有时还与小朋友一起上教堂。当时松山长老教教堂有时会给进教堂观看做礼拜的孩子分发糖果和笔记本，这对小朋友们来说是有一定吸引力的。幼年的金日成对于基督教不乏好奇之心，他在回忆录中写道，“最先使我接触基督教的则是教堂。”在教堂里“第一次看到了宗教仪式，也第一次听到了牧师宣讲基督教义的说教。”⑥ 然而就儿童心理而言，基督教过于肃穆的宗教仪式的牧师单调的说教并不能真正引起金日成的兴趣。

---

① 《金日成回忆录》第 3–4 册，第 74–75 页，中国社会科学出版社 1995 年版。
② 《金日成回忆录》第 5–6 册，第 353 页，中国社会科学出版社 1996 年版。
③ 《金日成回忆录》第 3–4 册，第 74 页，中国社会科学出版社 1995 年版。
④ 崔昌益：《朝鲜民族解放斗争史》第 55 页，东方书社 1951 年版。
⑤ 王春来：《基督教在近代韩国》第 65 页，中国社会科学出版社 2000 年版。
⑥ 《金日成回忆录》第 5–6 册，第 245 页，中国社会科学出版社 1996 年版。

金日成的父亲金亨稷是个无神论者。他曾对儿子说过，“实际上，教堂那个地方没什么学的，你不去也好。不要相信耶稣，要相信自己的国家，更要相信自己的国家人民。”金日成接受了父亲的劝告，他自己也感到，“耶稣的福音同我国人民遭受的悲痛，距离太大了。耶稣的教义中也有很多人道主义的东西，但对我这个为民族的命运深深苦恼的少年来说，召唤人们去救国的历史的呼声，在耳边震响得更加迫切。”①

然而金亨稷本人毕竟是从教会学校崇实中学出来的，对基督教有很深的造诣，有着众多的教徒朋友。金日成同这些父辈教友有过广泛的接触。家乡浓重的宗教氛围、他的家庭环境为金日成接触、了解基督教提供了有利条件。

（三）

金日成在谈到他与基督教的关系时承认，他“虽然没有受过宗教的影响，可是从人际关系上得到了基督教徒的许多帮助”。② 这里所说的没有受过宗教的影响是指他本人没被宗教幻想所蛊惑，没有接受基督教等宗教的教义，最终信仰的是共产主义。至于广义上的宗教影响显然是存在的。

最早向金日成讲过甲午农民战争及其领导人全奉准生平事迹的人是基督教徒康良煜。康良煜条理分明的讲课使少年金日成受到巨大的影响，极大地刺激了金日成的民族意识。金日成说从此“甲午风云中的英雄全奉准像一颗永不熄灭的火星一样留在我的心田里。”③

然而在所有的基督教徒中对金日成帮助最大的是“在吉林的基督教徒和独立运动者中占有不可忽视的地位”的孙贞道牧师。④ 孙贞道（1872—1931）是韩民族的伟大爱国者，韩国独立运动的先驱，也是金日成父亲金亨稷崇实中学的同窗好友。1912 年孙贞道在中国东北传教时因涉嫌谋刺桂太郎被捕，流放珍岛两年。1919 年三一起义失败后孙贞道流亡中国，在上海的韩国临时政府中担任过议政院议长、临时政府交通总长，与金九、赵尚燮等人发起旨在培养抗日军事人才的劳兵会，任该会董事兼劳工部长。后因韩国临时政府内部派系斗争的激化，孙贞道便从上海北上定居吉林，以自办的教堂为据点，继续从事独立运动。同时孙贞道又是朝鲜留吉学友会的顾问。金日成在吉林进行革命活动时期，得到了孙贞道的一贯积极支持。

在政治上，孙贞道鼓励金日成要继续父亲的遗志，为民族忘我奋斗，成

① 《金日成回忆录》第 1-2 册，第 77 页，中国社会科学出版社 1994 年版。
② 《金日成回忆录》第 1-2 册，第 77 页，中国社会科学出版社 1994 年版。
③ 《金日成回忆录》第 5-6 册，第 246 页，中国社会科学出版社 1996 年版。
④ 《金日成回忆录》第 1-2 册，第 268 页，中国社会科学出版社 1994 年版。

为独立运动的先锋。1926 年孙贞道的次子孙元泰和小女儿孙仁实参加了金日成指导的青年学生运动。金日成用来教育群众的场所就是孙贞道主持的教职工堂，金日成“常到这个教堂去弹风琴，指导演艺宣传队的活动”[①]。

在经济上，孙贞道多次补助金日成的学费，使其能在吉林毓文中学读了三年书，直到 1929 年毕业。每逢节日孙贞道夫妇还热情邀请金日成上他家去改善伙食。

1929 年金日成被奉系军阀逮捕关进吉林监狱后，孙贞道家马上为他送去了被子。孙贞道上还向张作相行贿，往狱吏手中送钱，力图减轻金日成在狱中的痛苦，同时积极展开营救活动，强烈要求释放金日成。在长达七个月的时间里，孙贞道一家人坚持探监，为金日成送衣送食。当金日成出狱向他道谢时，孙贞道已经旧病复发，满面病容，连吃饭都感到困难。即使在这种情况下，孙牧师仍然牵挂着民族的前途和命运。他对金日成说，“国家沦亡，人也病了，只是日夜长叹啊。全知全能的上帝也不给我赐福。”[②] 1931 年春孙牧师在吉林一家日本医院中去世，很有可能是死于日本人的暗害。

孙贞道牧师全力帮助金日成在朝鲜共产主义者中间传为佳话。朝鲜革命的其他领导人金策、崔庸健等人对此了如指掌，耳熟能详。[③] 金日成认为，在朝鲜的基督教徒中，像孙贞道那样把一生献给独立运动的优秀爱国者是很多的，“他们祷告也为朝鲜祷告，向上帝祈求消除亡国的不幸。他们的信仰心一向同爱国心结合在一起，他们要建设一个和平、和睦、自由的乐园的愿望，在争取祖国光复的爱国斗争中找到了自己的位置。”[④]

（四）

1929 年金日成走出中学校门后开始认真学习马列著作，并努力把马列主义的基本原理与朝鲜革命的具体实际结合起来。他认为，“符合人民利益的人民的思想方法”不是靠死读书本也不是靠空谈，而是依靠“与人民的直接的接触，用自己的眼睛和耳朵，直接去体察人们的声音、呼吸、眼神、表情、语气、手势、姿态”[⑤]。在这种从实际出发实事求是思想路线的指导下，金日成制订了正确的宗教政策，在抗日革命中收到了很好的效果。

金日成认真研究了基督教在朝鲜的历史和现状，认定朝鲜的基督教徒与天道教徒、佛教徒一样，绝大多数是爱国者。1930 年 6 月底 7 月初他在共产

---

① 《金日成回忆录》第 1-2 册，第 279 页，中国社会科学出版社 1994 年版。

② 《金日成回忆录》第 1-2 册，第 280 页，中国社会科学出版社 1994 年版。

③ 《金日成回忆录》第 3-4 册，第 458 页，中国社会科学出版社 1995 年版。

④ 《金日成回忆录》第 1-2 册，第 268-269 页，中国社会科学出版社 1994 年版。

⑤ 《金日成回忆录》第 1-2 册，第 202 页，中国社会科学出版社 1994 年版。

主义青年同盟及反帝青年同盟领导干部卡伦会议指出，在朝鲜反帝反封建的民主革命中，“不仅是工人、农民，而且青年学生、知识分子、爱国的宗教徒、民族资本家也都可以成为革命的动力”，必须“把那些对民族解放具有利害关系的反日爱国力量都团结起来，都动员起来。”① 他强调，“只要有爱国爱民族的精神，不论任何阶层我们也都能同他们携起手来”②，结成反日民族统一战线。

1936 年金日成创立了祖国光复会，他在该会成立宣言中号召：“全朝鲜民族要不分阶级、性别、地位、党派、年龄、宗教的差别，一致团结起来，同仇敌日本侵略者进行斗争，光复祖国，建立真正的朝鲜人民政府。”③ 为了确保朝鲜人民的人格平等和宗教信仰自由，动员他们投入全民族的抗日斗争中去，④《祖国光复会十大纲领》明确规定“男女、民族、宗教等无差别的一律平等”。金日成还要求祖国光复会慎重地做好宗教徒的工作，“在他们中间加强爱国主义教育，逐渐引导他们参加反日民族统一战线。……即要讲团结，又要同他们的消极面作斗争。”⑤

但是金日成这种“用合乎我们人民的口味的方法”从本国实际出发团结人民教育人民⑥的正确观点却遭到了革命阵营内部某些人的反对。这些人只知道机械地背诵经典著作中的某些词句，坚持不符合朝鲜具体国情的现成理论，教条式地认为与工人农民以外的阶层结成同盟是一种梦想，同宗教徒、企业家阶层更是不能携起手来的。在这种左倾思想的指导下，从 30 年代初在朝鲜北部新建的一些赤色农民组合以破除迷信为名，用石子敲碎礼拜堂的玻璃窗，或者推倒礼拜堂屋顶的十字架，甚至从出入礼拜堂的人手里抢夺《圣经》，在众人面前撕掉。对这种简单粗暴的做法金日成很不以为然，他认为“产生这些缺点原因是，农民组合没有正确的共产主义的领导，……领导农民运动的上层人物，对农民运动的发展没有科学的预见和正确的策略。”⑦ 金日成认为在抗日复国的伟大斗争中不应该排斥包括基督教徒在内的宗教徒。针对革命队伍中一些人对于宗教徒的不信任和偏见以及不论任何情况都生搬硬套马克思关于宗教是精神鸦片这句话的狭隘机械的观点，金日成作了大量的解释开导工作。他提出，“对马克思关于宗教是人民精神的鸦片烟这一论断，不应该作极端而片面的解释，这一论断，说的是要警惕被宗教幻想所蛊惑，而不是

① 《金日成回忆录》第 1–2 册，第 308 页，中国社会科学出版社 1994 年版。
② 《金日成回忆录》第 5–6 册，第 240 页，中国社会科学出版社 1996 年版。
③ 转引自朝鲜劳动党中央委员会党史研究所编：《朝鲜劳动党简史》第 113 页。
④ 崔昌益：《朝鲜民族解放斗争史》第 129 页，东方书社 1951 年版。
⑤ 转引自朝鲜劳动党中央委员会党史研究所编：《朝鲜劳动党简史》第 117 页。
⑥ 转引自朝鲜劳动党中央委员会党史研究所编：《朝鲜劳动党简史》第 404 页。
⑦ 《金日成回忆录》第 5–6 册，第 518 页，中国社会科学出版社 1996 年版。

说要排斥一切宗教。只要是爱国的宗教徒，就无论谁都应该去携手团结。”事实上对于绝大多数朝鲜基督教徒来说，基督教是他们在亡国时期在逆境中生存争取民族独立的精神寄托。以抗日救国作为自己首要使命的抗日游击队是“为全体朝鲜民族而奋斗的”，共产主义者在游击队中起骨干作用“并不因此就要排斥其他阶层和其他力量；即使是宗教徒，如果他愿意，也要毫不犹豫地把他吸收到我们的武装队伍里来。”① “我们应该做的工作是，把这些爱国者团结成一股力量。”② 由于金日成及时地说明了统一战线的政策和对待宗教徒的原则立场，游击队中一度出现的看不起入伍的宗教徒，随意给他们起绰号的不良现象得到了纠正。

在祖国光复会向国内发展的历史进程中同样体现了金日成对宗教徒正确的统战政策。金日成在选定首批建设祖国光复会组织的国内区域时，咸镜南道的丰山被列入其中。丰山地区除了在地理上靠近中朝边境，很早以前就以反日思想强烈著称等原因外，居住在那里搞独立运动的数百名基督教徒和天道教徒也是一个重要的被考虑因素。后来的事实表明，“在盖马高原一带的祖国光复会组建工作中，丰山地区的工作成绩最佳”③。祖国光复会这一反日民族统一战线组织团结的对象“不仅是工人、农民、学生，而（且）也包括了反日的企业家、商人、宗教家等阶层”，会员最终多达到 20 万余人，④ 为朝鲜的祖国光复作出了重大贡献。

（五）

1945 年 8 月朝鲜祖国光复后，北半部的信教人数达北半部总人口的四分之一。一些宗教徒尤其是基督教徒，由于对共产党的宗教政策抱有错误的认识并在崇美思想的影响下，产生了严重的动摇，甚至在美帝的指使下进行反革命阴谋活动。金日成在接见宗教界人士时，向他们具体解释了共产党关于保障信仰自由的宗教政策和统一战线政策，并要求他们“信仰宗教也要保持朝鲜人自己的精神，使自己成为一名为反对美帝国主义的侵略政策，实现祖国的自主独立和繁荣富强而献身的爱国的宗教徒。”⑤ 他提出：“信仰上帝不要信仰外国的上帝，而应该信仰朝鲜的上帝；作为教徒也不应该成为散布崇美思想的教徒，而应该成为争取祖国自主独立而斗争的爱国宗教人士。”⑥ 金

① 《金日成回忆录》第 5–6 册，第 227 页，中国社会科学出版社 1996 年版。

② 《金日成回忆录》第 1–2 册，第 202 页，中国社会科学出版社 1994 年版。

③ 《金日成回忆录》第 5–6 册，第 249 页，中国社会科学出版社 1996 年版。

④ 崔昌益：《朝鲜民族解放斗争史》第 130 页，东方书社 1951 年版。

⑤ 转引自朝鲜劳动党中央委员会党史研究所编：《朝鲜劳动党简史》第 221 页。

⑥ 《平壤新闻》1987 年 6 月 24 日。

日成的讲话使许多宗教徒启发了觉悟，他们纷纷积极支持党的民主主义民族统一战线方针。当时北朝鲜除了共产党之外，还成立了天道教青友党和民主党，其中民主党就吸收了不少基督教徒。

金日成还在祖国光复后不久派专人寻找韩国独立党领袖安昌浩烈士的妹妹安信好。派遣员在找到安信好时向金日成报告说，此人成天抱着《圣经》不放，看来像一个笃信基督教的女人。金日成当即指示，即使安信好信教也会有爱国之心，党要很好地影响她，引导她。他认为“能否把广大群众团结到党和革命的一边，是决定党的命运和革命胜败的关键问题。”① 在当时朝鲜北方疏远，歧视宗教徒的情况下，金日成能够顶住压力，坚持自己正确的立场，做有影响的基督教徒的工作是难能可贵的。在他亲自关怀下，安信好数月之后就入了党，后来任朝鲜民主妇女同盟中央委员会副委员长。

1948 年朝鲜民主主义人民共和国成立后，在宪法中明文规定了宗教信仰自由的条款。但是当时仍有一些地方歧视教徒、敌视宗教，引起了社会的议论。金日成指出，“这不是普遍的现象，更不是按照中央的组织意志行事而发生的弊端”，责任应由朝鲜党内的宗派分子负。②

在 1950 年至 1953 年的朝鲜战争中，北朝鲜的一些礼拜堂被美国飞机炸毁。当地民众认为“上帝”未能制止住这种野蛮暴行，出入礼拜堂从事宗教活动的人们在逐渐减少。由于基督教徒们认为宗教在开拓人的命运方面不起作用，因此在战争结束后并没有急于兴建成教堂，而是募集资金首先兴建人民生产、生活急需的住宅、厂房和校舍。金日成领导的朝鲜政府则在医治战争创伤后出资兴建教堂，保障宗教徒的生活条件。另一方面朝鲜劳动党在严峻的国际国内形势下，为了抵制反动宗教势力猖狂的反社会主义的活动在宗教政策上加强了防范和限制措施。但在国家建设中功绩卓著者仍然受到政府的表彰和嘉奖，1968 年在迎接朝鲜建国 20 周年的庆功受奖人员中就有基督教的牧师和传教士。根据 1972 年新宪法的规定和选举结果，康良煜牧师还被选为国家副主席。1973 年朝鲜劳动党总书记金日成重新提出宗教问题，认为“基督教具有解放民众的志愿”③，以此为起点全面调整宗教政策。1972 年首先恢复了长期被关闭的平壤神学院，从 80 年代开始又在一些综合性大学的历史系里新开设了宗教专业，培养新一代的宗教专家。1990 年朝鲜的最高学府——金日成综合大学历史系也开设了宗教学科，并首次聘请韩国神学家洪东根牧师前往讲学。1992 年 4 月朝鲜最高人民会议通过的新宪法重申了宗教信仰自由的原则，并增加了“允许建造宗教设施和举行宗教仪式”的条文。年

① 转引自朝鲜劳动党中央委员会党史研究所编：《朝鲜劳动党简史》第 213 页。

② 《金日成回忆录》第 5-6 册，第 239 页，中国社会科学出版社 1996 年版。

③ 《朝鲜中央年鉴》1974 年，第 261 页。

底七谷教会在金日成外祖父任过教职的平安南道大同郡兴建起来。

金日成在领导朝鲜人民进行社会主义革命和社会主义建设的实践中，提出了他的主体思想。其基本原理是“人是一切的主人、人决定一切、人是世界的创造者和支配者”①。在他看来，“祈祷天下人都过上和平又和睦生活的基督教精神与主张人类自主生活的我的思想是并不矛盾的。”② 在朝鲜确有不少基督教徒接受了金日成的主体思想，自动放弃了他们的宗教信仰。另一方面金日成为了实现祖国的自主和平统一，仍然十分注意做好境外韩民族基督教徒的统战工作，始终将爱国爱民族的思想感情作为联结宗教徒的纽带。他在接见回国定居的原韩国驻西德大使崔德新时指出，“无论在北方生活的还是在南方生活的，都应该把民族放在首位，为统一问题着想，……没有了民族，……搞民族主义有什么用！信仰‘上帝’又有什么用呢！”③ 他在晚年撰写回忆录时念念不忘祖国的和平统一大业，对朝鲜北南双方以及侨居海外的所有爱国的基督教徒、天道教徒、佛教徒寄予厚望，号召他们为早日实现民族统一、民族自强、民族大团结、结束分裂悲剧而共同奋斗。他认为“七千万同胞在统一了的祖国疆土上世世代代过幸福生活”，既是朝鲜共产主义者的目的和理想，也是宗教徒所“盼望的世界——地上天国”④。

① 《金日成回忆录》第5-6册，第239页，中国社会科学出版社1996年版。
② 《金日成回忆录》第1-2册，第77页，中国社会科学出版社1994年版。
③ 《金日成回忆录》第1-2册，第309页，中国社会科学出版社1994年版。
④ 《金日成回忆录》第5-6册，第262页，中国社会科学出版社1996年版。

韩国“世界基督教统一神灵协会”在东亚

（一）

在当代世界众多的邪教组织中，韩国人文鲜明的“宗教联合会”势力很大。这个邪教组织原称“世界基督教统一神灵协会”，简称“统一教会”，由文鲜明于1954年在韩国汉城创建。

文鲜明，原名文龙明，1945年改现名，意即“日月之光华”。1920年1月出生于朝鲜平安北道的一个农民家庭。根据日本统一协会月刊《新天地》1974年连载的《文鲜明传记》称：“先生还在母亲胎内的时候，有几个亲戚梦见黄龙乘着光，投入他母亲胎内，可能因此先生被命名为文龙。长大后，经过长达九年的与撒旦血腥的斗争之后，把握了解开上天奥秘的钥匙，才从‘天’领受现名文鲜明。”① 文鲜明7～13岁时在私塾学习汉文，接受儒家教育。15岁时，姐姐首先精神失常，接着哥哥鬼魂附体，因此痴迷于招魂术的文鲜明和全家人一道加入基督教长老会，文鲜明在当地传布长老会教派思想。1936年，16岁的文鲜明自称见了基督，基督对他说：“你当去完成我未竟的事业。”1938年他高小毕业，进入汉城商工实务学校学习电气专业，接受技术教育，想当一名电气方面的技术人员，但他后来并没有做到这方面的工作。1941年4月至1943年9月在日本早稻田大学附属高等工学校电气科留学，据说参加过韩国独立运动，1943年10月回国。1944年初在朝鲜京城土木建筑会社任电气技师。10月因参加过韩国独立运动被捕，1945年2月获释。1946年，他在京畿道坡州郡临津的“以色列修道会”，向金百文学了几个月。后来他自称神的启示，要金将他当做所罗门王，向他祝福，又指示当地的妇人要服从文而不是金，导致师徒关系恶化。同年4月文离开了临津的“以色列修道会”，决定“自己搞一番事业”，开始传教。7月文来到平壤，加入“广海教会”的“分血”运动，因分得一流富豪朴某之姑的“纯净”之“血”，而进入“广海教会”的领导层。1948年2月由于文强行与女信徒金某进行分血

① 转引自王跃主编：《世界邪教》第63页，珠海出版社2000年版。

式，被金丈夫告发，以奸淫罪嫌疑被捕，判刑 5 年 10 个月。关于此事后来被该教说成是文因为发表反对朝鲜人民政权的言论才被捕的。

1950 年 6 月韩战爆发，文在美军占领兴南监狱时获释，先后到釜山、汉城一带，在那里创建了自己的“学说”，写出《经书原理》（1957 年在汉城出版），书中宣称自己是“上帝”、“救世主”。“神就住在我的体内，我就是神的肉身，我把全世界都掌握在手里，我将要征服全世界。”文采用 72 小时不间断的说教方式，向教徒灌输教义，认为有蛇的血统的堕落的人类必须通过“分血”仪式，即与没有蛇的血统的救世主或被救世主救过的人性交，才能得救，要求教徒不分昼夜地研讨和修炼，直到完全信服为止。按照教义，韩国是亚当国，日本是夏娃国，美国是天使国，三国结成统一战线，与撒旦方面的朝鲜、中国和苏联进行最后决战，认为“一切人都是撒旦的子孙，要使撒旦屈服，必须服从文鲜明”，苏联是“撒旦”（恶魔）手中的工具，发誓要“打倒”马克思主义和社会主义国家，“和共产主义斗争到底”，最终建立以文为中心的“救世主国”、“地上天国”。[①]

1954 年 5 月 1 日文在汉城挂出“世界基督教统一神灵协会”的牌子，不到一年就发展了 200 多个信徒。1955 年梨花女子大学 19 名师生因参加“世界基督教统一神灵协会”而被除名。7 月文因“扰乱社会治安和破坏风纪”嫌疑被捕，3 个月后因证据不足被释放。当时报纸曾经以“暴露了真相的统一教”、“与我发生关系就能得救”等标题大肆报道，揭露文常“用 72 小时的说教方式”，夺取女信徒的贞操。[②] 1960 年，他与一名 18 岁的女大学生结婚，新娘让他“册封”为“世界之母”，这是他的第 5 次婚姻。他一共有 13 个子女。

1961 年发动军事政变上台的朴正熙，确定“以反共为第一国事”，统一协会由此得到国家政权的庇护，得以迅速发展。同年文鲜明为朴正熙组织过反共大会。1966 年文鲜明又出版了《原理讲论》又名《原理要纲》，该书被认为是教中最重要的经典，已译成了中、英文等文字。《原理讲论》称，现在朝鲜半岛民主和共产两种政权隔着 38 度线互相对垒，“是神的前线又是撒旦的前线”，也是东亚文明互相融合的地方。所以基督将会降临东方的韩国，而再临的基督实际上就是文鲜明。《原理讲论》总序说“神已经在此地上，为了解决这样人生与宇宙的根本问题，差遣了一位。这位先生，就是文鲜明先生。”[③] 他要建立地上天国，完成耶稣未完成的救世工作。1981 年还成立了统一教会历史编委会。

---

① 《各国宗教概况》第 18 页，中国社会科学出版社 1984 年版。

② 王跃主编：《世界邪教》第 64 页，珠海出版社 2000 年版。

③ 转引自李昭主编：《邪教 · 会道门 · 黑社会》第 136 页，群众出版社 1999 年版。

在经济方面，统一教经营的“统一集团”已经名列韩国财阀集团前30名，到1989年该教属下的公司已经超过300个，拥有不动产一兆韩元。其中有韩国最大的一家人参药工厂和一个生产M-16步枪、高射炮等武器的一家企业，而该企业是韩国国防装备的承包商。1985年成立的“民众佛教运动联合”在成立宗旨书中指责，现在的韩国政治腐败、垄断财团受到政府的庇护，地域、阶层间的不均衡日益加深，这些都威胁着民众的生存权。这些话同样可以理解为对与政府有特殊关系的“统一集团”的不满。

冷战时期，该教支持亚洲“胜共联合”组织，“胜共联合”在韩国、日本有上百万人的支持者，并与台“世界反共联盟”有密切的联系。统一教会除了在美洲办有《纽约论坛报》、《世界消息报》等报刊外，在韩国和日本还拥有《世界日报》、《新天地》。文鲜明还责成其在世界各地的信徒无偿向民众散发宣传“教理”的小册子、精美画册、图片，定期书刊，而该信徒必须“自愿”向其头目交付全部印刷品的费用。

为了扩大影响，统一教会还积极从事慈善活动。它的“国际救助友谊基金会”的医疗队曾经在亚洲、非洲和南美洲为人治疗，并在泰国援助过越南难民。另外从1992年11月开始，自1960年4月就创始的统一教会集体婚礼也冲破韩国国界走向世界。

1993年金永山就任总统以后，韩国政治开始由“军人权威”转向“文人政党”，政治民主化进程大大加速。在南北关系方面，寻求和平统一的努力全面展开，所有这些不能不对以往强硬反共的统一教会产生重大的影响，迫使文鲜明等任调整对朝鲜的策略。1995年统一教会利用朝鲜争取引进外资的机会，打入朝鲜，在朝鲜北部兴建了一座大型教堂。

（二）

1956年、1969年文鲜明二次访美，在第二次访美时他在华盛顿建立了“保卫自己，恢复美国建国精神，克服共产主义的组织”——“自由领导财团”。① 1971年文在美国定居，1973年在美国建立统一教会总部。同年他说，如果他在美国50个州中每州安排160个文鲜明分子，那么，他就能在众参两院呼风唤雨了。这充分暴露出文鲜明企图最终夺取政权，实现以“教主”为中心的“宗教王国”的政治野心。

1958年他派弟子到日本传教，次年在日本建立教会组织。文鲜明在日本、美国开办了许多企业，其中还有生产武器的工厂，有自己的印刷厂。由于“敛财有方”，他挤入世界50个金融巨子行列，他创建的“统一教会”（后改

① 王跃主编：《世界邪教》第65页，珠海出版社2000年版。

名为“宗教联合会”）便成为最富的邪教组织。据专家评估，统一教在美国、日本和韩国拥有 26 亿美元的财富。

20 世纪 70 年代后，韩国佛教正式向海外布教。东国大学译经院搞了《韩语大藏经》，1974 年韩国佛教界在汉城召开了第一次世界佛教大会，并出版了《佛经圣典》，表明了韩国佛教界已经从隐遁状态开始面向现代社会，努力发挥自己的作用。① 韩国佛教界为佛教现代化所作的努力对统一教会不无影响。在此刺激下，统一教会加快了向海外布教的步伐。

1971 年 4 月，统一教会在由韩裔日本人福田信子传入台湾的 4 年以后，终于以“世界基督教统一神灵协会台北教会”之名在当地政府获准登记。在该教蛊惑下，台湾大学的学生产生传教热，办理休学手续，专门进行传教，而且男女杂居一室。因此许多家长向政府控诉统一教唆使子女辍学，献身所谓的宗教事业。有的把统一教视为鸭蛋教或男女淫乱的邪教。1975 年 2 月台北市民政局以统一教“传教行为妨害善良风俗、社会安宁公共秩序，严重违背我国固有道德，已非合法纯净宗教活动”② 为由，撤销了对该教的登记许可。在这以后该教就以“基督教家庭教会”的名义传播。到 1989 年该教教徒有 500 人左右，成立了“环宇国际文化基金”，进行了一些国际学术会议。1990 年台湾“内政部”在海内外一些学者的公开说情下，解除了对统一教的禁令。到 1995 年统一教信徒发展到 4 万余人。同年台湾有 8000 对夫妇参加了 8 月 25 日统一教会的集体婚礼，其中有 7500 多对是已婚的，只有 400 多对是文鲜明介绍的。1995 年台湾基督教长老会在第 42 届总会上发表声明，指斥统一教有基督教之名而无基督教之实，曲解《新旧约圣经》之教训。台湾罗东长老教会王英世牧师著有揭露统一教的专著《另一种安非他命——关于统一教》指出，该教教义严重曲解《圣经》，在短时间内改变一个人的思维、意志和人格。基督教徒如果不想受其迷惑，最直接的方法是不去接近该教。

1976 年 3 月统一教下属的“韩国人参出入口公司”进入新加坡，是该教进入新加坡的开始。这一公司的三个负责人分别是美国、日本和新加坡人。1980 年 9 月统一教在新注册。1982 年 4 月新加坡政府将统一教列为邪教进行取缔，内政部长发表文告说，“统一教如继续存在下去，将对新加坡的公众福利和良好秩序有害”③。不过 1986 年该教改头换面，以“道德之家协会”的名义再次注册成功。

在新加坡、马来西亚，统一教以“道德之家协会”等欺骗性名称引诱涉世不深的中学生、大学生入教，却事先不告诉他们所加入的是统一教。他们

---

① 参见《韩国研究论丛》第七辑，第 388-389 页，中国社会科学出版社 2000 年版。

② 转引自李昭主编：《邪教 · 会道门 · 黑社会》第 165-166 页，群众出版社 1999 年版。

③ 转引自李昭主编：《邪教 · 会道门 · 黑社会》第 164 页，群众出版社 1999 年版。

教唆学生对自己的家长和学校撒谎，明明是参加该教组织的住宿研讨会或宿营，却对家长和学校谎称是去住朋友家或学生宿舍；明明是1989年8月去伦敦参加统一教青年大会，却向学校撒谎说去参加一次教育性旅游；该组织竟然为学生们开具假证件，编造子虚乌有的证明材料，向学校“证明”这些学生参加了国际作文比赛并荣获奖励等；他们还以能够为信徒取得美国、韩国永久居留权的名义引诱青少年入教。当学校或家长反对学生参加他们的组织活动时，他们教唆学生说“这是撒旦在作怪”，煽动学生们抛弃学业与家庭，离家出走，加入统一教的“大家庭”，从而导致许多家庭离散。1990年7月新加坡内政部根据社团法，以“企图在新加坡恢复统一教活动，而且其教义及活动方式有损于宗教和谐、家庭生活和社会凝聚力”为由，宣布解散统一教的变种“道德之家协会”，注销其注册。

（三）

在西方有人把统一协会称之为“东方的基督教”，其实，文鲜明的“教理”只是各种基督教流派（含对《圣经》故事的任意解释）和佛、道、韩国民间信仰以及一些现代科学名词的西方哲学的大杂烩。他自命“上帝”、“第二个基督”，宣扬“世界末日论”，认为这个末日实际上就是第三次世界大战，那时人类将遭到毁灭。但是，由于有文鲜明，有他的教会组织，有他的战士，就可以战胜魔鬼，拯救人类。所以，人们要做的只有一件事：听从文鲜明，爱文鲜明，为文鲜明效劳。他向信徒们宣称，仅仅灵魂得救是不够的，上帝的旨意是建立一个神权统治的世界，在达到这一目的之前，第二基督（即他本人）将要摧毁邪恶的现存世界。他还宣称，如今人们已经生活在“最后的日子里”，上帝之国即将到来。这种机会以前曾经有过，但是被耽误了，人类为此付出了沉重的代价，遭受到无限的痛苦。而新的基督也就是他本人已经在朝鲜降生，20世纪后半期将是建立“上帝之国”惟一的历史时期。后来他又把上帝之国建立的时间重新定在2001年。[①] 人们在这里不难看出，文鲜明的目的在于创造“惟一的理论”、“惟一的宗教”和“惟一的王国”。

文鲜明是以其怪言异行而闻名于世的。首先，受韩国邪教组织“淫棍派”影响，鼓吹女信徒通过与教主性交可以消除人类固有的罪性；规定女信徒入教后先要把自己的肉体奉献给教主，通过与教主性交进行“血液清洗”（即清除血液中魔鬼撒旦的遗传成分）。男信徒也可以通过与被文鲜明“清洗”过的女信徒性交获得“纯洁”。这种入教时进行的淫乱行为，竟被文鲜明称之为“洗礼”！其次，在上述淫乱行为遭到普遍指责后，文鲜明将“血液清洗”改

① 参见《再论邪教》第50页，广西人民出版社2002年版。

作为男女信徒指派婚姻，举行所谓“集体婚礼”，由教主文鲜明为“新人”主婚“祝福”。1995 年 8 月 25 日在统一教在汉城举办的“世界文化暨体育大庆典”上，文鲜明及其妻子为全球 325000 对新人“祝福”，这就是所谓“有史以来最为盛大的一次集体婚礼”。据说，通过这样的结婚方式，可以建立“理想家庭”，达到“血统的转变”，“融合种族的差异”，最终“有益于世界和平”。后来该教进一步提出，只要认同他们的“理想家庭”，事先填表，不论是否已婚，均可参加此类庆典。然而国内外许多专家学者指出，文鲜明这套“集体婚礼”的把戏无非是“乱点鸳鸯谱”，搞所谓“跨国婚姻配对”，是统一教这个“淫乱集团”哗众取宠的闹剧。① 第三，文鲜明规定，入教者必须离开自己的父母，要把全部财产献给教会，以教会为家，过艰苦生活，全部收入归教会。如果是未婚者，必须为教会奉献 7 年的劳动，才能由文鲜明指定婚姻；如果是已婚者，严禁再与配偶性交。但在同时文鲜明又宣称，他与妻子的结合能产生血液未被撒旦玷污的新人类，

文鲜明本人及其家庭极其堕落腐化。他先后娶过 4 个妻子，离过 3 次婚，说明其婚姻不是神圣的，而是失败的；他口口声声仁义道德，然而在其家庭却充满了奢侈、腐败、贪婪、内讧、吸毒、毒力等。文鲜明的个人财产就有 1600 万美元，他的宫殿式的豪宅价值不菲。文鲜明个人的纳税额达 4248 万韩元，名列韩国高纳税者前十名。其长子文郝金公然宣称，自己所受的是手枪、毒品注射针和音乐，他承认曾把统一教的基金用于他个人挥霍，并侵占了 40 万美元准备开办一家音乐公司。② 文郝金之妻洪韩苏离家出走后，在所著回忆录《在文家的阴影下》中，揭露了文鲜明家庭中吸毒、赌博、性虐待、家庭暴力等最为黑暗的秘密。她控诉在自己正在纽约上高中，还不到 15 岁时，就被迫与丈夫结婚，先后为其生了 5 个孩子，在其暴力下生活了 14 年之久，被丈夫当做纵欲的玩物和暴怒的发泄器，并被其传染上了性病。

到 1977 年该教在全世界 120 多个国家与地区，拥有 200 万信徒，其中韩国 38 万，美国 30 万，日本 26 万，到 1985 年发展到 300 万。同年统一教申请加入“世界基督教协进会”，遭到拒绝。1986 年 5 月，梵蒂冈公开指责统一教的活动“破坏家庭”。韩国现代宗教研究所所长卓明焕在同年第 6 期《基督教教育》上发表文章，指出统一教“主张统一政治、经济、思想、文化、宗教，在教会内形成以文鲜明为中心的统治权。”“他们通过支援巨额金钱收买大学教授和寄生教会的负责人，以此树立文鲜明为首的统一教的形象。”③

到 1992 年统一教会在 138 个国家设立了支部，自称信徒有 400 万人。

---

① 转引自《再论邪教》第 61 页，广西人民出版社 2002 年版。

② 转引自李昭主编：《邪教 · 会道门 · 黑社会》第 161 页，群众出版社 1999 年版。

③ 转引自李昭主编：《邪教 · 会道门 · 黑社会》第 162-163 页，群众出版社 1999 年版。

1996 年 1 月文鲜明在菲律宾马尼拉国际会议中心为 984 对新人举行的“集体婚礼”，被菲律宾移民局和国调局视为是非法招募菲律宾女劳动力进入韩国的幌子；因为这场婚礼上的新郎全部来自韩国，他们每人向教会支付了 2000 美元的手续费，而新娘则全部是菲律宾人，一旦新娘们进入韩国，将可能从事家佣或性伴侣等行当。因此菲律宾当局下令无限期禁止 984 名本国新娘离境。

看来在如何认识文鲜明及其统一教会的问题上，存在着严重的分歧，而这些分歧又反过来影响有关国家和地区对统一教会的政策，影响到这些国家和地区的社会发展。在这个问题上，我们希望听到韩国宗教界和主流学者更多的声音。

七、学科建设与课题论证

中国近代史的教学改革[①]

一、理论基础与基本内容

1. 变革教学大纲和教材的总体结构，扩大学生的基本知识领域

我们在修订的教学大纲和编撰的教材《中国近代史教程》[②] 中，对总体结构重新调整。除了保留以往教学大纲和教材中的政治斗争与军事斗争等内容外，加强了经济和对外关系方面的内容，如较为详细地阐明民族资本主义的发生、初步发展和进一步发展这三阶段的状况，注意介绍清政府在外国建立使领馆及其外事活动；尤其是增多了文化方面的篇幅，使之独立为七章中的一章，不仅谈到哲学与史学、文学和艺术、科学与技术，而且述及过去教学大纲和教材从未讲过的新闻出版与中学西播、教育卫生和体育、社会生活的变化等内容。这就使学生能够获得近代政治、军事、经济、文化和对外关系等方面较为完整的基本知识。

2. 更新与充实教学内容，提高学生的知识水平和思想水平

我们在修改教学大纲与重编教材的过程中，注意吸取史学界已有的特别是近期的研究成果。例如，关于中国近代对外贸易和企业创办的统计资料，几乎全部以新换旧；民族资本近代企业的出现，改用1866年在上海虹口开设的发昌机器厂作为最早的一个典型；洋务运动的起讫时间和评价采用新的结论。

3. 改进教学方法，调动学生的学习积极性

教学方法切当与否，也很重要。讲述近代历史要求条理清晰，简明扼要。

---

① 原载《追求卓越》，上海师范大学教务处2005年9月印行。

② 主编郭豫明教授是本项教学改革项目的负责人。

二、实践效果和推广价值

实践表明，上述构想是必要和正确的，取得较好的效果。社会影响也较大。我们编撰的《中国近代史教程》（34 万字）于 1993 年 8 月由华东师范大学出版社出版后，随即受到社会的关注，上海电视台、《文汇报》、《历史教学》等新闻传媒和学术刊物作了报道。除参加编撰的学校外，南京大学、厦门大学、华南师范大学和海南师范学院等校也用作教材，还有一些高校表示将要采用；同时也获得同行专家的高度评价。在 1994 年 1 月的成果鉴定会上，来自上海高校与历史研究所的学者一致认为，这是一本具有知识性、科学性、稳定性和思想性的好教材。目前，这部教材正作进一步修订，并得到上海市教委的支持，被列为重点教材建设项目。

《中国近代社会史》课程建设自我总结

中国近代社会史的课程建设是在本人在二十多年来教学与科研的基础上逐渐进行的。

本人自 1985 年研究生毕业留校后，为历史系本科学生开设过中国近代史、中国近代会党史、中国近代会道门史、民国土匪史、辛亥革命史、抗日战争史、中国近现代史专题等课程。人文学院成立后根据领导的安排，本人为人文学院的本科生开设中国近代社会史不下十次。教学效果良好，教学态度认真，自 1999 年至 2008 年获人文学院优秀教学奖二等奖 3 次、三等奖 4 次。

本人认为，本科教学是学校的根基所在，绝对不能马虎，因此每开设一门课程一定要有相应的学术论文发表（累计在《历史研究》、《近代史研究》、《抗日战争研究》、《党史研究与教学》等刊物上发表文章两百余篇），同时要吸收学术界最新的研究成果，这样才能引领学生，提高教学效果。由于教学的需要，本人认为自编选修课教材极有必要。在此之前本人参加编写过《中国近代史教程》（郭豫明主编）、《中国现代史新编》（郭绪印主编）、《中国史学史》（汤勤福主编）等大学教材，有一定的相关经验。

本人有志于近代社会史的研究，二十多年来在相继进行近代帮会、会道门、绿林、贩毒、妓女群体研究的同时，注意收集有关的史料，关注这方面的学术动态。经过长期的酝酿和艰难的准备，本人决定撰写《中国近代社会史》系列教材，并在2007年底与合肥工业大学出版社达成了总体意向。

2003年10月《中国近代社会史》最早在教务处立项，《中国近代社会史》一书的初稿于2005年12月经过了校内外专家小组的评审，各位专家在肯定书稿的同时，也提出了一些建设性的意见。本人根据这些宝贵的意见，结合本科生的教学，不断地完善、修订《中国近代社会史》的电子文本。2007年寒假期间，本人又花力气将《中国近代农业史资料》、《中国近代手工业史资料》及《中国工人阶级历史状况》中的相关基本史料一一整理，补充进书稿。同时新写了《晚清上海乞丐初探》、《老上海的茶馆》等论文充实书稿。

中国近代社会史是中国近代史研究的四大板块之一（其他三块分别是政治史、经济史、思想文化史），是相对薄弱的环节。不了解社会史要深入研究其他三大板块是不大可能的。“文革”结束后，乔志强先生曾经出过一本《中国近代社会史》，该书重点在于阐释社会的结构，而且处在改革开放的初期，有些话没有讲透。同时由于印数较少，一些大的图书馆都没有收藏，现在早已脱销，无法满足广大史学工作者和文史爱好者的需要。

《中国近代社会史》一书首先介绍中国社会史研究的历史与现状，即学术发展史。其次按社会结构、社会组织、社会生活与社会问题四大方面来写。其特点是突出了上、下层社会的对立与联系。在社会结构一章中，不仅仅写官（皇帝、宗室、大臣）民（士、农、工、商及其变化）而且要写各种贱民。社会组织一章中，不仅仅合法的组织（家庭、宗族、行会、同乡会、学会、商会和立宪组织）也要写非法的组织（外国的教会、中国的会道门、帮会、土匪等）。社会生活主要写衣食住行以及人们的婚丧喜庆，不仅注意男性的生活，而且把更多的注意力转向压在社会底层的女性（揭示从溺婴、缠足、谨守男女之防到买卖婚姻、守贞守节这一女性苦难的人生历程）。这与国际史学界越来越注重女性史是接轨的。社会问题着重论述旧社会的丑恶现象——黄、赌、毒等，重点在于揭露上层的参与和操纵，这可能是本书的一个特色。

《中国近代社会史》教材的鲜明的特色（略）

中国近代社会史是继续学习和开展帮会与下层社会史研究的基石。为了取得中国近代社会史更好的教学效果，本人决心将此课程建设继续进行下去。从2009年1月到2010年3月本人相继出版了与此相关的拓展型教材：《中国近现代史专题》、《中国近代会党史》、《抗日战争与中国社会》、《中国近代会道门史》、《中国近现代社会问题研究》。

《中国近现代史专题》要依据中国近代史资料丛刊和相关档案资料，对鸦片战争、太平天国、第二次鸦片战争、洋务运动、中法战争、中日甲午战争、戊戌变法、义和团、辛亥革命、北洋军阀、五四运动、国民革命、土地革命、抗日战争、解放战争进行了纵向的个案研究，涵盖了政治、经济、军事、思想、社会、文化教育、对外交往等横向专史的领域。注意到中国近代史上历史人物、团体、政党与外界的互动关系。创新之处是突出了反帝反封建的主题，勾勒了近代社会演变的基本轨迹。特点是以个案为切入点，分析中国政治的重要特点和中国近代的基本国情。《中国近现代史专题》已在本科教学中采用。

《中国近代会党史》研究的主要内容集中在晚清时段，弥补了 1993 年上海人民出版社出版的《中国帮会史》上编（周育民承担）的某些空白或不足，如近代会党在历次反侵略战争中的表现、义和团运动后会党的反洋教斗争等。研究的基本思路与方法是将历史学与社会学紧密结合，从纵向梳理自鸦片战争以来，江南秘密社会在太平天国运动、反洋教运动、辛亥革命、国民革命、土地革命、抗日战争、解放战争等重大历史事件中的表现。其次，要运用社会学有关社会分层、社会流动和社会控制的理论，研究近代会党与政府当局、其他社会团体的关系。创新之处是认为近代会党在与外国侵略者的民族斗争中有过比较积极的表现，也有不光彩的一面。对于民国时期的会党着重考察了它们与历届政府、各种反动统治集团之间的关系，认为是民国政治的重要特点，是中国近代的基本国情之一。

《抗日战争与中国社会》共三章，甲午战争、日本侵华的方方面面、抗日战争。其中甲午战争部分重点叙述了威海卫军港与台湾全岛的保卫战，如实揭示了当时中国官员、将士、帮会、土匪和一般民众的心态和动态。后二章比较全面系统地揭露了日本帝国主义利用中国土匪、帮会、会道门、伊斯兰教、文科教科书侵华的事实，揭露了日本侵略者大肆在华经营毒品、妓院的劣迹以及残害“慰安妇”、发动毒气战和细菌战的罪行。本书重点叙述了不同的民众群体在此次战争中的不同表现，较全面系统地揭露了日本帝国主义的侵华罪行，用以弥补以前研究的不足。《抗日战争与中国社会》已在本科教学中采用。

《中国近代会道门史》的主要内容是探讨会道门的发生、发展、兴旺以及衰亡的历史过程。探讨自鸦片战争以来，会道门在太平天国运动、反洋教运动、辛亥革命、国民革命、土地革命、抗日战争、解放战争等重大历史事件中的表现。分析之所以如此的原因。同时要探讨会道门各个组织与社会各方的互动关系以及这种关系对近代化历史进程的影响。重点说明了会道门所具有的积聚和分散效应、政治上与统治集团关系密切、经济上有时也做些公益社会事业，以及它的行动规律。在向工业化社会的转型过程中，会道门起了一种独特的作用。在许多地区各种会道门组织竞相进入，各行其是，相安无事，在多数情况下与其他合法的民间结社关系尚可，呈现出一种兼容性、多样性、变异性，它的社会动员能力也比较持续有效。

《中国近现代社会问题研究》主要依据中国近代史资料丛刊和相关档案资

料，对秘密社会、游民、难民、盐枭、土匪、妇女、婚姻、家庭、娼妓、舞女、农民、工人、人力车夫、摊贩、乞丐、游勇、人口拐卖、彩票、毒品、瘟疫、赈灾、会道门、邪教、黑社会等重大社会问题的进行横向研究，并注意各个历史时期的社会问题的纵向比较研究，全书题材重大、内容丰富、史料确凿、史论结合并且注意到中国近代史上社会问题的艰巨性与复杂性。创新之处是揭示中国近代重要社会问题背后的深沉原因，勾勒了近代社会演变的基本轨迹。特点是以个案为切入点，分析中国政治的重要特点和中国近代的基本国情。

在这些教材中适当收录了本人指导的学生论文。自任教以来，本人平均每年指导毕业论文、学年论文各5篇。其中不乏优秀之作，但由于种种原因很少有机会在学术刊物上公开发表。采取在教材中发表的方式一则反映我校本科生教学的实际水平，同时对各届学生也是一个很好的激励。

已经与合肥工业大学出版社签好出版合同的上述系列教材有《中国近代土匪史》、《中国近现代史专题续编》、《中国近现代文本及动态研究》。

（2010年9月15日）

中国近现代史硕士点管理工作汇报

一、管理工作

1. 已根据实际情况，制定了本学科的两年发展计划，并已开始实施。

2. 点内教授目前承接的项目有（所有的立项均在社科科研处）：

国家项目：《16—19 世纪徽州与苏州历史发展差异的比较研究》

国家项目子项目：《徽州文化研究：徽州宗族社会》

市教委：《江南儒商与江南社会》（以上为唐力行）

国家项目：《中国慰安妇幸存者调查》

上海市社科项目：《上海慰安所调查》

市教委项目：《日本教科书研究》（以上为苏智良）

市教委项目：《上海近代秘密社会研究》

市教委重点学科：《中国近代贩毒史》（以上为邵雍）

3. 主持指定了很详细的研究生培养计划（详见研究生处发行的《人文学院研究生培养方案》汇编本第 373-400 页）。

4. 已在今年 8 月召开了“国家、地方、民众的互动与社会变迁”国际学术研讨会暨中国社会史学会第九届年会，唐力行主持，苏智良、邵雍、高红霞等出席，并提供了论文。

5. 苏智良、邵雍、高红霞等在 2002 年 9 月参加了在我校举行的“社会性别视野中的中国女性史”国际研讨会。苏智良、邵雍在研讨会上作了发言。

6. 本学科点硕士生导师高红霞正在攻读博士学位，导师为苏智良教授。

7. 2002 年及格上线的研究生共有 15 人，本点录取了 12 人，为历年之最。2003 年计划招收 15 人。

8. 本学科点教学秩序良好，因此尚无需要处理的教学事件。

9. 本学科点研究生欧七斤荣获第三届“朱雯奖”二等奖。（见《上海师大报》2002 年 11 月 30 日第三版）

二、本人的岗位目标

1. 2002 年 10 月已完成公安部项目：中国秘密社会史研究，最终成果见

《中国秘密社会第六卷·民国帮会》，福建人民出版社 2002 年 10 月版。该丛书主编谭松林为公安部一局局长，公安部一局曾经发函给我校历史系，明确邵雍是民国帮会卷的分主编。

2. 2002 年发表在核心期刊上的论文有：

《孙中山与近代妇女问题》，《广西师大学报》2002 年第 3 期

《辛亥革命时期的上海帮会》，《上海师大学报》2002 年第 3 期，又收入《史林》2002 年增刊

在国外发表的有：《东经大全的价值倾向》，《韩国传统文化的反思与新探》（韩国）大旺出版社 2002 年版

3. 2002 年主讲的本科生课程有：中国近代社会史（人文学院平台课，连开两个学期，共 72 学时）、中国近代史（54 学时）、中国近代对外关系史（36 学时）、辛亥革命史（54 学时）、近代热点问题（全校文化素质课 36 学时）。

4. 2002 年主讲的研究生课程有：中国近代绿林史研究（研三 54 学时）、中国近代帮会史研究（研二 54 学时）、中国近代会道门研究（研二 54 学时）、中国近代史料学研究（研一 36 学时）、中国近代秘密社会研究（人文学院研究生平台课 54 学时）。

5. 2002 年主讲的专升本课程有：中国近代社会史（36 学时）。

6. 其他指导学年论文、毕业论文的时间从略。

7. 2002 年招收了 5 名研究生，分别是奚卫华、刘雪芹、张小波、郑东、曹礼龙。

8. 现正在参加市教委二期课改项目：编写七年级第二学期中国历史课本（1924—1949 年部分）及相关练习册和地图册。

（2002 年 12 月 2 日）

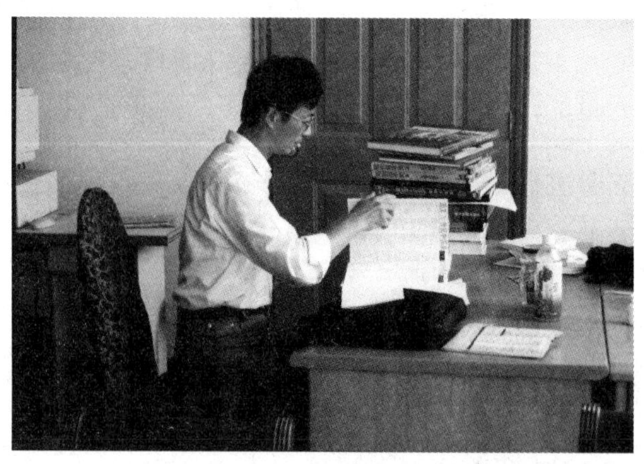

中国近现代史硕士点学科建设小结

（一）2005 年度

目前正在进行硕士点的学科建设发展规划。听取了有关导师的意见，一是要抓学风建设，二是继续发扬学科特色，在帮会与下层社会研究、上海都市文化研究和区域经济研究方面取得新的进展。

今年继续购置了一大批学术资料和专著。

学科点导师唐力行、苏智良、邵雍的国家项目正在顺利进行，其中邵雍的项目在年底之前按计划结项。

学科点各导师今年出版著作 5 本。为争取历史一级学科博士点作出了较大的贡献。

学科点各导师参加大型学术讨论会 10 次以上，扩大了我校在学术界的影响。

今年高红霞首次按照原定计划招生，指导教师向年轻化方向迈出了坚实的一步。

（二）2006 年度

努力落实已经修改过的硕士点的学科建设发展规划。一是要抓学风建设，二是继续发扬学科特色，在帮会与下层社会研究、上海都市文化研究和区域经济研究方面取得新的进展。组织点内导师参加了“地域中国：民间文献的社会史解读”国际学术研讨会暨第十一届中国社会史学会年会（安徽黄山，8 月 18 日—22 日）和“晚清国家与社会”国际学术讨论会（江苏苏州，8 月 25 日—27 日）。

今年的工作重点是努力培养研究生的实际科学研究能力，组织研究生参加编写上海市新编历史教材参考资料的辅导工作。共有 8 人次为华东三省一市“孙中山博爱思想与和谐社会建设学术研讨会”、“金九与中韩关系学术研讨会”、“孙中山：历史 · 现实 · 未来国际学术研讨会”、“黄道婆国际学术讨论会”和本市社会科学界第四届学术年会人文科学专场（复旦大学，12 月 2

日）撰写的论文被选中，应邀出席会议，大大提高了他们的学习积极性，向学术界展示了我校研究生的风采。

今年继续购置了一大批学术资料和专著，资助出版了苏智良、邵雍等人主编的《袁世凯与北洋军阀》论文集。

学科点导师唐力行、苏智良国家项目正在顺利进行。邵雍的国家项目已经上报结项。

学科点各导师今年出版著作5本。

学科点各导师参加大型学术讨论会20次以上，扩大了我校在学术界的影响。

今年吴强华、邢丙彦首次按照原定计划招生，指导教师向年轻化方向又迈出了坚实的一步。

邵雍2006年参加的学术会议及会上发表的论文如下：

华东三省一市孙中山博爱思想与和谐社会建设学术研讨会（江苏南京，7月10—12日） 《孙中山与精神文明建设》

纪念中国报界先驱林白水烈士就义八十周年学术讨论会（福建福州，8月6日—7日）《民族民主革命的积极宣传者——林白水》

"地域中国：民间文献的社会史解读"国际学术研讨会暨第十一届中国社会史学会年会（安徽黄山，8月18日—22日）《〈谨遵圣喻辟邪全图〉之解读》

张謇与晚清社会变迁学术讨论会（江苏南通，8月21日—24日）《张謇论会党》

"晚清国家与社会"国际学术讨论会（江苏苏州，8月25日—27日）《太平天国时期国家、地方与会党的关系》

金九与中韩关系学术研讨会（上海复旦大学，8月29日）《金九与中国共产党》

孙中山：历史·现实·未来国际学术研讨会（上海市孙中山宋庆龄文物管理委员会等，10月28日—30日）《孙中山与精神文明建设》

孙中山与海峡西岸经济发展国际学术研讨会（福建省民革，11月1日—3日）《抗日战争时期孙中山学说的历史命运》

第四届张謇国际学术研讨会（江苏南通，11月26日—28日）《张謇论绿林土匪》

（三）2007年度

本学年是历史研究生考试制度大改的第一年，新的考试办法对我校这样的地方性高校极为不利，无论是报名和上线的考生在数量上均大为减少，以至于临时大量通过网上联系、调剂，工作量猛增。甚至还发生了已经录取的公费生届时不来报到的新情况。还有新调进的两位老师也要招生。依靠点内同志的相互协商、共同探讨，比较好地完成了新生的录取等工作。接着又进行了硕士点的学科建设发展规划的修改工作，分头听取了有关导师的意见，及时增加了新任导师的相关课程的教学大纲。第三是积极申报上海市哲学社会科学重点培育基地，进一步明确要加强区域社会经济研究史、上海都市社会研究和中国近现代社会问题研究这三个方向。

今年继续邀请一些学者讲学，继续购置了一批学术资料和专著。

学科点导师唐力行、苏智良的国家项目正在顺利进行。邵雍的国家项目已经结项。

学科点的导师主办大型学术讨论会 4 次以上（上海东京、女性与上海都市发展、禁止毒品、徽学研究等），学科点各导师参加大型学术讨论会 10 次以上，扩大了我校在学术界的影响。

今年徐茂明、洪煜招生，扩大了指导教师的队伍。

本人本年度参加了东华大学与上海市档案馆举办的“近代城市发展与社会转型”学术研讨会（3 月 30—4 月 1 日）、上海中山学社举办的“清末新政与辛亥革命”国际学术研讨会（7 月 14—16 日）、近代史研究所与河北师范大学举办的“第二届晚清史国际学术研讨会”（8 月 6—9 日）、本校都市文化研究中心与上海市妇联举办的“女性与上海都市发展”学术研讨会（10 月 17 日）、上海宋庆龄研究会举办的“宋庆龄的思想实践和和谐社会建设”学术讨论会（10 月 31 日）、中共党史学会与江西省委宣传部举办的“第二届全国苏区精神研讨会”（11 月 16—17 日）均撰写了论文与会。

“中国近代以来社会问题”学术研讨会综述①

2010年5月9日至10日，由上海师范大学重点学科社会学和上海市重点学科、上海市普通高校人文社科研究基地上海师范大学中国近代社会研究中心主办的“中国近代以来社会问题学术研讨会”在上海师范大学召开。来自复旦大学、南京大学、上海社会科学院、华东师范大学、中国海洋大学、解放军南京政治学院上海分院、上海大学、东华大学、浙江师范大学、广西师范大学、台州学院、阜阳师范学院、上海建设党校、上海师范大学等高校和科研院所的专家学者及上海师范大学部分博士生、硕士生30余人出席了会议。

研讨会开幕式由上海师范大学历史学科博士后流动站站长、上海师范大学重点学科社会学负责人邵雍教授主持。邵雍教授致开幕词并就会议筹备情况作了简要的说明。上海师范大学人文与传播学院院长苏智良教授致欢迎辞，首先对各位专家学者的与会表示热烈的欢迎和衷心的感谢。他从学术需要和现实需要两个方面解读了召开“中国近代以来社会问题学术研讨会”的意义，并指出当代中国是社会问题异常复杂和突出的国家，面对当代日益突出的社会问题，在研究近代以来的一些社会问题的同时，应当联系思考如何面对和解决当代社会中的一些社会问题和现象；并就上海世博会与当代社会难题的破解，提出了自己的见解。上海师范大学社会学系主任张宇莲副教授代表社会学系作了简短致辞，简要介绍了上海师范大学社会学系的基本情况，并就当前的社会问题和社会工作、对理论的运用和现实的筹划等方面谈了自己的理解和看法。上海社会科学院副院长熊月之研究员在开幕式上发表题为“论近代上海社会十大关系”的主题学术演讲。他指出近代上海社会存在着非常明显的、也是对上海社会产生重大影响的十大关系。这十大关系分别为租界与华界的关系、公共租界与法租界的关系、租界工部局与列强的关系、不同国家外侨之间的关系、上海与外地的关系、政府与民间的关系、不同地区人之间的关系、不同阶级之间的关系、不同政党之间的关系、常住人口与流动人口之间的关系。熊月之认为这十大关系是构成近代上海社会运动的十对矛

① 本文作者张智伟。

盾，在做城市史研究、上海社会史研究时，应该特别关注上海特有的社会关系、社会矛盾与其他城市有差别的地方。这样就可以在研究中更加显示出上海社会的特殊性。

研讨会共安排三场学术讨论活动。第一场学术讨论活动由上海社会科学院副院长熊月之研究员主持。广西师范大学黎瑛副教授在《失范与动荡：道光末年的会党——以广西为个案（1847—1851）》的发言中，从国家和社会的视野深入剖析了道光末年广西会党兴起的原因，总结梳理会党的主要分布状况和具体动向，她认为这一时期的广西会党多是带有土匪性质的游民组织，是社会失范的表现。浙江师范大学陈可畏副教授以《太平军战后上海的遣流禁赌活动》为题，在对《李鸿章全集》梳理的基础上，从遣送查拿流民和流氓、禁止赌博和禁绝赌场两个方面入手，对太平军战后上海地方政府和租界当局的遣流禁赌活动进行探讨，她认为此次遣流禁赌活动，为上海社会新局面的产生打下了良好的社会基础。复旦大学戴鞍钢教授以《近代云贵鸦片产销述论》为题，在前人研究的基础上，依据新发掘的史料主要对晚清云贵地区的鸦片分布与产销，以及由此产生的社会问题进行了探讨，兼及民国时段。上海师范大学姚霏在《性别视角下的晚清上海女工群体研究》的发言中，以晚清上海女工群体为例，从隐匿在工运史主题下的“性别”视角出发，用丰富的史料为依据，对近代女工群体的生存状态进行了探讨。华东师范大学谢俊美教授以《近代上海银行最早发行的彩票——中国通商银行“公益堂彩票”》为题，依据《盛档》中的史料，对中国通商银行“公益堂彩票”的产生、运作及社会效用进行了论述。中国海洋大学蔡勤禹教授在《青岛开埠与慈善公益事业兴起》发言中指出，在青岛开埠初期，面临着现代教育资源短缺、瘟疫流行、医疗条件匮乏等社会问题，胶澳总督府从建立“模范殖民地”目标出发，直接负责在欧人区兴办学校、医院等公益设施；在华人区则委托教会和其他民间组织实施。他认为胶澳当局推行华欧分治政策，使青岛慈善公益事业发展表现出极不平衡的状况。华东师范大学易惠莉教授在《二十世纪初中下层官宦子弟的生态——解读 1905 年秋瑾的烦恼》的发言中认为，20 世纪初年是中国社会变化最急剧的时期，一是由王朝末期的各种社会矛盾和问题累积和激化所引发的变化，二是由于 1840 年后由西风东渐和中外杂处所引发政治、经济和社会的时代性变化。以秋瑾所在的秋氏家族为例，来论述这两个方面的社会变化给中下层官宦家庭及其子弟造成的冲击，以及引发其中大多数人对人生前途的不安、惊恐抑或探索。阜阳师范学院梁家贵教授在《帮会与近代社会变革——以辛亥革命为例》的发言中，认为帮会与资产阶级各个政治派别的联合，主要是由于生存环境恶化、自我发展需要和政治意识增强等原因。帮会与新兴政治势力的联合只是一种浅层次的联合，在旧政权被推翻后，二者的矛盾激化，最终分道扬镳。解决帮会问题的途径是发展经济，提高民众生活水平，稳定社会秩序，消除各类社会问题，铲除帮会滋生蔓延的土壤。上海师范大学邵雍教授以《廖仲恺与广东土匪问题》为题，从全国形势、廖仲恺本人的认识以及广东革命政府管辖区域三个方面来探讨廖仲恺与广东土匪问题，兼及论述兵匪、团匪、商匪等类型的土匪，并提出如何防止政治土匪化与土匪政治化的课题。东华大学廖大伟教授在《从华界垃圾治理看上海城市的近代化（1927—1937）》的发言中，依据上海市档案馆馆藏档案和有关报刊资料，以 1927—1937 年上海华界在垃圾治理问题上的认识、措施与效果为考察对象，对华界垃圾处理的社会影响和对城市近代化的意义进行了探讨。

第二场学术讨论活动由南京大学博士生导师李良玉教授主持。上海师范大学高红霞教授以《近代上海福建人的群体形象》为题，从与烟赌为伍的水手雇工、乐善好施的商人、参与中共秘密活动的福建人三个方面，探讨了上海福建人与一些省籍移民比较，所显示出的不是一种融合形态，而是群体特征的进一步加强，即上海福建人群体认同正是在与上海社会发展中完成的。台州学院倪侃副教授在《区域文化传统与台州近代历史上的民变》的发言中，提出以"自主""谋利"为魂，"刚""灵"相济的"草根文化"，是台州传统文化的特色精魂。近代历史上台州民变频发，除了受时代大背景的影响外，更与早已深入台州人骨髓的"草根文化"传统有着密不可分的关系。上海师范大学博士生王伟以《民国时期匪灾对河南农村地权分配区域性差异的影响》为题，从受匪灾程度不同这个角度来具体探讨民国时期豫西南、豫中、豫北在地权分配方面的差异。中国人民解放军南京政治学院上海分院华强教授以《奉军新老派系之争与张学良的崛起》为题，探讨了在皇姑屯事件之后，张学良是如何在新老派系的斗争中脱颖而出的。他认为郭松龄倒戈，标志张学良在派系斗争中正式崛起。杨宇霆死后，奉军派系斗争趋于缓和，张学良得以巩固易帜后的东北政局。上海大学徐有威教授在《游走于革命者和土匪之间——刘志丹在陕甘宁边区（1928—1936）》的发言中认为，由于历史和现实的原因，1920—1930 年代陕北和陕甘地区的中国共产党为了生存和发展，往往利用自己的家庭背景等有利条件，和当地的土匪发生了各种各样的关系，并以刘志丹为案例进行了探讨。上海师范大学博士后流动站黎霞以《近代上海码头工人概述》为题，从近代上海码头工人队伍的形成、上海码头的封建把持、码头工人与上海近代化、码头工人与社会问题等方面对近代上海底层社会民众的生存状况及对社会的影响进行了探讨。上海师范大学博士后流动站蔡亮以《近代上海人力车产业的兴衰初探》为题，对人力车从遍布于上海租界与华界的每个角落，并成为几十万贫困人口赖以谋生的产业到人力车却被技术革新的产物三轮车所取代的论述，认为人力车的兴盛符合历史发展的轨迹，其衰亡是历史演进的必然结果。上海师范大学博士生包树芳以《近代茶馆中的社会问题》为题，从近代茶馆中潜藏的娼妓问题、赌博问题、“吃讲茶”的异化、帮会势力的介入等入手，对近代茶馆中社会问题进行了探讨。

第三场学术讨论活动由华东师范大学博士生导师谢俊美教授主持。复旦大学戴佩娟在《从上海游民习勤所看游民改造》的发言中，选取上海游民习勤所作为剖析对象，从宏观和微观两方面剖析游民习勤所的举措，游民习勤所在游民改造方面取得的成效甚微。她认为游民习勤所的建立及运作在一定程度上减少了社会危险，对民国时期的上海游民改造进行了有益探索。上海师范大学硕士生程艳在《〈图画日报〉视野下的清末土匪》的发言中认为，清末土匪的横行与新旧时代的交替有很大关系，正是由于社会现实的急剧变动，导致了社会秩序的混乱，给土匪活动带来了可乘之机。《图画日报》涵盖的史料丰富，图画易懂，其中关于土匪的报道，更是研究当时社会所不可忽略的史料。上海师范大学硕士生初艳萍在《20 世纪 20—40 年代改良旗袍与上海社会》的发言中认为，近代上海时尚的形成，反映在服装上最为明显，平民的时尚是这一时代的主题，旗袍的创新和改良使得近代上海社会弥漫着一股时尚的气息，改良旗袍的变化是近代上海社会变化的一个缩影。上海师范大学硕士生张智伟在《浅析 1942—1943 年河南大灾荒期间灾民的流向》的发言中认为，在 1942—1943 年的河南大灾荒期间，灾民自发流向国统区、沦陷区和根据地三个方向，国民政府还组织了部分河南灾民移民新疆，开发西北。真正使灾荒发生的往往是“人祸”，是自然灾害发生时不良的政治和社会环境。上海师范大学张宇莲副教授以《偏差青少年女性行为研究——以上海市某工读学校女生为例》为题，通过对上海市某工读学校的五名女生进行深入访谈、对该校全体学生开展问卷调查，从而总结和研究她们发生性行为时的一些特点，并就如何对这类群体进行帮助和介入的空间进行了深入的探讨。上海建设党校刘惠恕教授以《社会和谐的本质属性与中国构建社会主义和谐社会有待解决的三大社会实践问题的讨论》为题，阐述了马克思有关以追求社会和谐为内涵的科学社会主义学说形成的历史过程，指出构建社会主义和谐社会的历史必然性，并对阻碍当代中国构建和谐社会的三大社会实践问题的解决方式进行了探讨。上海师范大学彭善民副教授在《篆刻艺术小组：戒毒社会工作的本土创新》的发言中认为，篆刻艺术小组是国内社区戒毒社会工作中鲜有的本土创新，不仅创新了传统文化艺术在戒毒人员人格成长、操守保持和心瘾控制上的治疗功能，而且发挥了提升生活技能、创造就业机会和缓解生计压力的发展功能。南京大学李良玉教授以《六十年来的中国近代社会史研究》为题，从学术创新、近十年来中国近代社会史研究状况、等方面进行了论述，并就当下研究中存在的问题进行了深入的探讨。

在随后展开的自由讨论中，许多学者还就社会问题与社会史、研究理论深化、学术评判机制、社会问题研究如何知古鉴今、当前存在的社会问题等诸多方面的问题进行了热烈而深入地探讨。

研讨会闭幕式由上海师范大学邵雍教授主持。复旦大学戴鞍钢教授谈了参会感言，他对参会学者的地域和层级分布、提交论文的质量给予了高度评价，对上海师范大学重点学科社会学和中国近代社会研究中心着力培养青年学者的做法表示赞赏，并就社会史研究中整体理论思维和对社会环境的整体把握等问题发表了自己的看法。邵雍教授从引用新史料、运用新方法、得出新观点、提出新问题四个方面对此次研讨会做了全面的总结，希望与会专家学者继续努力，并预祝中国近代社会问题研究取得更大成果。

本次学术研讨会是一次高质量的学术会议，与会专家学者与会专家学者围绕中国近代以来的秘密社会、土匪、慈善事业、城市垃圾治理、毒品、赌博、女性、婚姻家庭、服饰、彩票、码头工人、人力车夫、农村农民、民变、游民、灾荒等社会问题展开了深入地研讨，促进了学术沟通与交流，为中国近代以来社会问题的深入研究提供了一个良好的平台。

“秘密社会与近代变迁”学术讨论会综述①

2010 年 10 月 9—10 日，由上海师范大学社会学重点学科、上海师范大学中国近代社会研究中心和中国会党史研究会联合主办的“秘密社会与近代变迁”学术讨论会在我校文苑楼 708 学术报告厅隆重召开。来自山东大学的刘平教授、扬州大学的吴善中教授、苏州大学的朱从兵教授、中山大学的何文平副教授以及上海师范大学、上海档案馆、华东师范大学、复旦大学等单位 20 余名学者及研究生与会，共同就秘密社会与清代以来社会变迁的相关问题展开热烈讨论。

讨论会的开幕式由上海师范大学历史学科博士后流动站站长、上海师范大学社会学重点学科负责人邵雍教授主持，上海师范大学人文与传播学院院长苏智良教授致开幕词。山东大学的刘平教授首先作会议主题报告，他结合自己的研究体会主要谈论了二十年多年来社会史的发展脉络，强调理论与田野调查的重要性。他的发言具有回顾与前瞻性，引起与会者的极大兴趣，起到启迪思维的作用。

整个会议进程分为两场，分别由十人做主题发言，最后留出时间集中提问和回答。围绕会议主题，与会者发表不少真知灼见。吴善中教授的论文主要探讨嘓噜（哥老会的前身）的起源问题，他认为嘓噜的产生并得以蔓延，与清初大规模的移民入川有密切的关系，嘓噜是四川移民社会的伴生物。朱从兵教授认真研究了上海小刀会起义最后的败亡真相，通过细致的文献解读，提出小刀会内部的矛盾和冲突导致其不能形成合力突出清军的包围圈，使得小刀会起义最后归于失败。华东师范大学的李世众教授以温州金钱会事件的中心，分析会党的活动和它在地方权力结构中地位，以及地方政府的态度。在他看来，会党作为地方社会权力结构中的重要政治力量，起到修复地方社会中国家与士绅平衡关系的作用。上海师范大学历史系周育民教授就九宫道若干历史问题进行详细考证，通过文献解析和实地考察，破解了一些有关九宫道研究的难题。刘平教授综合运用多学科的方法，围绕“廖观音”形象的建构，深入探讨了晚清秘密社会的性别观和群体观，并以此重新认识秘密社

① 本文作者张世光。

会（尤其是红灯教）及其与社会变迁的关系。他的文章方法多元、视角独特，并能尽力挖掘各方面材料，因此受到与会者的充分肯定。

与其他学者不同，华东政法学院的邱格屏教授则把视野放在海外，经过多年对东南亚华人秘密会党的研究，为我们揭示出华人秘密会党的经济共同体性质，并进一步分析了这种特性是由华人秘密会党作为移民社会组织的特点决定的。

中山大学的何文平副教授向以研究广东的盗匪为学界所知晓，他的文章讨论了珠江三角洲地区的盗匪堂口，他提出堂口是清末民初珠江三角洲一带盗匪的主要组织形式，体现出会匪融合的趋势。他还更具体论述了堂口的分布、规模及其作用。上海师范大学历史系的苏智良教授利用《上海工人三次武装起义》这本珍稀的档案资料集研究了大革命时期中共与上海帮会的关系，从而为我们展示了一段不为人知的历史。上海师范大学历史系的邵雍教授以1945—1947 年秘密社会的组党风潮为切入点，探讨了秘密社会企图融入主流社会，实现政党化、合法化的尝试，然而不得不指出的是这些秘密社会背景的党派最终大多成为国民党的政治殉葬品。复旦大学历史系的傅德华教授利用自己参与主编《二十世纪中国人物传记资料索引》的便利，另外又查找相关资料，为与会者提供了秘密社会人物研究资料的指引，同时指出目前秘密社会人物研究的成绩与不足。

此外，会议提交的论文还包括三篇书评，尤以上海师范大学历史系姚霏的文章深受与会者的推崇。

本次会议共收到论文 22 篇，从文章的类型来看，既包括专题研究的文章，也有通论性的文章，又有考证性的论文，还有书评，形式多样，风格不一。从文章的作者来看，既有教授、副教授，又有博士后流动站人员、博士生、硕士生，充分体现了多元性，更能碰撞出思维的火花。会议上与会者对秘密社会研究的理论、资料的搜集整理以及视角的转换等问题达成一致的看法，认为需要在今后的研究中加以重视。会议安排紧凑，与会者能够对自己感兴趣的问题展开充分的讨论。通过这次会议，必定能够进一步推进秘密社会研究的深入开展，同时为未来的研究指明方向和提供新思路。

历史认识的主客体关系问题[①]

历史唯物主义认为，人类历史是客观的存在，是有规律可循的“自然历史进程”，历史科学正是要反映这个客观存在，并从中寻求规律。历史认识活动是认识主体作用于历史客体并真实反映它的过程。对于历史认识的主客体关系问题，长期以来只强调“从客观历史实际出发”、“实事求是”、“还历史本来面目”等，随着史学理论的不断发展，同时受近年来哲学界关于主客体问题讨论的影响，史学界感到有必要重新认识历史认识的主客体关系。1985年，姜义华发表文章提出，历史认识是一种“三极思维活动”，即“认识主体（历史学家）经由中介质（历史资料）与认识客体（历史实际）在实践基础上的能动统一”，主体的认识活动既受到历史实际、历史资料的制约，又受到时代条件、所处社会以及个人实践的限制。[②] 这一看法，已不同于过去那种思维与存在、精神与物质、主体与客体直接对峙的观念。于是，历史认识的主体和客体各有何属性？主体如何作用于客体？在认识的实践中，主体的主观条件诸如阶级立场、知识结构，思维方式、观察视角、个人感情等是否发挥作用？是不是只要在主观上坚持从客观历史实际出发，就可以在认识实践中排除主观因素的渗透，达到完全客观的符合历史实际的结论呢？主体的认识能力与范围又怎样？上述问题已引起人们关注。

关于主体。一种意见认为，历代史家“往往在其撰述中，顽强地表现个人的立场、意志、倾向、情趣以至性格”，这些个人气质相对历史文献以及认识对象而言，是主观的因素，但对历史研究有不可忽视的制约作用，亟需扭转过去对历史认识主体研究薄弱的状态。[③] 有人进一步指出，不同的历史成果，实际上是不同的主体意识结构的产物。这个主体意识结构包括哲学观点（即对整个世界、社会、人生全部看法的总和，为主体意识的灵魂）、政治立场（史家的社会属性）、知识基础（史家以往接受全部文化教育所获得的知识之总和，决定认识的真理性程度）、生活经验和性格气质（影响主体认识的非

① 本文作者邵雍、刘学祥，原载《社会科学争鸣大系·历史卷》上海人民出版社1991年版。

② 姜义华：《用现代思维科学武装历史研究工作》，《复旦学报》1985年第1期。

③ 吴廷嘉，沈大德：《试论历史科学中的主体研究》，《史学理论》1987年第4期。

理性因素）等，深深地渗透到历史研究中。① 因此，有人认为，“主体对认识结果的介入是不可避免的，在正确的认识中，主体的作用是不可能排除的。”所以，并不存在着超越时代的、一般意义上的历史学的客观性。② 也有人认为，“在历史认识主体的价值观念中，必然掺有种种理性的或非理性的价值偏见的成分，影响历史认识的客观性。在一定意义上，客体因主体的存在而改变。认识主体立足点愈高，俯视角度愈广，剖析层次愈深，则其所反映的客体历史就愈能够接近全面、真实，其逻辑分析的依据亦愈充分。”③

另一种意见认为，历史是有客观性的，在历史发展的客观逻辑面前，任何主观因素如个人偏见、集团假设、世界观等等，虽然影响主体的认识结果，但终究会被历史实际证实或证伪。所以，主体的主观因素，如果有助于对历史客观事实及其规律的认识，我们就应予以肯定，否则就应消除。任何一种历史的主观性见解如果符合于历史发展的客观逻辑，那就导致正确的客观的历史陈述，也就达到了历史的相对真理，或者说，向历史的绝对真理前进了一步。④ 有人不同于这种看法，指出上述观点实际上暗含着一个前提，即在历史研究活动开展之前，可以预知历史演变的实际进程。这就忽视了历史学家的任务，正是去研究和发现历史事件之间的因果联系以及历史演进的规律。⑤

关于客体。第一种意见认为，客体具有多重性，既有人类及其历史活动本身的内容，又有无数代史学家对历史的记述，即客体系统是由历史活动主体运动及其成果如历史环境、人物、事件、过程和各项文明财富组成的。主体必须经过中介系统（历史文献、文物、遗址等），才能触及认识客体，在这个意义上，中介系统是客体系统的替身。他人的和自己的研究成果一旦形成，同时也转为客体。⑥

第二种意见，把客体分为两个层次，“史事”为历史学家认识的“第一客体”，对于史事的记述则是历史学家认识的“第二客体”。而史学家面临的认识客体，大多属于第二客体。⑦

第三种意见认为，客体的涵义，不能离开主体作孤立抽象的理解。“当历史上客观存在的事事物物，还是一种完全与史家主体毫不相干的自在之物的时候，它并不就是历史认识的客体。”历史认识客体可分为“史料客体”和“历史客体”。其中，“史料客体”具有主观性、简约性特点，说明主体的主观因素对文献资料具有渗透作用，反过来又受文献资料简约的限制，不可能

---

① 李振宏：《论史家主体意识》，《历史研究》1988 年第 3 期。

② 姚凯，陆建林：《历史事实的解释与历史学的客观性》，《世界历史》1988 年第 10 期。

③ 王也扬：《略论历史认识的主体性问题》，《社会科学》1988 年第 12 期。

④ 马雪萍：《论历史认识的客观性与主观性的关系》，《陕西师范大学学报》1988 年第 2 期。

⑤ 姚凯，陆建林：《历史事实的解释与历史学的客观性》。

⑥ 吴廷嘉，沈大德：《试论历史科学中的主体研究》。

⑦ 李林：《从事中求实，从实中求是》，《世界历史》1988 年第 1 期。

完全真实、绝对正确的反映历史实际。“历史客体”则具有客观性、历史性、过去性、复杂性等特点外，还具有主体对它的规定性，即在承认历史客体的客观性前提下，应强调它是被主体所设定、所选择的产物，是主体本质力量的表现和确证。①

关于主客体关系。一种意见认为，客体是主体认识的基础，也是史学研究最重要的前提条件；主体对客体认识有能动作用。忽视前者，就会导致脱离实际、空洞无物的臆说；忽视后者，则会导致缺乏抽象理性思辨的“唯史料论”。两者辩证统一关系不仅体现在史学认识的过程中，还体现在对史学认识结果进行检验的过程中。②

另一种意见认为，历史学家（主体）与历史过程（客体）构成一种辩证的关系，主体经常是能动的，历史学是其活动的结果。而历史与历史学之间始终存在一段距离，同一史料可以得出不同的历史认识，③ 所以，不存在统一的认识模式。甚至有人认为，历史的客观性是由历史认识主体来把握和规定的。

国内史学界关于历史认识的主客体关系问题的讨论刚刚起步，争论不甚激烈，但它标志着人们对人类认识有了更深刻的理解，为丰富和发展马克思主义史学作出应有的贡献。

① 李振宏：《论历史认识中的客体范畴》，《史学月刊》1988 年第 4 期。

② 李林：《从事中求实，从实中求是》。

③ 王晴佳：《来自大洋彼岸的声音》，《史学理论》1988 年第 2 期。

史学研究要百花齐放[①]

新中国建国已经60年了，史学研究与其他社会科学一样取得了长足的进展，出了一大批优秀的论著，其中尤其以国家哲学社会科学基金项目的最终成果最为令人瞩目。想要在新世纪新阶段取得新的进步，本人以为最重要的还是要百花齐放。

首先，不要人为地预设禁区，武断地规定某某选题不予考虑。以笔者从事的秘密社会与下层社会研究而言，以前一直不被重视，被人认为是不入流的东西。某次本人的土匪史项目申报已经到了上海市一级，讨论伊始，某专家就先声夺人，宣称土匪有什么可以研究的，如此这般，千辛万苦的申报工作鸡飞蛋打，毁于一旦。但不知道这位专家是否知道毛泽东同志在1927年著名的八七会议上说过，他不愿意当中央常委，只想上山做“土匪”工作？又有一次，在某学术会议上本人根据会议主办方对某学者的论文进行正常的点评，不料某学者在回应时言不及义，开口便称本人是研究什么什么的，不像某些人（指我）专门研究下三滥的。这样的心态有一定的代表性。难道研究阳春白雪的出来的成果就一定是阳春白雪吗？研究下里巴人的出来的成果就一定是下里巴人吗？本人认为史学研究在选题方面应该是百无禁忌的，即使是妓女史也可以而且应该研究，君不见美国学者贺萧、法国学者安克强先后出版了《危险的愉悦》与《上海妓女——18—20世纪中国的卖淫与性》？难道此类研究一定要外国中国史的学者先出了成果，才有本国学者研究的份？本人所著的《中国近代妓女史》史料确凿，立论平实，但某南方大出版社宁可违约赔款也不敢出，接下来某北方出版社讲得好好的，最终也不让出，还是仰仗上海人民出版社的资深编审崔美明，据理力争，等了半年以后，社领导果然守信用，签字同意出版。《中国近代妓女史》出版之后，产生了较大的反响，以至于中央电视台十频道的编导在国家图书馆查到了这本书，根据书中的提示写好了采访提纲，赶到上海，约我做了一个锦江红颜的节目，在2009年12月31日播出。《中国近代妓女史》甚至还出了盗版书，可见市场上受欢迎的程度。

其次，史学研究要有前瞻性、应对性。一切历史都是当代史。改革开放

① 原载《安徽史学》2011年第1期。

以来，经济建设取得了突飞猛进的发展，人民生活水平有了很大的提高。但是社会矛盾、社会冲突也日益突显，现在已经到了危险的高发期。生活在当代中国的史学工作者理应关注这些，以史为鉴，回顾历史，把握未来。其实当代中国产生的一些社会矛盾、社会问题在旧中国大多有它的影子，以科学的严肃的态度去研究它们决非多此一举。官方喜欢不喜欢是一回事，那些社会矛盾、社会问题、丑恶现象不以人们的主观意志为转移的客观存在是另一回事。以民间信仰、会道门研究为例，过去很不重视，直到 1992 年上海人民出版社才出版了马西沙、韩秉方合著的《中国民间宗教史》，但该书下限基本上只到清代。对民国以后的相关历史不再提及。有感于此，本人在 1997 年在上海人民出版社出版了《中国会道门》，按照主要会道门组织的发展路径，重点理清了晚清以来直到中华人民共和国建国初期的相关历史，是海外年轻学者的必读书之一，在 1999 年反对“法轮功”的斗争中争取了主动，提供了历史的借鉴。本人以为，此类的史学研究很有战略价值。我们的史学研究包括政府主管部门还是学术刊物的项目设置都要有一定的前瞻性，这样才能够提高应对的有效性。经常可以看见这种情况，某新问题出来了，有关领导做了一番批示讲话，于是有很多学者忙不迭地从历史中找根据，做论证，急急忙忙，草率成文成书，速度不可说不快，但其中的学术质量是可想而知的。而且此类命题作文给局外人的印象就是你们又在搞“影射史学”，难以真正以理服人。更有甚者，个别史学工作者还喜欢矫枉过正，故作惊人之语，君不知真理只要向前一步就是谬误。笔者手头有一本群众出版社 2007 年出版的《中国邪教史》，里面居然把太平天国、“拜上帝会”、义和拳统统指为“邪教”。如果太平天国、“拜上帝会”、义和团真是所谓“邪教”的话，那么一部旧民主主义革命史又从何谈起？所谓中国近代史的根据又在哪里？另一方面在网上经常可以看见一些为著名反动会道门头子翻案的文章，如对道德学社首领段正元的评论，其基本路径是大谈其人对传统文化的固守与发扬，闭口不谈他对人民革命或对外敌侵华的态度。如此得出的结论是正确的吗？

第三，史学研究的理论要多样性，有包容性。我们是要虚心接受境外一切优秀的文明成果包括哲学社会科学的一些新理论新方法。但是要防止两种倾向，一种是食洋不化，没有将外国的相关理论下一番中国化的工夫。一切外国的理论包括马列主义在内都有它形成的特定历史条件与时空背景，要在中国运用得法必须进行中国化。我们常见的史学论文主要是博士论文大多运用境外新理论新方法不甚得法，一段理论，一段史实，没有说明，没有衔接，油水分离，有生搬硬套之嫌。另一方面在某些专家眼中，马列主义、毛泽东思想已经严重边缘化了。凡是依旧使用马列主义、毛泽东思想来说明历史现象的就是没有理论，就打入另册，不予通过。本人以为，如果马列主义、毛泽东思想的理论完全或基本能够说明问题的（特别是对中国革命而言）就不一定要引入或少引入国外的新理论。反之有些新选题，新问题较难用传统革命理论解释的，就不妨引入国外的新理论新方法。完全没有必要定下硬性指标，非得用国外的新理论新方法不可。

最后，要防止史学研究成果评价的异化。现在绝大多数的史学研究成果的获奖者均为直接掌握学术权力的人士，这种学术权力还直接延伸到对他们指导的研究生的学术评价上，这是个不争的事实。难道一般的教师、研究人员就一定没有一定比例的可圈可点的学术成果？还有一个令人深思的现象，那就是对某些学术权威、大人物的批评文章很难发表，哪怕是对一些显而易见的错误、失误都不愿意公开纠正。笔者曾经就《朱德年谱》新编本、《叶剑英年谱》的一些编写失误写文章予以纠正，但泥牛入海，鲜有回应。有的发来一封公函，表示承认失误，承诺再版后会据此改正。但不知道在再版之前还要误导多少人？为什么就不愿意发表纠错的文章呢？某些《文史资料选辑》的编者也是如此，明明读者来稿帮他们纠错，言之凿凿，有根有据，他就是装聋作哑，拒不发表更正，你有什么办法？至于当前的一些书评，只谈优点，不提缺点，或干脆是借题发挥、下笔千言，离题万里，言不及义，似乎已经习以为常，见怪不怪了。另外史学研究成果评价严重异化，妨碍史学研究健康发展的另一种倾向是以马列主义自居，不是从善意的批评出发，而是沿袭“文革”的老路，动不动就给人扣帽子、打棍子、欲把人置之死地而后快。这些人往往断章取义，攻其一点不及其余。如在某历史教材的编写中毛泽东的篇幅相对其他教材是少了点，就被指责为根本否定中国共产党执政的合法性云云。而对于同一教材中浓墨重彩叙述的邓小平领导共产党改革开放的历史进程他们却视而不见，难道这不是从史实出发来论证中国共产党执政的合法性吗？

《民国绿林史》课题论证

一、同类课题国内外研究状况。绿林是民国时期的一个严重的社会问题和历史现象，但长期以来不被国内学术界所重视，近年来随着社会史研究的深入开展，国内学者开始关注这一课题，研究论文时有出现，关于民国绿林的通俗读物更是流行于书摊，但是至今尚无一本完整的系统的民国绿林史的学术著作问世。蔡少卿主编的《民国时期的土匪》全书28万字，论述绿林与革命的部分仅有9页，至于绿林与日本侵略者的关系没有设置专门章节进行讨论。国外也有一些学者在研究民国绿林史的某些片断（主要集中在二三十年代），英国学者贝思飞写的《民国时期的土匪》便是如此，对抗日战争全面爆发后的绿林基本上没有进行认真的研究，并且对绿林的自我武装问题缺乏必要的审视。

二、本课题拟研究的主要问题、重点与难点。将系统探究剖析绿林自民国以来产生发展蔓延与各军、各党派之互动关系，深入研究民国时期各类政权对绿林的政策及其变化，系统分析绿林与中国政治、经济、军事、秘密结社、风俗、灾荒动乱等诸方面的关系。重点是：A. 绿林与民国社会动荡和变迁的关系；B. 绿林与帮会、会门等秘密社会的关系；C. 绿林与外国侵略势力之间的关系。难点是南京国民政府时期与抗日战争时期的绿林基本状况以前没有系统完整地整理过，但是必须比较各类政权对绿林政策的异同与优劣，以便吸取历史的经验和教训。

三、研究方法。运用历史学、政治学、社会学、民俗学等多种学科的方法对民国绿林进行全方位、多层次、多角度系统研究，并且一般叙述和重点分析相结合，以确凿的史料还绿林的本来面目。

四、学术价值。历史唯物主义认为应研究普通民众生活和历史，法国年鉴学派也有类似的提法。因此研究曾经拥众百万的绿林正是严肃治学的具体表现，也有助于弥补民国政治史、社会史的不足。

五、理论意义和实践意义。民国绿林分布之广纠众之多危害之烈是举世罕见的。它与自发的马贼、山林队、会门武装、帮会武装、游杂武装以及辛亥革命时期的民军、护国军、护法军、北洋军、国民革命军、忠义救国军、“反共救国军”都有密切关系。日本侵略者在日俄战争时利用绿林组织东亚义勇军，后在侵华战争又利用绿林组织伪满军、绥靖军、汪伪军为其服务。中国共产党领导的红军、东北抗日联军、八路军、新四军和东北民主联军在特定的情况下也团结改造和利用过绿林。绿林头目张作霖当过民国元首，张宗昌、陆荣廷等人任过督军、省长。白朗起事横扫五省，临城劫车案震惊中外。胡司令有枪便是草头王，座山雕称霸威虎山等都是人们耳熟能详的。毛泽东在中共八七会议上说，我现在担任“土匪”工作。他在创建井冈山革命根据地时与王佐、袁文才关系密切。贺龙红军也多次收编、改造哥老会和神兵的武装。国民党、蒋介石则多方利用绿林反共，国共谈判时毛泽东令周恩来提出不许国民党再利用帮会、绿林反共。1949 年底蒋介石退出大陆前特意签署土匪游击战争计划，号召绿林反共。本书将 A. 对民国以来的绿林历史按其发展轨迹作一系统的叙述。B. 对民国历届政府、日本侵略者及中国共产党对绿林的政策及其成败进行比较分析。C. 开拓史学研究的深度和广度，使学术界能从另一角度认识近代社会的特殊国情。

改革开放以来，随着新旧经济体制的转轨、社会控制的松动，人们的思想意识、价值观念有了很大的变化。一些地方沉渣泛起，破坏治安，110 匪警电话在各地的开通足以说明问题的严重性。绑票劫车时有发生（1998 年 2 月 13 日、2 月 15 日《新民晚报》接连报道了两起沪上特大绑票案），黑社会性质团伙亦有活动。在这种情况下通过对民国各类政权禁匪政策和实践的研究和评述，可为解决当代中国的匪患（车匪、盗匪、流氓土匪）提供依据和参考，并使群众进一步认识绿林的社会危害性、破坏性、提高对绿林斗争的认识。

六、预期效益在研究的基础上形成一本 20 万字的学术著作，供有关部门参考，同时给群众以正面的教育。

（1998 年 2 月）

《中国近代妓女史》课题论证

妓女是中国近代一个人数众多的弱势群体，同时又是一个涉及面很广的社会问题和历史现象。妓女的兴衰是中国近代社会转型时期的一个重要表征。中国近代妓女的发展主要与下列事情有关：通商口岸的开辟、铁路的兴建、商业的繁盛、军队的驻扎以及政治行政中心的变动等，总之是与人口的导入、集中为发生、发展前提的。反过来，在当时的历史条件下，娼妓业的发展和繁荣又促进了这些地区的经济发展，当然也随之带来相关的社会问题，如性病的蔓延、社会风气的败坏等等。

嫖娼卖淫作为一种社会越轨行为，其消长隐显与社会整合、社会控制的强度和力度息息相关的。禁娼一直是令旧中国历届政府头疼的一大问题。经济的发展水平、政府的相关政策以及社会的容忍决定了妓女与主流社会之间的关系。

妓女是旧社会的受害者，她们为了进行商业性的性交易，忍受着常人难以想象的身心创伤，牺牲了自己的身体健康和尊严。她们处在社会的最底层，饱受社会的冷眼和鄙夷，其生存环境和经营环境是极为恶劣的，一般而言她们是没有自由处分自己身体进行商业性性交易的权利。在贪得无厌、惟利是图的妓院老板、黑社会犯罪分子的眼中，妓女只是一架为自己快速赚钱的人肉机器，有着巨大的现实和潜在的利润。他们放手对妓女进行惨无人道的性剥削、性侵害使得妓女的生存权、发展权受到严重的威胁，其处境更加雪上加霜岌岌可危。

中国近代的妓女名目繁多。就国别而言，除了本国的妓女外还有俄国（含白俄）、日本、朝鲜、法国、越南等国的妓女。按照中国近代发展的历史进程，在中国卖淫的外国妓女首先是西洋妓女，随后是日本妓女和俄罗斯妓女。1931 年九一八事变之后日本及朝鲜妓女逐渐在外国妓女中占据了主要地位。就其存在的形态而言，有显有隐，具体表现为有公娼和私娼。在私娼中还应包括一些变相的妓女如女伶、歌女、舞女、女招待、女向导等等，这一类人的基本特点是以本业为主，兼营淫业，以本业为掩护暗操淫业，官方警察也奈何她们不得。

对于中国近代妓女史，以前学术界很少有人顾及。解放前仅有一本王书奴编著的《中国娼妓史》，该书的主体部分是古代史，近代部分分量很少。解放后由于种种原因在一个很长的时间内，此方面的研究付之阙如。直到1988年才有孙国群的《旧上海娼妓秘史》（河南人民出版社版）问世，该书顾名思义讨论的范围集中在上海一地。1990年武舟推出了《中国妓女生活史》（湖南文艺出版社版），在全书的八章中近代部分只占了一章。1995年单光鼎的《中国娼妓——过去与现在》（法律出版社版）洋洋60余万字，对中国娼妓问题作了历史和现状的考察，涉及内容广、历史跨度大。但近代部分的内容还是偏少，在全书仅占约20%的篇幅，而且限于通史体例，对一些相关问题没有深入展开。

从某种意义上讲，妓女问题伴随着中国近代史的始终。进入新时期后由于种种原因妓女现象在中国大陆死灰复燃，至今仍是个不容忽视的严重的社会问题。因此回顾历史，重新审视是相当有意义的。

笔者有志于近代社会史的研究，近二十年来在相继进行近代帮会、会道门、绿林、贩毒群体研究的同时，注意收集有关妓女的史料，关注这方面的学术动态。经过长期的酝酿和艰难的前期准备，本人决定撰写《中国近代妓女史》，希望能成为市教委重点学科的科研项目。《中国近代妓女史》的篇幅约20万字，预计在一年中完成，由福建人民出版社出版。

（2005年10月9日）

《中国近代会党史研究》课题论证

1. 本课题国内外研究现状述评及研究意义

中国近代会党史的研究是近代江南秘密社会研究的前期工作之一，意义重大。因为只有基本搞清全国范围的情况，才有可能对江南这一特定区域的秘密社会作出恰如其分的定位与评估。

1987 年中华书局出版的《中国近代会党史研究》展示了蔡少卿在秘密社会研究方面的成就。在这本书里，他坚持大量利用档案资料研究会党史的路径，第一次比较系统、完整地论述了中国会党史的发展过程，对会党的反洋教斗争、自立军起义等重大历史事件作了新的解读。在此之前，马西沙和程歗在《南开史学》1984 年第 1 期发表文章，首次利用一档馆的档案，对青帮史上的重要概念“安清道友”作了确切的说明，因其史料确凿，很快为学术界所接受，一直引用至今。郭豫明著《上海小刀会起义史》（中国大百科全书出版社上海分社 1993 年版）主要也是利用《福建上海小刀会档案史料汇编》写成的。该书可以称得上是这一专题的终极性研究成果。

2. 研究的主要内容、基本思路和方法、重点难点、主要观点及创新之处

研究的主要内容集中在晚清时段，弥补了 1993 年上海人民出版社出版的《中国帮会史》上编（周育民承担）的某些空白或不足，如近代会党在历次反侵略战争中的表现、义和团运动后会党的反洋教斗争等。

研究的基本思路与方法是将历史学与社会学紧密结合。从纵向梳理自鸦片战争以来，江南秘密社会在太平天国运动、反洋教运动、辛亥革命、国民革命、土地革命、抗日战争、解放战争等重大历史事件中的表现。其次，要运用社会学有关社会分层、社会流动和社会控制的理论，研究近代会党与政府当局、其他社会团体的关系。

近代会党在历次反侵略战争中的表现、义和团运动后会党的反洋教斗争

等是以往研究的薄弱环节，自然是研究的难点与重点。

主要观点及创新之处是认为近代会党在与外国侵略者的民族斗争中有过比较积极的表现，也有不光彩的一面。对于民国时期的会党着重考察了它们与历届政府、各种反动统治集团之间的关系，认为这是民国政治的重要特点，是中国近代的基本国情之一。

3. 前期相关研究成果和主要参考文献

1993 年上海人民出版社出版了周育民、邵雍的《中国帮会史》。邵雍承担了该书下编即民国部分。

邵雍：《中国秘密社会第六卷“民国帮会”》，福建人民出版社 2002 年版。

邵雍《秘密社会与中国革命》将在 2008 年年底由商务印书馆出版。

主要参考文献：

萧一山：《近代秘密社会史料》北平研究院 1935 年版。

中国人民大学清史研究所和第一历史档案馆合编：《天地会》1-7 册。

第一历史档案馆：《清末教案》1 至 3 册，中华书局 1996 至 1998 年版。

中国第一历史档案馆和北京师范大学历史系编选：《辛亥革命前十年间民变档案史料》上、下册，中华书局 1985 年版。

《清代秘密结社档案辑印》共 10 册，言实出版社 1999 年版。

4. 完成项目研究的基础和保证

负责人和主要成员的前期相关研究成果；科研成果的社会评价（引用、转载、获奖及被采纳情况）：

周育民、邵雍的《中国帮会史》上海人民出版社 1993 年版。邵雍承担了该书下编即民国部分。全书获上海市哲学社会科学优秀著作三等奖。

邵雍：《中国秘密社会第六卷民国帮会》，福建人民出版社 2002 年版。

邵雍《秘密社会与中国革命》将在 2008 年年底由商务印书馆出版。

邵雍《中国帮会史》（下编）被采用的情况

1. 被学术专著列为主要参考书目

杨天石主编：《中华民国史》第 2 编第 5 卷《北伐战争与北洋军阀的覆灭》，中华书局 1996 年版

忻平：《从上海发现历史 1927—1937》，上海人民出版社 1996 年版

郭绪印：《洪帮秘史》，上海人民出版社 1996 年版

苏智良，陈丽菲：《海上枭雄——黄金荣与上海社会》，江苏人民出版社

2000 年版

刘才赋：《百年中国史话——秘密社会史话》，社会科学文献出版社 2000 年版

郭绪印：《清帮秘史》，上海人民出版社 2002 年版

［日］三谷孝：《秘密结社与中国革命》，中国社会科学出版社 2002 年版

梁家贵：《抗日战争时期山东秘密社会研究》，贵州人民出版社 2004 年版

秦宝琦：《清末民初秘密社会的蜕变》，中国人民大学出版社 2004 年版

2. 被学术专著引用

［日］酒井忠夫：《中国帮会史的研究·青帮篇》，国书刊行会 1997 版

［日］酒井忠夫：《中国帮会史的研究·红帮篇》，国书刊行会 1998 版

［日］神奈川大学人文学研究所编：《秘密社会与国家》，劲草书房 1995 年版

刘才赋：《通天教主——杜月笙与国民党政权》，江苏人民出版社 1998 年版

秦宝琦：《洪门真史》（修订本），福建人民出版社 2000 年版

《中国近代会道门史》课题论证

今年是“法轮功”事件10周年，10年来尽管做了大量的工作，但“法轮功”以及与此相似的邪教势力、反动会道门势力并没有真正销声匿迹，仍然在危害社会和人们的精神世界。因此出版本书，对于人们了解会道门的过去，是有重要借鉴意义的。又，会道门是中国近代秘密社会的又一分支，社会上对于其描述很大程度上是道听途说，人云亦云，是不可靠、不可信的。作者11年来坚持在研究生、本科生中开设中国近代会道门史课程，不断充实、完善讲义，出版后定会满足人们的兴趣及好奇心，扩大主流观点的传播、也可以为相关文学艺术、影视作品的创作提供坚实的历史依据。

拙著《中国会道门》上海人民出版社1997年5月版，16. 25印张。印数5000本，定价28元，精装本。目前在市场上已经卖完。读者对象是中等以上文化程度、感兴趣的人士。

《中国会道门》出版于12年前，无论从资料上，还是在视野上均存在着一些不足与局限。至于其他的同类书，到现在为止，没有问世。要么在时间上切割为或清代或民国。要么局限于某一区域，如山东。

本书共九章。对中国近代会道门作了全面系统的介绍，重点阐述了八卦教、文贤教、青莲教、灯花教、红灯教、末后一著教、金丹道、武圣门、在理教、斋教以及道德学社、同善社、悟善社、宗教哲学研究社、万国道德会等道门和大刀会、红枪会等会门在各个历史时期的表现。分析了这些会道门与近代来华西方教会、外国侵略势力、军阀、官府以及革命党之间的真实关系。

本书题材重大，内容全面、结构合理，把握准确，史料确凿。重视新闻媒体对会道门的关注报道以及中国共产党与会道门的交往是本书与众不同的一大特色。

客观阐述会道门的性质、特征与社会功能，有助于了解它在当今社会的变形，更好地与形形色色的邪教作斗争。在文字阐述的同时，配有十分稀缺的有关会道门的图片照片，图文互证，提高本书的可读性与可信性。

（2009年5月17日）

《中国近现代史文本与动态研究》课题论证

文本研究与动态研究是历史学的入门，没有文本研究的工夫就做不好学问，不注意研究动态，就等于盲人摸象，研究没有可行性与针对性。以前出版的一些中国近代史料学的书籍大多注重各类史料的介绍与叙述，对于如何校刊、辩伪、正误注意不够，也没有举出足够的实例加以示范、说明。对于中国近现代史的学术动态回顾总体上是不够的，笔者对于所参加一系列学术会议大多撰写了学术综述，这些文字串联起来基本覆盖了中国近代史的各个主要时段、重大事件。至于会党研究是专题综述更是具有专业性的记录。

本书具有教材的性质，实为大学本科生、研究生的治学入门书之一。目前所有的史料学图书只讲空头理论、原则，实际示例很少，而且大多还不是编著者本人的研究成果，所以对读者的实际帮助是不大的。本书由以下板块组成：一、中国近现代史料学（含史料考证与新史料解读）；二、书评；三、各类会议综述（含包括会议在内的出境考察小结，同时配发相关照片）；四、附录，收录了作者的两篇讲稿，分别是如何确立论文选题以及如何深入持久地开展中国近现代史研究。

本书是史学研究入门书之一，文本研究部分涉及史料学研究的诸多方面如版本、考证、辨伪、正误等等，均为作者30年来自己的研究心得，而且具有较强的示范性。动态研究部分是作者30年来自己写的会议综述与学术述评，含有大量的学术信息，读者可以从中了解中国近现代史学科的前沿动态与热点转换，也可以根据此类学术情报确定自己的研究选题及主攻方向。

本书具有教大的实用性与参考性，是中国近现代史教学与研究人员的必备参考书之一。

（2010年6月7日）

《辛亥革命史》课题论证

辛亥革命史的专著已经有不少了。最有名的是：1. 章开沅、林增平主编：《辛亥革命史》上、中、下册人民出版社版。2. 金冲及、胡绳武：《辛亥革命史稿》（1—4 卷）上海人民出版社 1981、1985、1991 年版。3. 李新主编：《中华民国史》第一编《中华民国的创立》（上）（下），中华书局 1982 年版。其次还有林家有主编的《辛亥革命运动史》中山大学出版社 1990 年版

上述著作有的是多卷本，《辛亥革命运动史》虽然是一卷，但有 54 万字。出版时间多为 20 世纪八九十年代，距今已经有 20 年了，市场上已经没有这些书了。

其次，除《辛亥革命史》有少量图片外，其他均没有。

最后，林家有主编的《辛亥革命运动史》（中山大学出版社 1990 年版）虽说是作为“高等学校文科教材”，但分量太重，面面俱到，实际上是研究专著，不适宜供大学生使用。

主要内容：

一、民族民主革命的舆论导向（孙中山在英国的一次演说、民族民主革命的积极宣传者——林白水、陈独秀反对封建专制主义的思想——以《安徽俗话报》为中心、20 世纪初年东京与上海在政治思想方面的互动——以留学生为中心、论资产阶级革命派的办学活动、资产阶级革命派的史学思想）

二、统治集团的应对（袁世凯与华北剿匪、袁世凯与清末新政、端方与晚清政局、载泽与清末立宪运动、清末烟苗禁种与反禁种的历史考察、万国禁烟大会前的上海禁烟斗争）

三、各种武装力量的分化（1906 年徐锡麟东北之行初探、同盟会的绿林工作、论苏元春与会党的关系、陆荣廷与广西绿林游勇、云南讲武堂与重九起义、杭州旗营与浙省光复、海军部长黄钟瑛布告研究、）

四、海内外会党的勃兴（旅越华侨三合会、孙中山与泰国洪门、孙中山与檀香山洪门、孙中山与缅甸洪门、新加坡洪门与辛亥革命、孙中山与黄三德的交往、1911 年春孙中山加拿大之行、哥老会与辛亥革命、张云山与陕西光复、辛亥革命时期的上海帮会、）

五、革命的成功与失败（孙中山海外借款的三封重要信函、江苏千人会的斗争、四川保路运动中的妇女抗争、1911 年云南起义述略、南京临时政府

时期海内外友人致孙中山函件研究、辛亥光复后南方诸省的禁毒、略论民初南京留守府、孙中山先生的两封重要遗札、孙中山与民初洪门立案问题、辛亥革命时期袁世凯对秘密社会的政策、宋嘉树与孙中山关系初探）

结语：辛亥革命的历史意义和局限性

主要特色：从海峡两岸发布的大量历史档案为依据，充分吸收近十年来的相关研究成果，加强对一些薄弱环节的研究（如统清朝最高治集团的应对、预备立宪的进步作用、清朝旗营、新军、军事学堂等对武昌起义的不同反映）、对妇女斗争、下层民变的客观看法等等；在资料上，注意到了对已有的外文资料的充分运用，反映了学术性与政治性的高度统一。

发表作品情况：著作有《中国帮会史》（下编）、《中国会道门》、《民国绿林史》、《中国秘密社会第六卷民国帮会》、《中国近代贩毒史》、《中国近代妓女史》、《中国近代绿林史》、《中国近代社会史》、《中国近代会党史》、《中国近代会道门史》、《抗日战争与中国社会》、《中国近现代史专题》、《中国近现代史专题续编》、《中国近现代社会问题研究》、《中国近现代史文本与动态研究》、《秘密社会与中国革命》、《近代会党与民间信仰研究》等。在《历史研究》、《近代史研究》、《抗日战争研究》、《党史研究与教学》等刊物上发表文章两百余篇。

学术成果及地位：中国会党史研究会秘书长、中国现代史学会现代人物研究工作委员会秘书长、上海市毛泽东思想研究会副秘书长、上海师范大学历史学科博士后流动站负责人、校统战理论研究中心副主任、校孙中山宋庆龄研究中心副主任。

（2011 年 9 月）

《中国革命史》课题论证

根据我的观察，自从2007年教育部以《中国近现代史纲要》取代《中国革命史》大学生政治课程后，《中国革命史》之类的学术性的著作、教科书几近绝迹。

但是以新民主主义革命为主要内容的中国革命史依然是广大学生、干部、群众关心的主要话题。每逢主要的领袖人物的诞辰、逝世纪念；建党、建军、建国重大庆典，社会上对革命历史的追寻更为热烈。针对着一些留言传说，人们也迫切需要了解历史的真相。但目前市场上从五四运动到新中国成立的革命史基本没有。一些革命史专著部头太大，如上海人民出版社出的新民主主义革命史有13册，而原来的那些革命史教材很少有史料出处，充满了条条杠杠，只有骨头，没有肉，具体内容不多，更不可能揭示细节，因此缺乏生动性，教学效果较差。

其实目前高校历史、党史课程中仍有革命史的专修课，在这方面教材几乎没有。因为以《中国近现代史纲要》为代表的政治历史教材无法完全取代革命史的教材。

主要内容：本书就新民主主义革命的重大事件、重要会议、主要领导人物进行了专门的研究、主要涉及武装斗争、统一战线与党的建设这三大法宝方面。有中共创建史的研究、苏区史研究、革命群众组织研究、也有马克思主义中国化研究、统一战线与民主党派研究、党际关系研究等等。构成本书的绝大部分论文是本人在1999年起上《中国革命史》课程、2007年起上《中国近现代史纲要》课程时的钻研结果。《二大在上海召开的原因》、《二大“民主的联合战线”的由来》、《毛泽东〈新民主主义论〉与马列主义的理论关联》等文章更是在最近几个月以来为纪念中国共产党成立90周年特意撰写的，具有很强的政治性与时效性。

主要特色：及时解读最新发表的共产国际、联共（布）的档案材料。在回顾革命历史的同时，有强烈的现实关怀，寓加强党内民主建设、反对无原则的内斗、反对腐败、密切党群关系、搞好统一战线工作等等于历史事实的阐述中，真正做到以史为鉴、资政育人。特色之二是这些论文绝大部分已经发表在国内相关专业的核心期刊上，有的还在专门的学术讨论会上获奖，如《苏区少年先锋队运动史述略》为2007年“第二次全国苏区精神研讨会”优秀论文，《中央苏区的反腐败斗争》为2009年“第三次全国苏区精神研讨会”优秀论文、上海市社会科学界第七届（2009）学术年会优秀论文，《伊罗生、中国论坛与中国民权保障同盟》为上海市社会科学界第六届（2008）学术年会优秀入选论文，《中共六届五中全会研究》荣获2008年“全国中央苏区反‘围剿’战争理论研讨会”论文二等奖。因此有较高的学术含金量，十分适宜作为大学历史专业、党史专业本科生与研究生作为教材。

（2011年4月）

八、成果介绍与学术评语

我写《中国会道门》[①]

中国会道门连续漫延了数百年，至今在某些地区的农村中有较大的潜势力。解放以来，人民政府曾多次取缔和镇压，取得了过去任何一个时代任何一个王朝所未有的巨大业绩，但未能将其彻底根除。对于这样一个重大的政治史、社会史研究课题，长期以来由于种种原因，一直没有得到学术界应有的注视。十一届三中全会以来，人们的思想解放，有关会道门档案材料的开放利用出现了松动，研究也不再是学术界禁区，相关课题的研究取得了一些重要的成果，但还缺乏一部纵贯古今的中国会道门史。

笔者早年在从事近代帮会史研究的同时就涉及同为中国秘密社会范围的会道门，它也是一个需探索研究的课题，因此我在着手撰写《中国帮会史》（下编民国部分）时有意识地对会道门的材料搜集整理和研究。鉴于农耕社会中国会道门盘根错节，传说各异，时见有重名和改名，要梳理出个头绪实非易事。1992 年马西沙、韩秉方的《中国民间宗教史》问世，理清了若干主要教门的源流后，促使笔者继续开拓前进。经过数年的努力，拙著《中国会道门》于 1997 年 5 月由上海人民出版社出版了。

拙著界定了会道门的范围，提出它须具有几个特征：（1）三教合一或五教、万教合一的思想基础。（2）“三期末劫”的教义和“真空家乡，无生老母”的信仰。（3）以封建家族为基础的教权世袭制。（4）封建迷信和练功练武相结合的日常活动。拙著按各主要会道门组织的系统全面阐述了自明朝中叶至 1995 年会道门的历史沿革，认为它是含有某些宗教色彩的封建迷信组织，具有神秘性、欺骗性和顽固性。拙著用网络分析的方法，既注意到会道门的历史源流，又注意它们之间的横向联系，纵横交错，找到了会道门在中国历史上的坐标。拙著还揭示了会道门得以产生并盛行的主要认识原因和社会根源在于人民对于旧社会所造成的巨大苦难的恐惧和某些野心家需要利用这种封建落后的组织形式来麻痹和控制群众，进而达到他们个人不可告人的目的。而群众加入会道门是为了寻求精神上的解脱，疏解生活上心灵上的苦

① 原载《社会科学报》1997 年 8 月 7 日。

难。在历史上某些会道门在反抗反动统治者和抵抗外来侵略的斗争中也曾起过一些积极进步的作用。但就其实质而言，它与地主恶霸、土匪勾结一气，是封建主义在旧中国农村的重要社会基础。会道门并不反对整个封建剥削制度。在旧中国特别在民国时期的会道门更多的是为军阀、政客、特务、野心家以及外国侵略势力所利用，起过重大的消极破坏作用。

新中国成立后，人民政府多次发动大规模取缔反动会道门的斗争，取得了显著的成效。然而从 20 世纪 80 年代起，由于改革开放城乡巨变带来的众多机遇与挑战，由于社会控制功能减弱和社会价值取向的变化，神秘主义思潮大行其道，使一部分人极易失去心理平衡而陷入惶惑之中，这又在客观上给了会道门继续孳生以可乘之机。《中国会道门》一书分析了会道门在现阶段难以彻底根除的原因，并就如何开展与会道门的斗争提出了自己的意见，这对需要了解、研究中国会道门历史和现状的人们将会有所启迪和帮助。

《中国会道门》内容与特色简介

本书由绪论、明朝中后叶会道门的产生、会道门在明朝的初步发展、清朝前期会道门的活跃、晚清会道门的发展、北洋军阀时期会道门的流行、南京国民政府前期会道门的兴盛、抗日战争时期会道门的分化；南京国民政府后期会道门的衰亡等九章加上结语构成。每一章按各种会道门产生的前后、作用大小分别阐述了罗教、黄天道、江南斋教、八卦教、青莲教、金丹道、先天道、大刀会、红枪会、一贯道、九宫道以及各种新式会道门社团的发展沿革。

本书的基本观点：(1) 人们对于封建社会所造成的巨大灾难的恐惧和某些野心家的利用是会道门产生、发展的主要认识根源。(2) 在反抗历代反动统治者和抵抗外来侵略者是斗争中，某些会道门组织起过一定的积极作用。但从总体上看，会道门组织在历史上特别是民国以来的历史上更多的是为军阀、政客、特务、野心家以及外国侵略者所利用，起了巨大的消极破坏作用。(3) 会道门即使在进行反抗官僚、地主压迫斗争时也只是反对统治阶级中的某些人，而不是反对整个封建剥削压迫制度。相反，会道门在其组织内部坚持实行会首的封建特权，对入会入道群众进行封建剥削和压迫。(4) 会道门作为迷信组织与正常的宗教组织相比有重大的区别。前者是功利的，要求“神功”服务于人的现实利益，关心自我的安乐和世间的事物。后者讲究道义，要求人的利益符合“神意”，关心的是超乎此生此世的人生意义或价值根基。(5) 解放以来的历史表明，同会道门作斗争将是一个长期的艰巨的任务。对待群众中精神世界的问题不能用简单的强制方法去处理，否则反而会使群众产生逆反心理，使会道门在秘密和分散的状态下继续得以发展。只有当我国绝大多数人民彻底摆脱了任何贫困愚昧和精神空虚的状态，都能自觉地以科学态度对待世界、对待人生时，会道门组织才会最后消失。

本书的理论创新：

(1) 界定了会道门的概念，认为会道门是中国封建社会后期的产物，是带有某些宗教和封建迷信色彩的民间秘密结社。(2) 提出了中国会道门具有或基本具有如下的特征：①三教合一或五教、万教合一的思想基础。②“三期末劫”的教义和“真空家乡，无生老母”的信仰。③以封建家族为基础的教权世袭制。④封建迷信和练功练武相结合的日常活动。上述特征决定了会道门的性质、也界定了会道门的范围。（3）在时间上，填补了向无系统论述的民国时期的空白。

实践意义：本书以翔实的资料阐述了中国会道门的发展历史与特点，对会道门进行了系统的探索。本书的出版使需要了解、研究中国会道门的人们得以全面了解、研究中国会道门的历史和现状，理解人民政府取缔反动会道门的重要性与必要性。它既为各种专题著作、通俗读物与文艺作品提供了有用的资料，又为公安、政法等实际工作部门的同志提供了参考和借鉴，有助于在改革开放的新形势下维护整个社会的稳定。

《中国近代绿林史》内容与特色简介

一、篇章结构、基本观点

本书除绪论、结语外，将中国近代绿林的历史大致分为七章：19 世纪下半叶的绿林；世纪之交的绿林；民国初年绿林的活跃；北洋军阀时期绿林的盛行；南京国民政府前期时期绿林的衰落；抗日战争时期绿林的分化；解放战争时期绿林的没落与灭亡。每一章又根据绿林活动特点展开，对绿林产生的根源、绿林的特点及其内部行规等问题作了综合梳理和全方位的展示，让人们看到在半殖民地半封建特定的生存条件环境下，绿林群体及其活动的历史面貌。

本书提出新的绿林概念是“那些占地为王、不受任何法律约束、采用暴力手段烧杀抢掠，对现存社会秩序有很大破坏性的武装个人或集团”，并提出显著地域性、巨大破坏性和政治上的不稳定性是绿林的一般特征。作者认为“绿林的兴盛是中国半殖民地半封建社会政治危机、经济危机、社会危机深化的一个重要表征”，反过来“它的兴衰成败对中国近代政情的变化、政局的变动、社会的变迁有着直接的关系”。

二、主要创新和学术价值

主要创新：

1. 提出了较为客观的“绿林”概念

传统观点坚持：土匪是一种社会的破坏力量，破坏有余而建设不足。而海外有学者认为，社会盗匪活动代表的是一种对其压迫的环境的社会抗议，他们代表被压迫农民，其行为符合农民的道德标准，也受到农民的支持，从某种角度也道出了这一群体的另一个侧面。而作者认为，绿林集“好汉”、盗匪于一身，“绿林”一词凸现出这一群体往往占山为王、驰骋山野的特性。以绿林代之于“土匪”，代表了作者对这一群体的一种新的认识和界定。绿林在某些阶段对社会秩序的破坏也不能简单地加以否定。作者认定绿林是那些占地为王、不受任何法律约束、采用暴力手段烧杀抢掠，对现存社会秩序有很大破坏性的武装个人或集团，这样既界定了主题词的内涵，也给研究对象定了性。表述的规范化体现了概念体系的成熟化。

2. 扩大时空范畴，完善结构体系

在近代史研究领域，对于这一群体的研究尚处于起步阶段。英人贝思飞所著、徐有威等译的《民国时期的土匪》以及蔡少卿主编的同名著作所依据的材料所及主要是华北，侧重于河南西南部的边缘地区及安徽、山东、江苏和陕西，有区域的局限性。本书作者所搜集的材料已远远越出北方的区域，已将视线扩大到华东和西南等地。

从时间上看，英人贝思飞所著、徐有威等译的《民国时期的土匪》基本限于20世纪二三十年代，蔡少卿主编的同名著作也没有晚清部分的内容。而本书则将“绿林”放入“近代”这一完整的时段来考察，全书43万字，时间跨度从鸦片战争到新中国成立初期，仅此而言，它填补了一个空白。

学术价值：

1. 注重史料挖掘，研究基础扎实

绿林属于边缘、失语社群，自身很少留下可靠的文字资料。从官方报告、社会传闻、文人渲染中获得的有关他们的信息，又存在匮乏性、零散性、断续性和可疑性等问题。同时，鉴于近代绿林头绪众多、政治背景复杂，社会上和学术界对他们的评价时有分歧，更有认为此乃不登大雅之堂的课题。作者在执笔《中国近代绿林史》的过程中，走访外省，挖掘了大量基层地方的志书、文史资料和各省市档案馆的馆藏档案，进一步丰富了史料；同时不忘从传统史料中发现新线索，支持新观点。如庚子时期的大量笔记，透露了绿林在八国联军占领北京前后的胡作非为，证实了作者北京之乱并非洋人一手造成的看法。

2. 探讨了一些史学界较为敏感或尚未涉及的问题，如辛亥革命与绿林、军阀混战与绿林、国民革命中的绿林、抗日战争中的绿林等。

在绿林与辛亥革命一节中，本书用大量的资料说明，在武昌起义后，绿林在革命党人的引导下，为推翻清政府的反动统治作过一些积极的贡献。然而他们积习难改，再加上缺乏明确的革命思想和严格的组织纪律，即使在革命的过程中也对民众带来了一定的危害。

护国运动是一场革命战争，但紧接着的南北军阀混战，促成了民国初年收匪为兵、纵兵为匪、兵匪合一的状况十分注目。所谓收兵为匪，指的是在南北军阀之间、北洋军阀各派系之间、西南军阀各派系之间，乃至于同一派系之间的争斗中，敌对各方无不设法利用绿林土匪，以扩充自己的实力，置对方于死地。在无战事之时，各路军阀为了巩固本辖区内的统治，也收编绿林以为已用。纵兵为匪是指各路军阀出于各自的目的和考虑：有时故意放任部下杀人放火，为所欲为，军人在超出军纪之外的残暴举动与绿林土匪常常有过之而无不及。兵匪合一则是北洋军阀时期的一个显著现象。其具体表现除上述收匪为兵、纵兵为匪外还表现在军队遣散为匪、发生兵变为匪、平时半兵半匪、兵匪勾结等方面。

广东革命根据地对绿林基本上实行的是剿抚并举，以剿为主的政策。然而国民革命军在北伐途中为减少阻力，减轻损失，曾多方招抚、收编绿林队伍，这些力量在以后的反共反人民的内战中大多充当了反革命的急先锋。

“日本侵华活动中的绿林”还是一个尚待进一步开拓的专题，对此本书也作了梳理和分析，认为抗日战争时期是绿林的分化期，这一时期的绿林活动可谓形形色色。九一八事变后，东北群雄并起，其中既有日军操纵的各种伪军、别动队，又有爱国心未泯而加入抗日义勇军，绿林曾是抗日联军的第三、四、八、九、十一诸军的重要组成部分。七七事变后，国民党军队在日军大举进攻时迅速溃败，华北以至江南先后出现过若干“真空”地带，各式绿林武装纷起，成为地方一霸。中国共产党领导的八路军、新四军以及华南纵队在创建抗日根据时，对当地绿林做过大量工作，将一批绿林改造成人民军队。与此同时国民党也招抚了不少绿林游击武装，其中大多数一面抗日，一面在国民党的指使下与共产党搞摩擦。也有一部分绿林一开始或中途变卦投靠日军，为虎作伥或发国难财。他们往往成了各种政治势力争取的一支重要力量。

关于“中国共产党与绿林”，不少学者较多关注工农武装割据、解放战争时期的情况。本书就学术界较少关注的有关中共领导人对绿林群体认识的发展、中共在各历史阶段对绿林的策略等问题进行了较为完整、系统的论述。指出，中国共产党成立以后，正如在从事工人运动中必须面对帮会一样，在建立地方政权和工农武装割据中也必须面对绿林。如何对待绿林，曾在党内引起过巨大分歧。1925 年 1 月，中共四大通过《对于民族革命运动之议决案》，对土匪问题形成全党共识，认为“游民无产阶级（兵匪秘密会党等）多出于破产的农民及手工业者，如果能在无产阶级领导之下，在民族革命运动中，也有相当的作用。”根据中国共产党力量尚不够强大、各地农民运动未全面发动起来的现实状况，中国共产党采取了对不同类型土匪实施不同策略的方针，中共各地组织也接受了这一方针。本书认为，土地革命时期，中共对土匪问题有成功的经验，也有失败的教训，后者又有两种不同表现：右倾错误是在发动武装暴动时走捷径搞速成依靠土匪，“左”倾错误则全盘否定争取改造绿林土匪的可能性和必要性，为使革命队伍纯而又纯，干了不少为渊驱鱼的蠢事。右倾错误只是个别地区局部暂时存在的，“左”倾错误则是普遍存在的全局性的较长时期存在的严重问题。

三、学术影响或社会效益等

中国近代绿林史的研究是作者长期致力于底层社会和江湖社会的研究的

一部分，是在帮会史、会道门史、贩毒史的基础上进行的，是作者厚积多年而薄发的一卷对近代绿林的白描，是研究近代绿林乃至近代江湖社会必不可少的工具书。

《上海师范大学学报》2005 年第 3 期发表姚霏：《评邵雍新作《中国近代绿林史》》；《中国图书商报》2005 年 7 月 15 日发表刘亚忠：《清末民初为何土匪遍地？——评〈中国近代绿林史〉》；2005 年 5 月 12 日《社会科学报》发表曾军：《史学亮点与突破》也提及《中国近代绿林史》等系列著作“从各个方面揭示了中国秘密结社及与之相关的社会生态与社会问题。”

（2006 年 1 月 10 日）

《中国秘密社会·第六卷·民国帮会》内容与特色简介

本书充分利用了公安部的宝贵档案史料，对中华民国时期的帮会进行了准确、全面的叙述和研究。重点分析了以孙中山为首的资产阶级革命党人在创立民国时期与帮会的关系，以及中国国民党、共产党在新民主主义革命时期与帮会的关系，揭露了北洋军阀政府、南京国民政府、日本侵略势力勾结、利用帮会的真相。全书根据当时中国社会的政治经济发展变化的状况并结合帮会自身发展的特点，将民国帮会史划分为五个时期，提出从孙中山创立兴中会到1911年辛亥革命的爆发，是帮会运动从单纯自发状态转向与先进阶级发生关系的转折时期。中国帮会的一部分首次受到了先进阶级的领导，并与资产阶级革命党人建立了某种程度的合作关系，这在一定程度上提高了帮会成员的政治觉悟，促进了帮会的革命化。辛亥革命的成功与失败与各地帮会的积极参与是分不开的。民国初年到北洋军阀时期是帮会发生重大变化时期。辛亥革命带来的阶级关系新变化使革命党人与帮会的同盟合作关系基本破裂。新任总统袁世凯对帮会势力的分化和收买开创了民国史上流氓政治的先河。

袁世凯死后，中央集权衰落，军阀混战，帮会势力在大中城市逐渐演化为黑社会势力，在农村地区蜕变为土匪集团。南京国民政府前期是帮会活动公开化时期，国民党蒋介石借助帮会势力发动四一二反共事变上台后，大力扶植和纵容反动帮会势力，使其得以进入国民党党政军警宪特等机关并开始涉足社会各界。抗日战争时期是帮会错综复杂的大分化时期，有的叛国投敌，有的在国民党的控制下作过一些有益的抗战工作，还有的在中国共产党的领导下为抗战作出了重要的贡献，并在此过程中得到了彻底的改造。南京国民政府后期是帮会走向没落时期。在国统区一些帮会继续发展，打入了地方政权和参议会，并开始组建全国性的帮会政党团体，在政治权利的再分配方面激化了与国民党当局的争斗。只有中国致公党在中国共产党个帮助下完成了从帮会到民主党排的转折，在中国两种前途、两种命运的大搏斗中，反动帮会在国民党反动派的操纵策动下，破坏民主运动，对抗人民解放战争，最终被人民革命彻底埋葬，做了国民党反动派的殉葬品。民国时期的历史表明，不事生产的游民是封建帮会势力的主要成分，而帮会则是帝国主义、封建主义和官僚资本主义在旧中国统治的社会基础之一，它们具有严重的破坏性，同时又是这个社会的病态表现之一。只有在城乡实行民主改革与土地改革，铲除帮会得以产生、发展的土壤，才有可能妥善解决帮会问题，而历届的旧政府是根本不可能做到这一点的。

对帮会这一下层社会群体从民国政治史、民国社会史的角度作出了新的系统描述，分析和概括。主要表现在加强了帮会与社会现象、社会关系、社会结构、社会组织、社会功能、社会变迁和社会控制的关系的论述。揭示了在民国这一历史时段，帮会活动的多样性、多变性和复杂性。全面客观地在政治层面和社会层面评价了帮会在民国时期的是非功过。同时分析了旧政府治理帮会的得失。

本书既阐述了帮会自身在民国时期的发展变化，又介绍了外部世界对它的影响。既考虑到国内各种政治、军事力量与帮会的关系，也叙述了外国侵略势力利用帮会侵华的罪行。在进行整体性叙述的同时，尽可能照顾到各主要帮会组织的完整性。

本书以历史唯物主义为指导，贯彻实事求是的思想路线，明确帮会是民主革命时期的游民团体，并根据经过严格考订精选过的原始材料，用历史学、社会学的方法，以时间为主线，对它们与当政者以及普通百姓的互动关系作了分门别类的研究，做到了论从史出，史论结合。

在资料引证方面，严格遵守现行的规范。充分尊重他人的劳动成果。

包括帮会在内的秘密社会研究本身是个十分复杂的学术问题，研究难度较大。再者，各种帮会名目繁多，互相之间并无统属关系，其政治背景含混不清，要进行准确的定性和科学的定位并非易事。

由于帮会长期以来处于秘密状态，其真实情况一直鲜为人知，相关资料隐秘分散，收集起来有相当的难度。本人在北京、南京、上海、广州、武汉、成都、重庆等地多方收集各类档案特别是公安档案、报刊图书、帮会秘籍，并进行了去伪存真的认真解读，为撰写本书打下了坚实的基础。

由于各种复杂的历史和社会的原因，近年来包括帮会在内的旧社会的一些沉渣余孽再度泛起，危害社会。本书的研究既能说明当时的历史情况，又对正确认识当前的帮会——黑社会问题有重要的借鉴参考意义。同时就帮会这一下层社会群体而言，在进行学术研究时也需要实事求是，具体情况具体分析，在揭露它巨大的破坏性同时，要看到它在一定条件下有转化的可能性。对于某些帮会在民主革命中的积极作用应该予以肯定。

《中国近代妓女史》内容与特色简介

本书以妓女为主线，论述了晚清到民国时期中国妓女问题的历史现状、社会根源以及对政治、经济、文化、民风诸多方面的影响和腐蚀作用。全书将中国近代分为晚清、清末民初、北洋军阀、南京国民政府前期、抗日战争、民国后期和解放初期这几个时段，详细描述了全国各地区各主要城市妓女的活动情况和生活状况。同时分析了各级政府、社会团体、社会舆论以及各种嫖客与妓女之间错综复杂的关系。作者还揭示了在中国近代社会变迁中妓女活动的多变性和复杂性，全面客观地评价了妓女在历次爱国运动和救灾赈灾活动中的积极作用，同时分析了各级旧政府在禁娼问题上的失误，总结了共产党、人民政府成功的经验。同时又实事求是地指出了在新时期、新形势下禁娼的长期性、艰巨性和复杂性。因此本书既有学术性又对当前的社会治理有重要的借鉴意义。本书认为妓女的兴衰是中国近代社会转型时期的一个重要表征。由于近代城市经济的崛起与发展，导致了城市娱乐业、休闲业及旅游业的空前发展，形成了一个巨大的性消费市场。另一方面近代开始的城市化进程大大加速了农村人口向城市的迁移，一些城市中出现了严重的性比例失调，加上其他因素，形成了商业性性交易的买方市场。在当时的历史条件下，娼妓业的发展和繁荣在某种程度的是促进了一些城市的经济发展，同时也带来了一系列的社会弊病。经济的发展水平、政府的相关政策以及社会的容忍度决定了妓女与主流社会之间的关系。

1. 篇章结构

按照不同年代的顺序进行叙述，每个年代基本上都是按地区来叙述的。基本观点是妓女的兴衰是中国近代社会转型时期的一个重要表征。

基本观点：嫖娼卖淫作为一种社会越轨行为，其消长隐显与社会整合、社会控制的强度和力度息息相关的。由于买方市场的出现，商业性性交易的卖方市场才得以存在和发展，也就是说先有要求嫖妓的男人才有卖淫的妓女。“笑贫不笑娼”在本质上是买方市场的理论。经济的衰退不景气固然将一批妇女抛进妓女后备军的行列之中，扩大了卖方市场。然而经济的迅速发展和繁荣必然带来买方的兴奋和欲望的扩张，壮大了买方市场；娼业作为一种完全消费性的产业，是经济发展的寄生物，它的发展与经济的发展呈同步态势。经济发达的大城市嫖客相对集中，妓女卖淫的收入也较多。在遭到政府取缔时，妓女行当的风险猛增，因为这一时段她们更得不到任何法律的保障，受到顾客重大伤害时只能忍气吞声，自吞苦果。因此总体上会出现衰败迹象。但正因为敢冒风险的人大大减少，反而使顶风作案的妓女收入增多；相反，当政府管理松懈不闻不问时，虽然妓业总体上成泛滥趋势，但由于从事商业性性交易的女性增多，受供求关系制约，导致全体妓女平均收入降低。同时因为在同一场所和地点卖淫时间一长，接着就出现了客源减少的现象。一些各方面条件欠佳的妓女为了避免做不到生意，频繁地跨地区流动，于是妓女就有一部分从大城市向中小城镇扩散的趋势。总之，经济的发展水平、政府的相关政策以及社会的容忍度决定了妓女与主流社会之间的关系。

妓女是旧社会的受害者，她们为了进行商业性的性交易，忍受着常人难以想象的身心创伤。牺牲了自己的身体健康和尊严。她们处在社会的最底层，饱受社会的冷眼和鄙夷，但她们的良知并未完全泯灭，回归正常妇女生活的愿望并没完全放弃。因此我们可以在社会、民族处于危难之际看到她们见义勇为的身影。另一方面妓女又时时刻刻在传播性病，腐蚀社会肌体，败坏社会风气，加剧社会腐败。其中有些人为了一点金钱，甘心充当反动势力的刺客和工具。任何把妓女理想化或妖魔化的做法都是违背历史事实的。

禁娼一直是令旧中国历届政府头疼的一大问题。解放初期共产党领导的人民政府禁娼成功与当时相关的政治经济，文化因素发挥作用有很大的关系。首先在政治上，一元化的价值观受到了充分的肯定，成了人们自我认同的唯一的价值观念。与此不相容的各种“非无产阶级思想”不断遭到批判，与性文化、性心理、性活动相关的信息遭到禁锢。只有在少数外国经典文学作品、计划生育、性病防治和性犯罪中才偶然有所提及。各种自愿的非婚姻的性活动一概被视为严重的道德问题而被严加谴责，或者作为严重错误遭到行政处罚或者被追究刑事责任。因此商业性性活动存在和滋生的土壤基本上是不存在的。在社会方面，后来逐渐形成的严格的计划经济体制和严密的户籍管理办法相结合，将人口流动与人际交流压缩到一个极为狭小的范围之内，人们的各种物质需求，都被纳入社会统一分配的范畴。在此大背景下各种非婚姻的性活动特别是妓女与相关的商业性性活动都很难存在。在经济上，由于中国近代的特殊国情加上建国后在建设方面的某些失误，中国长期处在普遍贫困的状态。当时提倡的平均主义的分配方式，使人们安贫乐道，极为低下的消费能力，更使商业性性活动的买方市场来了个釜底抽薪。

2. 主要创新和学术价值

主要创新：不是就妓女而论妓女，而是将妓女作为中国近代一个涉及面很广的社会问题和历史现象来加以考察。加强了妓女与社会现象、社会关系、社会结构、社会组织、社会功能、社会变迁和社会控制的关系的论述。揭示了在中国近代社会变迁中妓女活动的多变性和复杂性，在揭露它巨大的社会危害性同时，全面客观地评价了妓女在历次群众性的爱国运动和救灾赈灾活动中的积极作用。

妓女作为中国近代一个人数众多的弱势群体与社会上形形色色的人物均有接触。其中有些接触与中国近代政治的大变动有关，如小凤仙与护国将军蔡锷的交往。但从总体上可以看出近代中国腐败落后的一面。

学术价值：首次完整地1840—1949整个时段对全国各大区域的妓院进行了全面的考察。重点是对历届政府对妓院、妓女的管理进行了分析，探讨了禁止娼妓失败的原因，为进一步深入研究本课题打下了坚实的基础。

3. 研究方法

主要是运用社会史的研究方法，运用国家、社会与民众互动的理论，对妓女这以下层社会群体从近代社会史、近代政治史的角度作出了新的系统描述、分析和概括。揭示了在近代这一历史时段，妓女活动的多样性、多变性和复杂性。用历史学、社会学的方法，以时间为主线，对近代妓女的历史进行解读，对它们与当政者以及普通百姓的互动关系作了分门别类的研究。全面客观地在政治层面和社会层面评价了妓女在近代时期的是非功过。同时分析了旧政府治理妓女的得失。在史料的运用上注意多样性，除了充分利用公安档案、报刊图书外还大胆使用了一些历史的图片、照片以及近代文人写的纪实文学作品，增加了历史的真实感与可信度。

4. 学术影响与社会效益

黄振南教授在《广西大学学报》2007年第3期上发表过书评，认为“在诸多社会问题中，妓女研究空白点更多。邵雍教授的大著，虽非仅触及广西一隅，却有许多成果值得借鉴”。子烈于2007年6月29日在《新京报》发表《入门好书》的书评认为本书“应该说可以作为一本很好地对中国近代妓女进行了解的入门作品”。罗国辉在《学术界》2008年第2期上发表的《近代下层社会群体研究述评》认为“邵雍的《中国近代妓女史》一书，专注于近代中国社会转型时期的娼妓发展变化，对妓女的来源、等级、活动、社会关系及自我体认与思想认识等方面进行了分析阐述。该书的重点则在于其对妓女群体进行了分时段、分区域的细致考察，包括各时期的嫖客构成、各时段的妓女表现，辅以各界舆论，反映了近代中国社会巨变大背景下的‘嫖客—妓女’共同体的变迁。”蒋建国《青楼旧影——旧广州的妓院与妓女》（南方日报出版社 2006 年版）将其列为参考文献。

中央电视台十频道《见证》栏目的导演唐玲、项娜娜看了本书后专程来上海采访作者，她们制作的《锦江红颜》已经在 2008 年 12 月 31 日十频道正式播出。

本书出版不久，社会上就出现了盗版书。2006 年 8 月上海人民出版社进行了第二次印刷，印数是 5101 ~8350 册。

由于各种复杂的历史和社会的原因，近年来包括妓女在内的一些沉渣余孽再度泛起，危害社会。本书分析了各级旧政府在禁娼问题上的失误，总结了共产党、人民政府成功的经验。同时又实事求是地指出了在新时期、新形势下禁娼的长期性、艰巨性和复杂性。因此，本书的研究既能说明当时的历史情况，又对正确认识当前的卖淫嫖娼的社会问题有重要的借鉴参考意义。

《秘密社会与中国革命》课题介绍

本课题较系统、完整地论述了秘密社会与新、旧民主主义革命的关系，重点研究了秘密社会在辛亥革命、国民革命、土地革命、抗日战争、解放战争和新中国建立初期各个重大历史时期与革命政党关系的演变以及由此引起的各方面的重大变迁。

辛亥革命时期，兴中会、华兴会、光复会等革命小团体和后来成立的资产阶级革命政党同盟会在联络、发动秘密会党方面做过大量的工作，在武装起义、革命宣传、海外筹款方面取得了重大的进展。然而参加辛亥革命的只是部分的秘密会党，会道门系统基本没有参与。

在辛亥革命的进程中，同盟会在西南边境发动的历次武装起义均习惯雇佣部分秘密会党，又没有花时间和精力对他们进行必要的军政训练。这样的武装力量当然没有也不可能全面接受孙中山的三民主义。一些会党在革命后居功自傲，任意妄为，扩大了他们固有的消极面。革命党人在这次革命中不但没有广泛地发动和组织包括秘密社会在内的下层群众参加革命，没有从根本上触动封建旧制度的根基，而且因为急于妥协，还压制和打击包括秘密社会在内的下层群众自发的反封建斗争。在革命党掌权的上海、江西等地，由于没有立宪派、旧官僚等因素的干扰，这种情况就更加明显。

中国共产党诞生后，革命力量比较弱小，而革命的对立面——帝国主义、封建主义、官僚资本主义的势力往往比较强大，因此革命一方为了集中力量反对当前的主要敌人，应当同一切可以联合的力量建立统一战线，五卅运动以及上海工人三次武装起义的胜利，其实均与党的秘密社会工作的成功展开有关。在抗日战争时期的抗日民族统一战线、解放战争时期的人民民主统一战线中，中国共产党的秘密社会工作始终是其实质内容之一。

从国民革命到解放战争，秘密社会工作一直是革命统一战线一个不可分割的重要组成部分。在国民革命时期有红枪会运动，在土地革命时期一部分秘密帮会、神兵和会门武装参加了人民军队和革命根据地的建设。在全民族的抗日战争中有更多的秘密社会组织及其成员参加了抗日的队伍。在共产党领导的人民军队中，从红军、八路军、新四军到人民解放军中均有一些进步的秘密社会分子参加，并在这革命的大熔炉中得到了彻底的改造。

在民主革命的进程中，中国共产党努力加强中国共产党自身的思想建设、组织建设和作风建设，保持党的无产阶级先锋队性质，积极防止和抵御秘密社会的影响和侵蚀。各级党的组织一直对党员特别是农村党员进行党性教育，克服由秘密社会带来的种种落后意识和消极影响，延安整风则从总体上解决了这个问题。全国解放后，共产党在领导人民铲除秘密社会的滋生土壤、取缔反动会道门、肃清帮会方面做了大量的工作，为社会主义的建设事业的全面展开创造了良好的社会环境。

作为陪衬和历史背景介绍，本项研究还揭示了中国革命的对象——帝国主义、封建主义、官僚资本主义等反动势力在秘密社会问题上的阴谋诡计、苦心经营。以袁世凯为首的北洋军阀政府对秘密社会进行拉拢与分化。日本侵略势力百般扶植各种汉奸秘密社会社团，实施“以华制华”的战略。国民党反动派勾结反动帮会发动四一二政变上台，在抗战中后期利用秘密社会积极反共，在抗日根据地策动暴乱、抗战胜利后利用各种名目繁多的帮会政党、帮会社团破坏国统区人民民主运动，对抗人民革命。在解放战争中，国民党反动派利用秘密社会，形成政治土匪，武装抵抗解放军向全国的胜利进军，频繁发动武装暴乱，企图颠覆新生的人民政权。

对本科毕业论文的评语

（一）[①]

历史系陆怡清同学的论文《1927—1937 年间国统区的灾荒及赈灾事业》是一个很好的选题，在以前尚没有人对此作过系统的研究。

陆怡清全面收集第一手材料，认真思考、分析，对 1927—1937 年国统区的各种自然灾荒以及国民政府的赈灾事业作了较全面系统的研究，是一篇有新意的好论文。

首先是角度的转换，以往论文多从政治史下手，对国民政府的赈灾活动持全面否定态度，陆怡清则从社会史民政史角度下手，基本肯定了国民政府的赈灾活动，同时也批评了其中的弊端。立论公允，实事求是。

其次是全文结构严谨，层次清楚。全文由灾情、赈灾机构、赈灾活动及综合评价四个板块组成，每个板块又分为若干层次。其中以赈灾活动最为细密。作者首先将赈灾手段分为急赈和非急赈两大类，前者归分为 4 种，后者又分为工赈和农赈 2 种，使读者一目了然。

最后，是在搞清史实的基础上进行评议。因此本文的综合评价部分最具创意，其中特别提到了当时的赈灾事业逐步与世界接轨，向现代化迈进，这显然是开动脑筋、自我思考的结果。作者既肯定了当时赈灾事业的进步，又指出了其中存在的问题，分析较为透彻，有较强的说服力。而充分展开论述，是一般学生论文所欠缺的或不易做到的。

（二）[②]

唐燕莉同学的论文《顾维钧与抗日战争》，以全新的外交史的角度阐述了顾维钧对抗日战争的贡献。在充分掌握、研读大量史料的基础上，唐燕莉把顾维钧的贡献分成两大类别，一是争取国际社会对中国人民抗战的精神支持。

① 原载《上海师范大学学报》1998 年人文学院学生论文专辑。

② 原载《上海师范大学学报》1998 年人文学院学生论文专辑。

二是争取国际社会对中国人民抗战的物质支持。每一大类中又分了若干小类，条理清楚，层次分明。以写作技术上来看，过渡亦比较自然。

值得注意的是，笔者并没有满足于铺叙一些鲜为人知的史实（当然这点也是重要的，是基础，是进行进一步讨论的出发点），而是进一步深入探究了顾维钧为什么会这样做的一些具体的原因。从政治思想，业务素质，外交经验，斗争策略等各个方面加以分析，有较强的说服力，尽管这一部分还显得较为单薄，但这总体的框架结构、样式是符合学术规范的。

从思想内容方面考虑，本文在当前对于加强爱国主义教育，提高民族自信心、自豪感也是有所帮助的。

对研究生论文的评语

（一）[①]

《从清末民初上海婚俗的变革看上海妇女婚姻自主权意识的觉醒》的作者主要利用《申报》的材料探讨了清末民初上海地区的婚俗变革。从上海的特殊区域优势，西方文化的注入，生产力的发展等方面仔细讨论了妇女婚姻观念的更新。作者充分肯定了在新观念指引下妇女在婚姻方面的自主行为。全文材料丰富、结构合理、层次清楚、行文流畅。

（二）[②]

《世界红卍字会在“一·二八”抗战中的救济工作》的论文作者依据上海市档案馆的原始档案，在充分掌握史料的基础上，用历史唯物主义的观点对世界红出字会在“一·二八”抗战中的救济工作进行了全面的叙述和分析。填补了一段历史的空白。全文脉络清晰，文字流畅，逻辑性较强，在大家都比较熟悉的“一·二八”抗战研究中找到了新的突破点。就一个实例的研究论证了民间团体在战争救亡中的重要作用，同时也加深了人们对世界红卍字会本身历史的再认识。

（三）[③]

本文主要依据《申报》的连续报道，首次较完整系统地叙述了辛亥革命前夜浙西青帮的起事，指出了它不仅具有反清的性质，而且带有革命色彩，这在整个青帮历史上是极为罕见，因此弥足珍贵。全文结构紧凑，文字清新，史论结合，立论言之有据，特推荐贵刊发表。

---

① 原载《上海师范大学学报》2004 年研究生论文专辑。

② 原载《上海师范大学学报》2004 年研究生论文专辑。

③ 原载《文史知识》2005 年第 9 期。

对硕士论文的评语

（一）

本文对我国学术界重视、研究均很不够的康有为的教育思想进行了研究，是很有价值的。作者的研究角度是教育，这与通常从政治入手进行研究有较大的不同。因而论文也显示出不少新意。

论文提出，康有将教育作为维新救国的重要手段，又将教育视为国民个体发展的基本途径，认为康有为提出了德、智、体、美诸方面和谐发展的教育方针并为此制定了在各年龄段实施德、智、体、美四育的具体要求，在当时是新颖与超前的。论文第二部分“儒家教育思想的重铸”，认为康有为继承和发展了孔子“有教无类”教育思想，提出了全民教育、平民教育、普及教育的设想。上述见解都是言之有据，实事求是的。

论文第四部分“康有为教育思想对现代教育的启迪”，试图从理论和实践两个层面对康有为进行评析，其中“开创近代教育的新格局”一节写得比较扎实、丰富；而“素质培养是基础教育的内构”一节，在联系现实方面发挥过多，有游历主题之嫌，不太符合学术论文的规范。此类问题在论文第20-21页论及女子不缠足问题时也有反映。

最后，如能将第27页所论及的四点局限性略加展开，并分析其思想根源则更佳。

从总体上看，该文理论正确，结构合理，文笔流畅，有一定的创见。

（1998年4月26日）

（二）

英日同盟是帝国主义时代的产物，在国际关系史、中国近代对外关系的研究方面有着十分重要的地位。本文作者运用历史唯物主义的观点对英日同盟条约的订立、续约以及废止全过程进行了全方位的考察。

作者正确地指出了英日同盟的性质是英日两国为了阻止俄国在远东尤其

是在中国的扩张而建立的军事功守同盟，它严重地伤害了中国的主权与利益。通过这一个案研究，可以帮助人们深化对近代列强侵略中国瓜分世界的本质的认识。本文的创新之处是重新评估了北洋政府的外交政策，实事求是地肯定了它为废除英日同盟所作出的努力。提出这与废除与列强与中国订立的不平等条约有着同样的意义，都是中国外交政策现代化过程中的重要一环。言之成理，持之有据。

全文结构紧凑，层次清楚，文字通顺，有一定的说服力，是一篇合格的学位论文。

本文缺点在于：

1. 对美国在废除英日同盟中起的作用提的不够，对于施肇基在这方面进行的工作虽有提及但没有史料支撑，更没有开展论证。

2. 有些提法不确切，而且前后矛盾。如第六页讲，“英国的主要殖民地和资本输出对象在非洲和拉美各国。”但第十页明确提到英国以印度为基地，向亚洲腹地推进，第十七页提到英国以东方论，又以保护印度为主。还有第二次英日同盟条约的正文标题中含有“东亚和印度的普遍和平”字样。又如第 31 页认为清政府对于不平等条约一件也未努力加以修改或正确废除过。但第 32 页作者又说晚清外交官员不仅多少维护和挽回了一些国家主权，而且推动清政府接纳了一些近代西方的外交体制、外交观念。还有第 8 页讲英国放弃了一贯支持清政府发方针、第 27 页称一次世界大战后，德国已经覆灭等都是值得商榷的。

3. 有较多的错字，有的还在十分关键的地方。如 19 页倒数 1 至 4 行的法国均为英国之误，又如第五页上并列为中国三大祸害的是《国际联盟》，而第 27 页具体论述到这一问题时则为《国际盟约》。

4. 引注不够规范，如引用《申报》，没有具体篇名。引用英文著作，没有标出英文原名，读者无法复案。

（2003 年）

（三）

本文以上海游民习勤所为中心，对 1927—1949 年的近代的游民习艺组织进行了系统的研究。作者借助“国家与社会之间互动”的理论，探讨了上海游民习艺组织在救助社会弱势群体过程中与国家的相互关系及社会功能。

作者在上海市档案馆查阅了大量的原始档案。在这基础上尽可能地还原历史，并且用历史唯物主义的观点对包括红卍字会在内的各种社会团体的社会救助工作给予了充分的肯定。而以往的研究往往对此轻描淡写甚至避而不谈。

全文层次清楚，叙事完整，内部结构合理，是一篇原创性很强的学术论文，弥补了近代社会救助研究中的一个空白。

不足之处在于，对上海游民习艺组织的社会功能赞扬过多，对其不足之处注意甚少。叙述有余，而论述不足。

（2006年）

（四）

本文以民国时期的上海童子军为研究对象，主要运用了《申报》等报刊资料，重点阐述了上海童子军的发展脉络、组织训练情况以及它所参加的各项社会活动。作者充分注意到上海童子军与国内其他地方童子军的差异，提出它具有成立时间最早、发展速度快、成绩突出等特点。同时也实事求是地指出了在国民党党化教育的影响下，上海童子军存在的一些消极阴暗的方面。

全文结构合理，层次清楚，史论结合，文字简洁，行文流畅，是一篇原创性很强的学术论文，弥补了近代青少年教育方面的一个空白。

（2006年）

（五）

本文主要运用近年来发表的党史资料，对抗日根据地治理会道门进行了较为系统的研究。作者运用历史学、政治学、社会学的方法对与此相关的政策、制度、运作作了较深层次的探讨。重点阐述了中国共产党建设的全能主义的根据地政权以及对原有社会结构的根本改造，并认为这是成功治理会道门的最根本的原因。这一论点有大量史实支撑，是可以成立的。

全文史论结合，论从史出，有较深的理论思考成分，达到了较高的学术水平量。笔调流畅，逻辑严密，在一定程度上深化了抗日根据地的研究，是一篇学术性很强的学位论文。

（2006年）

（六）

本文作者借助“国家与社会之间互动”的理论，再现了1912—1937年上海弱势群体特别是妇女、儿童的生存状况以及社会各界的反应。作者充分利用上海市档案馆馆藏的第一手档案结合《申报》等报刊资料，以中国救济妇孺会为切入点，探讨了慈善事业与上海社会的关系。作者运用历史学、社会学、统计学的方法对中国救济妇孺会进行了系统的梳理，对该会的名称、性质及其历史贡献提出了自己的见解。这些论点有大量史实支撑，是可以成立的。

全文史论结合，论从史出，有较深的理论思考成分，达到了较高的学术水平量。笔调流畅，逻辑严密，在一定程度上深化了上海史的研究，是一篇学术性很强的学位论文。

（2006年）

（七）

本文利用历史学、社会学、犯罪学的方法，充分利用《申报》等报刊资料和上海市档案馆馆藏的第一手档案，对1927—1937年间上海的女性犯罪问题进行了较系统的探讨。

作者讨论了上海女性犯罪的种类、原因、特点。指出当时社会发展不稳定、不平衡导致社会问题和社会矛盾日益丛生，具有反社会性质的女性犯罪实际上也是社会的产物。这一结论是正确的，也是有足够历史依据的。全文结构合理，层次清楚，文字简洁，图表齐全，有助于近代妇女史的深入研究。

不足之处是平铺直叙，理论深度不够。

（2006年）

（八）

本文对民国时期的台州城市化进程进行了完整、系统的历史考察，并通过总结、归纳，从中找出可供今天借鉴和启迪的因素，供当前台州城市化进程和近代城市化的整体研究参考。因此本选题具有它的理论意义和现实的应用前景。

前言中有关城市化内含的阐释表明作者对所研究领域的学术动态是十分

了解的。全文的主要资料依据是各个时期台州地区的地方志，当地人写的地方史志一般来说是比较可信可靠的。

全文设计合理，构思严密，对促进与阻碍台州城市化的诸因素均作了比较到位的分析。既有全面的论述，又有各主要城市（镇）的个案介绍。做到了纵横交错，点面结合，史论结合，归纳得比较好，因而显得层次清楚，条理分明，文字表达也是严谨的。

值得改进的地方：1. 应该有张新旧对照的台州地图。2. 应该是先文字表述，再续以图表说明，而第10～12页是相反的。3. 个别地方不够规范，如第37页浙江巡抚刘韵珂的上书没有出处。第70页《最近支那经济》一书亦无作者、出版社、出版年月等。第17页第1行有明显的漏字，文句不通。4. 个别提法不妥，如第29页说民国警察的主要职责是取缔反动会道门（取缔反动会道门是解放后才提上议事日程的）；第73页说，银行取代钱庄，使工商业失去强劲的资金支持等。

（2006年5月）

（九）

《社会学视野中的大学文化构建》一文的选题是有意义的，对于今天的大学建设和发展具有一定的参考意义。

全文按照学术史、社会学视野中的大学文化、现状、文化整合和结论各个部分依次展开，逻辑是合理的，观点是正确的，基本上达到了硕士论文的要求。

就总体情况来看，本文很难看做是一篇史学的论文，把它归入教育学论文似乎更恰当一些。整篇文章有不少正确的立论，但均没有进行展开和论证，论文本身的体例1.1、1.1.1……都是理科论文的写作体例。换言之，只有骨头没有肉。如第六页第18～19行“人们对大学的性质、职能、办学理念等方面存在认识危机”、第22行“大学的困境”、第13页第2行大学“面临着种种发展的困境”、第8页第14～15行“大学文化品位下降、大学精神失落”、第22页第3行大学“故事、模范人物的事迹渗透着大学精神”、第29页倒数第1～2行“其他的舆论宣传也非常重要，比如说报纸、电台、电视台等”均应充分展开，具体举出一些实际例子来细加阐述。

有些句子太空：如第24页第16～17行“随着信息技术、电子网络的推广和普及，外来文化的挑战将更加明显。”并没有具体说明“外来文化的挑战”表现在哪些方面。第32页最后一段有关大学文化建设的最后五行，归纳成关键词只有“谋划”、“提炼”和“结合”，没有具体可操作的步骤。

有些句子是同义反复，没有意义：如第 27 页第 16 ~ 17 行“大学文化中有无精神文化或是精神层的优劣，是衡量一所大学是否建立自己的大学文化或是大学文化优劣的标志和标准。”

有些表述太泛化，如第 16 页第 13 ~ 15 行“大学即文化。……说到底都是文化育人。”把它用于中学、小学也没有错。有些表述又毫无道理地加以自我限制，如第 20 页第 3 行“大学代表中国文化、科学、教育的综合实力，……”，其实不独中国，世界上任何一个国家都是如此。

还有些句子根本读不通：如第 6 页第 20 行“老师中心、学科中心”、第 13 页第 3 行“大学经历了从社会经济发展的边缘走向社会经济发展的中心”。第 24 页第 21 行“以……抵抗巨人为道德情怀”。

论文的注释不规范，如第 7 页第 2 段提到一连串的学术论著，除了 3 种可以从后面找到具体版本外，其余一概空缺。第 10 页第 3 段提到一连串的学术论著，一概不注明具体的版本。第 18 页第 3 ~ 4 行张应强和阎光才的两本书也没有注明具体的版本。第 30 页第一段中的直接引语没有注释。

第 19 页提到的社会学家帕森斯连国籍都没有介绍；第 10 页倒数第 7 行“四育并重”至少要加注说明。

第 14 页上讲的网络法只是收集史料的方法，严格地说不是研究方法。

总之，本论文虽然是一篇合格的论文，但问题不少，需要认真修改后才能进行答辩。

（2006 年 11 月 11 日）

（十）

本文以抗日战争为历史背景，系统研究了国共双方与山西秘密社会的关系，具有一定的新意。作者花大力气，努力搜寻山西省档案馆所藏的第一手档案资料，在充分掌握资料的基础上，运用了历史学、政治学、心理学等理论，对抗日战争时期的山西秘密社会的活动进行了系统的梳理，成功地重构了当时的历史活动场景。作者着力对国共双方的政策进行比较分析，探讨这些政策对秘密社会产生的重大影响。

全文史料翔实、视野宽广，文字通顺，图表齐全，表述准确，注释规范。作者通过对山西秘密社会的研究，深刻反映了抗战的艰巨性和复杂性，同时还揭示了秘密社会存在和变异的社会原因。

（2007 年）

（十一）

抗日战争时期江苏秘密社会的研究有一定的难度，作者几次北上南京，在中国第二历史档案馆、江苏省档案馆查找大量的第一手档案资料，在充分掌握资料的基础上，阐述了抗日战争时期江苏秘密社会与主流社会的深层互动关系，揭示了抗日战争时期江苏秘密社会的发展及其特征。作者具有问题意识，努力阐发江苏地区的特色，并提出在研究抗日战争秘密社会史方面以国民党五届五中全会为划分前后期的标志均是有创意的。

全文史料翔实、结构紧凑，层次清楚，表述准确，注释规范，表格齐全。它推进了地方抗日战争史的研究，而且对于我们今天治理社会问题也具有较强的现实参考意义。

（2007 年）

（十二）

作者以《妇女杂志》这份民国时期发行量和社会影响均较大的期刊为主要视角，运用了历史学、社会学以及社会性别、妇女解放等理论，从婚姻家庭生活、职业构成和妇女解放运动三个方面对城市妇女形象进行较为全面的考察，进而对 1920 年代妇女实际的社会地位进行了恰如其分的评价。作者对史料有较好的解读和驾驭能力，在肯定民国时期社会有进步的同时，正确地指出了当时仍然存在的问题。

本文选题新颖，视角独特，结构合理，史论结合，条理清晰，观点鲜明，文字简洁，逻辑性强。本文所做的研究有助于开拓中国近代妇女史与性别史的研究路径，促进女性与男性的平等、和谐的发展，具有较强的现实意义。

（2007 年）

（十三）

该论文属于历史地理学的学科前沿，第一次比较系统地研究了近代上海法租界的城市空间发展。作者运用现代城市空间概念和方法研究近代上海法租界的城市空间发展，进行了有益的尝试。作者参考借鉴了地理学、规划学、城市社会学、政治经济学、空间组织学的相关理论将城市建成区界定为有完整城市道路体系、基础设施建设和土地利用三大版块，并由此展开论文。作者具有良好的学术修养，第一章第三节接连考证了近30条道路的历史，有根有据，说服力强。对于旧历史地图的失误也做了纠正。作者已经发表的与论文有关的学术成果，达到了国内先进水平。

本文的主要不足是在论述法租界城市空间发展的时候，对法租界当局注意不够，对历任法国驻上海领事关注不够。虽然也提到法租界中国民众的互动，但只是举了少数人，最重要的机构法租界纳税华人会、法租界公董会的华人根本没有提及。另外有个别错字，如第91页将杜月笙误写为杜月生。

（2007年10月10日）

（十四）

吴锦堂是晚清时期的一个重要历史人物，研究他在国内的公益、实业活动，对于理解海外华人与中国政府的关系非常重要。同时也可理解他们与祖国、与家乡之间的互动关系，进而推进华侨史的研究。由于吴锦堂研究开始不久，相关史料和研究成果不多，因此具有很大的难度和诸多的困难。本文具有坚实的史料基础，具有原创性。论文的结语实事求是，对吴锦堂在国内的活动从主观到客观两个方面作了客观的评价，能够自圆其说。作者学风严谨，观察细密，在一些注释中（如第39页注255、第41页注267）纠正了前人的一些失误，澄清了基本的史实。

存在不足在于：

一、对于一些关键的史实缺乏必要的说明与注释，如吴锦堂的双重国籍问题，第12页吴声明自己保留中国国籍，应有原始资料出处，否则难以认定他的华侨身份。第58页提到“暗杀事件”，至少应该加注说明概况。

二、论文中对吴锦堂接近梁启超，关注清政府的预备立宪活动有所论列，但没有对吴锦堂积极支持孙中山的革命事业作出解释，也就是说对辛亥革命时期吴锦堂总的思想倾向缺乏总体上的把握。

三、论文对历史人物充满了同情的理解，正确地评价了吴锦堂的实业活动对国内的积极作用。但对其在国内事业、活动的局限性基本没有提及，在谈到吴锦堂事业在国内受挫是全部归结于客观方面的原因。

四、个别行文有不规范的地方。如第14页称明代沈履祥等对于杜白两湖水利要害论述“精辟”，但未具体举例，何以见得“精辟”。如第15页捐资兴修两湖水利，应该有一地图。如第21页称吴对慈北水利事业管理的设想与现代项目管理的原理基本相同，也应该举例加以对照，否则就不提这一观点。第38页注251所引《民呼、民吁、民立报选辑（一）》是比较常见的，不应从其他论文中再转引，况且民立报被误写成“民主报”。第58页称吴牵挂地方赌博恶习的铲除，没有任何文字展开，亦无相关注释。

（2007 年 12 月 2 日）

（十五）

本文离历史论文尚有一段距离。第 2 页有关黄河基本概况的介绍，可见《辞海》，没必要在网上找。

首先基本上没有学术史回顾。其次核心内容是作品的分析与鉴赏。从参考文献就可以看出这一点，13 种文献中 9 种是非学术性的。

第 3 页“黄河母亲屡遭磨难”，标题与内容无法紧密对接。其中提及的九一八事变、八一三事变、平津会战、武汉会战等严格说起来与黄河是无关的。因此按照史学论文之写法，应着重描写八路军在黄河流域建立抗日根据地与日军抗争的英勇事迹以及日军在黄河流域的战争暴行。而《黄河大合唱》则是运用诗的语言再现了当时的战斗场景。举例第 22 页弘扬誓死保卫祖国的献身精神，可以写黄河流域抗日军民在抗战时期付出的巨大牺牲。

文章的一些提法也值得推敲。如称《黄河大合唱》历史意义之深远是其他任何作品无法比拟的，国际范围暂且不论，那么《义勇军进行曲》、《东方红》等等又该置于何地？

又如第 27 页一连用了四个排比句，说明民族精神之重要意义，显得十分空洞。按照史学论文的要求，每句均应有具体的事例说明。

从史学客观评判的立场来看，《黄河大合唱》也有它的局限性与不足之处。如黄河并不是中华民族惟一的摇篮，这些作者均未论及。

（2008 年 5 月 4 日）

（十六）

本文对晚清时期近代西方经济学在中国的传播途径与影响作了较系统的研究，立意是好的，从整体上看是成功的。

第 37 页表 4 经济学译名演进表，十分认真、准确地记录了这一专有名词的演变，反映了作者良好的专业素养。

但第 5 页 2. “辛亥革命前近代西方经济学传入中国之原委”标题的位置应后移到第 6 页倒数第 2 行为妥。因为在这之前全部是西方经济学在西方的学术发展史。作者在概述时没有很好地概括出西方经济学的主要理念、核心概念。

第 7 页最后一句话，传入的西方经济学只能是门畸形学科，不够妥当。可以改为“只能是门不够完善的学科”。

第 8 页第一段按历史顺序，介绍了近代中国传播西方经济学的五大途径，缺点是各段之间没有必要的过渡，也没有说明互相之间的内在联系。

整篇文章称 xxx 学者，而一般学术界通常的表述是学者 xxx。

第 18 页最后一段说，梁启超幼年从师康有为不确，梁 1873 年生，当他中举后进新创办的万木草堂时（1891 年）已经 18 岁了。第 25 页最后一段称《进步与贫国》，两个地方均是如此，实为《进步与贫困》。

（2008 年 5 月 4 日）

（十七）

本文依据省图书馆馆藏的历史文献，同时参考了当时的地方报刊，对 1920 年代的浙江自治运动进行了全景式的研究。

作者有较高的学术立意，力图展示自治运动的时代特点与地方特色。全文逻辑严密，结构合理，标题也很工整对称，由远而近，层层递进，先是概述自治运动本身的情况，然后归纳出 3 个特点以及三方面的制约因素，反映了作者良好的学术素养。第 12 页注释 2 的考证也十分有力。

也有一些不足之处。如第 1 页中间说，“并有多部著作涉及并探讨这一问题”应当在注释中一一例举出来，并加以简短评价。

第 23 页、第 24 页分别写孟邵月、孟昭月，一人两名，必有一误。

第 24 页末写“大广西主义”、“大云南主义”、“北洋主义”应有史料出处，否则有作者自己生造名词之嫌。

第 19 页、第 30 页关于卢永祥不满三色宪法的理由大部分重复，应有详略之分。

就整体而言，结语中有关浙江的特点或特色仍不够明显。

（2008 年 5 月 4 日）

（十八）

本文具有原创性，史料丰富，真实可信，是研究抗日战争史的最新成果之一。

学术史回顾十分规范，各部分叙事完整，交代清楚，结语也很认真，有自己的感悟。

但就论文标题而言，日俘在前，日侨在后，就重要性来说亦应如此。但论文章节安排却是日侨在前，日俘在后，显得不太妥当。

第二章侵浙日军的沿革，建议应多增加一些日军对浙江人民犯下的战争罪行，第38页的二、三行字远远不够，然后才能突显中国政府的“以德报怨”。

对日侨也是如此，当然有一般安分守法的，但也有为日本帝国主义侵略服务，在当地为非作歹的。

对一些关键词，如宋殿受降，应在首次出现时加注释说明。因为非本地人不了解宋殿究竟是人名还是地名。

在重要事实的叙述上应有史料出处，如第31页第二段盟国人员诘问中方，为何对日俘如此优待，而令中国难民四处流浪，没有任何史料出处，不符合史学论文的要求。

（2008年5月4日）

（十九）

本文是抗日战争研究的最新成果，具有原创性。作者充分发掘、利用了浙江省、杭州市的历史档案，努力复原历史史实，并加以科学的分析和解说。全文结构严谨，文字流畅，表格齐全，因此具有较高的学术价值。

作者对学术史的回顾全面周到，说明十分了解这一区域的研究。在正文第一章首先揭露了日本侵略者对杭州的残暴掠夺，从而预设了收回敌产的正义性，十分有必要。

本文的不足之处是第29页对王五权个案分析中的主角王五权应有必要的生平事迹介绍，如一些基本的历史信息（出身、生卒年代、受教育程度等等）。

其次作者虽然批评了过去称惩治汉奸尚只有百分之一的说法，但也没有注意学术界最新的科研成果，对惩治汉奸的基本情况作出自己的判断。

（2008年5月4日）

（二十）

本文根据上海市档案馆、图书馆馆藏相关档案及地方志、期刊报纸，努力勾画了1880—1954年上海仁济善堂，论述了仁济善堂的组织结构、经费来源、工作制度、监督机制以及它所进行的各种慈善事业。其中关于“文化传统”的论述是其他同类研究中不够注意的，“社会赈灾的文化特色”也是写得比较精彩的部分。全文表格齐全、注释规范，史论结合，观点鲜明，史料丰富，文字表达流畅，是篇原创性的好论文。

但从框架结构来说，正文开头部分应该写一下仁济善堂在上海产生的社会大背景，第四章第 4 小节“传统社会国家与慈善领域的关系恶化”也不是章标题“经营收支及相关因素”所能包容涵盖的。

第 8 页提到 20 世纪 30 年代蒋建平案，应该在注释中简单介绍一下此案的大致梗概及渔利的具体数额。

第 17 页提出“领养的一般都是相对来说比较健康的孩子，留下的孩子身体状况相对不佳”，这是一个十分重要的论断，但未见任何史料说明，不符合史学论文之要求。

对于上海仁济善堂的领导人王一亭，作者是在第 23 页上有个较详细的介绍，但按理应在 19 页上最初出现时就要介绍。另外对清朝末期善堂领导人施少钦作者没有任何介绍，这是比较欠缺之处。

第 32 页提及解放后“中国公民救济总会上海市分会的资金支持占决定性的地位”，既没有绝对数字，也没有百分比显示，更重要的是缺乏史料说明，不能令人信服。

（2008 年 5 月 5 日）

（二十一）

本文利用和参考了有关杭州同善堂的原始档案及地方志，期刊报纸，努力再现了 1864—1928 年杭州同善堂，论证了同善堂产生和发展的社会背景、论述了同善堂内部的组织结构和管理体制，介绍了它经营的主要慈善事业。有关杭州同善堂与民间社会、政府的关系，应该说是全文最出彩的地方。全文学术含金量较高，逻辑严密，表格齐全，注释规范，文字也是好的。

其实按照文中之内容，本文标题年代应改为（1864—1928）。

另外，讲了杭州同善堂的许多事功，但很少把握主持者的指导思想和理念。

又次，对于杭州同善堂的主持者们，作者对于他们应该尽量收集资料，每人做一个简介性的小注，让读者了解他们的生平、经历与经济地位等。

文章第 22 页、第 40 页多次提及杭州同善堂是当时杭州三大慈善组织之一，但另外二个没有提及，更没有进行相关的比较研究。

第 3 章第一节“日常慈善救济活动”，写了四方面的内容，各部分之间既无过渡语，也无相关内在关系的说明。

第4章英文提要中出现作者与指导教师之名字，不符合盲审要求。

（2008年5月5日）

（二十二）

本文选题比较一般，但着眼于杭州地区是有地方特色的。作者所依据的文献中最有价值的当数浙江省档案馆所藏的相关教会学校档案。其次各类志书也运用得比较好。

论文运用宗教史、社会史、区域史等多种研究方法，除了系统研究了教会学校在杭州教育方面的影响之外，还着力叙述了它在杭州地方社会风气、居民日常生活所产生的影响。这是论文的创新之处和出彩之处。

在写作方面，全文条理清楚，文字流畅，表述准确，注释规范，表格齐全，反映了作者良好的学风。但在学术史回顾部分，境外学者的相关研究基本没有提及。

论文的整体框架简洁明了，符合规范，层次也十分清楚。缺点与不足是应该适当论述作为省会城市的杭州在浙江全省的作用，不宜绝对地就杭州论杭州。

（2008年5月27日）

（二十三）

本文选题是区域社会经济史，是目前史学界的热门话题之一，接近前科前沿。其研究内容不仅具有学术意义，而且就当前解决三农问题，建设社会主义新农村也具有现实的参考意义。

作者学风严谨，文献综述全面详细，评价也比较到位，关于史料、时间及区域的说明也十分明确。作者根据的浙江省江山市档案馆馆藏档案及各历史时期编辑的各种地方志为本文奠定了坚实的史料基础。全文表述准确，图文并茂，表格齐全，计量准确，文字表述也是好的。

就框架而言，设计构思十分周到、翔实，既有纵向的历史回顾，也有横向的比较研究，而后者往往被一些学者所忽略。结语部分的三点结论反映了作者的学术功底，具有较强的理论水平。

就浙西南山地市镇研究而言，本文所作的个案研究是十分出色的，可以说是填补了一个空白，具有原创性。如果能加上一点对当地人民的实地访谈，论文可能会更加出彩。第五章将山地市镇与平原市镇加以比较，具有方法论的意义，对同类研究具有指导和启发的意义。

（2008 年 5 月 27 日）

（二十四）

有关《申报》的研究文章已经不少了，但本文选题是很新的。开辟了《申报》与人物报道这一新的领域，是很有创意的。全文条理十分清楚，结构完整，文字通顺，注释也十分规范。

本文的核心资料是《申报》上发表的文章，这是正确的也是必要的，但其他资料运用就较少（其实是可以用来比较、印证的），学术史回顾只注意了近代社会思潮这一领域，而对于另一重要方面——有关《申报》的研究成果基本没有提及，不够全面。

全文的框架设计很好，构思完整，逻辑严密，体现了作者的写作意图，使人一目了然。只是第二章第十一小节有待商榷，容易使读者产生歧义，亦可理解为《申报》报人、士人之间的相同之处，再则又引发了另一问题即分析这一专题时似乎应考虑《申报》报人、士人在同一时间内对康有为政治态度评价的不同之处（哪怕是较小的不同）。

整个论文的精彩部分集中在第三章，其中第一节对以往研究的质疑反映了作者的创新精神和求实态度。第七节对“公共空间”的认识有较高的理论水平。如能论及康有为这派人对《申报》之反应及《时务报》等与《申报》在对康有为报道上之异同则更好。

（2008 年 5 月 27 日）

（二十五）

近期以来有关中西部地区的开荒史研究成果较多，东部发达地区的则比较少见，因此本文的选题是很好的，对目前的三农问题的解决亦有现实的参考价值。此类选题属于学科研究前沿。

全文论文表格齐全，论述精要，文字通顺，注释也很规范。学术史回顾比较全面，存在的问题只是简单罗列，没有对其中论著的优缺点给予简单的评价。第 4 页概念、理论、方法及本文要解决的论题中没有将重要资料作一说明，一共只有 16 行字，过于粗疏。

全文的总体框架设计合理，全面周到，但也有问题。即个案分析不应只有南京国民政府时期的，也应有北洋政府时期的，然后两相比较，得出结论可能会更好。

全文的史料见长，尤其是对地方报刊资料的利用体现了作者良好的学风，也为全文奠定了扎实的史料基础。第二章第三节是全文最精彩之部分，作者高度概括了民国浙江荒政的近代化趋势，从四个方面进行了总结，十分到位、贴切，说服力强。不足之处是对浙江荒政的不足之处着墨甚少。

（2008 年 5 月 27 日）

（二十六）

本选题属于教育史，既有学术价值又有现实参考价值。

全文结构合理，层次清楚，叙事清楚，文字功夫也比较好，能够做到夹叙夹议，论从史出，对黎照寰与交通大学作了比较全面的研究，推进了我国近现代高等教育史的研究。作者的研究方法是实证的，尽可能全地收集了交通大学的校史资料（含同学录、毕业典礼纪念特刊、毕业纪念册/刊、档案等），对黎照寰长交通大学时期的情况作了最大程度上的复原，并总结了黎照寰办校的一些特点，这些都是值得肯定的。

不足之处是对交通大学以外的史料很少提及，特别是与办交通大学有关的中国科学社、中国经济学社没有必要的展开与说明。

在写作技巧上，第 7 页多达十余次的校长更换，第 15 页国内其他高校教授月薪已基本为 400 ~ 600 元，第 25 页学校给外出考察教师不同等级的津贴等等，最好列表说明，并注明资料来源。

对黎照寰其人有评价过高的倾向，如结语中之结论。又如第 9 页称“黎照寰立言、行事，总是立足于中国的国势国情”，均是值得商榷的。从论文中看不出黎照寰在办校方面有什么不足之处。

还有交代不清的，如第 20 页关于校服的颜色、质地、数量、价格等事宜之讨论，第 25 页关于向胶济路机务处要旧机车头之争，均未说明最后结果。第 39 页被称之中国现代科技史上海一件大事的玻尔在交通大学之讲学，没有具体时间，第 38 页交通大学校方主持的校内刊物及各学会主持的学术性期刊，“为我国学术研究史留下了许多重要的文献”，没有数量的统计。第 32 页称“交大培养学生人数增长比较快的时期”也是如此。

（2008 年 12 月 16 日）

（二十七）

本文作者仔细翻检了现存上海市档案馆的相关档案，对上海职业介绍所的组织机构、管理制度、职能运作和业务展开进行了迄今以来最为详尽的介绍，并在此基础是论述了该所成立的原因、效率及社会影响，还与民办的同类机构作了比较。作者的思路是清晰的，论文的总体设计是良好的，而且还有十分明显的现实意义。

全文文字流畅，表格齐全，叙事清楚，是一篇原创性的优秀论文。

不过，第一章在结构安排方面有较大的问题，其中第一小节“战后国民政府解决失业措施之一”应该放在第三小节“战后上海失业问题”之后。

全文在是史料引证方面也有些问题。如第 46 页注释 2《中国共产党史》上卷，应为《中国共产党历史》上卷，是人民出版社 1991 年出版的，很容易找到，不应该再由他书转引。第 45 页第一段的引文缺少注释，史料来源不详。

就文章内容而论，有些地方不够明确。如第 28 页中间：“人数最多的是装修班，可见当时的上海急需汽修人才”，看不出有何联系，按文意应该是全称“汽车装配与修理班”。在第 43 页表 17 上只有数字统计，没有相应的经介绍成功就业人员的行业去向信息，更无当事人的体会，感言等等（也可能是史料不足之限制，但也应说明）。同理，第 38 页表 12 上 16 个推广委员，未能适当展开，人们不清楚他们究竟干过哪些实事，还是徒有其名的。

（2009 年 5 月 12 日）

（二十八）

本文利用未刊档案、地方志为主要史料，对抗日战争胜利后上海地区的日侨遣返进行了很好的论述与研究。全文结构合理，层次清楚，层层递进，史料丰富可靠，史论结合，表格齐全，是一篇优秀的原创论文，第 60 页还提出了自己的见解。

但在史料运用上有些问题，如第 11 页注释 3“胡锦涛在纪念抗日战争胜利 60 周年大会上的讲话”为何不用《人民日报》，而要用人民网？第 16 注 2《上海租界志》一般应该用纸质文本，作者仍用网站资料。第 69 页一开始引用了某些学者的话，但没有加任何史料注释。正文后面附录 6、7 表格中的资料运用的不够充分。

尚有改进的地方：

一、作为大背景，可以写一些日军在战争期间对中国战俘及盟军战俘的暴行，突出对比性。

二、对国民政府之遣返日俘、日侨之举似应全面评价，除了文章中肯定的那些方面外，还有无什么不足之处？

三、另有些错别字。如第 57 页倒数第二段“法身了”当为“发生了”、“就远”当为“救援”等等。

（2009 年 5 月）

（二十九）

本文从小处着手，以小见大，对清查团在天津破获两大贪污案件能够详细交代，同时又分析了接收过程中的贪污种类、影响与原因。对天津《大公报》所反映出来的各界人士的看法、评论也有一定的数量，能够说明当时人们思想变化的轨迹。可能是史料方面的原因，看不到共产党地下组织及外围组织对国民党接收大员贪污的批判与揭露。

本文副标题为“天津地区媒体的报道为中心的考察”，实际上主要运用了天津《大公报》，而对于同一城市更有影响的《益世报》没有引用。1999 年天津图书馆、地方志办公室专门出了《益世报天津资料点校汇编》1 ~ 3 册，检索起来很方便。在第 29 页最后一行有天津益士报、第 32 页中间还有北平益士报的写法，肯定是子虚乌有的。

就文章结构而言，“清查团员眼中的清查团”这一节内容放在第 4 章第 4 节也不尽合理，其位置应该靠前。3. 2 在天津查获的两大贪污案的写法基本上是用报刊报道代替作者自己的叙述，不大符合学术规范，而且这些原始资料大多不加双引号，某些转引的东西注释中也不加“转引自”。

文中有些提法欠妥，如第 53 页“战场是只要拼死厮杀就好，但战后的重建就需要素质和文化了。”第 54 页中间写道，在高密函件中“很大一部分是地方势力和官僚所写”，但没有任何注释、史料证明其观点与判断。

全文的错字也较多，“何汉文”这一人名在正文和注释中多次误写成“河汉文”。

（2009 年 5 月）

（三十）

本文以江西于都县档案馆所藏民国时期县参议会档案为主要史料依据，对该县参议会的历史沿革、权力变化、人员组成、对外关系进行了几乎详尽的描述，并且分析了其所受困境，评价了它的历史价值，对今天的县级政治建设有一定的借鉴意义。

全文的优点是实事求是，具体问题具体分析，全国县级参议会很多，彼处的失败并不等于此处的失败。作者用事实说话，史料方法确凿，论从史出，论证严密，逻辑性强，有较强的说服力。文章中对三任县长与参议会的关系之论述是花了很大工夫的，因而也是经得起辩驳的。全文对于史料的解读是正确的，充分的。如第 32 ~ 33 页，作者即以档案为依据，对于于都县参议会议员的籍贯分布、性别结构、受教育程度、社会来源及党派色彩作出了全面的分析，展现了良好的学风与学术素养。

不足之处是有些地方没有史料出处，如第 8 页第二段称康有为、梁启超等提出“伸民权”的政治主张，没有史料出处。第 10 页第二段第 4 ~ 13 行的史料是旧式标点，只有顿号，没有采取现代汉语标准的标点。

第 21 页第 4 ~ 5 行“县参议会通过这些措施来加强县城面貌的改变秩序的达到整洁”，文句不通。

（2009 年 5 月）

（三十一）

本论文属于华侨社会史范畴，对于当前对华人华侨的统战工作有重要的实际参考价值。作者且有一些新的见解，如第九页对侨乡的界定，第 22 页对福建华侨捐款捐物在不同地区之流向问题，第 47 页对新一代华侨的投资倾向都是实事求是，开动脑筋，得出的最新结论。本文观点正确，对华侨总体评价公允，论据可靠，不仅有已刊资料，而且有未刊资料（第 25 页之 2006 年统计数据）及访谈资料。只是访谈资料类的出处尚不够标准，应该有时间、地点之说明。论文所涉及的安溪县的相关内容在前人相关研究中尚未系统做过。基础理论扎实，专业知识运用得当。研究方法正确，逻辑严密，推导正确。

存在不足是：1. 第 44 页技术、管理效应一节太空，没有任何实例，放在全国任何一个县均可以。2. 第 25 页，既然说李尚大、李陆大、霖梧桐等人是有全国影响的华侨捐资模范，就应为每人出个简单注释，予以必要的介绍。

（2009 年 10 月 23 日）

（三十二）

本文是篇区域经济史范畴的论文，作者尽可能地吸取前人的相关研究成果，主要根据民国时期徽州六县的地方志以及上海的碑刻资料进行了较系统的回顾与总结。其中学术性最强的是第三章，突显了上海徽商的危机与转型，说明了徽商活动在上海近代社会发展中的积极意义。全文结构合理，层次清楚，文字表述也较通顺。

存在的问题是：1. 有些重大问题没有充分展开分析论述，如第 37 页倒数第四行说徽商在上海的“转型也是滞后的，所以导致后来徽商的影响远不及浙商等其他商帮”；又如第 33 页中提及近代徽商“在银行、证券、保险等近代金融业中却很少”，没有必要的解释与说明。再如第 26 页第一行，指出了近代徽商“盐、典、茶、木”四大业，但文中只有前三业之介绍，对于木业仅在第 25 页、第 35 页各提了一句。2. 有些重要引文不见出处，如第 15 页倒数第三行所引的竹枝词。第 31 页程霖生之业绩介绍亦无出处。第 36 页倒数第十行开始有关胡雪岩的事迹亦是如此。3. 有些句子含义不明。第 18 页“上海几乎垄断了徽茶对欧美等国的出口”；第 35 页“上海滩俨然是徽商的天下”云云。

（2009 年 11 月 20 日）

（三十三）

本文依据私立同德医学院留下的档案，对该校进行了初步的研究，是篇原创性的学术论文。

论文首先概述了同德医学院的简史，进而对该校的教学模式与学校管理展开研究，最后总结该校的办学特点并将其与同时期的圣约翰、震旦等校进行了比较研究，总体设计合理，布局完整，条理清晰，文字通顺，基本上达到了预设的目标。

存在的不足是：

一、通篇注释极少，有些数据不知出处何在。如第 65 页第二段、第 49 页第二段等等。第 10 页末称康有为送书法条幅也未见出处及内容。

二、较多铺陈了学校的规章、制度，但对实施情况没有必要的说明。如第 50 页提及学生社团，但没有介绍有哪些社团以及它们各自的活动。

三、学术史梳理只顾及高教史，没有提及民国教育史、上海教育史，限制了作者的眼界。

四、全文人物介绍极少，除沈云扉、陈中伟、林佳媚之外，基本上看不到其他师生的详情，可能是由于史料不足之故，但亦可以做些口述访谈来加以充实。

（2010 年 5 月 25 日）

（三十四）

陈独秀是中国共产党早期领导人。军事和战略问题是中国革命的主要问题，但长期以来将两者结合起来的系统之作并不多见。本文尽可能地收集目前所能找到的陈独秀的相关文献，对上述问题进行了迄今为止最为详细的研究。

本文的选题是好的，具有重要的学术价值。整个文章的设计基本上是完整的。分类合理，层次递进，注释规范，论证也比较充分，其中对北伐的分阶段评价尤为精彩。

值得改进的地方是不够完整。从 1927 年大革命失败到 1931 年日本发动九一八事变这一时段的空缺，即便在附录军事活动年谱（简编）中也只有短短的一行。这里回避了一个重要的问题，即陈独秀是如何评价中共领导的红军及土地革命战争问题。

其次，第 101 页虽然提及陈独秀“没有看到中共领导的八路军、新四军在抗战中的重要作用所在”，但也没有进一步具体说明原因。

第三，有些提法欠妥，如第 110 页，“城市在中国并不能起支配作用”。

第四，有些错字。如 91 页，“资产阶级国际”，应为“资产阶级国家”。

（2010 年 5 月 26 日）

（三十五）

抗日战争是中国近代史上的重大事件，相关的学术研究的成果很多，但具体到沦陷区民众的社会生活与社会心态的专项研究则为数很少，因此本文以浙江省进行个案研究的选题，立意是好的。全文以事件为线索，分了三章，层层递进，环环相扣，从社会心态这一独特的角度切入，进而研究浙江抗战期间的经济、政治、文化与社会，做到了以小见大，总体上是角度新颖，视角独特。本文的资料来源丰富，有中文的档案、报刊、回忆录、访谈等，也参考了侵华日军当年留下的历史记录，结合起来共同重构当时的历史场景，真实可信。如第 12 页第三节“战争爆发后的转变”，使人有身临其境之感。

第47到48页从两个方面揭露了浙江省主席朱家骅的“维持”言论。全文布局合理，以第二章第一节“战时社会生活的总体”为例，衣食住行、生产与消费、疾病与死亡，面面俱到，十分完整，符合社会史的研究规范。作者在重构历史场景的同时，对一些重要问题进行了充分的阐释，如第28页从三个方面分析论证了“挥霍则是犯罪行为结束后的心理状态之一”，反映出作者的较高的理论思辨能力。总结以上几个方面，本文是一篇优秀的硕士学位论文。

不足之处：1. 在资料的运用上，第54页提及杭州一对母女与日军伍长的“美谈”，可能是事实，但是与大量的中国妇女被奸淫的案例相比，又有多少代表性呢？2. 个别文字欠妥，第44页倒数第六行：“在战争中，到底是人的生命更宝贵，还是政治节操更重要?”3. 第10页在记述国、共、日伪三方政权并存局面时，应当搞个政区示意图。4. 文字表述上，第26页地政学院应用全称，第54页“流欲”应为“流寓”。

（2010年5月26日）

（三十六）

北洋海军的历史是中国近代史研究的热门话题，有众多的学术成果，但就海军高级将领的自杀问题进行研究基本上没有，因此本文填补了学术上的一个空白。选题是好的，立意是高的。本文在研读众多史料的基础上揭示了北洋海军的阴暗面，重构了包括林泰曾在内的北洋海军高级将领的群体图像，分析了这支海军的成军特色、甲午战争前后海军军官们的心态，并对丁汝昌、邓世昌自杀进行了新的实事求是的评述。结构是完整的，条理清晰，层次分明，史料扎实，论证有力，逻辑性强，是篇优秀的学位论文。存在的不足之处是：1. 个别史实有误，鸦片战争中陈化成并非自杀身死。2. 引注不够规范，第18页注3《辛亥革命回忆录》共有8本，未注明是其中哪一本。表四的资料来源也是如此，《清史列传》有20册，也注明是其中哪一册。3. 有些错别字。如第7页倒数第四行“人生的了解”，根据上下文意，应该是“人生的了结”；第51页第十行“寸磔”，当为“寸磔”之误；第53页倒数第四行“李鸿澡”，当为“李鸿藻”之误。

（2010年5月27日）

（三十七）

本文以美国主流媒体《纽约时报》为主要资料，较全面系统地研究了1937到1941年该报对中国抗战之报道，试图说明《纽约时报》是如何通过自己的报道来引导美国舆论，而美国舆论又是如何使得美国政府改变对华政策的。全文结构合理，条理清楚，文字通顺，基本讲清了作者想讲清的事情，抗日战争史的研究是一贡献。但如果严格要求的话，尚有一些值得改进的地方。首先是第6页称是以“《纽约时报》三千余篇原始报道资料为基础”，但在正文中大段引述《纽约时报》的地方不超过个位数，大多数还只是引用了文章的标题，对其内容没有做必要的展开。其次，《纽约时报》在中国有多名记者，正如第17页所指出的，但全文基本上只写了首席记者哈雷特·阿班一人，这在资料上是严重的不平衡。第三，既然写美国媒体与美国政府的互动，那么就有必要引用权威的《美国外交文件》，作者对于这方面基本没有顾及。第四，有些引注不规范，文中多次引用的盖洛普民意调查，并无中文本，应该按学术规范标示其英文书名。第35页的引文没有出处。第五，有些错别字，国民党在第37页写成“公民党”，在第50页写成“国名当”。

（2010年5月）

（三十八）

本文以《民国日报》为核心史料，从革命与教育互动的角度对上海大学的历史进行了重新解读，作者既集中展示了上海大学在国民革命中的特殊贡献又着重阐发了该校在探索教育创新、构建学术风范中的所作所为，就后者而论，本文是有原创性的。选题有新意，也是有价值的。

全文结构完整，条理清晰，注释规范，文字通顺，其中第三章教育与革命的交融互动是较有学术价值的，其中对于利弊得失的评判也是实事求是，有充分史料依据的。

但是从作者精心整理的几个附录中也可以看出本文的一些不足之处：

一、《民国日报》关于上海大学的报道在附录中长达十页，但在正文中的引用是远远不够的。

二、附录二、三分别为社会学系与中国文学系的课程表，在正文中虽有阐述，但未从学科教育论的角度加以提升。

三、附录四，上海大学教职员一览表有三页，具有较多的历史信息，如籍贯、学历、身份，在正文中没有必要的技术分析（如饼状图示）。

另外，第14～15页称：“上海大学在国共两党的共同努力下最终成立”。但在正文中只见国民党，未见共产党努力的史实，对自己的论点缺乏必要的说明与论证。

（2010年5月）

（三十九）

义和团运动是中国近代史上的重大事件，已有的研究成果很多，但仍有不少可供研究的空间，“庚辛议和中的大吏因应”就是一例。因此选题很有意义。本文充分运用了大量的历史资料，特别是上海图书馆馆藏的盛宣怀档案，对义和团运动后期的议和问题进行了比较全面深入的探讨，重点分析了大吏在议和阶段的心态、参与以及对中外当局所产生的影响。全文叙事清晰，结构完整，层次清楚，逻辑性强。论文第四章比较精彩，作者综合运用了历史学与传播学的理论方法，对当时处于有利地位的盛宣怀与袁世凯之所以得益，进行了恰如其分的说明，显示了作者良好的学术素养。总体是一篇优秀的学位论文。

存在的问题是对于一些关键词如“大吏”缺乏必要的说明与界定。更为重要的是对于他们为何如此因应缺乏指导思想方面的挖掘，因此在论文深度上尚有欠缺。其次有些关键地方没有史料出处，如第24页第10行，论及张之洞有过在长江上游“重定行都”的奏请；第29页第二段最后一句引文。再次有些错字：如第20页第6行，“这蹭”应为“这层”之误；第22页第4行，“守土指责”应为“守土之责”之误；第25页第13行，“撤职天津”应为“撤至天津”；有的表述不够确切，如第11页论及733万字盛宣怀档案的出版不是在“1976年”一年，而是“1976年以来”；另外第23页倒数第4行，“此时如？军机”，不知道何意？

（2010年）

（四十）

同业公会是中国近代的重要社会团体，已有的研究成果很多，但相关研究仍有不少的空白点。本文作者选取1930—1937年上海书业同业公会为研究对象是很有意义的。本文充分运用了大量的历史资料，特别是上海市档案馆馆藏档案，对1930—1937年的上海书业同业公会进行了比较详尽的探讨，重点论述了该同业公会的制度建构、功能作用。全文结构合理，层次清楚，文字流畅，说服力强。论文第三章比较精彩，作者充分展示了上海书业同业公会的经济功能与文化、社会功能，该公会不同于其他公会的特殊之处，因而也凸显了本文的学术价值。总体是一篇良好的学位论文。

存在的问题正如作者在56页所说："对很多问题的分析尚停留在较浅层次阶段"，对于一些关键问题有待深入探讨，如第44页提到的一系列调查表等原始档案涉及书业之经营，应该充分展开，因此在论文深度上尚有欠缺。其次有些关键地方没有史料出处，如第44页最后一行的一句引文。再次有些错字：如第2、3页的"专着"、"编着"当为"专著"、"编著"之误；如第34页第2行，"提送"应为"递送"之误；第37页第7行，"一下"应为"以下"之误；第3页第8行，"极其"应为"及其"；有的表述不够确切，如第11页论及美国经恩公司不是"不生异议"，而是"取消异议"；第18页倒数第1~2行，前面说各公司最多不得超过3人，但后面说"最多可达五人"，不知道何意？另外，在行文上也有需要调整，如第30页应当先写经费的重要性，而不应放在一段文字的当中；另有一些地方文字表述缺乏必要的过度，如第20页突然出来"（一）会员大会"。

（2010年）

（四十一）

本文以美国传教士蒲鲁士在福建莆田的实业传教为个案，探讨了近代来华基督新教传教士的实业传教，选题是好的。从个别到一般的方法是正确的，第53到54页的结论也是可以成立的。作者搜集、运用了有关蒲鲁士传教的中英文资料，特别是英文资料，从而使本文建立在坚实的史料基础之上，成功地重构了蒲鲁士传教的一生。另外作者提出并重点阐发的核心概念"实业传教"也具有创新意义。它是当时来华传教士间接传教的一个重要手段。蒲鲁士创设兴化音罗马字教人认字，设立戒烟社反对吸食鸦片，至今还是应当肯定的。

论文第四章全面分析了蒲鲁士的教养模式与实业思想是全文最出彩最具有个性的部分，体现了作者的原创能力。第五章对实业传教的困境及影响的阐述也比较全面，兼及传教士本身、社会、经济、文化诸方面。

不足之处：

1. 结论只有两页，不需要加上"第六章"的字样。

2. 在学术史回顾部分，第4~5页论及一些相关论著时均没有给出完整的版本信息。

3. 第28页最后一段开始："兴化地区宗教信仰复杂，佛教、道教（简要描述)”，不是一个完整的句子，只是一个写作纲要，但作者又没有按此纲要予以展开。又第 21 ~ 27 页讲了莆鲁士的生平，但始终没有讲他 1916 年何时回美国又在美国逝世的，就是在附录莆鲁士生平年表中也没有交代。

4. 第五章第一节下面五个目标题均有句号，不符合汉语用语规范，没有必要。

5. 第 30 页倒数第 8 行“成绩有两者”应为“成绩优良者”。

（2011 年 4 月 22 日）

（四十二）

本文运用历史唯物主义的方法，通过对大量原始史料的分析，对抗战时期“浙江省国民抗敌自卫团”进行了个案实证研究。考察了该团的组建背景、过程、装备、训练、对日作战、政治取向和最后解体的方方面面，揭示了历史的真相，有助于深化对全民族抗战史的认识。全文设计合理，考虑周详，既论述了浙江省国民抗敌自卫团与日军几十次战斗之战绩，也揭示了该团帮助民众秋收，改善军民关系的史实，有根有据，实为信史。引用之史比较全面多样，既有国民党方面的，也有共产党方面的，学术史回顾也比较规范。为了说明问题，作者还制作了一些图表，使人一目了然。作者在论述并肯定该团历史功绩之同时，也实事求是地指出了该团存在的一些内部问题，避免了绝对化之偏向。

存在的问题多集中在参考文献部分：

1. 王辅《日军侵华战争》既列入档案、资料类，又列入论文、著作类，有重复。

2. 第 47 页《中共中央政治局》可能是文中所引第 8 页《中共中央东南局》之误。

3. 第 48 页张宪文《中国抗日战争史》写了两遍。其次，第 14 页第 15 行“综理全厂事物”，当为“综理全厂事务”；第 2 页第 6“若山镇”当为“箬山镇”。

（2011 年 4 月 22 日）

（四十三）

本文属于社会经济史研究范畴，作者在前人江南区域史研究的基础上，着重研究了本地区水路交通与社会发展、社会变迁的交互作用及其影响。选题是好的，讨论的问题也很重要。作者正确地指出：“杭嘉湖与上海之间的内河航线不应将它视为孤立的一条线形水系，而应将它视为一个四通八达、相互贯通的网络”。全文引证的史料丰富准确，学术史回顾也比较全面，特别值得肯定的是作者在论文结尾提出沪杭内河航运与经济、社会之间不但有相得益彰的一面，也有相互制约的一面，反映出作者的辩证观点。全文有较高的学术价值，又对当今的区域经济发展有一定的借鉴意义。

存在的问题是：一、第28页倒数第二行论及《中国地名大辞典》对湖墅镇的释义没有用双引号，也没有标注有关的版本信息。二、断句错误，画蛇添足，如第59页第三段“可以说已经做到了，你中有我，我中有你，难分彼此的境地。”“做到了”后面的逗号是多余的。又如第63页第三行“包括内河航运业的兴起，却是千回百转”，其中的逗号也是多余的。三、个别错别字，如第61页第十一行“苏抗水路的中点”应为“苏杭水路的中点”。

（2011年4月22日）

（四十四）

本文依据可信的史料，较全面地叙述了沪杭公路对浙北区域经济与社会变迁之影响，讲清了基本史实，得出的结论也是可以成立的。本文既有学术意义，对当今的公路建设也有现实的借鉴意义。引证资料丰富，学术史回顾也比较全面。

但也存在较多的问题：一、时间概念不够明确。全文没有说明论文题目中1925—1937年这一起讫时间之根据。而且在论述上第46～47已经延伸到1945年日本投降以后（但相关的目标题却是“抗战初期的作用”）。二、时间概念有误。第1页第二段说“民国时期真正意义上的公路建设逐渐开始，1901年从外国进口第一辆汽车，1906年在广西修建了第一条公路”。而1901、1906年尚处在晚清时段。第46页第四段说：“1925年发生了震惊中外的‘西安事变’”，应该是1936年。三、整个论文多处文字重复。第14～15页“沪杭线为内河航运……特别是对客运的影响要小得多”，出现了两次。第44～45页“但苏浙皖三省地区……均有重要作用”出现了两次。第47页、第54页“中国传统社会……时间观念产生了重要影响”，“严格的时间观念……加快生活节奏”出现了两次。第54～55页“沪杭公路所经区域……早已有了启蒙”出现了两次，其中错别字“天平天国”也一字未动。四、在行文中没有对一些原始材料进行必要的改写，导致文气不通，见第29～30页。特别是第30页第一段，如作为直接引语，作者没有加双引号，如作为间接引语，又没有做必要的改写。五、有些错别字或断句不当。如第29页“各段标志式样设色等均照，国际道路标志之规定”，其中的逗号是多余的。第51页倒数第五行

“杭嘉湖平源”应为杭嘉湖平原。

（2011 年 4 月 22 日）

（四十五）

选题是好的，关心下层民众弱势群体的生活与命运，有助于历史研究的深入。立意也是好的，作者围绕着 1934—1936 年上海公共租界人力车业的改革，探讨了公共租界当局、华界当局、人力车主、人力车夫及人力车务委员会之错综复杂的关系，具有社会史的特色。作者以上海市档案馆馆藏档案为核心资料，成功地重构了相关的历史场景，所作的五个图表尤见作者功力与认真踏实。这些都是应该肯定的。

值得改进的地方是有关帮会势力对人力车夫的影响有待于进一步加强论证。其中第 43 ~44 页提到的陈国墚早在 1925 年五卅运动中就已经露面，是帮会代表人物之一，因此第 6 页提出“已被青帮控制的人力车同业公会”尚需展开论证。第 6 页注释 2 及第 55 页《当时研究与教学》是不存在的，应为《党史研究与教学》。第 3 页提及“章大二子”是对的，第 57 页写成“藏大二子”是错的。第 31 页第四行“工会反抗”按原意应为“公会反抗”。

（2011 年 4 月 22 日）

（四十六）

本文选取了《新民丛报》、《东方杂志》、《警钟日报》等三种清末有影响的报刊研究了清末报刊对于日俄战争的报道，选题是好的。全文就三报对日俄战争前的东北局势、战争起因、进程、结局、胜负原因以及清政府的应对之策等报道进行了较为系统的回顾与分析。作者查阅了大量的报纸，并以这些报刊文章为主要史料进行叙述，符合新闻史的治学规范。例如作者引用《新民丛报》1902 年 2 月 22 日《俄国之旅顺口大连湾》一文，说明早就有人对沙俄大力经营旅大提出了质疑。作者在第 25 页上引用了《新民丛报》、《东方杂志》当时发表的文章，说明列强的“劝告”是清政府对于日俄战争宣布局外中立的原因之一。

本文既指出了在报道日俄战争方面三报的共同点，更指出了三报的不同点，并认为这是由于政治立场不同而导致的认识差异。作者还认为清末报刊对于日俄战争的报道对清末新政、预备立宪有推动作用。这些论点都是有根有据，可以成立的。

文章框架结构完整，文字简洁流畅，思路也比较清晰。

本文的缺点是：

1. 没有将中国近代最有影响的《申报》拿来进行比照，是令人遗憾的。

2. 时间概念不清楚。第 1 页正文第一句话说“十七世纪初，中国出现了第一份具有近代意义的报刊。”而相关注释介绍的是 1815—1821 年的《察世俗每月统计传》，据此应该说是“十九世纪初”。

3. 错别字：第 13 页第十二行：“有个更清晰的感官”应为“有个更清晰的感观”。第 29 页倒数第三行：“进步能战”应为“进不能战”。

4. 格式不够规范。第 24 页第一行：第四章后面不应加顿号“、”。

（2011 年 5 月 16 日）

（四十七）

本文以《民国日报》副刊《觉悟》为中心，对 1919—1925 年邵力子的早期思想进行了有益的探索，选题很好。论文的基本构想是完整的。学术史回顾也比较全面、规范。论文重点论述了邵力子的文化思想、政治思想与社会改造思想，认为三者是有互相联系的，前两者的终极目标均是为了促进中国实现成功的社会改造。这一总体思路是正确的。

本文的缺点是：

1. 有的地方不够深入。文章虽然对邵力子的早期经历有所介绍，但是很不够，读者无法理解他在办副刊时那些思想的渊源在哪里。第 45 页说邵力子的文章“具有煽动性和随意性”也没有举例说明。又如第 22 页上称《觉悟》副刊是“民国时期中国新闻史上‘三大信箱’之一”，应该对其他两大信箱作一简要说明。

2. 有较多的错别字：第 6 页倒数第一行：“一些列思想”应为“一系列思想”。第 28 页倒数第七行：“一些列文字”应为“一系列文字”。第 21 页第六行“时代破着他们进步”、第 21 页第 23 行“时代破着彼等进步”中“破”字均应改为“迫”字。第 21 页倒数第六行：“扬子烈”应为“杨子烈”。第 39 页第三行“换起一般劳工”应为“唤起一般劳工”。第 42 页第十五行“烧瓶里子”应为“邵力子”。

3. 漏字与衍字：第 13 页第十三行，“自由主义思想”后漏了一个“想”字。第 46 页、第 47 页、“中华书局出版社”，后三个字是多余的。第 47 页：“文明史资料出版社”，其中“明”字是衍字。

（2011 年 5 月 16 日）

（四十八）

对于中国来说，电影是舶来品。到了1930年代美国电影成了中国电影市场上的主角。中美双方以电影文化为基点的相互碰撞与冲击，是值得人们研究的重要文化现象，分析当时中国人眼中的美国电影是个很好的选题。

本文首先介绍了美国电影进入中国的方式与手段，接着透析了“左翼”进步电影人、国民政府当局文人以及社会上其他派别文人这三类中国人对于美国电影的评价。作者指出中国人对于美国电影的评价是多元的，这种多元化影响并促进了早期中国电影事业的发展。

本文的缺点是：

1. 有的地方不够深入。第10页说“美国电影向来以独占世界电影市场为生产发展的目标”，没有具体说明，也没有相关注释。第22页说表彰“旧道德”的电影作品，在1930年代中国电影市场是也是很难立足的。没有举例说明表彰“旧道德”的电影作品究竟有哪些。同样作为重要史料论据的《上海快车》（第25页）、《凌霄壮志》（第27页）、《颜将军的苦荼》（第31页）均没有必要的内容梗概的介绍。又如第53页，中国电影人“希望中国电影可以避免各种关税的盘剥”，但作者没有介绍各种关税的具体规定。

2. 语句表述不当。第18页第5行：“国民党政府和共产党为了争夺文化宣传阵地，对电影业实行了强有力的检查制度”。当时“对电影业实行了强有力的检查制度”的只有国民党政府。第31页倒数第十行：对进步电影“进行局限”应为“进行限制”。

3. 有较多的错别字：第33页倒数第一行、第34页第4行“电影史软片”应为“电影是软片”。第24页第12行：“这种形式”应为“这种形势”。第26页倒数第3行：“发宗教迷信”应为“反宗教迷信”。第30页倒数第1行：“这想法则”应为“这项法则”。第40页倒数第9行：“生入户雪中”应为“深入虎穴中”。第24页第8行：“租借势力”应为“租界势力”。第43页第15行：“作迷惑芝麻最”应为“作迷惑之麻醉”。第51页倒数第2行：“收买哥小戏院”应为“收买各小戏院”。

（2011年5月16日）

（四十九）

本文从社会生活史角度切入，从20世纪二三十年代的社会现实出发，对1927—1937年上海电影与社会生活的两者关系进行了比较系统的研究。作者认为电影来源于社会生活，又在社会生活中发挥着教化的功能。社会生活的变化也会影响电影的发展，这些观点是正确的、辩证的。为了说明问题，作者精心制作了一些表格，如表格 14：“20 世纪 30 年代反帝反封建题材代表影片”设计很好，分为三个栏目：影片名、角色身份、主要矛盾双方，令人一目了然。全文结构完整，史料丰富，论证严密，图文并茂，注释也较规范。本文的研究为更好地认识近代海社会城市社会提供了一个重要的方面。

本文的缺点是：

1. 有的地方不够深入。作者在第 35 页举《夜半歌声》为例说明了好莱坞电影对中国电影的具体影响。但第 37 页第一段称中国电影在中西文化交融中，“不断得到发展”，没有具体内容加以说明，很空洞。又如第 21 页提及国民政府“鼓励国产电影的制作”，没有具体说明，也没有相关注释。

2. 个别注释不当。第 52 页第 5 行：“敌人死脱（注：原文如此）多少”，其中括号中的说明是画蛇添足。“死脱”即“死掉”，是上海话，没有错。

3. 有个别错别字：第 78 页第 9 行“租借当局”应为“租界当局”。第 93 页倒数第八行：“人幕之众”应为“入幕之众”。

（2011 年 5 月 16 日）

（五十）

《永安月刊》存世不多，收全的单位更少。《永安月刊》见证了旧中国永安公司及旧上海的发展轨迹。而在以往永安公司的研究中，很少有学者提及《永安月刊》。作者在精读我校图书馆保存的全套《永安月刊》的基础上，对 1939—1949 年间《永安月刊》与上海社会生活的互动关系进行了考察，重点是对《永安月刊》关注的商人、女性与知识分子三大群体进行了阐释与分析。选题是新的。全文布局合理，层次清楚，逻辑严密。第二章从编者、作者、读者、封面、栏目、定位诸方面对《永安月刊》进行解构，符合报刊史的研究规范。第三至五章重点考察了女性、商人、知识分子三大群体，讲清了基本史实，结论部分试图阐释与分析上述三大群体之间的联系与互动，立意是好的。但论证还有待于加强。全文表格齐全、注释规范，史论结合，说服力强。论文的不足之处在于《永安月刊》的影印资料运用太少，全文在第 83 页才安排了一帧。对于最新出版的相关资料《近代中国百货业先驱：上海四大公司档案汇编》未及利用，文末参考文献格式也不统一。

（2011 年 5 月 21 日）

（五十一）

《图画日报》是中国近代出版最早的画报类日刊，在新闻史、美术史上有着重要的地位，然而由于种种原因，过去在学术界对它的研究是很不够的。作者以《图画日报》的文本与图片为主要依据，探讨了《图画日报》视野下的晚清文化。选题是好的，工作是有意义的。作者对全文的整体布局把握得当，篇章设计合理，条理清楚。尤其是与正文同步刊出了一些图片，并进行了分析解说，做到图文并茂，图文互证，充分发挥了这些图片应有的史料功能。全文文字通顺、流畅、夹叙夹议，论证比较充分。有关《图画日报》有关揭露烟毒危害这一部分比较精彩，史料充分，使读者能留下较深刻的印象。本文的结语是好的，总结了该画报三大办刊特色，肯定了它在新闻与美学两方面的价值，评价比较到位。

不足之处是对于《图画日报》文学价值只是在结语中略有提及，并举了有关拿破仑、俾斯麦的历史故事为例，但也没有作必要的展开。

（2011 年 5 月 21 日）

（五十二）

作者在大量查阅、翻译基督教女报文章的基础上，以此为中心，认真考察了 1912—1941 年间基督教女报与中国女性形象的建构问题。选题很好，立意也不错。全文符合报刊史、性别史的研究规范，仅就史料而言，大多是其他研究者没有用过的，有新鲜感。全文布局全面，论述较缜密，史论结合，论从史出，表现出较高的学术素养。表格做得好是本文的优点之一，如第 55 页上的内容分类表，第 63 页上的介绍卫生常识的篇目表，十分清楚。作为刊物研究，作者还充分注意到了读者的反馈（第 60 页），能做到这一点，实属不易。

不足之处是在全文已经较好分析了基督教女报对于中国女性角色发展的影响的情况下，作者还在 105 页上说："基督教女报对于中国女性角色发展的影响我们无从考量"，不知何意？在整篇论文中对于基督教女青年会基本没有介绍，而该会在解放前有一些共产党员在活动，势必影响到它办的各种事业（含《女青年》，参见第 95 页注释 6、7）。在学术史回顾中第 8 页倒数第 7 行提及"某些提法失实，并且存在以偏概全的瑕疵"没有讲透。此外还有下列问题：

1. 文意不通，第 3 页倒数第 7 行"鲜有研究成果也仅散见于……"。第

100 页第 8 行“政党阶级烙印”。

2. 用词重复：第 6 页第 3 行“本书成书毕竟成书已久”。第 34 页倒数第 6 行“对对基督教……”应为“对基督教……”。

3. 错别字：第 14 页倒数第 10 行“大过分……”应为“太过分……”。第 14 页第 11 行“板报方针……用过分析”应为“办报方针……通过分析”第 27 页第 8 行《女青会》应为《女青年》。第 32 页倒数第 10 行“新妇鱼……”应为“新妇于……”。第 46 页第 10 行“不宜分利”根据上下文应为“不宜分离”。第 51 页第 15 行“父若英雄，女必好汉”应为“父若英雄，儿必好汉”。第 52 页第 17 行“履行着责任”应为“履行这责任”。第 67 页倒数第 2 行“天平天国”应为“太平天国”。第 73 页倒数第 8 行“除外做事”应为“出外做事”。第 77 页第 1 行“翻翻复刊”应为“翻翻副刊”。第 79 页第 4 行“医生顶要紧的事”应为“一生顶要紧的事”。第 84 页第 3 行“煤嫂”应为“媒嫂”。第 108 页，《美国侵略史》应为《美国侵华史》。

4. 漏字：第 45 页第 12 行“字与字”根据上下文应为“字与不字”。

5. 衍字：第 44 页第 7 行“还有论人认为……”应为“还有人认为……”。第 61 页注 4“抗战时期的”应为“抗战时期”。

6. 标点符号方面的问题：第 82 页倒数第 5 行“我校务本，中学部”应为“我校务本中学部”。第 87 页第 3 行“化工成衣”应为“化工、成衣”。

7. 注释方面的问题：第 29 页简单介绍了李冠芳的生平，但没有史料出处之说明。第 39 页倒数第 10 行双引号后面缺少注释。第 56 页上提及《无识的悲剧》、《受了欺骗》等故事应在注释中加上内容梗概。第 88 页倒数第 2 行，“出现了规模空前的妇女失业现象”，没有数据，也没有出处。常见书不必转引：第 50 页注 3 用的是《圣经》，十分常见，可以直接引用。

（2011 年 5 月 21 日）

（五十三）

本文在大量查阅清末白话报的基础上，考察了 1876—1911 年上海白话报与市民文化生活。全文设计合理，层次递进，讲清了白话报、白话报人与市民三者之间的关系，并对当时“国家”、“国民”两大概念的建构进行了认真的梳理。第三章专论晚清白话报中歌谣与市民文化生活的互动关系，最为精彩，具有强烈的社会史色彩。其次论文中表格做得好，如第 58 页上的《中国人格表》、《上海人格表》并列设计，令人一目了然。全文高度关注上海普通市民的文化生活的立意是好的，在报刊史研究方面选题也是较新的，反映出作者的学识。

不足之处是文末一般不用“余论”应该是“结语”。全文配了一些插图，没有与正文紧密结合起来，在正文中基本不说明这些插图。

立论欠妥：第 61 页第 12 行“婚姻是社会生活的起点”，不知有何根据？又，第 79 页倒数第 4 行“音乐……通过唱、念合一的形式……”。

自相矛盾：第 62 页第 12 行解释了“无伴奏、无乐曲的的叫做谣”（这里多了一个“的”字），接着马上说“在古代社会，合乐和徒谣是很难区别的。”这是为什么？

文意不通：第 21 页倒数第 9 行“将当时普通市民或者乡村村民所受的害处”。半句话，没有讲完。第 32 页第 2 行至第 3 行“日本……由一个封建政权，一变而成……文明国度，这使得……中国知识分子而言，更加有着吸引力。”日本是个国家，不是政权，句子也读不通。第 65 页第 2 行至第 4 行，歌谣“用不同于传统途径为知识分子和市民的舆论批判了别样的语境”，句子读不通。第 42 页倒数第 7 行“由日俄战争引起 1901 年到 1905 年的拒俄运动”。1904—1905 年的日俄战争不可能引起 1903 年的拒俄运动。第 52 页倒数第 1 行“教员就是传校教育的”；第 72 页第 11 行“音乐正是通过……表现形式，普通市民顶着烈日……”。第 56 页倒数第 6 行“并促使……”一句没有主语。

用词不当：第 44 页第 5 行“自甲午后，中国的利权破坏殆尽”。如是，那《辛丑条约》的影响又该如何评价？第 74 页第 13 行“但不置可否的是……”根据上下文应是“但不可否认的是……”。

句子成分搭配不当：第 39 页倒数第 6 行“决定着……重要原因”。第 51 页第 14 行至第 15 行“在普通市民中培养小孩教育”。第 62 页第 14 行“动力的基石”。第 67 页第 3 行“采用以贴近受众的强调意图”。

错别字较多：第 1 页第 3 行“遍遍建立”应为“遍地建立”。第 12 页倒数第 4 行“世界格局及形式”应为“世界格局及形势”。第 29 页倒数第 10 行“与传统的知识分子而已”应为“与传统的知识分子相比”，暂且不论有无“传统的知识分子”。第 43 页第 8 行“开了站”应为“开了战”。第 49 页第 7 行至第 8 行连续三个“还不睡”应为“还不是”。第 53 页倒数第 7 行“男子的万物”应为“男子的玩物”。第 54 页倒数第 7 行“有争权的新”应为“有争权的心”。第 62 页第 3 行“游夏”应为“游侠”。第 64 页第 3 行“戴起眼精”应为“戴起眼镜”。第 76 页倒数第 9 行“白画”应为“白昼”。

衍字：第 10 页第 10 行“认识程深入程度”应为“认识深入程度”。第 65 页倒数第 1 行“古代社会，音乐在古代社会”。第 66 页第 2 行“开始慢慢开始变化”。第 71 页倒数第 3 行“其其内容”。第 54 页倒数第 4 行“无疑不反映”应为“无不反映”。第 64 页倒数第 5 行“通过站在受众这样高度的语境环境下”，“通过”是多余的。

重复：第 48 页第 8 行“白话报内容中的某些内容”。

标点符号方面的问题：第 18 页第 2 行“钱也赔了世界虽大”应为“钱也赔了。世界虽大”。第 23 页倒数第 8 行“国民，所应具备的特质”应为“国民所应具备的特质”。第 32 页第 13 行“踏上日本，这样一个陌生的国度”应为“踏上日本这样一个陌生的国度”。第 63 页倒数第 9 行“自由结合如。内中……”应为“自由结合如内中……”。

注释方面的问题：第 3 页倒数第 8 行，引用张中行的一段话没有出处。

（2011 年 5 月 21 日）

（五十四）

本文以任鸿隽科学救国思想为研究对象是很有意义的，选题是成功的。作者运用历史学、教育学、生活学，政治哲学等多学科交叉的研究方法，重点探究了任鸿隽科学救国思想的内容，考察了任思想演变的轨迹。其学术价值在于注意到了任鸿隽科学救国思想与中国近代社会间的互动关系，注意到了其思想和实践的结合。既肯定了他的贡献，也指出了他的不足，因此，评价是实事求是，客观中肯的。

作者学风严谨，查阅了任鸿隽的不少资料，并在消化理解的基础上，用任鸿隽的原始话语作为论文的题目和章节的小标题，既引人入胜地起到了贯穿全文纲目的的作用，又如实表达了任本人对发展科学事业的设想。全文逻辑严密，论证充分，史料扎实，叙述也比较到位。

值得改进的地方：

1. 在论述任鸿隽任四川大学校长的时候，应该首先将其的大学理念集中论述，包括对大学改革的方向（第 53 页），学校之作用（第 42 页），大学之属性（第 32 页）。

2. 引文注释不够规范，如第 18 页引用的孙中山语录，没有找《孙中山全集》而是找了国内事实上已不用的 1980 年版的《孙中山年谱》，不妥。第 47 页注 161，用的仍是《马克思恩格斯选集》之旧版，没有使用以往通行的新版本。

3. 个别地方交代不够清楚，如第 1 页注，进入康乃尔大学没有写出哪一年；第 21 页首次提及汪鸿隽高度赞扬的范旭东，没有注出其生平年代；第 24 页提及唐钺时也没有提及他的身份。

4. 个别地方之错字，如第 26 第六行，“网落”应为网罗；第 57 页第 14 行，“求毡”应为求战；第 58 第 12 行，“有造于”应为有利于。

全文最后一句话“贡献出应尽的社会责任！”似不合汉语表达习惯，“责任”对应的动词应为“承担”。

（五十五）

基督教在近代西藏的传播是一个较新的研究领域，学术界已有的成果不多，本文以《教务杂志》为核心史料，重新构建了近代基督宗教与佛教相遇的历史场景，探讨了西方传教士对西藏自然社会情况的考察，对藏传佛教的认识以及移植布道的历史轨迹，分析了耶佛在西藏高原相遇碰撞的得失成败，总体上讲是很有价值、很有意义的。是一篇具有原创性的学术论文。

本文资料扎实，注释翔实，有些富于学术性如第20页注释59、注释63、第63页注释74等。附录中将《教务杂志》有关西藏的31篇论文用表格形式一一列出，使人耳目一新，作者还注意到一些相关理论的运用，如第60页注释198、第58页注释188等。文章对于耶佛在西藏高原互动的总体评价也是富有新意，实事求是的。

存在的问题如下：

1. 没有集中说明西藏地区的农奴制是阻碍基督教传教的主要原因，其实第58页注释185、第59页注释192的材料就能够说明问题了。

2. 第54～55页例举的一连串教案太简单，有报流水账之嫌，似应进行适当分类，然后每类各举一例适当展开叙述为好。

3. 在文章结构方面，第36明确提到“医药事工又往往是布道文字事工不能奏效后赢得当地民众好感的补救和有力打开宣教事业的有效工具”，既然如此，应该把第40、第43页基督教的布道文字事工调整到第36页4.2. 基督宗教的医药事工的前面来，更加顺理成章。

4. 有些注释极为重要，如第44页注127、129有关具体传教方式的说明。第59页注192藏传佛教为藏民提供的6种基本功能等，均应放到正文中，作为背景介绍或直接作为重要的论据。

5. 第28页第六行现金100，没有货币单位。第41页，将depot分别翻译为书店、书站。

（五十六）

中国早期马克思主义者十分注意改造思想研究应该说不是一个新的研究领域，相关的学术成果也比较多，但作者以西方新制度主义理论为框架，对相关原始资料重新进行了解读，闯出了一条学术研究的新途径，这是应该充分予以肯定的。而且本文没有油水分离之现象。作者以新制度主义为纲，紧紧抓住了社会改造这一核心，就改造的背景、目标的设定、理论的选择、人性假设、方式的确定以及突破口，层层递进，依次有条不紊地展开论证，显示了作者史论结合的学术功底。

全文以新文化运动为转向，以社会改造思潮兴起为背景，以群体性的人物为研究对象，理清了中国早期马克思主义者社会改造思想的发展脉络，有助于人们加深对“五四”社会转型时期的认识与理解。总体而言在思想史的研究上是一篇成功之作，而且富有新意。

值得改进的地方：

1. 对于早期马克思主义者这一核心概念没有明确的界定。

2. 有些注释有问题。第 31 页注释 4 对魏宏运主编的《中国现代资料选编》没有注明是第几册，第 48 页注释 4《蔡和森文集》第 15 页，经核对是第 51 页。

3. 有些地方应该适当展开，以利于读者了解。如第 35 页“最能证明这一观点的是当时工读主义互助团的失败”。第 45 页“恽代英的实践活动失败”，第 46 页“亲身经历工读互助团的失败的施存统”等，至少要加以简单注释说明。

4. 一些错字，如第 15 页，“不在具有”应为“不再具有”；第 16 页“制度他……”应为“制度它……”；第 55 页，“操做的层面”应为“操作的层面”等等。

对博士论文的评语

（一）

本文讨论的现代桂林城市发展是城市史、区域史、经济史的一个重要课题。从总体上看，填补了空白，确实属于国内领先地位。

作者运用了中外学者有关现代化、城市化的理论，以桂林为个案，进行了详细、周密、认真的考察，得出了自己的结论，

在论文写作方面，作者采用了历史和逻辑相结合的写作模式，充分注意到定性分析与定量分析的结合，规范分析与实证分析相结合，静态分析与动态分析相结合，纵向比较与横向比较相结合，有自己的特色。

作者首先介绍在某一问题方面中外学者的前沿观点、自己进行进一步界定，然后按此逐层展开，层次分明，结构清晰。

例外，本文有大量的统计表，用具体的数字来说明问题。

最后，注释也处理十分规范，有些观点介绍放入注释，如此简化了正文，完全符合学术规范。

存在的不足之处是：

1. 学术史部分罗列的学术成果不够完整，如曲晓范《近代东北城市的历史变迁》（东北师大出版社 2001 年版）就没有提及。

2. 全文使用的关键概念之一为可持续发展，应该结合形势，改为科学发展观为好。

3. 有的数据缺出处，如第 169 页的 2002 年海外旅游者在华每天人均花费的数字。有的数据不够科学。如第 140 页吃的方面的增长，使用的是 1980 年和 2000 年的人民币数值。但我们知道，两者的含金量大不相同，约为 10∶1。在此基础上得出增长 11. 14 倍的结论，难以令人信服。

4. 写作上，有些地方太突兀，缺乏必要的过渡。如第 143 页之间来了一段有关公平的论述，读起来十分突然。个别地方有错别字。如第 3 页“劳动报筹”应为“劳动报酬”；第 12 页第四段“茅家琦主局”应为“茅家琦主编”等。

论文总体达到良好水平。

（2003 年）

（二）

1. 本选题达到国内领先水平。

2. 本文从近代中国的社会、文化背景出发，从医学社会史、文化史、思想史的角度对民国时期几次大规模的中医废存之争作了系统的审视与疏理，探讨20世纪初转型时期的中国医学发展的思想与文化特征。

全文立论公允，不偏不倚。对论战双方均指出了合理部分和不足之处，评论非常到位。

分析客观，指出抵制废除中医的运动之所以成功，与国民政府内部元老派的同情支持和蒋介石的最后决断有很大关系。而以往的研究往往对此轻描淡写甚至避而不谈。对废中医派首领余云岫的评价也比较中肯。

另外，将中医在中国、日本的不同命运和结局作了比较和说明。

3. 文字表达准确、流畅。

4. 作者采取了社会史、观念史、文化史、思想史和历史学等方法。在南京中国第二历史档案馆查阅了大量的原始档案。对不同记载的史料能够很好地鉴别、取舍如第142页、第168页，反映了作者良好的学术功底。

5. 作为与西医相对应的一方，在中国除了汉族的中医外，还有少数民族的藏医、蒙医等，作者基本没有提及。

文中一方面说“孙中山是西医出身，对传统中医自然有他的看法”（第155页），另一方面说“提倡和发扬包括中医药在内的民族文化”是“孙中山先生遗训”（第174页），有自相矛盾之处。

第98页说“骂中医一时成为欧化知识分子们的一项饭后运动”，不够严肃。

对于汪精卫为何从为中医辩护（第115页）到攻击中医，作者自己没有很好的解释，称有待进一步考论（第165页），其实可以从汪本人抱怨中医没有治好他的糖尿病（第169~170页、189页）可以得到部分的说明。

第147页国医节的来历应该加注说明。第179页的直接引语缺少注释。

有较多的错别字包括人的姓名（如隋翰英多次被误写为随翰英）。第221页将国民代表大会误写成国民党代表大会。

（2005年4月）

（三）

1. 本选题属于学科前沿，达到国内领先水平。

2. 本文立足于研究地方的区域灾害史，实事求是地肯定了国民政府的救灾绩效，研究救灾中各方社会力量的作用，并以此透视国家与社会在公共领域里的整合方式，重点探索了民国救灾活动中的各种救灾机制。在研究方法和视角上，注重从下向上和自上而下两个取向的有机结合，实证的微观机制剖析与宏观的政策分析并行不悖。作者借助国家与社会、政治合法性、市民社会等政治社会学的相关理论成功地解读救灾中的各种关系和现象。本文运用现代灾害学、社会学等相关学科的理论与方法，从减轻自然灾害、强化社会控制、加强社会整合的意义上，对民国时期人与自然之关系的认识、灾害成因的认识、救灾理念、人与灾害之关系的认识以及救灾中国家与社会、社会不同阶层和利益群体之间的人与人之间的关系以及官方与民间不同的救灾对策和机制措施等问题展开系统的考察，非常注意提出新观点（如146页），总结新特点（如141页、161页）。

作者不仅看文件，而且看实效；论文中有条文的介绍，也有执行情况的反映（如第119、126页），努力挖掘不同于制度史的另一版本的救灾史。

全文主要论述江苏，但也兼及安徽、江西等其他省份，便于比较。

引入“第三部门”、“公共领域”等概念也比较妥帖。

3. 文字表达准确、流畅。

4. 作者涉猎了大量的灾荒史研究成果，查阅了大量的档案、报告、报纸和旧期刊，花了很大的工夫。立足于社会史的范畴与方法，运用分类、分层与个案分析相结合的方法也较好。

5. 对一些参与救灾的社会力量可以适当集中分类叙述，如帮会、红卍字会等。

个别提法欠妥，如第239页认为地主士绅是农民的“利益代言人”。第69页“国民党的中国银行”表述也不好，中国银行只有一个。第71页“东北失陷，……斩断了关内灾民的逃灾求生之路”，用在本文有点牵强附会，因为江苏灾民一般不可能会逃难东北，文中也没有举出以前这方面的例子。

第74页、第102页、第121页、第177页、第241页、第259页、第276页有少量的错别字。第18页、第37页、第209页有些表格个位数没有对齐。

第87页振务委员会的表述是对的，但应加注释说明为何不用“赈务”这种通行的名词。第81页、第132页、第268页有些直接引语未加注释。

（2005年4月）

（四）

1. 本选题属于学科前沿，达到国内领先水平。

2. 与众不同的是运用了“现代国家政权建设”的理论，从“国家—社会”关系角度对民国以来的苏北“地方政权与社会”这一主题进行了研究。

在研究中充分注意到国民党统治时期大量存在的法令规章制度与现实背离的问题，许多在文字上非常完善的政策事实上并没有完全得到实施。

作者在研究过程中，注重宏观社会历史背景和苏北具体地方环境之间的结合，考虑到了地区的差异。

图文并茂，表格齐全，选用的两张广告很有代表性。

3. 文字表达准确、流畅。

4. 通过政治学、行政学、经济学及社会学等多学科理论的运用，以社会史的方法，在“国家—社会”关系理论的指导下，利用各种资料和前人研究成果，充分掌握材料，结合个案，运用历史学的实证方法进行研究，进而对苏北政权在乡村社会秩序重构方面的得失予以客观评价。

作者主要用了档案资料、报刊资料、时人著述和年鉴方志。其中南京中国第二历史档案馆、江苏省档案馆、苏北各地档案馆的相关档案资料以及国民党中央政治学校毕业学员赴县实习后撰写的县政实习报告最为珍贵，以前尚未被学界所通晓与利用。

5. 本文正文中多次提中国共产党在苏北的活动，但均未适当展开。其实如何对付共产党也是省政府在重构社会时必须考虑的一大问题。

（2005 年 4 月）

（五）

本文题目属于学科研究前沿，有理论价值也有现实意义。

作者在展开研究时，使用了历史学和社会学的方法，事业比较开阔，理论模式运用比较恰当。

本文集中论述了五四时期知识分子的代际冲突，其核心内容是学术。就学术而言讲得比较透彻，但即使是五四时期知识分子，后来更重要的分野是在政治思想领域中的，本文对于这方面未能充分展开。

另一重要问题是第 136 页对于青年和少年的规定阐释在第 69 页中又有另一解释，即少年等于青年，缺乏必要的论证；而且只举了《少年中国》一个例子。其实在辛亥革命前夕旅美华侨中就有“少年学社”，旧金山同盟会机关报称《少年中国晨报》，1922 年 6 月周恩来等人在法国成立旅欧中国少年共产党，其机关刊物为《少年》。

余论中第 122 ~ 133 页内容应到移到正文开始部分，作为总体背景提出。

（2008 年 5 月）

（六）

本文以“经世文编”为文本根据，较有新意地探讨了晚清兵制变革的思想与实践，总体上讲是成功的。

作者力图将学术史与社会史相结合，讲出了晚清兵制变革最基本的特点即传统与近代的变化、中外、新旧的杂糅。

第 4 章以江苏为个案的研究非常扎实，说服力强。

第 5 章存在的问题是就兵制论兵制，没有突出中国近代列强侵略所造成的严峻形势是改革兵制的最基本的动因。其实应将第 161 页的内容移到正文前面去。

其次，立论不够准确，如第 160 页称雇佣兵（志愿兵）制很快失败了，“征兵制与预备役制度就显现出优势”，但第 158 页上却说“我们不能轻易地判定征兵制与招募制”孰优孰劣，也就是说立论前后不统一。

还有第 10 页关于“私人军队”与公兵的讨论，总体上认为王朝军队与湘淮勇营都是“私人的”军队。如果按此逻辑推论，西方近代以来的国家军队也不是真正的“公军”。因此应当承认王朝军队的“公共性质”一面，或反过来说王朝军队与湘淮勇营均具有私人性，但程度是不一样的。

（2008 年 5 月）

（七）

本文以西方的社会性别理论为指导，对 1927—1937 年的上海女性自杀问题进行了系统、广泛的研究，认为这一时期上海女性自杀不完全是受男性压迫的结果，女性也并非整体受压迫，这些结论都是正确的，经得起历史检验的。全文史料丰富，注释规范，表格齐全，文字流畅，图文并茂，逻辑严密，其中第五章尤为精彩，通过对女性自杀分析当时存在的社会问题，以小见大。

但论文第 147 页中提出“在二三十年代的上海，也有很多婆婆自杀的”，没有任何史料出处作为根据，不符合史学论文之规范。

参考文献“当代论著”中所有的外国学者均应标出国别。有的书目有译者，更多的并无译者。

（2008 年 5 月）

（八）

论文选题是好的，属于大众文化范畴，以前较少进入学术研究的领域，由此引发的对流行歌曲的正名及重新评价等都是很有意义的。

本文力图将文化史与社会史的研究方法结合起来，对民国流行歌曲进行了自己的定义，并归纳出五种属性。

作者根据传播的理论，对上海流行歌曲的受众进行了分层的社会分析，详细说明了社会上层、中层以及下层不同的生活状况，以及他们接受流行歌曲的渠道和方式。第160～161页关于对民国流行歌曲中的人性之类的解释也是比较好的，具体分析了当时男女两性生存状态与心理状态都不容乐观，是有充分历史根据的。同时还介绍了作者自己的新发现，即在516首流行歌曲中，涉及爱情的有412首，占80.5%。这一发现是前人没有说过的，具有原创性（如果有详细注释说明就好了）。还有一新发现在第165页的注中，即516首流行歌曲中以女性口吻而作的歌曲474首，占92.9%，如能放在正文中，且有正规注释更好。

本文最大的缺点是作者没有把特地多次提到的、作为重要立论根据的516首流行歌曲以及多种选本列出表来一一说明，因此是不符合历史论文规范的，具体见第149页、第161页注6，第165页注1。

其次是对口述历史的注释方面，技术规范不统一。有些注释缺乏采访或访谈的具体地点，如第66页注2。

第三，关于第一章第一节第一、二小节中关于中国古代音乐的回顾和叙述几乎没有实例，相当空泛，其实在第33页已提及《十面埋伏》等被发掘整理改编的古代乐曲。

第31倒数第8行提及“青主”，应该有一个介绍其生平事迹的简注，如为宋人“我住长江头”词谱曲等。

第21页第10行称“百代”公司灌录了“教我如何不想他”，近半个世纪一来一直脍炙人口，没有具体事例的支撑，如唱片之销量如何等等。

第62页最后三行，双引号中直接引语没有史料出处。

第63页表3－1“20世纪30年代上海主要电台一览”，注释是对不上号的。

第64页倒数第三行，王达平（聂耳的化名）也没有说明这一说法之根据，第81～83页在专门介绍聂耳生平时对此不置一词。

第71页表3－2“上海主要电影公司一览”，注释也是对不上号的。

第78页第一段陈毅论黎锦晖以及第二段美国人论黎锦晖均是重要的立论依据，但均无史料出处。

整个第四章第三行写了三个词作家，其先后顺序应该是先写此人在歌词创作方法之成就，再写与作曲家之合作，可惜后者几乎完全没有提及，因此与总的论文题目关系不大。类似游离主题的情况见第 101 ~ 102 页“体育皇后”黎莉莉，强调体育及电影表演，淹没了歌咏这一主题。

第 126 第 7 行称“云间明月分外清丽，寒山寺钟声摇曳，纵然字数相同，但难以体现整齐美”。前一句 8 个字，后一句 7 个字，字数是不同。

第 152 页第 29 行、第 153 页第 22 行，在列举歌曲名称时，没有按现代汉语规范，点上顿号。

（2008 年 5 月）

（九）

本文以湖南各级档案馆、图书馆收藏的第一手档案文献资料为主要依据，用历史唯物主义的观点，对 1920 年到 1927 年湖南共青团进行了迄今为止最为详尽的研究。作者科学阐述了湖南共青团组织诞生、内部的运转机理、经费收支及其与湘区国共两党的组织关联性，对湖南共青团组织诞生的背景、群体结构与组织形象三者之间的内在逻辑关系进行了认真的分析，指出早年湖南共青团组织形象上的幼稚性是背景、群体结构等因素综合作用的结果。

全文史料丰富，注释规范，表格齐全，文字流畅，论说有力，所得出的结论能够自立一说，是一篇有独到见解的原创性论文。本文具有较高的学术意义，也可以为今天团的建设提供历史的借鉴。

不足之处是对于早年湖南共青团与他省共青团的比较研究尚有待进一步深入，对于青年共产国际对中国、对湖南共青团的影响不够重视，没有展开必要的论述。

（2009 年）

（十）

本文利用了中国第二历史档案馆、重庆市档案馆、中央档案馆的核心资料，对 1861 年以来的中国近代军事工业进行了系统的梳理，特别是对国民政府的军事工业作了迄今为止最为详尽的分析与研究，填补了学术研究上的一个空白。作者具有长时段的历史理念，第二章的回顾实际上是以后几章的参照物，有比较才有实事求是的分析和结论。第七章结语显示了作者知识面广、信息量大、论证充分，有很强的说服力。全文的特点是史料丰富、资料翔实，多次大段引证了某些条例、计划，但是不足之处是缺乏相应的详细解读。另外全文缺乏对军事工业重要性思想方面的集中叙述，1940 年美国总统罗斯福的看法（第 207 页）、1948 年蒋介石的见解（第 205 页）散见于文中，没有很好地整合，而且在时间上也偏晚。全文有较多的笔误。如第 43 页第 12 行“枪杖工程”应为“枪支工程”，第 49 页倒数第 9 行“超工修造”应为“赶工修造”等。参考文献之书目体例不统一，而且有重复者。对论文的建议：1. 全文的表格应该编号，第 151 页上部的表格既无名称，又无史料出处。2. 一些重要的史实应有史料出处，如第 39 页中间，汉阳兵工厂生产的枪支在使用中发生炸裂；第 46 页第一行晚清兵工厂“很多情况下是遗漏了核心设备”没有举例。又如第 52 页德州兵工厂每年的人头开支费、第 123 页倒数第 6 行，小型兵工厂“如雨后春笋般地出现”，等等。3. 一些重要的外国人名在文中首次出现时应有外文原名，以便检索。如第 84 页，德国商人克兰、第 106 页《制空权》作者杜黑、第 116 页第三行哈德曼。4. 第 120 页注 2 国民党五届八中全会关于国防工业问题的决议，并没有指出真正的史料出处，读者无从查找，等于没注。第 133 页、第 209 页注释中的《冈村宁次回忆录》没有相应的页码，无法有效地支撑作者在正文中提出的观点。5. 标点不正确：第 188 页第十行“一厂无异；一家”中的；应该去掉，不然成了破句。6. 第 192 页“黄鱼”是上海人对黄金的俗称，应写“黄金”为好。

（2009 年 5 月 28 日）

（十一）

本文选题是好的，广州是华南最大的城市，其警察的状况一直没有认真系统地研究过。本文填补了这一学术空白，无论在学术上还是在现实意义上都是很有价值的。本文是原创性的作品，作者充分利用了历史报纸、杂志、警务文献及原始档案资料，有根有据。第八章“近代广州警察与广州市民生活”写得比较生动、具体，体现了社会史的风格。作者还充分注意到了广州警察在法规、教育选拔、奖惩等方面与众不同的特点，突出了地方性的特色，如第 42 页率先建立指纹档案。在写作时既考虑到了主体主线，又兼顾了相关方面，如第 165 页介绍了警察机关镇压人民革命的方面，也实事求是地肯定了其对一般社会治安、交通、公共卫生方面的积极治理。

论文的不足之处是在学术史回顾部分，非广州的可以从简从略，与广州直接相关部分应当详细介绍。同理第一章，非广州部分内容太多。第 156 页讲日占广州时期“烟赌盛行，毒品充斥，妓馆林立”，第 219 页又称“日伪统治广东的时候，广州的色情营业再次泛滥成灾”都是一句话，均无必要的展开。

文中介绍的一些广州警局主官，有的还有较详细之经历，但均少了生卒年代。总体而言，史实论述多，理论总结太少，这在结论部分表现特别明显。第220页称“国民党政权已日渐走向崩溃，所以效果较之战前远远不如”。但第179到199页战前部分只列了一些规定条文，读者看不到警察教育之“效果”。有些用语不甚明确，如第178页“陆军四校”建议修改时写上全称。在史料运用方面，文史资料不是不能用，但要慎重。如第193页第三段说，特别侦缉队“所杀害的人不知有多少”，写回忆录时可以的，但用在研究性论文中又没有考证是不妥的。全文在理论方面尚有提炼升华之空间。

（2009年11月2日）

（十二）

工人阶级是领导阶级，上海工人阶级是全中国工人阶级的领头羊，劳动模范更是其中杰出的代表。而电影又是当代人民喜闻乐见的艺术形式之一。目前博士学位论文中专门论述解放后工人阶级的不多，本文是一篇当代中国史题材的原创性的论文，它以大跃进时期上海女劳模为中心，探讨影像、性别与革命意识形态之关系，选题是好的，突出了主旋律，有时代特征、上海特点与女性特色。作者充分利用了上海档案馆藏的相关档案以及新时期以来编写的各种志书，视角独特，切入点好，做了可贵的探索。第四章女劳模电影创作与第五章女劳模电影的放映是学术含金量较高的部分，强调了从生活到电影和电影到生活的内在逻辑关系，创意较多，全文结构紧凑，思路清晰，逻辑性强，在研究方法上采用了社会学的访谈。

黄宝妹

主要存在问题：

一、重要问题没有重点交代。如第54页、第62页、第182页三次提到黄宝妹与共产党的关系，但全文没有说明黄是何时入党的。又如第164页，讲到电影放映，应该有场次、持续放映时间以及观众的数字。文中一些重要人物首次出现时如第28页夏衍、周扬、康生等应有职务介绍。在论述问题时不能太绝对，如第74

页称："全民创新运动，上演了诸多荒诞离奇的故事"，实际情况并不全是如此，如倪志福钻头等就不是荒诞离奇的。又如女劳模在上海劳模中占了多少比例？有何不足之处？她们是如何处理家庭、婚姻、子女教育等问题的？

二、对史料的运用问题。首先要注意史料的权威性，如第120、121页上周恩来关于电影创作的指示应该引权威的《周恩来年谱（1949—1976）》中的引文。第138、181页两次引用毛泽东《在延安文艺座谈会上的讲话》一处用《解放日报》，一处用《毛泽东论文艺》，如果没有特别的文字出入，建议引用毛泽东生前认定的《毛泽东选集》。注释应该规范，引用《人民日报》的是社论的必须注明，一般文章应该有作者姓名。引用《红旗》杂志的，应该写某年第几期，而不是第146页上的《红旗》1958年6月1日。第54~55页讲了黄宝妹从1960年到1982年读书、提干的信息，但注释上却是1956年8月7日的一份档案文件，肯定搞错了。又第80页上注释2《斯大林选集》北京：人民出版社1929年版，肯定不对，就算1929年有人民出版社，地点也不叫北京，而是北平。

个别地方次序要调整，如144~145页两段话，前一段是对三结合创作方法的评论，后一段是三结合创作方法本身的介绍，应该对换。又如第165页有三段分别叙述了全国、北京、上海观众看了《黄宝妹》电影后的感想体会，建议可以按照从近到远的顺序，调整为上海、北京、全国观众看了《黄宝妹》电影后的感想体会。

（2009年11月24日）

（十三）

本文以江西省与南昌市档案馆馆藏档案为核心史料，结合当时的报纸杂志的报道，对1906年南昌教案进行了精心重构。通过严密考证，确认江召棠为被逼自刎。作者以小见大，对南昌教案进行了新的诠释，将其与清末民族国家的建构关联起来，如此解读，颇有新意。第五章中对南昌教案背后晚清的政治关系的分析尤为精彩，从上到下，由里而外，层层分析了外务部、军机处、言官、南北洋以及张之洞在此案中扮演的角色与关系。第六章中外报纸对南昌教案的报道，十分完整。作者立场客观，持论公允，实事求是，有较高的学术价值，令人耳目一新。这与作者认真阅读西文报刊有很大的关系。全文结构完整，层次清楚，注释规范，文字流畅，逻辑性与说服力均较强，是篇优秀之作。

当然也存在着一些不足之处：一、相对于江召棠为被逼自刎的考证，"加功"之说论据不足，严格来说缺乏关键的史料，难以服人。二、有些表述欠

《黄宝妹》电影剧照

妥，如第232页称“南昌教案发生之时，正是中国近代社会转型的开端时期”，开端应为1840年的鸦片战争。三、有些地方没有必要的铺垫与说明，如第233页，1862年的南昌教案与1906年的南昌教案有着巨大的差异，但前者没有必要的注释说明。

（2010年5月27日）

（十四）

本文以未刊的盛宣怀档案为核心史料，在前人研究的基础上对盛宣怀在实业、文教、社会公益方面的事功进行了较为全面的分析考察，并且考虑到了盛宣怀所作所为对上海社会的影响。因此选题是好的，立意也是好的。作者写作态度认真，篇章设计合理，每章都有附录作为补充，使正文文字简洁，要言不烦。全文图文并茂，特别是在文教、社会公益方面的论述填补了前人研究的不足，这是应该成分肯定的。

不足之处：1. 有些地方分类不尽合理，如第三章第四节为盛宣怀在上海创办的公益组织没有列入第118页、第156页提及的愚斋义庄，而是列入了文化传播机构尚贤堂、宗教场所玉佛寺。2. 盛宣怀在各方面的事功对上海社会之影响作者虽有考虑，但均有待于加强，如轮船招商局成立后对上海航运业的影响基本没有提及，又如上海商务总会对上海的影响，作者在第91到92页写了10行字，也是不够的。在教育方面，没有对盛宣怀办的上海电报学堂、吴淞商船学堂展开论述。3. 有些表述不妥，如第 94 页第 1 行“满清进入中国”；第 73 页第 17 行“遂决意科举”与原意正好相反。

（2010 年 5 月）

（十五）

本文在搜罗大量文献的基础上对 1877—1937 年间的安徽粮食流通问题作了较全面系统的研究，讲清了近代安徽稻米的流向、市场组织构成以及市场层级体系。全文内容丰富，图表齐全。作者在进行各类统计时花了不少工夫，对一些错谬的数据进行了批判。整篇文章脉络清晰，层次分明，史料扎实，论证也是比较充分的。其中对宣统二年南陵遏粜事件的分析尤为精彩，揭示了稻米流通中地方官府、士绅、米商与一般民众之不同反应与诉求，富有社会史的特色。

存在的不足之处是：1. 对税收、政府管理等重要方面缺乏论述。2. 有些地方在文字表述之基础上应制作图表。如第 72 到 73 页，在 1922 到 1937 年五种调查资料的基础上，应根据余粮、缺粮、自给三种情况制作图表，直观展示。3. 一些地方缺乏史料出处。如第 16 页林其模的估计；第 71 页对安徽省行政建制历史变动之介绍；第 36 页部分县的建设局有设立农业种子交换所的设想等。4. 第 284 页“可以说与国家的粮食安全体系密切相连”，但粮食安全体系在前面根本没有提及，为何在结论中出现？5. 技术规范不统一，目录中附表（图）的标题，少数有“表”字，大多数没有。

（2010 年 5 月）

（十六）

选题是有价值的，整篇论文具有原创性。作者实事求是地重新构建了 1927—1934 年广东土地革命之历史场景，肯定了它的历史功绩，同时也指出了它存在的一些不足。

本文依托的核心资料是《广东革命历史文件汇集》与《广东区党、团研究史料》，因此资料是真实可信的，全文有扎实的史料基础。

作者除了论述与全国其他地区相同的共性外，还着意阐述了广东土地革命的地方特性：1. 化械斗为阶级斗争；2. 与港澳联系密切；3. 十分重视兵运，成效卓著。这些结论有充分的史料依据，是能够成立的，也就是土地革命研究之新突破、新进展。本文还有一大贡献就是对于土地革命时期中共广东地方党组织的经费问题进行了比较系统的研究，有助于人们进一步认识革命的艰巨性。

文章存在的不足是在框架结构方面似可做些调整，可以将目前条（各种运动）块（各地区）的次序安排改为块条结构，提出地方性的特色。

第118页提及的澳门“捷成事件”对澳门工运之负面影响之因果关系没有说清楚。另外全文没有总结，也是一大缺憾。

（2010年5月）

（十七）

战略研究是中国近代企业史中的一个薄弱环节，以往的研究成果很少，本文作者迎难而上，在掌握大量史料的基础上对1895—1937年苏南企业集团的一体化战略进行了详尽的研究，涉及其发展的三个阶段、两种类型、三大特点及正负向效应等，构思精密，层次清楚，富有创意。本文的总结论“一体化战略的实施推动了近代苏南企业的发展”也是可以成立的。有待进一步改进之处是“一体化”是个现代语词，在1895—1937年这一时段出现的关键词是“集合”或“结合”，挖掘、阐发这些历史关键词与现代语词“一体化”之间的内在联系，可以加强全文的说服力。

（2011年4月12日）

（十八）

本文对抗日战争时期在战时首都重庆的马克思主义史学进行了较全面深入的研究，涉及了相关的史学家及其著作。在充分肯定其成就与贡献的同时，也实事求是地指出了其不足或有待改进的地方，如第122页。全文观点明确，层次分明，注释规范，论证充分，史论结合，言必有据，能够自成一说。优点是：1. 指出了同属中国共产党系统的重庆学界与延安学界的互相交流及其影响。2. 对于重庆的马克思主义史学家的生活状况有所介绍，如第174页注释2，指出了他们在抗战时期的学术研究（通史研究）条件很差，十分具体、生动。

不足之处是：1. 在分类上不尽合理，如第154页，将华岗的《社会发展史》与邓初民的《中国社会史教程》归入“马克思主义史家的通史著述”是不妥的。这两本书严格意义上来说不是中国通史，而是中国社会史，属于专史范畴。因此放在第三章“马克思主义史家社会史研究的深入”更为恰当。

2. 附录1、抗战时期华岗对马克思主义史学研究的贡献写得很好，但没有必要单列为附录，而是应当整合到正文第55页中去，将会更好。3. 一些技术上之失误，目录中第三章有两个第三节，正文中也是如此。中文摘要第2页第四行“过渡关注现实”应为“过度关注现实”。第203页倒数第五行“完全达”应为“完全达到”。第205页第13行“1940年……北京”应为“1940年……北平”。

（2011年4月29日）

（十九）

本文以《教务杂志》为中心考查了在海外汉学史的发展进程中近代来华传教士的中国历史研究，选题是独特的。由于以前大多只是研究西学东渐，因此反向研究传教士的中国历史研究就很有意义了。

全文设计合理，分类准确（如第41页第一段、还有第175到176页对于外国人的分类也十分到位），脉络清楚，较好地表达了作者的总体意图。作者视角独特，观察细密，如第21页指出了同为近代来华传教士有的注重神学思想及教义类文章，有的多选总结性和与在华基督教发展有关的文章。

文章指出了近代来华传教士的中国历史研究的某些特点。如第60页指出了其区域史的研究多集中在东北与蒙古，“正值传教事业在这些地区的初期垦荒时期。”第115页指出近代来华传教士“从佛教身上寻找与基督宗教相同的一面，从而为向佛教盛行的地区宣传基督宗教提供理论依据。”第76页指出近代来华传教士的中国地域史研究只不过处于初期阶段。作者认为（第84页）近代来华传教士的中国历史研究“是对前期传教士中国研究的补充，在海外汉学史应当具有一席之地。”这些见解都是正确的。

作者在基本史料收集方面花了不少工夫，例如从网上找到的《华人基督教史人物词典》。全文有不少学术性的注释，如第45页注2详细介绍了瞿理思的生平与著作。另外《远东季刊》、《通报》等杂志作为史料，一般学者很少涉及。

表格做得好，直观、简洁，又很能说明问题，是本文的一大优点。附录《引用西人名录》收了98个人，也很花工夫。

本文也存在着一些缺点：

1. 近代来华传教士进行的中国历史研究不可能是纯学术的，有着其特定的立场。作者虽指出其有助于传教的特点，还在第112页引用了Kranz一段霸气十足的话，声称中国自鸦片战争以后四十年来“与外国人签订了平等条约”，如果不认真履行，“结果将是给这个国家带来比以往更大的灾难。”但是作者对于这种殖民——帝国主义的言论没有给予严肃的批判，在整篇文章中均无此种批判意识。

2. 用意不明。第 172 页倒数第 4 行，“从神学思想到近代学说的过渡”。什么是近代学说？范围太大了。

3. 有的地方不够深入。如第 81 页上介绍何德兰翻译《弟子规》的特点时指出了并三句为一句，同时语句之间采用尾韵的方式，应该有英语例句的展示。

4. 有些外国人名已经有了约定俗成的译名，就不要花样翻新。如法国汉学家高第，不必再搞成高地爱（第 127 页、第 182 页）。

5. 用词不当。第 63 页第 11 行，“武当山现位于湖北……”应改为“武当山位于今湖北…”。第 166 页第 10 行，“该人”应为“此人”。

6. 衍字或漏字：第 23 页第 2 行，“多在在七八篇左右”。其中第二个“在”字是衍字。第 109 页第 6 行，“被李提摩太格外中意的”中的“被”字是衍字。第 79 页第 11 行，“迎来了中国儒学史的创作高峰。”根据上下文应为“迎来了中国儒学史研究的创作高峰。”

7. 错别字不少。第 167 页第 1 段，从广东统志到安徽统志的书名全是错的，应为某某通志。第 85 页倒数第 2 行、第 88 页第 2 行“爬树”均应为“爬梳”。第 100 页倒数第 6 行“先后着有”应为“先后著有”；第 103 页第 5 行“孔子的史着”应为“孔子的史著”；第 64 页第 8 行，“缺少学历上的探讨”，应为“缺少学理上的探讨”；第 131 页第 15 行：“判断自由武断之嫌”，应为“判断自有武断之嫌”；第 141 页第 2 行“可以再中国”应为“可以在中国”；第 202 页倒数第 6 行：“天平天国”应为“太平天国”。

（2011 年 5 月 16 日）

（二十）

农业、农民、农村这三农问题是近年来社会关注的重大现实问题，也是史学界的热门话题。在已经有比较充分研究的情况下，再选择这一领域的课题有一定的难度，需要有学术的勇气与较新的理论视角，挖掘新的史料。

本文作者以《民国二十年代中国大陆土地问题资料》与《河南省农村调查》为核心史料，运用三维时段、社会调控、社会互动等理论，以地权分配、农家村落为中心考察了 1900—1937 年的河南农村。选题是好的，体现了对农民这一弱势群体的关注，更加走近农民的实际生活。

本文的史料基础坚实。作者在河南省档案馆以及郑州、南阳、信阳、驻马店等各市县档案馆查阅摘抄了大量的资料，同时又充分利用了旧报刊与新方志，做到论从史出，言必有据。作者在行文上笔调流畅，简明扼要，还设计制作了不少表格，节约了篇幅，又有效地说明了问题。

作者努力重构1900—1937年的河南农村社会经济，并以此为背景，以地权分配为着眼点，探讨了河南农村社会生态系统对地权分配的影响与制约，全面分析了国家权力对农家村落与地权分配的影响。立意是不错的，有较高的学术价值。

值得肯定的是作者具有“总体的历史”的观念，因此没有就土地论土地。在讨论生产关系、生产力的同时，充分考虑并阐述了文化的因素。

作者具有较强的问题意识与创新意识，在论文中明确指出了近代河南地权分配的动荡性与农家村落的多样性比较明显。河南并不具备华北、江南等地较强的内生源结构特征，河南有其很强的外向型区域特征。能够自圆其说，自成一家之言。

本文对地权分配与农家村落的关联程度进行了多学科的探讨，并找到了联庄会等村落组织作为中间环节或纽带。方向是正确的，思路是对头的。只是无论在力度还是在深度方面均有待进一步加强。

（2011年5月21日）

（二十一）

接管城市是中国共产党从农村到城市，从革命党到执政党转变的一个重要历史节点。而贵阳是解放军在西南解放的第一座省会城市，能否成功接管，事关重大。因此本文的选题是很有意义的。作者在大量史料的基础上，从“接管与政权建设”的视角入手，考察1949—1952年间中共对贵阳市的接管与政权建设工作，分析了贵阳市军事管制委员会所起的历史作用，再现当时的真实历史场景，理清了中共对贵阳的城市接管和政权建设工作的基本历史脉络。本文的优点在于突显了接管与建设贵阳过程中的时代背景和地域特色，强调在接管贵阳前夕中共面临的环境变化在政策的制定与实施方面更注重因地制宜，灵活运用，如对银元采取的“即禁并不兑换”；在制定民族政策时对民间枪支适度保留等。作者站在历史的高度，实事求是指出了在接管与建设中存在的不足与失误，主要是有些工作人员存在“左”的情绪，法制观念淡薄，或受享乐主义影响，腐化思想萌芽等，认为正确面对这些失误，从中汲取教训，可为以后的城市建设提供可资之鉴，体现了作者的现实关怀。全文史料确凿，层次清楚，文字流畅，逻辑性强，是篇良好的原创性论文，有较高的学术价值。

本文的缺点是：

1. 国外相关研究注意不够，全文引用的两段外国学者的话都是概述性的。

2. 国内的一些重要资料没有看过，如解放军出版社出的大型史料集《剿匪斗争——西南地区》。一些相关的专题史著作均未进入作者的视野。

3. 在注释方面，《列宁选集》1995 年已经是第三版了，作者仍用 1960 年的第一版。全文的表格史料出处有两种形式，不统一。由于排版的变动，大部分的图片均不在正文说明的方位上，图 12 还隔开了一页。第 174 页引用的江泽民七一讲话既未标哪一年，亦无资料出处。

4. 有些论述不当。如 240 页将江西苏区时期的叶坪乡苏主席谢步升腐败案说成是“早在井冈山时期”；如 206～207 页说对于帮会“不下令取消”，同一段结尾，没有任何过渡说明，又称所有帮会“一律取缔”，自相矛盾；又如第 139 页上说明货币起源与作用的一大段，离题甚远；第 80 页上对《新黔日报》的表述一直到 1957 年，已经超过了作者自己界定的 1952 年的下限，没有必要。在文中看不到中共地下党、民主人士对接管贵阳的贡献。

5. 全文布局以及篇章结构是合理的，但章节之间、节与节之间基本上未见词语的过渡。

6. 有些错别字。第 29 页第 10 行“国民中共中央化”，第 34 页第 14 行“部分人原升级自地方”，第 173 页第 19 行“匪迎战刘清顺”，不知何意？第 224 页注释一中说陈大嫂战败后“与时任贵州省统战部部长的王思明率 100 多人返回老巢”，是否写错了？第 39 页倒数第 3 行“捕缴散匪”应为“捕剿散匪”，第 184 页第 18 行“美妞的”应为“没牛的”，第 204 页倒数第 3 行“国民中共中央”应为“国民党中央”，第 246 页第 1 行“中共产党”应为“中国共产党”。

（2011 年 7 月 1 日）

（二十二）

本文以民团、学校与公所以及其三位一体重新审视了 1930 年代新桂系对广西乡村社会的控制，对于今天如何正确处理“三农”问题有着重要的借鉴意义。作者的主要关注点在县及县以下的政治运作，对于深化民国政治史、社会史的研究具有重要的意义，正如本文第 189 页所提及的类似的社会控制山西、山东、广东等地也有，但毫无疑义，广西是个最典型的地区，研究典型具有普遍性。

作者花了不少篇幅论证了当时民团、学校与公所实行三位一体的种种现实的原因，特意说明了即便在个别地方不是一人兼职的，但在精神和思想意识方面仍是高度一致，“三位一体”的。与有些学者不同，作者在阐述1930年代时期，充分考虑到了共产党的影响和作用，并给予了正确的评价（见第34页），其实论及近（现）代化进程离开了对共产党、民主革命的评估是不完整的。作者还具有清醒的头脑，没有以偏概全，非常仔细地指出了文本规定和实际情况之间的误差（第146页），在肯定新桂系社会控制积极方面的同时也揭露了当时的阴暗面。本文的史料基础特别厚实，有不少稀见的资料，还有作者历时三年对广西十几个县进行了田野调查，收集了珍贵的口碑资料，因此论文的说服力也很强。

论文的不足之处是：有些核心概念需要进一步说明，如新桂系的“三自政策”中的“自卫”，新桂系本身是将其与三民主义中的民族主义挂钩，抵御外侮等。第39页作者正确地指出这不过是新桂系的借口而已，实质上是要对付中央政府的军事压力和当代十分严重的匪患，我认为还有防范共产党搞土地革命的政治意图在内。有些地方论证有问题，如第71页引用课本（没有说明是否经过官方审定）中的一首山歌“人人读书想做官，剩下禾苗哪个载?”（应该是“栽”）是无法印证新桂系对于开展国民教育的劝谕的，相反说明了新桂系对于开展国民教育的强制以及民众的不满和反抗。

另外第120页第一段首次提及“中融百事变”，虽然后来文中展开了叙述，但这里还是先加注为好。

（二十三）

1. 本选题达到国内领先水平。

2. 作者利用了浙江省档案馆等单位大量的原始档案和《浙江省省政府公报》等官方文件，以杭、嘉、湖地区为中心，对民国时期江南基层政治作了系统的审视与疏理，较好地说明了国家政权与基层政治的关系，对党、政、团、绅各方政治势力的评论非常到位。其中最引人注目的是对三青团的介绍和评论。

3. 有些叙述不具体。有些重要的名词概念如第51页“街村制”和“村里制”、第115页“铁卫队”应该加注释予以介绍说明。第95页称1939年浙江三青团筹备成立，太笼统。因为筹备和成立是两个概念。第157页“国民政府曾有裁团改警，……这一措施没有得到实施”，文句不通，既没有具体时间，又没有史料出处。如第197页第一行“许多学者认为这是一个新地方精英基层的过程”，没有任何注释，读者无从知道作者指那些人。有些地方作者仅提出了观点，并没有作相应的展开，即使正文不写，至少在注释中要有所表示。如第111页说1947年夏以后团方被党方打死，“之后此类事情多有发生。”第176页提到乡镇长受敲诈、勒索、拘禁等等。

4. 一些地方引注不够规范，第 21 页引用蒋介石的一段话，全无出处。第 171 页引用海宁县参议会的关于中华官国一段话注释不规范，至少应注明具体文件名及时间。

5. 有重大史实失误：第 68 页、第 188 页两次提及“1947 年下半年国共开战”，而史学界公认的全面内战爆发是在 1946 年 6 月 26 日国民党进攻中原解放区之时。

6. 有较多的错别字。第 81 页谈到恶性循环其中第二个开会误写成看会。第 111 页“到一九四里年三月为止”，不知所云究竟为何年，而且一般均应用阿拉伯数字来表示。第 121 页错综复杂的情形误写成“错这复杂”。第 173 页将无利可图误写成“无力可图”。第 187 页多处将同等学历写成“同等学力”。第 195 页笔杆误写成“笔竿”。第 198 页其首要目的误写成“首要目次”。第 206 页更是将中华人民共和国误写成“中国人民共和国”。第 124 页 1945 后漏了“年”字。

7. 还有个别地方行文不够简洁，语义重复。如第 78 页“按规定是不符合规定的”、第 198 页“对这一过程的分析应当从……两个层面进行分析。”

（二十四）

以“法院普设”为中心对近代广东司法改革进行历史考察这一课题是具有原创性的，它主要回答了民国法律文本所规定应办之事在一个南方大省究竟办了没有，办到何种程度，应该说是将历史研究细化了，本文中 39 个表格中的数据则量化了具体落实情况，很有说服力。

本文的优点是视野开阔，考虑问题比较全面周到。

如对反袁称帝时期的独立与反南京国民政府时期的“半独立”状态作了原则的区分，既描述了判案部分，又描述了非判案的财产登记公证部分；既重点考察了法院，也同时兼顾了律师、狱政等等，所作的结论都是有充分史实根据的。

同时作者又十分细心，对一些问题作了认真的考订，如一般认为广东律师公会成立于 1915 年，作者根据法律文本认为广州（广东）律师公会成立于 1912 年或 1913 年初，展现了作者良好的学术根底。

论文的不足之处：

从总体上看，重视“法院普设”的数量统计、规模介绍、办事人员的学历、资历、籍贯等，对于各法院的办案改革鲜有提及。在谈到未结案率时往往是全省性的统计，没有分县的统计，因此无法看出哪些地区办案是好的（或坏的），背后的原因又是什么。

此外行文、注释方面有一些问题，如第 195 页注 1 有 2008 年第 8 期；第

225 页注 1《马恩全集》缺注版本；第 169 页注 2，只有作者和篇名，其他要素缺等等。还有些找不到原始文献复核，只好存疑，如第 97 第 8 行，“本党广东省南足代表大会”，第 89 第 10 行，“百粤问罪兴师”中的“百粤”是否两粤之误？

个别提法欠妥，如第 178 页就二审上诉率低，提出“粤人健讼”说可能不准确，这不能成立。因为一审上告的比例就文本中介绍，广东一直是比较高的。

对研究生学位论文评优的推荐意见

（一）

作为一篇以史料见长的论文，其创新之处体现于如下几个方面：

其一，书前人之未书，填补了上海社会史研究的一项空白。近年来，有关一贯道的研究成果丰硕，但以区域性一贯道组织为选题的论著却十分鲜见。在以往的上海史学术领域，这一课题的研究还是无人涉足的处女地。本文以丰富、翔实的史料，全面论述了一贯道在上海的缘起、发展、演变与衰亡的全过程，第一次将“上海一贯道”这一历史事物的轮廓清晰地勾勒出来，展现在读者面前，为今后的相关课题研究奠定了坚实基础。

其二，在论文的前半部分，对自民国以来的一贯道学术研究状况进行了较为全面的概述，这是对该学术领域成果的首次系统综述。从综述的内容看，基本涵盖了国内外相关研究的最主要和最新的成就，并作出了相对客观的评价，这不仅有利于论文的展开，更对民间宗教研究的深入有所裨益。

其三，突破了传统民间宗教研究中重客观事实记述、轻主观心理分析的窠臼，综合运用了宗教心理学、社会心理学等理论成果，对一贯道信众的入教心理进行分析，从而揭示出发源于齐鲁农村，带有浓郁封建迷信色彩的一贯道在西化的上海盛行的主因。在此基础上，文章以小见大，进一步总结出一贯道之类的会道门组织在城市中广为流布的原因，实现了史实与史论的良好结合。

（2002 年）

（二）

选题为学科前沿，具有开创性，有着较大的理论意义与现实意义。

本文探讨了以往在近代上海历史研究方面比较忽略的上海在近代化进程中自然景观方面的变化。作者明确指出，研究城市化进程中人地关系、内涵及演变趋势是城市学、历史地理学的主要内容之一。本文既有学术的研究，又有对现实的关照，关注上海市水系统的退化问题。作者依据上海道契档案与租界市政档案、《申报》及各种地方志，雄辩地论证了上海老城区的近代化进程实为传统江南城市土地利用方式的近代化转型，并非仅仅对租界城市模式的简单效仿。全文论证充分，表格齐全，做到了具体情况具体分析，将上海郊区区分为内围圈层与外围圈层，并附有彩图说明，体现了研究工作的细致性。作者还创造性地提出了“塘路系统”这一全新的学术概念，强调中国官方在《上海土地章程》中对公有土地之控制，也是作者独创性的见解，是值得肯定的。作者相关的学术成果曾在 2008 年 12 月荣获上海市社联颁发的上海市社会科学界第六届学术年会优秀论文奖。

作者发表的与博士学位有关的最高水平的学术论文是国内领先的等级。

主要不足之处是在环境和社会应对方面缺乏对不同区域的社会团体、个人作为、社会阶层作分门别类的研究，但作者已经认识到这一点，并在正文中正式承诺将此作为后续课题继续进行研究。

（2009 年）

（三）

选题为学科前沿，具有开创性，本文为原创性的学术成果。

本文探讨了南京国民政府“邮政储金汇业局”成立的较深层次的原因，进而分析该局在南京国民政府金融体系中的作用。作者主要依据了第二历史档案馆、上海市档案馆的相关档案资料进行研究，史料基础坚实，立论可靠，令人信服。作者还花大力气分析了该局的投资方向与分配比例，实事求是地指出了它在当时所起的积极作用。第 195 页储户分析一节具有社会史的风格。第三章中有关电影、广告之分析介绍也相当细密，很能说明问题。作者还指出了邮政储金汇业局在农村之放款对农村建设起的积极作用，这也是不同于传统观点的。根据作者提供的推荐表，里面没有与发表之博士论文有关的学术论文，因而等级谈不上。

本文的主要不足之处为：1. 某些背景介绍过于详尽。如第 15 页邮政储金汇业局的起源用不着现在这样多的篇幅。又如第 51 页第三节世界金融中邮政储汇业务的实施状况，根本不需要将主要资本主义国家的情况全部介绍，只要简写一下对我国有较强影响的奥地利与日本即可。2. 对于一些关键人物没有必要的介绍。如第 229 页提及的总局局长沈书玉、第 243 页提到的总局长唐宝树，第 242 页提到的邮政局副局长韦以黻均应有必要的任期说明与简单的履历介绍。3. 有些引文过长。如第 78 到 83 页，作者自己承认是“不惜冗长”。4. 多处笔误。如第 12 页收回成命写成为“收回成名”，第 313 页注释 6《马克思恩格斯全集》写成为《马克思全集》。

（2009 年）

（四）

选题为学科前沿，具有开创性，有着较大的理论意义与现实意义。

本文指出游民改造是人民政府重建城市基层社会的重大努力之一，也是国家权力渗透到城市基层社会的主要手段，借此可以了解共产党人是如何实现严密控制城市社会的。作者广泛收集、精心利用了上海市民政局的官方档案以及相关的报纸杂志，资料过硬，文章有较强的说服力。本文使用了社会史、新文化史的方法，既肯定了有关工作的成就，也实事求是地指出了缺点与不足，例如“将大量非无业游民者统统称作游民，予以收容了事”，指出了施救者不敢言救、而受助者也不愿领情这一悖论。作者还创造性地提出了“行为游民”与“身份游民”这些新的学术概念，以利研究与探讨。本文表格齐全，考订仔细，如第 97 页纠正了《上海民政志》中关于 6500 人由上海直达苏北垦区的错误说法。

作者发表的与博士论文有关的最高水平的学术论文属于国内领先的等级。

本文的主要不足之处是将研究的下限定为 1958 年，但作者在第 81 页上承认，1953 年上海灾难民的遣返工作基本结束。1955 年民政局认为游民已经没有了。在第 135 ~ 136 页作者还承认相关游民的材料大都是 1953 年以前的，以后的史料非常缺乏。因此可以认为本文之规定的下限还是可以商榷的。另外第 139 页，没有对苏北垦区新四村叫“法总”作出必要的说明。

（2009 年）

（五）

选题为学科前沿，具有开创性，有着较大的理论意义与现实意义。

本文以上海市川沙县及宝山县的第一手档案材料为主，加上各种地方志，对上海近郊土改的一个重要方面环节“动员”进行了细致的考察，颇具新意。土改是国家触角成功延伸到农村的一场典型运动。而以上海为代表的新区土改又有着与老区不完全相同的特点。对于这些作者均一一指出。作者具体采用了社会史的路径，做了一些访谈，使历史的回顾更接近于史实，文中关于用口号、歌曲、戏剧来烘托土改气氛这部分写得比较好，具有明显的社会史的风格。作者既肯定了上海近郊土改的成就，也实事求是地指出了当时存在的某些偏向与不足。

作者推荐表上所填《徽州贞节牌坊与节烈女性》无论是在区域上还是在主题上均与作者之硕士论文无关，因此谈不上评定等级的问题。

本文的不足之处：有些论断过于绝对与武断，如第19页称“始终受到中共怀疑的知识分子”，提法是欠妥的。还有“天上布满星，月牙亮晶晶……”是一首五六十年代流传很广的歌曲，其歌词完全用不着从某人之访谈中引出，歌名就叫“不忘阶级苦”。

（2009年）

（六）

本文就巴夏礼与中英关系进行了拓展性的研究。

作者对巴夏礼在中国的史迹进行了较全面的回顾与整理，主要是利用外文资料向读者首次展示了一些鲜为人知的历史细节，对于了解当时的中英关系无疑是十分重要的。本文提出巴夏礼属于第二代驻华英国官员，比他们更了解中国。作者认为从巴夏礼这样一个决策执行者的身上可以看出其行为更能体现出中英之间的具体斗争的变化过程。像巴夏礼这样开始在中英交涉中崭露头角的人物往往在事实上影响了英国的对华政策。这些立论均能自圆其说，是可以成立的。

作者发表的与硕士论文有关的最高水平的学术论文属于国内领先的等级。

本文主要不足之处：总体上是叙述性、描述性强，分析立论少。其次过分相信英文资料，未看法方史料，据此对英法联军中之法军作的评价有一定问题。第三，基本史实有误，如第18页，1854—1855年小刀会叛乱使厦门成为了一座孤岛。事实上厦门在1853年11月就被清军收复。

（2009年）

（七）

该论文选题是中国近现代思想文化史的学科前沿，具有开创性；具有较大理论意义和较大的现实意义；研究方向明确。

在方法上，以译词为中心，着重讨论“人文主义”（humanism）这个词在近代中国的翻译和诠释过程。本论文涉及概念史和语词史的探讨，从意涵建构的角度去看待学人对“humanism”的不同理解，展现其涵义变迁的过程。本论文考察了大量从晚清到民国初年的西学书籍、教科书、辞典、人物传记以及其他材料，揭示其中出现的各种“humanism”的译词，探讨不同作者对该词的理解。基本确定1901年的《欧罗巴通史》是最早出现“humanism”的中文书籍，而1908年出版的《东中大辞典》是最早出现“中文主义”这个中文译词的辞典。本文对“文艺复兴”与“人道主义”的概念史也进行了研究，在利用了一些以往学者比较少注意到的西史资料后，对“文艺复兴”的概念变化过程作了更为完整细致的描述。同时考证了“人道主义”一词的出现，剖析了其涵义逐步转化的过程，纠正了学术界对五四时期的“人道主义”思潮认识中存在的问题。

作者发表与博士学位论文有关的最高水平的学术论文属国际同等的等级。

主要不足之处：作者用了大量篇幅在相关语词的语源学、阅读史方面进行了叙述，而对于为何会出现这些现象缺乏自己的见解，理论深度不够。全文最后部分也没有进行理论的提高与升华。论文给人的总体印象是清末民初的一种学案研究。

（2010 年 12 月）

（八）

本论文选题属于学科前沿，所展开的工作具有开创性。

作者选择了政治社会史的路径，对辛亥革命与上海的关系作了新的探讨，对传统的事件史、革命史、现代化史路径进行了批判和反思，力图走出一条新路。在史料之引证方面，用了常人较易忽略的画报，因此史料来源还是丰富的、多元的。论文的主体有四：报纸、追悼会、生意、日常生活，作者分别论述了它们与革命之互动关系，论证了上海各类公共空间塑造革命的过程，同时又认为（第 117 页）上海的城市空间又消解了革命的神圣性和合法性，可以备为一说。

作者所发表的一些论文是具有国内领先等级的论文。

本文的缺点是：

1. 对四大要素：报纸、追悼会、生意、日常生活缺乏必要的阐释，特别是它们与公共空间之构成的关系没有从开始时即予以必要的说明，更不论它们之间有什么内在关系了。这四个部分之间缺少内在的逻辑联系。

2. 既然是讨论辛亥革命，那么对孙中山应该进行讨论的，从论文的参考书目来看，涉及孙中山的只有两本：《伦敦蒙难记》和《年谱长编》，难道这位革命伟人对上海城市公共空间的影响一点也没有吗？其次既然用了一些画报类的史料，为何不配一些原来就有的图画，图画也是一种史料。

3. 结论部分过于薄弱，只搞了两小节，最后没有总结性的结论，也缺乏理论的概括和提升。

在排版方面，第三章排在第 37 页最后一行，第二章排在第 13 页最后第 7 行，与标准文本格式不符，以前也从未见过。

对出版的博士论文的序言

黎瑛是2005年9月从“山水甲天下”的桂林考到东海之滨的上海师大的。她的学士、硕士阶段是在广西师范大学度过，其硕士导师黄振南教授当时向我慎重推荐了这个踏实认真的瑶族女学生。我也看了黎瑛的硕士论文《内忧外患下的创榛辟莽——岑毓英晚年边疆建设思想探析》，思路清晰，规范严整，文笔流畅，具有新见，通过笔试、面试，更加觉得这是一个可造之材。入学以后，黎瑛学习特别认真，同时在积极寻找新的学术突破点。后来她告诉我准备写20世纪30年代的新桂系。而在此之前新桂系的研究成果研究已经有不少了，经过我们再三讨论，最后决定了《权力的重构与控制：新桂系政府行政机制和政府能力研究》这样一个选题。

本选题主要考察近代广西社会控制机制。拟从新桂系组建的历史背景入手，分析新桂系集团的特点和统治目的，探讨其统治的指导方针和理论来源；其次从政治决定行政的角度出发，通过新桂系政府的行政组织、行政区划、政府运作方式以及人事行政制度反映其整体的行政机制，以30年代广西的基础设施建设为个案，探讨这个行政系统施政的过程。再次从政府的财政能力、行政效率和社会控制能力三大方面阐述分析政府的执政能力，最后从国家—社会的视野关注受控于这样行政体制下的人们与政府的互动。从理论上揭示新桂系政府特点和能力，以期进一步探讨中央与地方的权力制约。

经过黎瑛的艰苦努力，终于在预定的时间内完成了这一博士论文。我是该文的第一个读者，尽管对新桂系的历史不算生疏，但读后仍感觉有不少收获。我认为是一篇具有学术原创意义的博士论文。其特点主要在以下几个方面：

首先在框架设计上立意高远，具有较强烈的问题意识。作者主要运用社会控制理论，在“国家—社会”关系的宏观视野下对1927—1937年广西地方政权在民族地区秩序化努力过程进行考察，以国家一元化权力结构的下延与传统社会的矛盾冲突为历史轴线，探讨国家权力下移对广西民族地区的影响、广西地方政府在短暂的时间内取得社会稳定，却又无法维持这种稳定的深层因素。并在此基础上将之作为20世纪中国现代国家建设的一个有机组成部分，予以一种历史性的解释，借此说明广西地方秩序建构的时代意义、社会历史后果以及对民族地区团结稳定的影响。同时也加深了我们对于中国现代国家建设坎坷历程的理解和体悟。值得肯定的是作者对社会控制理论有比较深刻的认识，在具体运用的时候十分稳当妥帖，理论与史实做到了水乳交融，而不是油水分离、牵强附会、生搬硬套。

其次是资料翔实。作者使用了大量原始档案，并结合运用报纸、杂志、地方志及当事人的回忆等，其中不少关键性的资料是首次公开的。为搜求史料，作者多次到南宁广西壮族自治区档案馆查阅。寒来暑往，孜孜以求，用力颇勤，以至于成了沪邕线上海的常客，结交了一些好心的铁路员工。根据这些史料，作者描摹出20世纪30年代新桂系政府行政体制独特的发展轨迹，从一个方面揭示了新桂系重新主政广西后之所以能与南京国民政府抗衡的内在奥秘。

第三，作者运用历史学、政治学、社会学等多学科的方法对近代广西政府的运行、行政控制网络与社会的冲突互动作了深层次的分析，论述客观公正，并提出了一些颇具学术创新力的观点。黎瑛认为新桂系重新主政广西后确立的政府行政体制，从整体上而言，是分权向集权的转化。新桂系依靠这样的体制对社会资源进行抽取，进行了现代化的建设，加强了集团的军事实力和政府的综合实力。但由于新桂系忽略了政府与社会的平衡性和社会的承受力问题，致使政府与社会之间长期处于一个不平衡的系统环境之中，人民处于一种无条件付出的状态，因此不可能在真正意义上推动社会经济的发展。相反，当政府的官定意识形态与社会的现实渐行渐远时，越发激起民众对政府和统治阶级的厌恶和反抗是无可置疑的。

作为民国史个案的研究，本项研究不仅填补了一个学术空白，而且为我们理解南京国民政府的体制和性质提供了一个新的视角。在博士论文答辩会上，受到专家们的一致好评。

呈现在读者面前的《权力的重构与控制：近代广西社会控制机制研究》是黎瑛在毕业后又精心加工的作品，较好地体现了转型时期中国近代社会史的研究特色。黎瑛副教授现任教于广西师范大学漓江学院，期待她继续在史坛展拓，不断取得新的成就。

（2011年5月8日）

对博士后开题报告的评审意见

（一）

选题是有新意的，加深了对学术史的研究，希作者进一步明确写作意图。对真德秀的理学思想的阐述不等于真德秀与理学的经世化。要把“经世化”具体化、条理化，同时要注意真德秀理学思想的传播与继承，加强论文的说服力。

（2011 年 4 月 14 日）

（二）

选题是好的，研究是有价值的，现有的架构较之以前的博士论文有明显的进步，写作计划也是可行的。对淫祠的认定与处理反映了政权对民间社会的掌控。在研究过程中要充分注意政府毁淫祠的主观意图与客观效果之关系，同时还要看到淫祠的反复性与顽固性。

（2011 年 4 月 14 日）

（三）

选题是好的，属于国际政治与历史学的交叉学科，时间跨度大，时代特征明显，有重要的现实意义。但是题目要进一步明确，如明确为“美国”的话，要写行政、国会、共和党、民主党诸方面，不能只写总统。在具体内容方面除了写政治、外交之外，军事也是要考虑进去的。在资料方面，尽量要寻找一些核心的资料，使论文建立在扎实可靠的基础之上。

（2011 年 4 月 14 日）

对博士后出站报告的意见

（一）

《近代以来上海棚户区的历史地理与城市文化心态》选题是重要的，具有十分重要的学术价值与现实价值。因为棚户区问题在中国其他城市有，世界上别的城市也存在，与社会分层、城乡关系、城市化进程有关。

就史料选择而言，第165页纠正了原先极端的、“诉苦式”的史料运用。翻译运用了租界的英文档案。

第15页，运用了福柯的心态史研究的方法。第21页、109页具体说明了对美国城市规划学家凯文·林奇“意向地图”方法的改进（空间示意图）与运用。在学术创新方面，初步提出了“城市景观史”的研究框架。

在研究景观时充分注意到了地理学方法的应用。

标题拟改为以虹口（43页）、杨浦（40页）两区为中心。

第一章第五节“本文的初步结论”拟安排到全文末尾为好。

第7页，第一个挑战就是“棚户区”的概念如何界定，是36页笔者注中的“非正规居住区”？第30页，与此相关的类棚户区也无法确定。

第10页、第23页，2003年陈映芳的口述调查，应该继续深入。

重复：第24页大段关于历史地理学者参加地名志工作的论述在后面第39页有重复出现。

漏字：第22页倒数第9行：“本的研究”，应为本专题的研究？

错字：第43页第16行：“混成为”，应为“混称为”。50页第4行“风姨”可能错。

要有具体出处：59页倒数第7行“有关文章”要在注释中加以列举。第71页早期《申报》经常报道，第152页官方文献中某些经常出现的词汇也是如此。

（2010年12月21日）

（二）

《互利与双赢》选题重要的，属于学术前沿。它是一篇具有重要的学术价值与现实价值的当代史报告。本报告首先介绍了 DOA“官方发展援助”的由来、作用及沿革，接着用以小见大的方式，以宝钢与浦东国际机场建设为例对日本对华的 DOA 进行了细化分析，细致把握了申请、实施、成效、影响诸方面。内容翔实，史料确凿，分析严密，富有国际政治的专业特色。

作者追踪最新的信息。如第 52 页第二段提到了今年 3 月 11 日日本大地震后，日本政府不会削减本年度对非洲的 DOA 额度。第 89 页到第 90 页提到了“以此次日本强震为嚆矢，中国不但向日本捐助了资金与物资，还首次派遣救援队赴日救灾，单纯受援国身份也因而发生转变。”

在结语部分谈了对中国对外援助的一些看法，指出在这方面日本的“理念与经验有很多值得中国借鉴”，很有道理。

报告中表格十分详细，如第 96 ~ 99 页“日本对 DOA 上海明细表”，又如第 161 ~ 163 页“浦东国际机场设备采购招投标工作流程图”，很能说明问题。

值得进一步探讨的问题是：

第 63 页第三段认为 1979 年 9 月国务院副总理谷牧出访与日本，商请日本援助“石臼所港建设项目”等 8 个基础项目“意味着中方正式向日方提出 DOA 申请”。但据《谷牧回忆录》（中央文献出版社 2009 年版）第 291 ~ 293 页的表述是属于日本政府向发展中国家贷放的“海外协力基金”，与 DOA 的概念不完全相同。

自相矛盾：第 60 页注释 2 引用徐焰的论文说明了三年困难时期并无苏修逼债的事实真相，认定“苏联逼债说并非客观现实。”但在正文第 62 页第 3 行、第 126 页第 23 行还是说“苏联逼债”。

文句不通：第 22 页倒数第 13 行：“但说由……三个方面论证”。第 36 页第 13 行：“对于后者，通过则以……”。

用词不当或不规范：第 144 页第二段“数量上的巨大差距尚可量化，但质量上的差距则无法评估。”太绝对化了，事实上报告接着指出了中日两国在高炉的容积、转炉的吨位方面的具体差距。第 149 页、第 153 页用 h、t、m、a 来表示小时、顿、米、年，不规范。

引注不够权威：如第 115 页倒数第 1 ~ 2 行引用五届人大一次会议《政府工作报告》有人民出版社的单行本，不必引《宝钢故事》。第 147 页第一段引用中共十四大报告，也有人民出版社的单行本，不必引《浦东国际机场建设》。另外，第 63 页、第 122 页等处论及 1978 年 10 月邓小平访问日本期间的言论，除了引用稻山嘉宽的著作外，还应引用中共中央文献研究室编的《邓小平年谱》的相关部分。第61页、第122页论及1978年6月国务院副总理谷牧出访西欧回国后的汇报、1979年9月访问日本，除了已有注释外，还可以参引《谷牧回忆录》的相关部分。

错字：第33页第8行：“调整日没关系”，应为“调整日美关系”。第35页第8行“援助队于……”，应为“援助对于……”。第54页第10行“援助房贷”，应为“援助放贷”。第93页倒数第11行“日本……转变了对日警惕心”，应为“日本……转变了对华警惕心”。

要有具体出处：第31页第6行引用了战后日本国宪法的条款，但没有出处。

（2010年5月26日）

赴美留学的推荐信

您好！

我的学生丁宁向贵校申请读你的历史研究生，我很高兴能够为她写这封推荐信。

1993—1997 年，丁宁同学在上海师范大学攻读历史专业学士学位。在 1995—1997 学年，我很荣幸地教授她近代史课程。经过不断的努力，这门课程她取得了优异的成绩。同时，通过这门课程，她也提高了自己的研究和分析问题的能力。我知道，丁宁同学除了彻底研究已经指定的材料外，还在相关的领域进行了大量额外的阅读，成果都明显显示在她的学期论文中。

丁宁同学是成熟的、精力充沛的，对远东历史又有极大的兴趣。我相信她不仅拥有必要的学术背景，而且有坚强的决心去成为成功的研究生。

丁宁同学的个性与性格，有耐心、诚实、可靠、合作。我相信她能够在很短的时间内适应美国这个新的学习环境。

请认真考虑丁宁同学的申请！

近代史教授　邵　雍

1997 年

考博推荐书

（一）

刘雪芹同学2005年毕业于上海师范大学历史系，获中国近现代史专业硕士学位，英语六级。该同学勤奋好学，思路开阔、灵活，具有较强的研究能力。

同年7月，该同学进入上海市卢湾区文化局的基层单位卢湾区文物保护管理所、中国社会主义青年团中央机关旧址纪念馆工作。期间，尊敬领导，团结同事，积极进取。2007年3月，被卢湾区人民政府派遣至韩国考察文化产业1个月，同年，被评为中共卢湾区委第八届党代表，出席中共卢湾区委第八届党代会，并担任监票人。2007年10月，卢湾区文化局任命该同学为卢湾区文物保护管理所所长助理，2009年，又将其任命为卢湾区文物保护管理所副所长。工作之余，结合工作内容，积极开展学术研究，先后参与编撰世博丛书《城市的智慧与理念》、《话说上海》（卢湾卷）等，积极协调与纂写《岁月——上海卢湾人文历史图册》等专著；在《卢湾报》开辟“发现卢湾”专栏达一年之久，撰写卢湾弄堂故事；先后发表专业论文数十篇。

鉴于此，我同意推荐刘雪芹同学报考华东师范大学历史系中国近现代史专业的博士生。

邵　雍

2009年12月12日

（二）

谢忠强同志，男，1980年5月17日生，山东省沂水县人，中共党员。1999年至2003年就读于山东省聊城大学历史系，2003年至2006年攻读上海师范大学人文与传播学院历史系中国近现代史专业硕士研究生学位，

2006 年至今一直在山西省运城学院思政部从事中国近现代史的教学与研究工作。

该同志坚持四项基本原则，坚决拥护社会主义、拥护中国共产党，政治素质过硬。该同志在大学本科学习期间就打下了较坚实的专业基础，在读研期间更是扎实、努力、勤奋、进取，打下坚实基本功。同时在生活、学术道德等方面也能严格自律，堪称“踏实”。2006 年参加工作后，一如既往地刻苦钻研，无论是教学工作还是学术研究方面均取得了一定成绩。在教学工作方面，2007 年 5 月获“运城学院教案评比”一等奖、2008 年 6 月获“运城学院第五届青年教师基本功竞赛”三等奖、2008 年 8 月晋升讲师。

在学术研究方面，该同志充分尊重“厚积薄发”的治学规律，刻苦勤奋，截至目前已发表：

《民初沪上慈善事业兴盛原因初探》，《船山学刊》2006 年第 4 期；

《中国救济妇孺会慈善工作述评（1912—1937）》，《山西师大学报（社会科学版）》2007 年第 4 期（北大核心期刊）；

《民众、社团与国家：关系语境下慈善组织的社会定位——以中国救济妇孺会为中心的文本梳理》，《江西师范大学学报（哲学社会科学版）》2009 年第 2 期；

《从 1949 年到 2009 年：中华民族伟大复兴的历史路径——纪念中华人民共和国建国 60 周年》，《内蒙古社会科学（汉文版）》2009 年第 3 期（北大核心期刊、CSSCI 期刊）；

《1905 年中国留日学生风潮述略》，《山西师大学报（社会科学版）》2009 年第 4 期（北大核心期刊）；

《政党政治语境下孙中山民元让位问题辨正》，《山西师大学报（社会科学版）》2010 年第 1 期（北大核心期刊）；

《管子、墨子的慈善思想》，《中国社会科学院研究生院学报》2010 年第 1 期（北大核心期刊、CSSCI 期刊）；

《试论我国古代慈善事业的历史沿革》，《延边大学学报（社会科学版）》2010 年第 2 期；

《试论诸子百家与我国古代慈善思想的起源》，《兰台世界》2010 年第 9 期（北大核心期刊）；

《丁戊奇荒中山西的灾荒与救济》，《西南交通大学学报（社会科学版）》2010 年第 3 期等学术论文 20 余篇。

此外该同志还先后主持运城学院校级课题《慈善与上海社会》（项目编号：20060253）、2009 年度山西省高校哲学社会科学课题《近代山西慈善事业研究》（项目编号：200922035）、山西省高校人文重点基地课题《近代河东地区的灾荒与救济》（项目编号：HY-2009005）等三项研究课题。

综上所述，无论从该同志在校时期的表现还是工作后的情况来看，均体现出了较大的学术潜力，因此闻知该同志又经历了多年的学术积淀后有志报考博士研究生的消息，作为其硕士阶段的导师吾心甚慰，欣然命笔为其撰写此推荐信。

邵　雍

2010 年 3 月 12 日

对上海市高校教师项目的评语

（一）

本文以上海码头为中心，考察了民国上海市政府对于城市下层社会的控制。选题是好的，也体现了当前史学研究的新潮流，作者对于码头社会空间有较长期的研究，并且也出版了相关的专著，在这个基础上又对上海码头进行考察，史料充分，论据确凿，文字流畅，在某种程度上填补了上海近代史研究的空白。存在的问题是理论方面有待于进一步的提升，对于国外的相关的研究成果参考较少。

（2010 年）

（二）

本文以上海电力事业为中心，比较详细地考察了 1879 到 1949 年上海电力建设的近代化进程，选题是好的。众所周知，电力是国民经济的先行官，然而，往迄今为止的上海的经济史的研究中还没有相关的系统性的论著，本研究成果填补了这方面研究的空白，体现了作者的原创精神。存在的问题是理论方面有待于进一步的提升，对于相关的专业档案还有待于进一步的挖掘。

（2010 年）

（三）

本文以上海市民俗变革为中心，比较详细地考察了 1912—1927 年上海民俗变革的轨迹。选题是好的，也体现了当前史学研究的新潮流。长期以来，民俗并不为学术界所看好，相关的研究成果甚少，本研究成果在广泛搜集资料的基础上，首次进行了较为系统的研究，贴近生活，还原历史，具有原创意义。存在的问题是理论方面有待于进一步的提升，对于各种形式的史料，包括图片在内，有待于进一步的搜集，在文本的框架结构方面要进一步集中，避免碎片化。

（2010 年）

（四）

本文以黄遵宪的自身留下的文本为依据，在中国近代史的大框架内对黄的政治思想进行重新的考察，选题是有意义的，史料是扎实可靠的，论证是可以成立的。众所周知，思想史的研究有相当的难度，作者能够在前期研究的基础上，重新审视进行了较为系统的整理，对史学界也是一个贡献。存在的问题是对于黄遵宪政治思想的渊源有待于进一步的发掘，对于黄遵宪与同时代人政治思想的异同要进一步展开比较研究，如此才能更科学、更准确地为黄遵宪的政治思想进行历史定位。

（2010 年）

职务评审意见

（一）

《清末民初社会教育及其特点初探》是一篇原创性的论文。文章首先对社会教育进行了严格的定义，然后探讨了社会教育兴起的社会背景、社会教育发展的主要表现及其特点。结构紧凑、层次清楚、叙述亦比较精练。但作者没有花工夫说明社会教育发展的主要四点表现之间的联系，其实，社会教育机构与团体是原动力，各种民众补习学校是最基础性的工作，而图书馆等社会教育公共场所和设施的建设是普及性扩展性的工作。相比较而言，作者对清末民初社会教育发展的特点的归纳和提炼是比较准确的。首先它是一种涵盖学校式教育和社会式教育的兼容并包的一种教育。其次，主题是“开民智”、“新民德”。第三重心放在城市。这些结论都不无道理。但如果能够进一步分析为何会如此，文章的说服力会更强。

（2007 年 7 月 2 日）

（二）

《清末资产阶级的移风易俗潮》是篇社会生活史的论文。以前学术成果较多，但本文没有对此进行必要的学术史的回顾，是一不足。全文依次介绍了移风易俗潮的历史背景、言论或舆论导向以及组织化的群体运动，最后评判了移风易俗在当时所取得的实际效果，实事求是地指出“实际成效不彰，并没有使传统的风俗习惯发生根本性的变化。”作者从主观、客观及文化之角度对此实效进行了解说，思路是正确的，框架也没有问题，但似可进一步深入探讨。

可以担任副教授职务。

（2007 年 7 月 2 日）

（三）

三篇代表作选题得当，视野独特，特别是有关劳资关系的两篇匠心独运，发别人所未发，富有新意，与现实生活也有较大的关联。优点是突破了传统的革命史的框架，力求从社会史的方向取得突破，实事求是，有根有据，指出了大革命时期上海工运的一些阴暗面。

存在的主要问题是文章列出的刊物均非核心期刊，级别较低，影响不大。中国近代史基本问题众多，作者选题范围较窄，任现职以来公开发表的论著仅有 4 种。就成果本身而言，完全没有使用相应的原始档案材料。《中西交融下的富国强民内涵》一文大量堆砌史料，很少有作者自己的分析判断，没有新意。

三篇代表作共同的不足之处是文末结语部分没有认真总结提炼，在理论上进行提升。

（2009 年 11 月 2 日）

（四）

代表作一是本 64 万字的专著，史料丰富，叙事详尽，结构完整，层次清楚，史论结合，是部原创性的学术专著，填补了学术界的一大空白，勾勒了福建协和大学的办学轨迹、精神世界和历史价值，对研究近代中国的高等教育史有重要的参考价值。不足之处是：1. 在行文中没有将引文与作者自己的话区分开来，第 206 到 209 页就是如此，第 474 页对陈式说之介绍也是如此。2. 该书对校长有专章介绍，对教师有“教师风采”一节介绍，但对学生的介绍失于分散，见第 278 页、第 472 页，读者难以得到整体之印象。第 214 页注 29 介绍了谢必震有专书介绍著名校友，作者应该择要在正文中予以阐述。3. 在总体评价上有偏颇之处，如第 581 页称“这种‘协和’遍及协大的每一个角落，每一个环节，每一个过程之中”，太绝对了。全文基本未提及协大办学之不足之处，只是在第 581 页上的一段引文中提及“在某些时候也犯了错误”，“除掉基督教大学已犯的所有错误”，可惜没有适当展开论述。

代表作二是篇论文，论述了西学东渐与梁启超《西学书目表》，优点是对《西学书目表》作了详尽的介绍，如第 74 页分五小点具体例举了梁启超书目编目之特色与长处。缺点是 1. 文章开头缺乏对学术史的回顾，对众多版本的中国（近代）史学史论著置之不理。2. 有些议论太空泛。缺乏史实之佐证，如第 73 页“欧风美雨使他开始接纳世界大势，使他关心祖国前途和民众命运。”3. 个别地方直接引语没有资料出处，如第 73 页第二段末“博观而约取”，“著书是以备读者之顾问”即是。

（2010 年 6 月 17 日）

（五）

代表作一选题与立意均很好，既具有学术价值又有现实的警示作用，全文结构完整，梳理得当。作者批评了乾隆帝“将议罚银视为一种万能工具”的做法，指出了他并没有意识到制度缺陷为督抚贪腐提供了重要的外部条件，认为东南督抚作为政府的代表，他们的行为“显然成为社会消费与投资的风向标”。所有这些均是本文的闪光点，论而有据，亦有新意与创见。不足之处是虽有学术史的回顾，但未对其进行简要的评述。其次是缺乏对乾隆朝东南督抚贪腐案的总体统计，同时也未将其与同期其他地区进行比较。东南之区域特色还不够鲜明。

代表作二以筹办铁甲船的角度探讨了沈葆桢的近代海防经略思想，结构完整，注释规范，史论结合，叙事清楚，但缺乏新意。此外，作者也未提及沈葆桢在这方面之缺点与不足。文章开头没有学术史的回顾，不符合论文的标准规范。第 90 到 91 页“沈葆桢也如此会受到不少人的攻击”，文句不通。

（2010 年 6 月 17 日）

（六）

《上海报人社会生活》一书多角度、多侧面、多层次地展示了报人（兼及其他报业从业者如编辑、校对、印刷工人、报贩）的实际生活情况，资料丰富，笔调流畅，可读性强。其中不乏真知灼见，如第 295 页上说近代上海存在政治控制缝隙，“没有政治民主，但有言论自由”，很有道理。该书对于深入新闻报刊史的研究，真正读懂报纸版面文章无疑是有帮助的。

《西方列强与苏报案关系述论》一文主要根据英、美档案中的外交档案，扩大视野，将苏报案放在国际大背景下进行考察，出色地回答了列强介入此案的过程、影响、态度及背后原因。论文的理路是十分清楚的，文末的结论也是正确的、辨证的，即从国际背景看，苏报案是列强对中国主权的粗暴干涉，是殖民主义权力扩张的典型表现。

《苏报案的审讯与判决》是一篇个案研究的论文，作者主要依据英文《字林西报》公布的苏报案审讯记录和清政府外务部档案，首次揭开了这一政治审判的真相与内幕，展示出中英双方围绕此案审讯与判决展开的较量，有力驳斥了学术界以往“苏报案是中外勾结共同制造的”陈说，具有相当强的说服力。

总之，作者做学问的态度是认真踏实的，力图寻找新角度、新史料，提出新见解，富于创造性。

（2010 年）

（七）

处于基层社会的保长，对于乡村社会结构和国家政权建设具有十分重要的意义，《善恶之间：南京国民政府时期保长形象的游移》一文选择富有争议形象的保长作为研究的突破口，立意是好的。作者利用档案、报刊和文史资料等资料，考察保长形象在乡村社会的塑造过程，多角度分析了其游移于善恶之间的本质原因。作者认为保长不管产生途径如何，首先是自然人和社会人，其次才是作为地方官的政治人。但后来在多重权力的压力下，为了生存往往走上了背离安身立命之乡土社会的道路，说明了保长角色的游移。全文结构紧凑，分析到位，能够自圆其说。不足之处是：1. 在概念的运用上将“国家任务的传言人”与“国家的传言人”截然分开。2. 仅凭嘉兴市档案馆的两分档案就得出结论说：“新中国成立后，保长的交代材料及人民委员会的调查材料表明，除了那些替日军卖命和为国民党政权服务的罪大恶极之人外，大部分保长在任期间，除了派收壮丁费和其他杂费外并无其他罪恶活动。”至少在史料上是以偏概全的。3. 注释不够规范，笼统标注《萧山日报》1939 年 7—12 月份，读者无法复按。4. 全文没有学术史回顾。

《近代浙江省地方自治制度和实践》一文有较强的问题意识，系统梳理了南京国民政府时期的自治制度和实践，对地方自治的研究不局限于制度，而更关注具体实践过程和效果及其原因。在研究方法上以大量的案例和数据来分析成效，对具体事件进行深入剖析以洞察原因。全文结构合理，层次清楚，史论结合，较好地说清了问题。不足之处是：1. 全文没有学术史回顾。仅仅在一个注释中列举了一些相关研究者，不合规范。2. 有些理论较为武断。如认为“从自治区域划分和自治组织的设立来看，宣统自治以浙江省成绩较为显著。”这一重要论断没有确切的出处。3. 有些史实的分析把握不够准确，1928 年开始的萧山东乡地方自治，在 1929 年底被省政府取消的原因主要是由于沈定一等人率先在衙前搞起了共产党的农民运动，而不是作者所说在东乡地方自治体系中“只有党、自治会和民众团体的联属关系，没有政府的地位”。4. 用词不当，如“随着日军侵略的步步深入，国民党政府管辖力度渐渐减小”，表达有误，按照作者原意，应该是作者接着讲到的：“国民党的统治区域日益缩小”。5. 文末论及浙江各乡镇“不同程度地受到军统的影响，军权的膨胀恶意地干涉了自治。”既没有展开分析，也没有任何资料出处。6. 文末只有第五部分的结论，没有全文的总结论。

关于户政在乡村的推行学术界目前尚缺少微观的研究，《1946—1947 年海宁县的户政》一文的作者以浙江省海宁县为例，详细复原各乡镇在乡村推行户政的经过，考察并研究了 1946 年和 1947 年户政在乡村推行中过程存在的问题。选题是有意义的。作者提出民众智识低落、保甲长工作不力和教职员对户政的不配合只是户政失效的表面现象。户政失效的根本症结在于乡镇公所作为户政工作的主要承担组织，本身未将户政工作作为其分内工作，而是一味推卸责任，从而导致行政效率低下、人不尽责的体制问题。全文资料丰富，引用了一些未刊档案，文字通顺，逻辑严密，总的结论虽然简单，但也是能够成立的。不足之处是在时间概念上前后不一致。文章首先提到抗日战争胜利后海宁县分别在 1945 年底、1947 年夏与 1948 年夏进行了三次户口普查。但接下来的行文全部是考察 1946 年与 1947 年两次户口普查。由于资料不足不讨论 1948 年的情况是可以了解的，但第一次户口普查的时间就对不上号了。

总体结论：三篇代表作均有较强的问题意识，行文也颇具创新意识，解决了一些前沿问题，填补了一些研究空白，总体结论是正确的。达到副教授的任职标准。

（2011 年 6 月 22 日）

（八）

《科学社团在近代中国的命运》是一部开创之作。作者从整体上解析了中国科学社这一科学社团与近代社会变迁的互动作用，综合运用了科学社会学、历史学、社会学的理论和方法，在完整建构中国科学社及其现实社会网络的同时，还提出了一系列重大问题，如它没有又找到一条可以健康发展的体制化的道路，自身民主建设也还没有安全遵循民主精神与民主程序。论文有强烈的问题意识，但对于何以如此的原因解释不太充分。

《中国近代科学与科学体制化》是作者的又一本专著，气势恢弘，视野开阔，非常专业，没有良好理科学术训练的人是根本无法完成的。作者探讨了近代科学这一文化中具体而又十分重要的一个领域的转变过程，并正确地认为只有在新文化运动之后，这一过程才有明显的阶段性效应出来。

《中国近代农学的发展——科学家集体传记角度的分析》一文范围较大，

史料充分、分析严密，不少解释也是能够成立的。但该文的缺点是在论述了年龄、籍贯、学历（含留学）之外，对于其他要素如民族、性别、社会职务未加考量；对于中央农业研究所这一“南京国民政府最为重要的专门农业科研机构”对农业科学家成长的作用没有提及，也没有论及国家、政府和社会对近代农学及农学家的奖励与制约。

从总体上看，三篇代表作均为原创性的作品，文理兼通，突破了不考虑社会影响和作用的纯科学史的框框，有新意，有创见，均属学科前沿。

（九）

《科学时代的人文主义》其角度（from within）和立意（探讨学界“自组织”）均是好的。另外作者充分肯定了《思想与时代》杂志作者们为打通科学与人文之间的壁垒所作的尝试和努力，不仅是纸面上的，而且还有专门的实践（见第 234 页第五章第三节通才教育的实践），有根有据，对于我们今天发扬人文精神，克服某种重理轻文的偏颇有着重要的现实意义。

作者史论结合，夹叙夹议，有自己独到的见解，如第 289 ~ 290 页对郭斌龢建议悖论境地的揭示，指出在缺乏法制规划的情况下，肯自觉合法的官员乃可遇而不可求，真是说到点子上去了。作者学风也很严谨，第 220 ~ 221 页对 liberal education 一词做了充分解释后才使用（不用“博雅教育”而用“通才教育”）。为了搞清《思想与时代》杂志的作者群，作者特意做了一个特大型的表格，从 96 到 106 页，花费大量的心血，使读者一目了然。

但全书并没有对《思想与时代》的读者群、发行量、发行地区、社会反响作出必要的交代。第 272 页提到“《思想与时代》月刊一直受到蒋介石的关注，一些重要的政治人物亦曾参阅刊物。”前者只介绍了蒋对该刊的资助和曾经收到过该刊，但究竟看了没有，有何意见均没有介绍；后半句纯属猜测之词，没有任何史料之佐证。

另外第 254 页在讨论抗战后期首都之争时说：“建国曙光可辨”，不知何意？讲共产党领导的新中国显然不是，若讲中华民国早已建立，哪里还要“建国”？第 267 页第二段第二行“史力”不知何意？汉语中并无这一词组。第 208 页倒数第三行，洪氏早年写过关于王明明的文章，王明明大概是王阳明吧。第 291 页讲章荫麟生前未刊的文章在其生后仅三天刊登在大公报上，应该是死后仅三天吧。

代表作中的论文实际上是其专著的一部分，因此不再专门讨论。

（十）

《金圆券发行准备监理委员会述论》是篇原创性的论文。作者利用了第二历史档案馆馆藏之相关档案，进行较系统的研究。选题的意义是重要的，可以通过对这一机构之研究，进一步理解南京国民政府的货币政策及其所揭示的问题。全文结论也是可以成立的，即纸币信用的维持并非单靠一个所谓的监理机构即能实现的，归根到底要依靠政权的稳定和经济的良性发展。

本文之不足是对该机构的实际人选没有必要的说明，第 131 页出现了主任委员李铭的名字，但对其经历、政历并无进一步的说明，其他委员更是不见踪影。

《橡皮股票风潮再研究》是个个案研究。以前之相关研究集中在大量钱庄之倒闭上，而对上海橡皮公司这一主体的研究很是缺乏。本文填补了这一空白。全文资料丰富，图表齐全，论述充分，特别是结语部分充分展示了作者的高度概括能力和理论分析水平，除了指出橡皮股票风潮之发生与上海人的投机心理有密切关系外，还实事求是地指出当时上海橡皮公司在经营上的确存在不得当的地方，这是作者的新贡献，应予肯定。

对国家社科基金后期资助项目的推荐意见

申请人于2003—2008年就读于复旦大学历史地理研究中心，期间完成的博士学位论文《从水乡到都市：近代上海城市道路系统与环境（1843—1949）》，获得全国优秀百篇博士学位论文提名奖，体现了申请者在研究方法思辨和学术创新上的独特能力，展现了一个年轻学者潜在的发展前途。

申请人于2008年7月进入上海师范大学人文学院历史学博士后流动站深造，除继续历史地理综合研究而外，更将视野扩展至城市景观史、城市社会文化地理、城市地图学等领域，逐渐形成将人文学科传统方法与数据库、GIS等现代技术路径相结合的研究特点。在研究理念上注意吸收相邻学科，如社会学、人类学、城市规划学等的基本概念和理论，进一步提升了学术创新能力，尤其是对一些仅采用传统史学方法较难深入开展的课题，具有独特的研究视角和拓展能力。

从历史学角度对城市贫困住区开展综合的学术研究，是一个极具挑战性的题目，其原因除了文献留存稀少，直接资料欠缺之外，还存在一个研究理念更新的问题。如果单纯从城市贫困或城市空间规划角度去研究，均很难全面地体现棚户区作为一种城市聚落景观所蕴含的物质特征和文化特征、时间特征和空间特征。本研究以历史、地理、文化、感知相结合的“景观”解释模式，来复原上海棚户区演变的历史地理过程和社会文化效应过程，是一个符合历史真实且具有创新意义的研究视角。在此基础上，再结合申请人的研究特长，完全可以产生有创新价值的研究成果。

申请人所申报的成果《近代以来上海棚户区的历史地理与城市文化心态》，具有“四新”的学术价值：

第一，学科理念新。本研究立足于历史地理学的时空理念，并引入社会学、城市规划学、人类学等多种研究理念，建立了历史、地理、文化、感知相结合的“景观”解释模式，对近代以来上海棚户区的时空与文化变迁进行综合研究，对历史地理学、城市史的传统研究理念和范式，均具有创新意义。

第二，资料新。本研究从历史研究的实际需要出发，借鉴并改进了凯文·林奇的城市环境意象研究方法和一般性的社会问卷调查方法，扩大了资料来源，发动社会力量广泛地参与到历史研究中来。多源研究方法与资料的采纳，拓展了棚户区问题的研究空间，产生了新的理论和观点。

第三，技术手段新。在研究过程中贯穿性地运用了 GIS 技术，达到了发现新问题、解决新问题的良好效果。该方法对人文学科的技术创新具有重要的探索意义。

第四，研究成果新。本研究作为对上海城市社会文化史和城市地理相关问题的深化，在研究视角和观点上具有多方面的拓展意义，对于研究国内外其他城市的棚户区或贫民窟问题，也具有理论和方法上的示范意义。

申请人目前已完成 18 万字的初稿，其内容论证科学，框架合理，已具备一本创新性学术专著的基本条件，在进一步完善和修改后，有望成为相关领域的优秀研究成果。

特此推荐。

（2011 年）

立项出版的推荐意见

中国福利会是宋庆龄亲手缔造的一个机构，近几年对孙中山、宋庆龄的研究成果也有很大发展。许多来自海外的历史文献资源纷纷无条件地奉献给中福会。挖掘和出版这批独特的资料成为出版社丰富的源泉，也是出版的主要任务。

这些史料取材深入广泛，考订严谨，实事求是，真实可靠，从各个不同侧面反映了宋庆龄早年追随孙中山先生，致力于民族解放事业的爱国热情和高尚情操；反映了她在艰苦的革命斗争年代，坚定地和中国共产党站在一起，为建立人民民主的共和国而奋斗的革命历程；反映了她在发展同各国人民的友好关系、保卫和促进世界和平事业中所发挥的不可替代的作用；反映了她对社会福利、儿童教育、海外侨胞联系及妇女工作等各方面的深切关怀和卓越贡献。其中许多文章是与宋庆龄长期交往中亲身经历过的老一辈或是在宋庆龄身边的工作人员提供的。大量的中外报刊文章、他人回忆录以及数以百计的宋庆龄亲笔函件，客观翔实地描写了宋庆龄的一生。特别是把宋庆龄作为一个普通的人、一个女性来介绍，对她的情感、爱好、生活、幽默，作了充分详尽、细腻、生动的描述，使读者倍感宋庆龄的可敬可亲。该书系真诚求实的写作态度，对宋庆龄言行的理解与阐释的科学性，体现了其价值。

我们期待着宋庆龄的著作能更多地被整理出来并公之于世，这不仅对研究者提供丰富的第一手翔实资料，同时也激励人民继承和发扬宋庆龄的革命思想和奋斗精神，以促进对宋庆龄的研究。

（2011 年 4 月 10 日）

审稿意见

（一）

作者论述的两个问题（特别是第二个问题）均有一定的新意。主要论点基本上是可以成立的。但是在第一问题上的最后部分又落入俗套，老调重弹，没有新意，建议换一种表述方式。论文有一定新意、新材料，阐述较系统，论证较严谨，引证规范，有较高的学术价值和社会价值；本文可以采用，但需要修改。第二部分关于叶挺的责任，可以忽略不计，可以说关于这次事变的发生以及前、中期的应变，叶挺很难说有什么直接的责任。关于事变后期的处置不是本文讨论的重点，可以略去不谈。

有些问题没有讲透，如说中共中央重项英轻叶挺。只举了新四军组建初期的例子是不够的，最好能够举出事变前夜仍然如此的材料，才真正有说服力。

（2009 年 1 月 21 日）

（二）

阮玲玉自杀堪称近世十大社会新闻之一。本文从阮玲玉自杀之后的报道、讨论等环节入手，对人们如何建构阮玲玉自杀的社会价值与意义，及当时社会舆论的话语结构与话语策略，进行了新的探讨，弥补了以前对于当时社会舆论如何看待阮玲玉自杀研究的不足。

作者认为社会舆论从个人批判向社会批判的延伸，超出个体死亡的悲剧事实，赋予了自杀事件广阔的社会意义。经过舆论言说，本来只是追求个人生活所要达到的正义的阮玲玉自杀，成了时人特别是妇女表达社会意愿以及社会正义的象征性符号。而某些妇女的说法强调斗争热情，颂扬牺牲精神，具有革命时代的话语特征，期盼社会中每个人都应抱着对国家、社会的强烈责任感，为改造社会、妇女解放与民族解放而奋斗，印上了时代的烙印。这些观点总体上是可以成立的。但仔细查考，直接与民族解放相关的引文在本文中很难找到。

问题是作者没有说明评论阮玲玉自杀的另一层面，即当时仍有不少人认为是红颜薄命、女人命苦等，固守传统宿命论。而且这种讨论至少就本文揭示的史料来看，似乎仅仅局限在上海一地。若境外基本没有反应，就很难说是民国时期的重大事件。

就结构而论，本文基本上没有学术史的回顾，特别是对新闻史的相关研究全无提及。文末没有一个小结，论述三大段意思的内在关联，进一步提升全文的学术质量。

第五页，“违反神圣的记者道”。缺“德”字。

第六页，“必须要抱着，以更大的力量，来彻底的扫除这封建势力和黑暗社会”，文句不通，引文不完整。

（2010 年 1 月 17 日）

（三）

本文角度新颖，视角独特，由小见大，是篇优秀的社会文化史的论文。

作者从分析 1935 年 3 月媒体对著名女影星阮玲玉自杀身亡的报道入手，解读关于阮玲玉自杀大讨论的社会意义。资料收集全面，概括得当，并有社会史问题意识。全文层次分明，由个人到社会，层层递进，并评价了当时对于预防自杀途径的探讨。本文提出结论是阮玲玉自杀“被演绎成具有丰富社会意义的重大事件，成为社会舆论言说妇女解放、社会改造等宏大时代主题的契机与符号”。这一结论是正确的，并具有较强的理论说服力。

作者针对上次审稿时提出的意见，有的放矢地对论文做了修改，弥补了以前的漏洞与不足，因此同意发表。

（2010 年 2 月 19 日）

附录一　主要学术论著目录

著作：

1.《中国帮会史》下编，上海人民出版社1993年3月版

2.《中国会道门》，上海人民出版社1997年5月版

3.《民国绿林史》，福建人民出版社2001年3月版

4.《中国秘密社会第六卷·民国帮会》，福建人民出版社2002年10月版

5.《中国近代贩毒史》，福建人民出版社2004年5月版

6.《中国近代绿林史》，福建人民出版社2004年11月版

7.《中国近代妓女史》，上海人民出版社2005年11月版

8.《中国近代社会史》，合肥工业大学出版社2008年版

9.《中国近现代史专题》，合肥工业大学出版社2009年4月版

10.《中国近代会党史》，合肥工业大学出版社2009年4月版

11.《抗日战争与中国社会》，合肥工业大学出版社2010年2月版

12.《中国近代会道门史》，合肥工业大学出版社2010年3月版

13.《中国近现代社会问题研究》，合肥工业大学出版社2010年3月版

14.《秘密社会与中国革命》，商务印书馆2010年8月版

15.《中国近现代史专题续编》，合肥工业大学出版社2010年11月版

16.《中国近现代史文本与动态研究》，合肥工业大学出版社2011年1月版

17.《近代会党与民间信仰研究》，台湾秀威资讯科技股份有限公司2011年7月版

18.《中国近代帮会史研究》，上海人民出版社2011年10月版

参编书籍：

1.《中国会党史论著汇要》，南开大学出版社1985年12月版

2.《千古之谜——中国文化史500疑案》，中州古籍出版社1989年9月版

3.《历史之谜》，人民日报出版社1991年4月版

4.《中国通史史论辞典》，黑龙江人民出版社1992年版

5.《中国近代史教程》，华东师范大学出版社1993年8月版

6.《福建·上海小刀会档案史料汇编》，福建人民出版社1993年9月版

7.《义和团大词典》“丰城教案”等26词条，中国社会科学出版社1995年12月版

8.《千古之谜——中国文化史500疑案（续）》，中州古籍出版社1996年8月版

9.《长江文化与中华民族》，上海书店出版社1996年9月版

10.《历史之谜》，上海辞书出版社1996年11月版

11.《中国近代史教程》增订本，华东师大出版社1997年9月版

12.《重新认识百年中国》，改革出版社1998年1月版

13.《民国三教九流归宿》，上海书店出版社1999年3月版

14.《一千零一问》“心理”、“教育”、“历史”、“文化”卷，上海人民出版社1999年4月版

15.《天国寻踪——太平天国100问》，上海远东出版社2000年7月版

16.《长江文明史》“长江流域的教育”，上海教育出版社2001年1月版

17.《中国史学史》第八章“近代史学”，山西教育出版社2001年2月版

18.《当代人类社会问题》，上海教育出版社2011年3月版

19.《中国社团发展史》第十二章第二、三节，当代中国出版社2001年4月版

20.《中华民国史大辞典》“秘密社会”部分，当代中国出版社2001年8月版

21.《九年义务教育课本·中学历史（试用本）（七年级第二学期）》，华东师范大学出版社2003年1月版

22.《中国历史教学参考资料》（七年级第二学期），华东师范大学出版社2003年2月版

23.《高级中学课本·历史（一年级第二学期）》，（试验本），上海教育出版社2004年1月版

24.《上海大辞典》“帮会”部分，上海辞书出版社2007年12月版

发表论文：

1986年

《闽南小刀会起义对太平天国革命的支援》，《高等学校文科学报文摘》1989年第3期

《闽南小刀会在台湾的斗争》，《台湾研究集刊》1986年第4期，收入《闽南小刀会起义史料选编》，鹭江出版社1994年4月版

1987 年

《论闽南小刀会起义在会党史上的地位》，《上海师大学报》1987 年第 1 期，《中国历史学年鉴 1988 年》第 126 ~ 127 页作了介绍

《上海小刀会与闽浙会党》，《史林》1987 年第 1 期

1988 年

《刘丽川上天王奏考》，《历史教学》1988 年第 1 期

《林俊起义述略》，《近代史研究》1988 年第 2 期

《汉奸帮会组织——中华洪门联合会》，《档案与历史》1988 年第 2 期

《孙中山先生的一封重要信函》，《团结报》1988 年 4 月 5 日，收入《孙中山年谱长编》，中华书局 1981 年版，第 1579 页

《1853 年台湾天地会大起义述略》，《历史档案》1988 年第 3 期

1989 年

《孙中山与今井的谈话》，《团结报》1989 年 2 月 11 日，收入《孙中山集外集》，上海人民出版社 1990 年版，第 123 页

《常玉清与黄道会》，《档案与历史》1989 年第 2 期

《上海租界当局与五四运动》，《上海师大学报》1989 年第 2 期

《抗战时期党对青帮政策的转变》，《高等学校文科学报文摘》1989 年第 3 期

《义和团运动后会党的反洋教斗争》，《历史教学》1989 年第 6 期

《应桂馨其人》，《档案与历史》1989 年第 6 期

1990 年

《孙中山与民初洪门立案问题》，《团结报》1990 年 4 月 18 日

《关于重庆帮会的几个问题》，《档案史料与研究》1990 年第 3 期，《中国历史学年鉴 1991 年》第 195 页作了介绍

《台湾八卦会起义述略》，《历史档案》1990 年第 4 期

《孙中山集外集的美中不足》，《团结报》1990 年 12 月 12 日，《新华文摘》1991 年第 2 期转载

《二十世纪初期青帮在上海郊县的活动》，《上海研究论丛》第 5 辑，上海社会科学院出版社 1990 年 5 月版，为［美］魏斐德：《上海警察 1927—1937》的参考文献之一

《论黄兴与会党的关系》，《黄兴研究》，湖南师范大学出版社 1990 年 8 月版

1991 年

《论抗日战争时期中国共产党对会党的政策》，《党史研究与教学》1991 年第 1 期

《旧民主革命时期资产阶级革命派的办学活动》，《学术界》1991 年第 2 期

《中法战争期间的会党动向》，《学术论坛》1991 年第 3 期

《上海证券物品交易所简介》，《民国档案》1991 年第 2 期

《孙中山与苏俄》，《北方论丛》1991 年第 4 期

《哥老会与辛亥革命》，《上海师大学报》1991 年第 3 期，《高等学校文科学报文摘》1991 年第 6 期作了文摘

《论太平天国时期会党运动的特点》，《社会科学家》1991 年第 5 期

《关于袁文才、王佐的几个问题》，《党史研究与教学》1991 年第 6 期

《从绿林到红军的袁文才、王佐》，《聚集在党旗下》华东师大出版社 1991 年 5 月版

《李绍熙游民集团和上海小刀会起义》，《上海研究论丛》第七辑，上海社科院出版社 1991 年 10 月版

1992 年

《义和团时期南方会党斗争的若干问题》，《学术界》1992 年第 4 期

《益社始末》，《档案史料与研究》1992 年第 4 期

《中国新社会事业建设协会探略》，《社会科学家》1992 年第 5 期，人大复印资料 K4 1993 年第 1 期转载

《论宋教仁与会党的关系》，《求索》1992 年第 4 期

《义和团时期的会党斗争》，《义和团运动与近代中国社会国际学术讨论会论文集》，齐鲁书社 1992 年 7 月版

《1939 年至 1942 年国民党利用帮会反共述略》，《国共两党关系历史与现状研究》，东北师大出版社 1992 年 7 月版，获上海市党史学会 1989—1992 年度学术成果奖

1993 年

《五卅运动中的工人帮会问题》，《党史研究与教学》1993 年第 3 期

《民国时期帮会史研究的发展及其特点》，《上海师大学报》1993 年第 3 期，人大复印资料 K3 1994 年第 1 期转载

《1946 年至 1951 年国民党利用帮会反共述略》，《江苏社会科学》1993 年第 5 期，人大复印资料 K4 1993 年第 11 期转载

1994 年

《第二次鸦片战争中肃顺等人不是主战派》，《安徽史学》1994 年第 2 期

《戊戌政变史实辨证二则》，《历史教学》1994 年第 11 期

《美国外交文件中的闽南小刀会起义史料》，《闽南小刀会起义史料选编》，鹭江出版社 1994 年 4 月版

1995 年

《近代基督教在华传播与中国秘密会社》，《历史教学》1995 年第 2 期

《常玉清其人》，《档案与历史》1995 年第 1 期

《唐景崧与甲午战争》，《上海师大学报》1995 年第 1 期，人大复印资料 K3 1995 年第 6 期转载

《鸦片战争时期的帮会》，《历史档案》1995 年第 3 期

1996 年

《近代会道门经典的政治倾向》，《学术月刊》1996 年第 6 期

《日本帝国主义对中国帮会的调查和利用》，《档案史料与研究》1996 年第 4 期

《孙中山与祖国统一》，《上海师大学报》1996 年第 4 期，人大复印资料 K4 1997 年第 2 期转载

《清代银圆述略》，《中华钱币论丛》，上海书店出版社 1996 年 8 月版

1997 年

《中西基督教徒与五卅运动》，《史林》1997 年第 3 期

《日本侵略者利用中国帮会破坏抗战述略》，《上海师大学报》1997 年第 4 期，人大复印资料 K4 1998 年第 5 期转载

1998 年

《民国时期帮会史学的发展》，《中国秘密社会概观》，江苏人民出版社 1998 年 10 月版

《陈化成与鸦片战争》，《上海研究论丛》第十二辑，上海社会科学院出版社 1998 年 12 月版

1999 年

《二三十年代的中国女性匪首的婚姻家庭观》，《档案史料与研究》1999 年第 4 期

《东学党反洋教原因初探》，《上海师大学报》1999 年第 6 期

2000 年

《“法轮功”现象的历史思考》，《学术论坛》2000 年第 1 期

《杜月笙与上海抗日救亡运动》，《抗日战争研究》2000 年第 2 期，《中华读书报》2000 年 7 月 19 日、《作家文摘》2000 年 8 月 8 日部分转载

《会道门在上海的传播与衰亡》，《学术月刊》2000 年第 8 期

《开港前后朝鲜朝野人士对基督教的反应》，《韩国研究论丛》第七辑，中国社会科学出版社 2000 年 9 月版

《甲午战争以来日军对中国妇女的暴力问题》，《滔天罪孽》，学林出版社

2000年11月版

2001年

《上海黑社会与上海史研究》，《档案与史学》2001年第1期

《日本帝国主义利用伊斯兰教侵华述略》，《档案史料与研究》2001年第2期

《甲午战争前后的会党问题》，《历史档案》2001年第2期

《洪仁玕与西方传教士》，《上海师范大学学报》2001年第3期，人大复印资料K3 2001年第9期转载

《孙中山海外借款的三封重要信函》，《历史教学》2001年第11期

《邪教：文明社会的垃圾》，《当代人类社会问题》，上海教育出版社2001年3月版

《孙中山与民国绿林》，《人文研究与探索》，学林出版社2002年4月版

《金日成与朝鲜基督教》，《韩国研究论丛》第八辑，中国社会科学出版社2001年9月版

2002年

《辛亥革命时期的上海帮会》，《上海师范大学学报》2002年第3期

《孙中山与近代妇女问题》，《广西师范大学学报》2002年第3期，人大复印资料K3 2003年第1期转载

《崔济愚〈东经大全〉的价值倾向》，《韩国传统文化的反思与新探》，韩国大旺社2002年10月版

2003年

《对〈义和团运动发展阶段中的民间秘密教门〉的几点意见》，《历史研究》2003年第1期

《大民会的来龙去脉》，《档案与史学》2003年第6期

《1932年虹口公园爆炸案与中国各方的关系初探》，《上海师范大学学报》2003年第4期、《中国抗日战争与韩国独立运动》，韩国眼光一声出版社2005年4月版

《1903年张謇长崎之行新探》，《近代中国》第十三辑，上海社会科学院出版社2003年8月版

《冯玉祥与秘密会社》，《近代中国》第十三辑，上海社会科学院出版社2003年8月版

2004年

《近代中国乡村社会权势关系演变》，《上海师范大学学报》2004年第5期

《陶成章会党工作述略》，《杭州师范学院学报》2004年第6期，人大复

印资料K3 2005年第4期转载

《袁世凯统治时期对秘密社会的政策》，《江苏行政学院学报》2004年第6期，人大复印资料K3 2005年第2期转载

《上海小刀会起义前的闽广移民》，《东南民众运动与上海小刀会》，香港天马图书有限公司2004年6月版

《南京国民政府的禁毒与贩毒》，《国家、地方、民众的互动与社会变迁》，商务印书馆2004年6月版

《解放战争时期东北与朝鲜的关系》，《中国朝鲜史研究》第一辑，香港社会科学出版社2004年6月版、《史学论衡》，上海三联书店2004年10月版

《1911年春孙中山加拿大之行述略》，《近代中国》第十四辑，上海社会科学院出版社2004年8月版

《为大多数人民谋利益》，《宋庆龄的思想精神和品格学术研讨会论文集》，中国福利会出版社2004年9月版

2005年

《五四运动与青红帮会》，《史林》2005年第3期

《宋庆龄与苏联关系新探（1927—1929）》，《上海师范大学学报》2005年第3期

《日寇利用中国会道门侵华述略》，《江苏行政学院学报》2005年第4期

《八路军对会门的统战工作》，《军事历史研究》2005年第5期

《韩国独立运动在中国东北》，《中国抗日战争与韩国独立运动》，韩国眼光一声出版社2005年4月版

《上海小刀会起义前的闽广游民与本地豪强势力》，《上海研究论丛》第十五辑，上海社会科学院出版社2005年5月版

《兴中会时期孙中山与美国致公堂的关系》，《近代中国》第十五辑，上海社会科学院出版社2005年6月版

《杨文道与上海抗日救亡运动》，《上海纪念抗日战争胜利60周年研讨会论文集》，上海人民出版社2005年8月版

《抗日战争中的杜月笙》，《百年浦东同乡会》，上海社会科学院出版社2005年10月版

2006年

《瞿秋白与中山大学政治风波》，《党史研究与教学》2006年第2期，人大复印资料K4 2006年第10期转载

《同盟会时期孙中山与美国致公堂的关系》，《广西师范大学学报》2006年第3期

《日本侵华期间对中国文科教科书的删改》，《江苏行政学院学报》2006年第4期

《丘逢甲诗作中的国恨家仇》,《世纪》2006 年第 3 期

《红军长征时期与秘密社会的关系》,《军事历史研究》2006 年第 3 期

《共产党多党合作民主执政的设计与开端》,《上海市社会主义学院学报》2006 年第 5 期

《论秋瑾与会党的关系》,《上海师范大学学报》2006 年第 6 期

《袁世凯执政时期对秘密社会的政策》,《袁世凯与北洋军阀》,上海人民出版社 2006 年 6 月版

《解放初期的禁娼斗争述略》,《1950 年代的中国》,复旦大学出版社 2006 年 8 月版

2007 年

《陈云与东北剿匪》,《安徽史学》2007 年第 1 期（第二作者）

《张謇与会党》,《盐城师范学院学报》2007 年第 2 期

《1906 年徐锡麟东北之行初探》,《杭州师范学院学报》2007 年第 4 期

《〈谨遵圣谕辟邪全图〉之解读》,《史学月刊》2007 年第 9 期

《20 世纪初东京与上海在政治思想方面的互动》,《上海师范大学学报》2007 年第 5 期

《苏区少年先锋队述略》,《江西师范大学学报》2007 年第 4 期

《论苏元春与会党的关系》,《南宁师范高等专科学校学报》2007 年第 4 期

《清末烟苗禁种与反禁种的历史思考》,《史林》2007 年第 6 期

《严复与近代中国妇女问题》,《严复与中国近代思想》,海风出版社 2007 年 5 月版

《太平天国时期国家、地方与会党的关系》,《晚清国家与社会》,社会科学文献出版社 2007 年 8 月版

《关于黄道婆的几个问题》,《被更乌泾名天下——黄道婆文化国际研讨会论文集》,上海古籍出版社 2007 年 9 月版

《晚清上海乞丐初探》,《全球化进程中的上海与东京》,上海三联书店 2007 年 10 月版

《张謇论绿林土匪》,《张謇与近代中国社会》,南京大学出版社 2007 年 10 月版

《金九与中国共产党》,《韩国研究论丛》第十五辑,世界知识出版社 2007 年 10 月版

2008 年

《解读宋庆龄的一封密函》,《世纪》2008 年第 3 期

《中华民族武装自卫委员会述略》,《党史研究与教学》2008 年第 3 期

《五一口号与多党合作和政治协商制度的初建》,《上海市社会主义学院学

报》2008年第4期

《近代秘密社会与民主革命的关系》，《上海师范大学学报》2008年第5期

《〈纽约时报〉视野下的上海城市化进程》，《甘肃社会科学》2008年第5期

《毛泽东与平民教育》，《徐州师范大学学报》2008年第5期

《朝鲜志士与中国社会——以尹奉吉义举为中心》，《当代韩国》2008年第9期

《清代档案与晚清秘密社会研究》，《明清档案与历史研究论文集》，新华出版社2008年1月版

《宋庆龄与社会主义和谐社会建设》，《宋庆龄的思想实践与和谐社会建设学术讨论会论文集》，中国福利会出版社2008年5月版

《民主民族革命的积极宣传者——林白水》，《报号先驱林白水研究论文集》，福建人民出版社2008年7月版

《陆荣廷与广西绿林游勇》，《陆荣廷与旧桂系学术研讨会论文集》，广西人民出版社2008年9月版

《伊罗生、中国论坛与与中国民权保障同盟》，《现代人文·中国思想·中国学术》，上海人民出版社2008年11月版

2009年

《1935年上海法租界人力车夫罢工初探》，《社会科学》2009年第1期

《孙中山经济建设思想中的外国因素》，《广东社会科学》2009年第1期

《以历史的视角解读告台湾同胞书》，《上海市社会主义学院学报》2009年第2期

《福建事变前后陈铭枢与共产党的交往》，《晋阳学刊》2009年第3期

《五四时期社会文化思潮考察》，《求索》2009年第3期（第二作者）

《中共六届五中全会研究》，《党史研究与教学》2009年第4期

《重庆时期的韩国临时政府外长赵素昂》，《当代韩国》2009年第6期

《探析民国初期中原文化对中原民间宗教信仰的影响》，《内蒙古社会科学》2009年第4期（第二作者）

《解放前后民主党派的政治定位问题》，《上海市社会主义学院学报》2009年第6期

《新四军与朝鲜义勇军》，《当代韩国》2009年冬季号

《抗日战争时期的上海舞女》，《上海研究论丛》第19辑，上海社会科学院出版社2009年5月版

《宋嘉树与孙中山的关系初探》，《宋耀如及其时代国际学术研讨会论文集》，中国福利会出版社2009年9月版

《中央苏区的反腐败斗争》，《生命、知识与文明》，上海人民出版社 2009 年 11 月版

《鸦片战争后徐继畬在福建的对外交往活动》，《穿越时空的目光：徐继畬及其开放思想与实践》，中国社会科学出版社 2009 年 12 月版

《陈独秀民主主义思想的起源》，《上海革命史资料与研究》第 9 辑，上海古籍出版社 2009 年 12 月版

《宋庆龄在德国》，《孙中山宋庆龄文献与研究》，上海书店出版社 2009 年 12 月版

2010 年

《俞秀松与上海工人运动》，《上海师范大学学报》2010 年第 2 期

《义和团运动中的道教信仰》，《社会科学》2010 年第 3 期

《林则徐广州禁烟与美国人的关系》，《广东社会科学》2010 年第 4 期

《都市文化与中国共产党的建立》，《上海党史与党建》2010 年第 9 期

《1945—1947 年间秘密社会的组党风潮》，《民国档案》2010 年第 4 期

《1937 年国共两党的秘密谈判》，《华东师范大学学报》2010 年第 6 期

《民主党派与抗美援朝》，《上海市社会主义学院学报》2010 年第 6 期

《云南讲武堂与重九起义》，《百年军校　将帅摇篮》，云南人民出版社 2010 年 1 月版

《〈纽约时报〉视野下的唐人街》，《都市发展与文化保存》，[加] 文化更新研究中心 2010 年 3 月版

《1933 年上海反战大会述略》，《“共产国际、联共（布）与中国革命”第十一次学术研讨会论文集》，中共党史出版社 2010 年 5 月版

《金九与中国共产党》，《韩国独立运动研究新探》，社会科学文献出版社 2010 年 5 月版

《重庆时期的韩国临时政府外长赵素昂》，《韩国独立运动研究新探》，社会科学文献出版社 2010 年 5 月版

《近代上海的茶馆》，《网络社会与城市环境》，上海三联书店 2010 年 7 月版

《一贯道在上海的流传与衰亡》，《上海档案史料研究》第 9 辑，上海三联书店 2010 年 11 月版（第一作者）

《唐继尧与孙中山的关系略论》，《近代中国》第 20 辑，上海社会科学院出版社 2010 年 11 月版

《鸦片战争前后的粤闽浙海盗》，《鸦片战争研究》，广东人民出版社 2010 年 12 月版

《廖仲恺与广东土匪问题》，《悠悠乡国思——纪念廖仲恺先生逝世 85 周年全国学术研讨会论文集》，暨南大学出版社 2010 年 12 月版

2011 年

《史学研究要百花齐放》，《安徽史学》2011 年第 1 期

《〈申报〉对义和团运动的舆论导向》，《安徽大学学报》2011 年第 2 期（第一作者）

《林森与国民参政会》，《徐州师范大学学报》2011 年第 2 期

《略论抗日战争时期的孙中山纪念活动》，《广东社会科学》2011 年第 3 期（第二作者）

《“二大”在上海召开的原因》，《社会科学》2011 年第 6 期

《毛泽东新民主主义论与马列主义的理论关联》，《延安精神永放光芒》，东方出版中心 2011 年 6 月版

《朝鲜传统家训中的妇女观》，《朝鲜·韩国历史研究》第十一辑，延边大学出版社 2011 年 6 月版

《中共二大“民主的联合战线”的由来》，《上海师范大学学报》2011 年第 2 期

《中共六大对新民主主义革命理论的阐释》，《上海党史与党建》2011 年第 9 期

《马克思恩格斯与伦敦世界博览会》，《安徽史学》2011 年第 5 期

附录二　有关本人的部分评介

“认真”结硕果①

俗话说得好：“三十而立”。他——历史系87级本科3班的班主任邵雍，在这而立之年应验了此话，特别是在事业上“立”了起来，在研究中国近代会党史方面取得了丰硕的成果，成为历史系青年教师中的一位不可多得的干将。

1977年全国恢复高考的消息传来，邵老师欣喜万分，他在继续认真工作的同时，埋头自学，刻苦钻研，凭着多年来不间断的学习及从小培养起来的对历史的兴趣，终于在1978年考入了上海师范学院历史系本科，历史成绩96分。据邵老师介绍，早在进大学之前他已经通读过《马克思恩格斯选集》、《列宁选集》，至于《毛泽东选集》则通读过多次。为了搞清相关的历史背景，邵老师还通读过周一良主编的《世界通史》和上海人民出版社出版的《中国近代史小丛书》。

本科同学照

① 本文作者顾燕萍，原载《彦驰录》第4期，上海师范大学历史系团总支1988年5月印行。

由于经历了十年浩劫，促使邵老师更加珍惜光阴，勤奋学习，认真研究。在大学的四年学习生涯中，他埋头于书本之中，以便将来能更好地去指导学生、研究学术上的问题。邵老师喜欢跑图书馆，几乎把所有的空余时间都花在图书馆，翻阅大量原始资料，专门阅读先生开的几本有关上课内容的参考书，及时做好笔记。对于自己感兴趣的方面，他也会兴致勃勃地翻翻看看，以增加自己的阅读面，扩大自己的知识面。他能有目的有步骤有收获地徜徉在书海之林中。直到现在邵老师还保持着阅读面广的习惯。家里订了许多杂志，空时去阅览室翻看一些有关历史研究的刊物如《历史研究》、《历史教学》等，顺便摘取自己所需要的东西，来填补自己的空白。另外在外语方面，邵老师也有一套自己独特的方法。其中之一就是利用早晨、课间休息及在翻看论文时间过长时常常读读单词、背背单词，从而既能记住外语单词，又能做到使大脑稍微得到片刻休息，调节一下自己的脑神经。从而外语成绩提高很快，加上上课认真听讲，回家按时认真复习，又在空余时间得以加工，使邵老师进入了外语提高班。在学习上，邵老师总是以全优成绩列入班级榜首，为此他到现在还总是引以为豪。

邵老师不仅在学习上认真，刻苦，勤奋，在担任班级工作中也能做到认真负责，一丝不苟。大学四年期间，他一度担任班里最头痛、最琐碎的职务——生活委员。这对于一个男同学来说，要做好这项“婆婆妈妈”工作需要细心、负责，邵老师果然像对待学习一样对待工作，受到了同学们的一致好评。他认为，工作学习并不矛盾，若调节得好，是可以相互促进的。另外担任干部有助于培养自己的能力，为此，他还专门找我们班干部进行了座谈，谈了学习与工作的关系，且以自己的亲身经历说明了当干部且不会影响学习，还有培养自己的能力，为以后毕业做充分的准备。

虽然当时大学生活比较枯燥，但邵老师还是充分发挥了自己的兴趣爱好，吹口琴，跑长跑，对了还有跳舞。听说他还是个蛮不错的跳舞积极分子！

他就这样度过了大学四年生活。在最后一年的上半学期，因学习成绩全优而被推荐报考研究生提前毕了业。1982 年秋天，他被魏建猷教授收为研究生，从而系统地学习了中国近代史、中国现代史、近代史科学以及有关中国明清时的会党史和民间秘密宗教组织等有关原始资料和文章。他是如此的不知疲倦，徜徉在书的海洋之中，疯狂地吸收着前人的劳动所造就的乳汁。针对某一问题存在的不同意见，他从不盲目地选择一种，而是去找更多的资料来考察、校对，认真地选择自己所满意的结论，甚至会有不同意见。如《关于闽南小刀会的几个问题》就是在看了《福建史志》上关于这一部分的内容后，感到存在的问题很多，就提笔写了这篇文章，与作者商榷，想不到《福建史志》编辑看了后很快就回了信，且表示赞同邵老师的意见，并刊登出这篇论文。这件事使邵老师进一步认清了注重史料的重要性。

研究生同学照

在研究生期间，邵老师不仅学到了魏先生传授的知识，而且也渐渐培养了自己的能力。在魏先生的帮助鼓励下，邵老师专程到青浦搞了一次上海小刀会起义的实地调查，及时写了调查报告。在上《中国近代会党史》时，由于及时得到了中国近代史前半段有关此方面的论文索引，写了论文提要，后经魏先生指点、修改，他写的那部分内容起先被市历史学会收入内部印行的《中国会党史论著综录》，1985 年又被南开大学出版社以《中国会党史论著汇要》的名称正式出版。辛勤的汗水换来了丰收的喜悦，邵老师尝到了写作的甜头。

1985 年 7 月，邵老师毕业留了校，他继续寻找资料，开阔视野。同年 11 月，邵老师和夏笠先生同去北京第一历史档案馆，进行《福建·上海小刀会起义档案资料汇编》一书的史料初选工作。由于抓紧时间，提高了效率，到 1986 年初夏邵老师把书稿送交福建人民出版社。

1986—1988 年间，邵老师主动要求上课。他说这样做有利于自己专业知识的提高。首先带 85 级专科，后又开设了有关选修课。在此期间，邵老师不仅认真带好班级，而且还在认真阅读其他资料。记得有一次在上海图书馆第一次展出有关孙中山先生的原始资料，他在找寻过程中，一时难以搞懂，之后他又第二次去了上海图书馆，把一些有关资料及时搞清，还翻看阅读了《孙中山全集》，及时写了《孙中山先生的两封重要遗札》和《孙中山给侄子的一封信》，分别发表于《团结报》和《民国春秋》。此期间邵老师像冲破铁闸的洪水一样，频繁地写了许多论文，如《刘丽川上天王奏考》、《闽南小刀会起义对太平天国革命的支援》、《马洪林同志新著〈康有为〉简介》、《闽南小刀会在台湾的斗争》、《林俊起义的几个问题》等十几篇文章，简直开了一个丰收成果会。但成功的道路并不是一帆风顺的，寄出的稿件、论文时有退回，每当碰到这种情况时，邵老师总是静静地思索、反省，并不埋怨别人对自己的不采用，而是再翻资料，修改核实，直到寄出的稿件被采用甚至获得好评时，他才满足，才会发出会心的微笑。谈到这个问题时，邵老师鼓励我们碰到困难不应低头，退缩，而应该冷静思考，反复思索，认真地对待困难，竭尽力量去解决它。只有持之以恒，才能会克服困难，取得胜利。他举了个例子，前段时间应上海古籍出版社《中国文化三百题》编辑的邀请，写了“我国古代有哪些秘密宗教”，而这些内容几乎是无人专搞的，可邵老师不怕困难，在图书馆与资料室来回穿梭，终于以较短时间完成了约稿，为此还获得此编辑的称赞，并表示以后要再次合作。

我不禁问起了邵老师在现在教学过程中感到有哪些乐趣。他笑着回答说，自己的教学已进入新阶段，一节课上下来，就要达到预定的计划。他说他一般上课做了充分准备，100%的准备，充其量为60%要达到，且教学过程中联系当前现实，给同学既有传统的认识，又有通晓当今观点的开拓。这样做能使同学有所发现，有所创见，能提出自己的观点，对以后写毕业论文时有很大的帮助。我说，“邵老师，你现在一边讲授，一边还搞研究吗?”他说搞的，我现在的兴趣很广泛，寒假时看了一些近现代西方学者的论著，研究一下西方学者所提出的新理论。有时间研究宋词，看一些鲁迅先生的文章，来充实自己的精神生活，多掌握一些知识，能开拓自己知识面，有利于搞创作。

邵老师说自己做任何事都讲究认真，特别是对学外语，更加认真。自学毕竟是较难的，还要利用空余时间。当时他一面上学，一面听收音机自学，起初感到很难，一时难以跟上，以后就多花时间，多记，多背，多读，就不感到困难了。他指出，特别是在当今时代，对外开放更需要外语，况且我们现在的学习条件又比较好，更应学好英语，在空余时间，再去学一门，对以后工作是有利的。

最后，我请邵老师谈了谈关于我们这一代与他们这一代有什么区别。他说过去他们这一代，没什么活动可参加，再加上十年浩劫的经历，倍加珍惜光阴，感到时间不够用，认真学习，打好扎实基础。对于先生们开的书籍有空就去翻翻，熟悉熟悉原始资料。邵老师特别注重原始资料，感到在原始资料中大有可挖掘之地。当时他们感到学习的机会是来之不易的，只有刻苦学习，认真钻研，多掌握些知识，才能使自己成为一个合格的师范生，才能对得起党和人民的培育。现在一代大不相同了，特别是在改革开放之际，受西方学制、文化的影响，青年们都有一股激情，有开拓精神，敢说敢做，但缺乏脚踏实地的精神，缺乏认真的精神。邵老师有感触地说：“认真，锲而不舍，持之以恒”是我的座右铭。特别是认真二字，它是我目前所有成绩的根源，更是我以后不断进取的动力所在。

邵老师笑着对我说：“我希望成为你们的朋友。”多么真挚，坦诚的话语啊！使我觉得与邵老师之间的距离一下子缩短了许多，感到不仅仅是一席师生间的会谈，更是朋友间亲密的交谈，谈出了彼此的意见，使我看到了前代大学生身上所具有的优点，也体会到自己所处在的优越环境。这时从我身上激发出一种情绪，那就是向他们那样踏实地认真学习，把自身的优点及所处的环境结合起来，取人之长，补己之短，严格要求。在不久的将来能赶上且超过他们……俗话说“青出于蓝而胜于蓝”，相信自己一定能沿着目标一步一步往前迈进的。

邵雍与他带的本科生

中国帮会史研究的新成果[①]

魏建猷先生的遗愿实现了——由周育民、邵雍两位副教授撰写的《中国帮会史》最近已由上海人民出版社出版。

魏先生治中国秘密社会史数十年，常以未有一部帮会史为憾，临终之际嘱托周、邵两位继此事业。周、邵正值盛年，不忘师教，历时三载，终成斯书。

① 本文作者史之，原载《文汇报》1993年12月18日。

中国之秘密社会五花八门，千奇百怪。帮会组织数量之多，人数之众，蔓延之广，在世界历史上堪称一“绝”。过去，史家对天地会、小刀会、哥老会以及丐帮、贼帮、漕运船帮、青帮、红帮、青红帮……亦有过研究与文章，但是分散凌乱，缺其系统。周、邵汲收前人研究成果，参阅各种档案及调查考察资料，指出帮会是游民阶层的社会组织——它是在中国封建社会濒临解体的历史条件下产生的，又是在中国沦为半殖民地半封建社会以后空前发展起来的。这一观点突破了长期以来视会党起义为农民起义的研究框架和思维定势，因此，他们的结论是，会党起义并不具有反帝反封建的性质。失业的游民常以帮会组织为凭借，以暴力掠夺的手段，在打击地主富商的同时，也对平民百姓的生命财产造成危害。帮会的猖獗横行，既破坏了旧的统治秩序，也严重地危害社会治安。随着大量游民的流动，帮会也向社会各阶层渗透，构成了中国近代的阶级分化、新阶级产生过程中的特点。

60万字的《中国帮会史》是一部中国帮会兴衰史。作者认为，从清初到乾隆中叶，是中国帮会的产生时期。太平天国时期是近代帮会活动的第一次高潮。辛亥革命时期随着革命形势的日益成熟，帮会组织在一定程度上与革命党人建立了同盟关系，在推翻清王朝斗争中起了重要作用，但在革命过程中，其消极作用亦不能低估。民国初年至北洋军阀时期，帮会发生了重大变化，袁世凯分化和收买帮会势力，开了民国史上流氓政治的先河。十年内战时间，由于蒋介石的扶植与纵容，帮会势力畸形地发展，进入党、政、军、警、宪、特各部门。抗日战争时期，尖锐复杂的民族矛盾与阶级矛盾，促使帮会内部产生分化，在中国共产党的引导和组织下，有的帮会在抗战中起了积极作用。解放战争期间，随着人民力量的增强，帮会逐步走向没落，直到解放初，帮会终于为人民所铲除，扫进历史的垃圾箱。

帮会已成历史，但近几年来有些地区帮会势力死灰复燃，严重地危害社会治安。因此，研究帮会历史是具有积极的现实意义的。

五花八门的中国会道门①

会道门是会门和道门的合称。中国的会道门是中国封建社会后期产生的带有宗教和封建迷信色彩的民间秘密结社。经过长期的发展，中国的会道门盘根错节，组织名目多达数百种。其中的会门，主要有金钟罩、大刀会、小刀会、红枪会，道门有一贯道、先天道、九宫道、圣贤道等。由于它们长期处于秘密状态，其自身形成的文献很难查找，又由于会道门内部支派众多，错综复杂，研究并非易事，所以历来是学术研究中一个较薄弱的环节。上海

① 本文作者江桥，原载《文汇报》1997年9月30日。

师大历史系教授邵雍师从中国秘密社会史著名专家魏建猷教授，多年来从事秘密结社研究，最近出版了《中国会道门》（上海人民出版社出版），以翔实的资料阐述了中国会道门的发展历史和特点，为中国会道门的研究补充了空白。

诠释近代中国的一个侧面

——简评邵雍《民国绿林史》①

中国近代土匪史的研究是政治史、社会史的一大课题，可是在20世纪少有学者涉及。新世纪伊始，上海师范大学邵雍教授的新著《民国绿林史》由福建人民出版社出版，对民国时期土匪的产生、形成和走向，从社会的多元视角作了较为深入的分析和研究。

近年，关于近代土匪史的研究有所进展和开拓，其中，如贝思飞博士和蔡少卿先生主编的同名两书《民国时期的土匪》，即对土匪的定义、来源、分类、内部组织结构、行为方式、日常生活等诸多基本问题进行了较全面的探讨。与他们侧重土匪横断面剖析不同的是，邵著则以丰富翔实的史料，以“时段”为基本框架，为我们展示了“民国创立时期绿林的存在”、“民国初年绿林的活跃”、“北洋军阀时期绿林的盛行”、“南京国民政府时期绿林的衰落”、“抗日战争时期绿林的分化”、“解放战争以后绿林的没落和灭亡”等动态变化的图景，内容饱满，脉络明晰。

该书所展示绿林的兴衰成败与民国政体的变化、政局的变动、社会的变迁有着直接关系。因此，作者不就事论事，而将民国绿林的消长变迁放进民国社会的大文化背景中，且与它的演进紧密结合。比如民国的绿林，极多是政治绿林，甚至与帝国主义有勾结。中国近现代不少军阀就是由绿林嬗变的，也有不少绿林原来就是军阀，“成则为王，败则为寇”。其对军阀的冲突和更替、革命势力的发展壮大、灾荒疫情等与绿林消长的相关因素的论及，有助于理解民国绿林产生的社会根源，也有利于我们从绿林这一严重社会问题的角度，审视、认知动荡不安的民国社会。

绿林在民国时期总体上处于非法的地位，本身文献几乎荡然无存，大量资料散见于当时的报纸杂志、稗官野史，庞杂无序。作者查阅了诸如旧时报刊、地方志、各级文史资料、民国档案、回忆录、札记笔记等大量文献，在此基础上终于写出了这部近35万言的民国绿林消长变迁的“真史”。只要翻阅一下《民国绿林史》就可发现，该书占有资料之详尽，征引范围之广，实为一大特色。

① 本文作者池子华、张爱华，原载《社会科学报》2001年8月16日。

历史是多样性的统一。从绿林史的角度去诠释中国近代史，有助于更清晰地再现近代“全息”社会。《民国绿林史》的出版，将有利于推动近代史和近代社会史研究的深入。

论从史出，以点连线

——邵雍教授《近代会党与民间信仰研究》读后感①

近代会党与民间信仰是中国近代史上的重大问题，自20世纪80年代以来关于这一领域的研究在中国大陆开始热门，至今不衰。上海师范大学邵雍教授长期从事底层社会和秘密社会的教学与研究，是该研究领域中的杰出学者。自1982年考入上海师范学院中国近现代史专业，师从著名专家魏建猷教授攻读硕士学位起，他对会党史以及相关领域进行长达30年的孜孜探求，研究范围涉及会党史、会道门史、绿林史、贩毒史、娼妓史及宗教史等领域，均取得了卓越而深广的成就。台湾秀威咨询科技股份有限公司2011年出版的《近代会党与民间信仰研究》是邵雍教授对近代会党和民间信仰多年研究厚积而薄发的一部力作，堪称该研究领域的又一奇葩。该书全面论述了天地会、小刀会、双刀会、莲蓬党、太平军、义和团、道教、基督教、辛亥革命等的

① 本文作者曹春婷。

历史互动轨迹，以及这种互动关系对近代历史进程的影响。该书呈现如下的学术创新和研究特色：

一、该书以点连线、以线带面地把近代会党和民间信仰同中国近代史进程相联系，见微知著，分析其互动轨迹和影响。该书分为近代会党与民间信仰两大既有区别又有联系的部分。该书近代会党部分以档案为基石，通过对天地会、小刀会、双刀会、莲蓬党等近代会党的探究，以点连线、以线带面，集中阐释了太平天国时期、辛亥革命时期会党运动的历史轨迹，并以点睛之笔对其历史功绩进行概括评价，如在《诸暨莲蓬党起义》一文中，邵教授指出莲蓬党的命运和太平军的命运是紧密相连、息息相关的。他辩证地指出在歌颂莲蓬党抗击外敌的英雄业绩时还要看到其对外国侵略者认识上的错误，并客观公正地评价莲蓬党不愧近代中国爱国主义的会党组织之一。该书通过对康有为、梁启超、孙中山、黄兴、宋教仁、陶成章等革命代表人物与会党关系的探讨，展示了不同时期维新派、革命党派对会党的利用以及会党对革命的反作用。邵教授以其高度的点化力和超强的概括力对两者的互动关系以及在时代潮流中所起的作用进行了客观中肯的分析。该书民间信仰部分以经典的基督教、道教等为中心，研讨了近代以来至抗战爆发这一历史时段普通民众的社会心理、价值倾向与伦理观念，并对华北、华中以及江南等区域进行了重点探究。邵教授一针见血地指出秘密社会作为一种被统治阶级认为是非法的社会组织要生存发展，用一定的伦理道德来规范其成员之间以及它们与社会之间的关系是必不可少的，探讨秘密社会与民间信仰两者相互渗透互相利用的关系及其社会影响，能够加深对近代中国社会和国情的认识。该书以点连线、以线带面、论从史出、见微知著、立意深远。众多恰到好处的点评，在本书中随处可见，均为文章的点睛之笔。

二、该书体现了邵雍教授严谨的治史学风。邵雍教授治学严谨，十分注重史料的搜集，每到一地开会必定至其档案馆、图书馆查阅，始终坚持利用档案、各地方志、近代报刊、重要历史人物的文集、笔记和回忆录、宗谱以及外文史料等第一手资料为研究会党史的主要路径，在撰写本书的过程中就集中体现了邵雍教授严谨的治史学风和埋头苦干的精神。仅在他论述关于小刀会起义的几个问题时，就实地查阅了中国第一历史档案馆馆藏的清代军机处《军机处录副奏折》，挖掘了《厦门志》、《马巷厅志》、《清实录》、《近代史资料》、《上海小刀会史料汇编》、《太平天国史料》、《吴煦档案选编》、《王靖毅公年谱》、《皇朝经世文续编》、《旅华十二年》、《陈氏宗谱》等一系列史料，还翻译了一些英文资料。此外，邵雍教授在近代会党与民间信仰的个案研究上深挖史料，纠误补拙，也取得了不小的进展。在义和团运动中的道教信仰问题上，邵雍教授细心收罗《清朝续文献通考》、《光绪宣统两朝上谕档》、《茌平县志》、《英国档案馆所藏有关义和团运动的资料》等原始史料，进行解读，不但纠正了《中国道教史》中个别史实的失误之处，还提出了自己对这一问题的看法即义和团运动中不但有强烈的道教信仰，而且道教神仙在义和团揭帖中频繁出场成为义和团的主要保护神之一，是义和团勇敢精神的坚强支柱之一，恰恰是靠这种勇敢精神，义和团才能够直面武器精良的外国侵略者。

三、不同于以往的近代会党和民间信仰研究专著，该书的民间信仰部分还收录了5篇由邵雍教授指导的研究生论文。邵教授自1985年留校工作伊始，就一直为本科生、研究生先后开设了“中国近代会党史”、“中国近代会道门研究”课程。在研究生教学中，他采用互动式授课法，师生共同探讨选题，构建论文框架，成文后先经导师初步把关审核，再经课堂集体讨论，分析优点和不足。因此这些论文中有研究生本人的艰苦努力，也凝聚了集体的智慧。

《近代会党与民间信仰研究》是中国近代秘密社会研究领域不可多得的又一力作，是邵教授在近代会党和民间信仰领域多年潜心钻研的厚积薄发。该书体现的不仅仅是邵教授的治史之风和兢兢业业的教学之风，更体现了邵教授对学生的认真指导和大力提携。该书作为台湾秀威咨询科技股份有限公司推出的“认识大陆作家系列”历史图书，不但能够丰富近代会党和民间信仰研究成果，还能增进两岸史学交流，为近代社会史研究提供新方法与新思路，从而利于推动中国近代史的深入研究。

后　记

如何做学问、如何评价各种学术成果，这是历史专业本科生、硕士生、博士生所共同关心的问题。在现有的学术体制下，各类学生看到的往往是史学研究的最终成果：论文或著作。对于涉及学术研究前期的内部报告、事后的鉴定意见、学术评语等基本上是看不到的。而这些环节与细节，对于青年人来讲又是做好学问，争取快速进步所应该了解的。本书以作者的自身经历，提供了一个学者从就学、就业工作到担任学术管理岗位的文字记录，对于青年学生、教师有一定的启示意义。他山之石，可以攻玉。其他学者的成功或成长可以作为自己的学习对象，其他学者的失误与不足也可以引以为鉴。又由于上海师范大学仅为省级重点高校，因此这种学习与借鉴更有普遍的意义。

在书中收入了三篇怀念老师与同事的文章，其实还应该感谢我在上海师范学院读历史系本科时所有上主干课程的老师们。他们是教授中国古代史课程的李培栋、冯元奎、郑宝琦、陈昌福、陈新泉、董家俊；教授中国近现代史课程的胡世芸、郭豫明、季平子、赵宗颇、王关兴、郭绪印、项立岭；教授世界史课程的江爱沪、孙仲发、陈友锵；教授中国历史文选课程的陈泉娣；教授中国历史地理课程的王育民等。是这些老师们帮我打下了历史研究的基础，教会了历史研究的规范。

1985 年研究生毕业留校工作以后所进行的所有的教学与科研工作实际上都是在史学领域继续探索，而这种探索的各类阶段性的成果（包括各时段的申请报告、论证报告等）无疑是要接受专家学者评价、鉴定的。至于本人参编的各类教材如《中国近代史教程》、《新编中国现代史》、《中国史学史》、上海市初中与高中的历史教材、全国中小学教师继续教育专业教材《当代人类社会问题》等本身就是对学术界主流研究成果评价、吸收的结果。

1999 年至 2004 年本人连续参加上海市高考历史卷或文科综合卷的命题工作，通过考试对学生的学习能力进行客观、公正、公平的评价。对命题老师来说，命题也是一种史学探索，其质量的高低是要接受包括考生在内的各色人等的议论与评价的。

自 1992 年起，本人历任硕士生导师、博士生导师、博士后流动站负责人，又写下了许多论文评审意见与各种推荐意见。被评价的对象除了本校本专业之外，还有来自中山大学、南京大学、浙江大学、复旦大学、华东师范大学、上海大学、东华大学、华东理工大学、解放军南京政治学院上海分院、上海社会科学院历史研究所、杭州师范学院、杭州师范大学、福建师范大学与河北师范大学等单位的。收入本书的部分评语与意见既展示了近年来史学研究的趋向，也有一些值得历史工作者记取的经验。

其实，人文社会科学成果评价体系的对象除了研究类的成果外，还应包括研究报告类的成果（含未发表刊行的社会调查报告、科研项目报告）、学术资料类成果、学术普及类成果、工具书类及译著类成果等等，把后几项成果排除在评价体系之外是不妥的。本书在纠正这种偏向方面做了有益的尝试，相信对人文社会科学的健康发展是有利的。

合肥工业大学出版社一向重视史学研究，副社长朱移山先生为此费力劳神，多方协调，并对本书稿进行了认真细致的加工；上海师范大学人事处、研究生处、档案馆对本书的成稿提供了支持与帮助，这都是应该再三感谢的。还需要说明的是本书是上海市重点学科 S30404、上海市普通高校人文社科重点研究基地上海师范大学中国近代社会研究中心 SJ0703 的规划项目，同时列入上海市第四期教育高地历史学上海师范大学规划项目。

邵　雍

2011 年 10 月 26 日

图书在版编目(CIP)数据

史学探索与评价/邵雍著.—合肥:合肥工业大学出版社,2011.12
ISBN 978-7-5650-0629-6

Ⅰ.①史… Ⅱ.①邵… Ⅲ.①史学—研究 Ⅳ.①K0

中国版本图书馆 CIP 数据核字(2011)第 264070 号

史学探索与评价

邵 雍 著 责任编辑 朱移山

出 版	合肥工业大学出版社	版 次	2011 年 12 月第 1 版
地 址	合肥市屯溪路 193 号	印 次	2011 年 12 月第 1 次印刷
邮 编	230009	开 本	710 毫米×1000 毫米 1/16
电 话	总编室:0551—2903038	印 张	24.5
	发行部:0551—2903198	字 数	465 千字
网 址	www.hfutpress.com.cn	印 刷	合肥星光印务有限责任公司
E-mail	hfutpress@163.com	发 行	全国新华书店

ISBN 978-7-5650-0629-6 定价:58.00 元